한국문학과 일본문학의 '전후'

SNU일본연구총서 11

한국문학과 일본문학의 '전후'

초판 1쇄 발행 2021년 7월 20일

지은이 방민호 외

펴낸곳 서울대학교출판문화원
주소 08826 서울 관악구 관악로 1
도서주문 02-889-4424, 02-880-7995
홈페이지 www.snupress.com
페이스북 @snupress1947
인스타그램 @snupress
이메일 snubook@snu.ac.kr
출판등록 제15-3호

ISBN 978-89-521-2834-8 94810
978-89-521-1086-2 (세트)

This work was supported by the Support Program for Japanese Studies
at the Institute for Japanese Studies, Seoul National University.

한국문학과 일본문학의 '전후戰後'

방민호 · 김진규 · 남상욱 · 박현수 · 신하경
여태천 · 이종호 · 이희정 · 홍윤표 지음

서울대학교출판문화원

The 'Postwar' of Korean Literature and Japanese Literature

Bang Minho et al.

Seoul National University Press

왜 지금 한국과 일본의 전후문학인가?

이 책에서 우리는 한국과 일본의 전후문학이 비교될 수 있는지를 검토한다. 물론 이 자리에서 충분히 탐구될 수는 없을 것이다. 그러나 몇 편의 논문으로도 여러 연구자가 각각의 논문이나 에세이에서 제시했던 두 나라의 전후문학을 비교하는 문제에 관하여 새롭게 질문하는 것은 불가능하지만은 않으리라 기대한다.

도대체 왜 지금 한국과 일본의 전후문학인가? 그것을 왜 한국문학 또는 일본문학 연구의 한 대상으로 삼아야 하는가? 이에 대하여 먼저 대답할 수 있어야 한다.

이 책을 제안한 사람으로서 필자는 현재 시점이 한국현대문학 연구에 있어서 전후를 다시 물어야 할 때라고 판단했다. 한국현대문학 연구는 현재 1980년대 문학을 대상으로 삼는 데까지 이르렀다. 앞서가는 연구들은 늘 그렇게 전위적 역할을 자임한다. 하지만 필자의 근심은 과연 우리가 해방 이후 또는 전쟁 이후의 문학을 연구할 수 있는 방법론적·개념적 토대를 확보하고 있는가 하는 의문에서 출발한다. 한국의 현대문학 연구는 두 가지 상반된 맹점을 갖는다.

하나는 자기 연구의 방법론적 토대를 쉽게 외국 문학이론에서 기져오는 것이다. 이때 일본의 문학연구상 방법들은 손쉬운 차용 대상이 될 수 있다. 지리적으로 가깝고 역사 경험에서도 20세기를 전후로 하여 식민지다, 제국주의다 하는 상반됨은 있지만, 서구와의 대비법에서는 곧잘 유사한 '후발성'으로 모아질 수 있는 두 나라요, 그 문학들이다. 일본이 겪은 사회사적·문학사적 경험을 한 20년쯤 뒤따라가며 한국이 되풀이한다고 보는 근대화에 관한 선조적 이해 속에서 일본과 한국은 하나의 선 위에 올려진다. 위를 향해 완만한 경사를 이루며 뻗어 나가는 것이다. 그 선상에서 일본은 앞에 있고 한국은 조금 또는 많이 뒤처져 있다. 이러한 시각은 여러 면에서 실용적인 쓸모를 가지고 있는 듯하다. 그러나 위상학적 차이를 갖는 두 사회와 문학을 동질적인 차원으로 환원시켜 양적 비교에 고착시키는 우를 범할 수 있다.

다른 하나는 한국문학과 그 역사적 전개 양상을 분석·평가할 수 있는 방법과 개념을 충분히 벼르지 않은 채 무비판적으로 이미 사용해 온 용어들에 만족하며 이를 지렛대 삼아 연구를 진척시켜 가는 것이다. 필자의 판단에 따르면 한국현대문학 연구자들이 지난 10여 년간 해방 후와 전후를 대해 온 방식이 그에 가깝다고 생각한다. 예를 들어 '전후'라고 말할 때 연구자들은 그것을 어떤 전쟁을 기준으로 어디까지 잡아야 하는지 세심하게 따져 묻지 않았다. 6·25전쟁 전후인가 하면, 그것만으로는 충당할 수 없는 현상이 보인다. 김윤식은 6·25전쟁과는 다른 전쟁을 겪어낸 세대에 관해 말했고 그것은 '학병세대'의 문학이라는 것이다. 이 용어는 한국문학에서의 전후가 태평양전쟁의 전후일 수도 있음을 의미한다. "과연 전후는 어디까지인가?" 하고 물을 때 연구자들은 다시 한번 머뭇거린다. 그것은 먼저 4·19혁명이 일어나기 전까지를 의미하는 것처럼 판단되기도 하지만, 그러기에는 전후의 감각이 더 오래 지속되었던 것 같다. 그래서 작가와 작품을 연구하는 이들은 대략 1960년대 전반기까지의 현상들을 아울러 '전후'라는 개념 아래 포괄하기도 하는데, 왜 그렇게 해야 하는지 따져 묻지는 않았다.

오늘날 한국에서는 '전후'라는 말의 효용성이 '6·25전쟁 70주년' 같은 말을 사용하는 때나 발휘되는 것처럼 느껴진다. 반면에 일본 비평계에서 전후는 비교적 근년까지도 새롭게 되물어지는 주제어다.

이러한 차이에 대해서 일본의 학구적 태도와 한국의 망각증을 대비시키는 것은 문제의 소지를 민족성 따위에 환원시키기 때문에 좋은 접근법으로 생각되지 않는다. 어떤 전쟁이었다 해도 전후의 한국은 가난과 독재와 지역적 갈등에 시달려 왔다. 현실 비판적인 학자들이 매달려야 하는 문제는 많았고, 그 모든 것을 한꺼번에 잘 논의하기란 무척 어려웠다. 한국은 일본에 비해 작은 사회다. 인구가 우선 적고 영토도 본래 작았던 것이 그나마 반토막이 되었다. 지식 계층도 수적으로 충분치 못한데다, 작은 사회의 특성상 어느 하나의 주제에만 깊이 착목해 들어가기에는 다양하고도 복합적인 요청들에 직면해 있다. 이러한 약점에도 불구하고 '전문가'는 없지 않지만, 그들 각각은 차라리 초인에 가까운 노력을 기울이는 이들이다.

필자의 판단이 옳다고만은 할 수 없을 것이다. 그럼에도 이 전후라는 문제에 대해서도 전문가는 그 수가 적다. 많은 이가 현대문학사를 이루는 각각의 부분에 흩어져 있고, 그러면서 이리저리 이동하기도 한다. 일제강점 말기에 집중되는 양상을 보이던 연구자들이 대체로 시대를 따라 내려오며 관심 주제를 변경하는 추세지만, 때로는 전후를 '지나쳐' 1960년대, 1970년대, 1980년대 문학까지 전위적으로 훑어 내는 경향을 보이기도 한다.

필자는 여기서 다시 한번 전후로 되돌아가자고 말하고자 하는데, 그것이 한국의 해방 후 현대문학사를 논의하기 위한 근간이 되는 개념이며 현재까지도 지속되는 현상이기 때문이다. 단순히 사회구조적인 면에서 그렇다는 것이 아니라, 정신사적 맥락에서도 그렇다는 것이다.

이 책의 중요한 목표는 그래서 한국문학에 있어 전후 또는 전후문학이라는 말의 뜻을 보다 신중하게 학문적으로 살피고, 그 바탕 위에서 한국문학에 있어 전후문학이란 무엇이고 무엇이 되어야 하는지 제시해 보는 것이다.

바로 그러한 의미에서 이 책에서 일본의 전후문학을 다만 몇 개의 논문으로라도 살펴보는 것이 필요했다. 그것이 우리로 하여금 한국문학과 일본문학의 거리, 그 동시성 속의 비동시성, 비동시성 속의 동시성을 다시 한번 깨닫게 하고, 그럼으로써 전후 한국문학과 한국문학 연구에 결여된 것을 성찰하게 해줄 수 있기 때문이다.

일본의 전후, 그리고 한국의 전후에 이르러서야 20세기를 앞뒤로 하여 두 나라, 두 사회를 하나로 비끄러매던 '제국주의-식민지'의 이항대립적 폐쇄고리는 깨어지고 각각이 새롭게 재구성된 세계체제의 일부로 각기 다른 위상 속에서 재편입되었다. 한국과 일본은 서로 다른 전후를 살게 되었고, 그것은 '잠시' 하나의 메커니즘 안에 갇힌 것처럼 보였던 두 나라를 각기 다른 운명에 마주 서게 했다. 강요되었던 하나의 운명은 현실에서 물러섰고 끈질긴 과거의, 망령의 힘에 맞서 한국은 한국대로, 일본은 일본대로 자신들의 현재와 미래를 만들어 가야 했다. 바로 그 때문에도 해방 후 한국문학은 단지 포스트콜로니얼하지만은 않다. 그럼에도 두 나라의 문학은 어디에선가 여전히 겹쳐지고 새롭게 겹쳐 보아야 할 국면, 양상들을 가지고 있는 것처럼 보인다.

분명히 전후의 한국문학과 일본문학은 같은 평면 위에 놓여 있지 않다. 전후의 두 나라의 문학을 비교한다는 말은 모순적이다. 비교는 같은 평면을 요구하기 때문이다. 그러나 사람들은 즐겨 모순을 취한다. 그 속에서 새로운 질문을 던질 수 있게도 되고, 더 깊은 이해와 인식에 도달할 수도 있게 된다. 필자는 일본이라는 나라의 문학과 지식에서 한국이 무엇인가를 즐겨 구하여 얻는 것을 싫어하지 않는다. 일본도, 또 다른 나라도 자기의 인식을 심화시켜 나가는 데 있어 자기의 외부를 참조하는 것만큼 중요한 것도 없기 때문이다. 그러나 문학과 지식의 표층만을 적당히 가져다 쓰는 것처럼 얄팍한 태도도 없을 것이다.

본래 이 책의 구상은 서울대학교 일본연구소의 지원 아래 다섯 명의 한국문학, 일본문학 연구자가 모여 논의를 만들어 가기로 한 데서 시작되었다. 처음부터 한일 비교문학을 전공한 사람들이 아니고 각각 한국문학과 일본문학을 전공한 사람들이 두 나라의 전후문학을 비교 측면에서 살펴보고자 한 것이다. 한국문학 연구자들은 그래도 일본문학 쪽 동향에 민감한 편이라고나 할까? 그러나 일본문학 전공자라면 한국문학에서 굳이 비교 대상을 구할 필요는 없을 수 있다. 총론 성격의 글 외에, 어떤 경우에는 직접 비교하여 논의하기도 했으나, 또 다른 경우에는 병치적 효과를 얻는 데 그친 점도 있다. 그러나 단순한 병치는 아니며 한일 전후문학의 공감각에 대한 이해를 겨냥하고 있음을 살펴 주셨으면 한다.

이제 이 책의 구성에 함께 참여하고 있는 논문들의 의미와 역할에 대해 간단히 설명해야 할 차례다. 제1부에 실린 필자의 「한국 전후문학 연구의 방법론 검토」는 이 책의 구상 취지를 살려 두 나라의 전후문학에 어떻게 접근해야 할 것인가에 관한 총론적 논의를 한 것이다. 여기서 필자는 전후문학의 개념 범주와 인접 범주, 시기 구분 문제를 논의했으며, 전후문학과 포스트콜로니얼리즘적 연구의 관계를 묻고, 중요한 전후 문제를 다룬 작가들에 대한 사례분석의 방법을 제시하고자 했다. 박현수의 「한국문학의 '전후' 개념의 형성과 그 성격」은 한국과 일본에서 '전후' 또는 '전후문학' 개념이 어떻게 이해되어 왔는가를 섬세하게 실증적 차원에서 살핀 논문이다. 그는 해방 이후와 6·25전쟁 이후에 전후라는 개념이 정착해 간 과정을 잡지 등에 나타난 글들을 통해 정돈하고 일본의 전후문학 개념이 어떻게 작용했는지 분석했으며, 이를 통하여 한국문학에 특수하게 나타나는 전후 또는 전후문학의 개념을 문학사적으로 고찰하고자 했다.

제2부는 한국과 일본의 태평양전쟁 이후의 '전후' 풍경을 중심으로 쓴 네 편의 논문으로 구성했다. 이 논문들은 때로는 일본소설 속의 '전후' 풍경을, 때로는 한국문단 속의 '전후'를, 또 달리는 한국과 일본의 전후 작가나 문단을 비교하는 방법으로 두 나라의 태평양전쟁 이후를 살핀다. 남상욱의 「일본인은 '점령'을 어떻게 받아들이게 되었나?」는 작가 야스오카 쇼타로의 초기 소설 속에 나타난 '점령' 문제를 중심으로 일본의 전후 풍경을 새롭게 고찰한 글이며, 홍윤표의 「한일 전후소설에서의 '팡팡'과 '양공주' 표상」은 패전과 해방 이후 한국과 일본의 문단과 소설계에서 어떤 현상들이 나타났는지를 살펴볼 수 있게 하는 글이다. 이희정의 「잡지 『신천지』를 통해서 본 '전후 인식' 양상」은 태평양전쟁, 해방 직후인 1946년 1월에 창간되어 6·25전쟁 기간을 거쳐 1954년 10월까지 발간된 잡지 『신천지』를 중심으로 한국문학의 전후 인식을 2차 세계대전 직후로부터 발원하는 것으로 되돌려 놓고자 하는 의욕을 보여준다. 신하경의 「제로 연대 일본영화 속 '전후' 담론」은 현재의 일본영화들이 패전의 과거를 어

떻게 소환하고 있는지를 묻는 글이다. 패전 직후의 전후 양상을 직접 다룬다고 할 수는 없지만 전후 풍경을 이해하는 데 큰 도움이 되리라고 생각된다.

제3부는 한국의 전후문학을 새롭게 읽는 방법에 관한 네 편의 논문으로 구성했다. 필자의 「황순원의 『일월』과 시마자키 도손의 『파계』」는 한국 전후문학을 구성하는 중요한 현상으로서 '월남문학'이 존재한다는 인식을 바탕으로 그 대표 작가 가운데 한 사람인 황순원의 장편소설 『일월』을 일본의 시마자키 도손의 러일전쟁 '전후소설' 『파계』와의 관련성 속에서 구체적인 분석을 꾀하고 있다. 김진규의 「선을 못 넘은 '자발적 미수자'와 선을 넘은 '임의의 인물'」은 최인훈의 『광장』과 일본 작가 홋타 요시에의 『광장의 고독』 사이의 관계 양상을 고찰한 것으로, 해방 및 한국전쟁 후 문학에 연관된 일본문학의 문제를 보여줄 수 있는 글이다. 여태천의 「한국 전후세대 시인들의 위치와 언어적 현실」은 한국의 전후 시인들의 세대론적 위치와 언어 의식을 고찰한 것이며, 이종호의 「1960년대 일본번역문학의 수용과 전집 발간」은 1965년 신구문화사에서 펴낸 『세계전후문제작품집』 가운데 일본 편에 관련된 것으로 전후 한국이 일본문학을 어떻게 인식하고 있었는지를 보여주는 흥미로운 글이다.

이 책은 모두 3개 부로 나누어 한국에서의 전후문학 개념을 묻고 그것을 일본의 전후문학 논리와 관련짓고 참조하여 논의했으며, 나아가 한국 전후문학 연구의 방법론과 관련하여 새로운 시사점을 제기하고자 했다. 이 책의 문제의식은 태평양전쟁과 6·25전쟁 이후부터 현재까지를 통틀어 '전후'라는 개념으로 포착하는 데 있으나, 총론 외에 각론에 배치된 글들은 대체로 한국의 '1차 전후 시기'에 해당하는 1965년 중반경까지의 작품들을 대상으로 삼았다. 이는 애초에 서울대학교 일본연구소의 지원으로 설정된 연구자 집단이 작았던 데 기인하기도 하고, 한 권의 책에서 모든 시기와 대상을 취급하기 어렵다는 점도 있다. 따라서 이 책이 애초에 출발한 한일 전후문학에 관한 비교연구 또는 연구방법론 탐색이라는 취지에 얼마나 부합했는지 자신할 수 없다. 그러나 두 나라의 전후문학을 한데 논의한다는 것, 이를 위한 문제의식과 논점의 공유를 시작한다는 점에서 이해해 주실 것으로 믿는다.

2021년 6월

방민호

차례

제2부 해방 후 한국과 일본의 전후문학은 무엇을 사고했나?

제3장 일본인은 '점령'을 어떻게 받아들이게 되었나?
야스오카 쇼타로의 초기 소설 속의 '점령'을 중심으로 / 남상욱

제4장 한일 전후소설에서의 '팡팡'과 '양공주' 표상
전쟁 기억의 재현과 은폐 / 홍윤표

제5장 잡지 『신천지』를 통해서 본 '전후 인식' 양상 / 이희정

제1부

'전후'라는 문제를 어떻게 볼 것인가?

제1장

한국 전후문학 연구의 방법론 검토

일본의 전후문학론과 관련하여

방민호

1. 들어가며: 김윤식의 '학병세대' 글쓰기 연구

한국의 전후문학을 일본의 그것을 참조하면서 연구한다는 것은 두 나라의 문학을 하나의 평면 위에 올려놓고 비교하는 또 한 번의 위험을 감수한다는 것을 의미한다. 한국의 현대문학 연구에서 이 문제는 한국문학의 정체성의 위기 또는 그에 대한 회의를 야기해 온 측면이 있다.

그 대표적인 사례의 하나는 1990년대 전반기에 유행했던 카프 연구에서 찾을 수 있다. 임규찬에 의해 편집된 『일본 프로문학과 한국문학』(연구사, 1987)은 당대의 지적 분위기를 잘 보여주는 기획물이다. 이 책은 모두 5개 장에 걸쳐 일본 나프문학 운동과 한국 카프문학 운동을 병렬적으로 비교, 배치하는 구성을 보여준다. 그 제1장은 일본과 한국의 자연발생적 프로문학을 살펴보고, 제2장은 프로문학 운동의 조직적 발전기를 나프 및 카프 결성을 중심으로 고찰한다. 제3장은 프로문학 운동의 성숙기를 고찰한 것으로 리얼리즘 논의와 예술대중화 논의를 검토한다. 제4장은 탄압기의 프로문학 운동의 투쟁과 해체를 고찰한 것이다. 프로문학 운동이 국제주의적 메커니즘을 지향했고 코민테른 등에 연계되어 있었다는 점에 비추어 이와 같은 논법은 충분히 이해할 만하다. 그러나 일본 사상운동이 후쿠모토주의나 야마카와주의 같은 '고유명사'를 산출했던 반면 한국의 사상운동은 자신의 고유명사를 논리적으로 확보하지 못했던 것을 상기시키듯, 일본 프로문학 운동과 한국 프로문학 운동을 비교한다는 작업도 후자의 자기충족적 메커니즘을 밝혀내는 데는 소홀했다고 할 수 있다. 이는 후쿠모토 가즈오(福本和夫, 1894~1983) 같은 독일 유학파 마르크시스트를 가질 수 없었던 한국 마르크시즘의 결여태를 상기시키지만, 다른 한편으로 이진경의 『사회구성체론과 사회과학 방법론』(아침, 1988) 같은 '명저'의 존재를 감안하면 그것은 일반적 결여가 아니라 연구 방법과 전제의 문제 또는 난점에서 비롯된 것이다.

요컨대 한국과 일본의 전후문학을 같은 평면 위에 올려놓고 비교하는 행위는 한국의 현대문학을 일본의 그것을 모델로 삼는 축소판, 결여형태, 미달형, 과잉 등으로 병리화할 위험성이 있고, 그렇지 않다고 해도 한국현대문학 '고유'의 메커니즘을 심층적으로 해부해 들어가지 못하도록 작용한다는 난점이 있다.

이와는 다른 사례가 있다. 한국의 전후문학과 관련하여 가장 인상적인 저작 가운데 하나인 김윤식의 『일제말기 한국인 학병세대의 체험적 글쓰기론』(서울대학교출판부, 2007)은 『분노의 강』의 이가형, 『현해탄은 알고 있다』의 한운사, 『관부연락선』의 이병주를 '학병세대' 글쓰기라는 범주 안에서 논의한다.[1] 김윤식의 논의는 먼저 학병세대 글쓰기를 (A) 학병을 소재로 한 간접적 글쓰기와 (B) 학병이 직접 쓴 글쓰기의 두 유형으로 나누고, 다시 후자를 (1) 학병으로 국외에서 탈출한 경우의 체험적 글쓰기, (2) 탈출하지 않은 학병의 체험적 글쓰기, (3) 국내에 배속되어 탈출한 학병의 체험적 글쓰기, (4) 학병 거부자의 체험적 글쓰기, (5) 탈출하지 않은 학병의 논픽션 글쓰기 등으로 분류했다.[2]

이렇게 하여 이병주에 관한 심층적 분석으로 연결되는 '학병세대' 글

1 김윤식, 『일제말기 한국인 학병세대의 체험적 글쓰기론』, 서울대학교출판부, 2007, 27쪽.

2 위의 책, 29쪽. (2) 유형과 (5) 유형이 차이는 체험적 글쓰기냐 허구적 글쓰기냐에 달려 있다. 같은 곳에서 (1) 유형과 (5) 유형을 대비시켜 김윤식은 "탈출학병의 영웅심리가 깔린 글쓰기가 논픽션의 큰 산맥을 이루었다면, 그 때문에 정치적 성격을 벗어날 수 없었다면 이 탈출하지 않은 세대의 글쓰기란 자의식을 상상력으로 보강한 범주"라고 했다.

쓰기에 관한 김윤식의 논의는 한국현대문학사에 관한 하나의 고유명사를 발명한 것이라 해도 크게 틀리지 않을 것이다. 여기서 이 '학병세대'라는 말이 얼마나 합당한가 하는 것은 오히려 두 번째 문제가 된다. 예를 들어 이 '학병세대'라는 말은 그 분석에 장용학, 손창섭, 김성한, 유주현처럼 일제강점 말기 해방 직전까지 일본에서 대학을 다니고 있던 같은 세대의 작가들을 포괄하지 않는다. 그들은 이병주, 이가형, 한운사 등과 같은 1919~1923년 출생자들로서 김윤식이 언급한 '학병세대'에 속하는 작가들이지만, 단지 학병으로 국외에 징집되어 나가지 않았기 때문에 '학병세대'로 분류되지 않는다. 그렇다면 이병주, 이가형, 한운사 등은 이 세대의 학병 체험 그룹 또는 유형으로 불리어야 하며, 이를 독자적인 하나의 세대로 볼 수는 없을 것이다. 그리고 이 세대는 그 전체를 포괄하기 위해서라면 '학병세대'라기보다는 이미 유럽이나 일본에 선례가 있는 '전중파' 개념을 빌려 쓰거나, 이 용어가 지나치게 참전자의 의미를 띠게 된다면 차라리 '전쟁세대' 정도로 그들이 태평양전쟁과 6·25전쟁을 잇달아 경험한 세대임을 부각시킬 수 있는 용어를 채택해야 했는지도 모른다.

필자는 한 글에서 장용학, 손창섭, 곽학송, 박경리 등을 세대적으로 포괄하려는 시도의 하나로 '1920년대산 작가'[3]라는 용어를 사용한 적이 있지만, 이 개념은 연대별 유형화라는 점에서 작가들의 세대적 특성이 표현되지 못하는 추상성을 면키 어렵고, 또한 1920년대 전반기 출생 작가와 후반기 출생 작가 사이에 가로놓인 '학병' 동원 문제 같은 중요한 전쟁 체험 양상의 차이도 드러내지 못하는 면이 있다. '전중파'라는 개념은 국내에는 일본문학의 개념으로만 사고되는 경향이 있지만 그 뜻은

3 방민호, 『한국 전후문학과 세대』, 향연, 2003, 99쪽 참조.

"the war generation", 즉 '전쟁세대'에 가까운 것으로 '전전파(the prewar generation, the prewars)'나 '전후파(the post war generation, the après-guerre school)'에 대해서 상대화해서 사용되는 용어다. 이 '전쟁세대'를 '전중파'라 옮기면, 확실히, 전쟁이 끝났음에도 불구하고 계속해서 싸우고 있다는 느낌이 강해지게 되어 2차 세계대전을 겪은 세대의 전쟁 후유증까지 아울러 표현할 수 있는 이점이 있는 것도 사실이며, 특히 참전 경험이 있는 작가들을 설명하고자 할 때 특별히 유효해 보이는 면이 있다. '전쟁세대'라는 형태로 옮겨지면 대신에 그 세대의 일반적 특징을 두루 포괄할 수 있는 이점이 있고, 그 안에서 전쟁 참전 그룹과 그렇지 않은 그룹, 또 여성 작가 그룹 등 다양한 작가 유형을 하나의 세대 개념 안에서 세별할 수 있게 된다.

어찌 되었든 여기에서 논점은 김윤식의 '학병세대 문학' 개념이 함축하는 발명의 힘에 관한 것이다. 이 개념이 얼마나 충분한가는 여기서 결정적인 사안이 아니다. 그는 이 개념을 통하여 이병주, 한운사, 이가형이라는 작가들의 존재를 한국현대문학사상에 의의를 가진 집합적 실체로 부각시켰고, 그로써 기왕에 논의되어 온 손창섭, 장용학 중심의 '전후소설사'에 새로운 문제를 제기했다. 그리고 이 두 작가 그룹을 한데 합쳐 사유할 때 분명해지는 것이 있다. 그것은 해방 후의 한국현대문학사 연구에서 '전후'라는 말이 지나치게 협소하게 또는 애매모호하게 사용되어 왔다는 사실이며, 이를 새롭게 규명, 규정해 볼 필요가 있다는 것이다.

도대체 이 '전후'는 어떤 전쟁의 전후인가? 말할 것도 없이 국문학계에서 상식적으로 통용되어 온 전후란 6·25전쟁의 전후라는 의미에서의 전후다. 그러나 김윤식의 연구는 이 전후라는 말이 단순히 6·25전쟁의 전후라는 의미로 국한되게 사용되어서는 안 되며, 그것을 태평양전쟁의 전후라는 의미로까지 확장해 볼 수 있어야 함을 가리키고 있다. 이를 가리켜 필자는 한국문학은 일본문학과는 달리 서로 연속되고 중첩되는 '두 개의 전후'를 경험했다고 말하고자 한다.

그러니까 한국현대문학은 두 개의 전후를 경험한 문학이다. 장용학, 손창섭, 김성한, 유주현과 박경리, 강신재 같은 여성 작가들, 그리고 이병주, 한운사, 이가형 등을 아우르는 한국의 '전중파', '전쟁세대', 1920년대 전반기 출생 작가 세대는 일제강점기 한복판에 출생하여 1940년대 전반기의 태평양전쟁 동원 정세 속에서 고등학생, 대학생 시절을 보내며 성장한 세대다. 쓰루미 슌스케의 '15년 전쟁기' 개념을 활용하면 이 세대는 만주전쟁, 중일전쟁, 태평양전쟁으로 이어지는 긴 전쟁기를 경험하면서 성장, 청년기에 다다랐으며,[4] 제3차 조선교육령의 시행 속에서 조선어 과목이 수의과목으로 격하된 가운데 황국신민화 교육에 전면적으로 노출되었고, 특히 중일전쟁에 이어진 태평양전쟁 국면에 다다라 징병제가 실시되고(1942. 5. 8) 학생들의 징집유예가 결정되면서(1943. 9. 30) 이들 가운데 일부는 '남'의 전쟁터에까지 동원되어야 하는 가혹한 과정을 거쳐야 했다. 이들은 이 모든 과정을 통하여 민족적 귀속성으로서의 '조선인 됨'과 국가적·국민적 귀속성으로서의 '일본인 됨' 사이에서 갈등과 고민을 겪고 일종의 정신적 분열 상태를 경험해야 했다. 필자는 이러한 이 세대의 전쟁세대적·전중파적 특성과 고민이 손창섭의 자전적 장편소설 『낙서족』(일신사, 1959)에 선연히 표백되어 있는 것으로 보아 그에 대한 일단의 분석을 꾀한 바 있다.[5] 이 소설의 시공간적 배경은 일제강점 말기였

4 鶴見俊輔, 『戦時期日本の精神史 — 1931~1945年』, 岩波書店, 1991, 12~13쪽 참조.

5 방민호, 「손창섭의 "낙서족"에 관한 일고찰」, 『한국현대문학연구』 13, 2003 참조.

기 때문에, 당시의 비평가들은 비범한 전후작가, 그러니까 6·25전쟁의 상흔을 날카롭게 포착하여 단편소설로 제시하는 능력을 갖춘 손창섭이 도대체 왜 이런 철 지난 도착적 세계를 그리는지 이해할 수 없었다. 그러나 그것은 이른바 태평양전쟁을 경험한 세대의 뒤늦은, 태평양전쟁 전후로서의 전후문학이었다. 당대의 문단이 태평양전쟁을 치르던 일제강점 말기를 괄호 속에 넣고 6·25전쟁 이야기에 몰두하고 있을 때, 그는 불현듯 그 옛날 전쟁을 살던 성장기의 자기 분열을 되돌아보았던 것이다.

김윤식은 이병주를 '학병세대' 글쓰기의 대표적 작가로 분석하면서 학병으로 동원된 체험을 가진 이 세대의 작가군을 이렇게 이야기했다.

> 학병세대의 글쓰기란, 어떤 종류의 글쓰기보다 우선한다는 명제가 그것. 학병세대 아닌 쪽에서 보면 좀 우습겠고, 어쩌면 허풍스러움으로 들릴 수 있겠으나, 정작 학병세대의 처지에서 보면 어떤 상상력으로도 감당하기 어렵다는 것. 이는 이 세대만이 가진 자부심이자 동시에 사명감의 일종이 아닐 수 없지요.[6]

주객 사이의 대화체로 쓴 이 글 「학병세대 글쓰기의 유형과 범주」에서 김윤식은 이 전쟁세대의 전후문학에 어떻게 접근해야 하는가를, 그 일단을 제시해 보였다고 할 수 있다. 그것은 이 세대의 의식의 저층까지 내려가 그들이 전쟁을 치르고 나서 쓰지 않을 수 없었던 심리와 고민, 그 자의식의 심연으로까지 내려가 닿아야 한다는 것이다. 이것이 필자가 생각하는 한국 전후문학 연구의 과제요, 방법론이라 하지 않을 수 없다.

---

6 김윤식, 앞의 책, 41쪽.

2. 세대와 전후문학의 관계 양상

앞에서 필자는 김윤식의 '학병세대' 문학연구 사례를 통하여 해방 후 한국문학에 있어 전후라는 것이 실상 두 개의 전후로 인식되어야 하며, 이는 특히 잊혀지다시피 한 태평양전쟁의 전후라는 시각을 6·25전쟁의 전후라는 시각에 겹쳐 놓아야 함을 주장했다. 한국문학에 있어 '1차 전후'는 해방이라는 빛에 가리어 그 의미가 잊히다시피 했으며 '2차 전후', 즉 6·25전쟁의 전후라는 인식만이 전 민족적인 강렬한 전쟁 체험으로부터 지속적으로 인식되어 왔다. 그러나 6·25전쟁을 태평양전쟁의 전후 처리로부터 따로 떼어놓을 수 없다면 이 두 개의 전쟁은 또 하나의 연속성 속에서 파악될 필요가 있을 것이다.

이와 같은 전쟁의 연속성 또는 중첩성은 이와 관련된 한국현대문학 연구를 한층 복잡하게 만드는 것으로 보인다. 무엇보다 이 두 전쟁은 한국문학 담당층의 삶과 문학에 각기 상이한 형태로 작용했다고 할 수 있다. 예를 들어 장용학과 같은 1920년대산 작가와 박완서 같은 1930년대산 작가, 그리고 황석영 같은 1940년대산 작가에 있어 전쟁이란 같은 의미와 뉘앙스를 가질 수 없다.

이력 관계를 보면 장용학은 1921년에 출생하여 1940년 3월 함경중학교를 졸업했으며, 1942년에는 일본 와세다대학 상과에 입학했으나 1944년 1월 20일 학병으로 일본군에 입대하게 된다. 다행히 그는 중국이나 남태평양 같은 외지로 배속되지 않고 제주도에서 근무하다 해방을 맞이했고, 잠시 청진여자중학교 교사로 재직하다 1947년 9월에 월남한다.[7]

---

7 방민호, 「장용학의 생애와 문학」, 『한국 전후문학과 세대』, 향연, 2003, 158쪽.

이러한 장용학의 청년기는 이병주의 이력과도 비견될 만하다. 장용학과 마찬가지로 1921년생인 그는 경상남도 하동 출생으로 진주공립농업학교를 중퇴, 일본으로 건너가 1941년 메이지대학 전문부 문예과를 거쳐 1943년 와세다대학 불문과에 진학한 후 학병으로 동원, 중국 쑤저우(蘇州)의 일본군 제60사단 치중대에 배속해 있다가 해방을 맞이했다. 장용학과 이병주는 각각 북한 지역과 한국 지역을 고향으로 두었고 제주도와 쑤저우에 배속되었다는 차이는 있지만, 일본에 유학한 문학도로서의 행로는 아주 유사하다. 김윤식은 이병주가 나중에 『관부연락선』(월간중앙, 1968. 3~1970. 4)을 쓰고 『지리산』(기린원, 1985)으로 나아간 것을 가리켜, 이병주 유학 당시 미키 기요시와 고바야시 히데오의 사유로 대표되는 일본 고등학교와 대학의 '교양주의'의 소산으로 설명하고자 한다.[8] 그와 같은 맥락에서 장용학의 소설들은 근대성에 대한 철학적 탐색의 소산으로 이해될 수 있으며, 특히 『원형의 전설』(사상계, 1962)은 6·25전쟁을 근대성의 두 이념으로서 자유와 평등의 대립, 투쟁으로 설명하면서 그 너머의 세계를 탐구하는 양상을 보인다. 이병주와 장용학의 세대에 태평양전쟁은 그들이 젊은 시절에 직접 감당해야 했던 현실로 나타나는 데 비해, 6·25전쟁은 이 과정에서 획득된 그들의 세계인식 방법이 적용, 관철, 해석되는 또 하나의 장으로서의 성격을 갖는다.

박완서나 이호철, 최인훈으로 대표되는 1930년대 전반기, 중반기 출생 작가들에 있어 태평양전쟁은 이미 윗세대의 것이다. 그들의 오빠나 형 세대에는 현실이었던 것이 그들에게는 누군가를 경유하여 들려오는 소식 같은 것이었고, 그 때문에 태평양전쟁이 현실로서 직각될 수 있는

---

8 김윤식, 앞의 책, 43~51쪽.

대상이 될 수 없었던 데 빈해, 6·25전쟁은 그들의 직접적인 현실 경험의 대상이다. 예를 들어 박완서는 해방이 되자 소개지로부터 서울로 돌아와 다시 숙명여중에 다니게 되었고, 학제가 바뀌어 같은 학교를 6년이나 다니고 6·25전쟁이 나던 1950년 6월에 서울대학교 문리대 국문과에 입학한다. 숙명여중이 여고가 되는 과정에서 오빠의 영향으로 좌익 사상에 기울었으며 민청 활동에도 잠시 관계했던 박완서는 6·25전쟁이 발발하여 피난을 가지 못한 채 서울이 점령되어 있던 기간에도 학교에 나가 민청 조직에 들어가 활동하기도 했는데, 이 문제로 인해 9·28 서울 수복 후 학교 당국의 심사 대상이 되지 않을 수 없었다. 문학사에 잔류파와 도강파 문제로 남아 있는 인민군의 서울 점령 중 문학인의 체제 협력 문제는 당시 젊은 학생이었던 박완서의 현실 그 자체이기도 했으며, 장편소설 『목마른 계절』(1978)은 바로 이 문제를 다룬 것이었다. 박완서는 『나목』(1970)으로 문단에 등장한 이후, 『목마른 계절』을 거쳐 「엄마의 말뚝」 연작 세 편(1980, 1981, 1991), 『그 많던 싱아는 누가 다 먹었을까』(1992), 『그 산이 정말 거기 있었을까』(1995)로 나아가는데, 이 모든 작품에서 서울 점령 6월 28일부터 9월 28일까지, 그리고 1·4후퇴 후 서울이 재차 수복되기까지 서울에 남아 있던 자신에 관한 문제는 그의 문학의 중심을 이루고 있다.[9] 말하자면 그녀의 문학은 6·25전쟁에 대한 체험적·자전적 전후문학으로 존재한다.

이호철과 최인훈에 대해서도 6·25전쟁은 태평양전쟁과는 전혀 다르게 박완서에 있어서와 같은 체험적 현실로서 존재했다고 할 수 있다. 두

9 특히 서울에 남아 있던 박완서가 겪은 서울 수복 이후의 심리적 압박감에 대해서는 박완서, 『그 많던 싱아는 누가 다 먹었을까』, 웅진출판, 1992, 253~254쪽 참조.

사람은 원산고 선후배 사이로 모두 '원산철수' 와중에서 LST를 타고 부산으로 내려와 남쪽에서의 생활을 시작하게 된다. 이호철은 1950년 7월 졸업을 목전에 두고 학도병으로 인민군에 동원, 울진까지 남하했다가 후퇴, 포로가 되었다 원산으로 돌아온다. 그 직후 그는 국군의 후퇴와 더불어 혈혈단신 월남하게 된다. 한편, 최인훈은 국군과 연합군의 북진 중 부친이 그들에게 임업 관계 협력을 하게 되면서 일가족 모두가 월남하여 새로운 삶을 시작하지 않을 수 없었다. 6·25전쟁에 대한 이 두 작가의 태도를 더욱 복잡하게 만들어 준 것은 1945년 해방 직후부터 6·25전쟁 발발 직전까지 그들이 원산에서 북한식 사회주의 교육을 받았다는 사실일 것이다. 최인훈의 긴 소설 『화두』(민음사, 1994)에 나타나는 청소년 시절의 '나'는 학교의 모범생으로서 소년단 지도 선생의 자아비판 요구에 시달리면서도 조명희의 소설 「낙동강」에 나타나는 사회주의적 이상에 깊이 감심하는 인물로 나타난다. 이호철 역시 최인훈과 아주 유사한 모범생이자 문학소년이었다. 학창시절에 그는 일본어로 세계문학전집을 읽고 임화의 시를 좋아해서 학생들 앞에 불려 나가 낭송을 했으나, 졸업을 앞둔 1950년 7월 7일 해병대 격인 북한군 87연대에 소집되어 직접 전쟁을 겪게 된다.

박완서의 '민청' 경험과 이호철, 최인훈의 북한에서의 사회주의 피교육 경험을 같은 수준에 올려놓을 수 있는가 하는 문제는 있으나, 이 세대의 중요 작가들은 사회주의를 체험적으로 경험했고 그 연장선상에서 6·25전쟁의 이념 간 적대를 직접 경험하면서 혹은 생사의 고비를 넘기고 혹은 인생의 경로가 완전히 바뀌는 경험을 했으며, 이 과정에서 자본주의와 사회주의, 남과 북, 미국과 소련을 대비시켜 사유하면서 새로운 삶과 체제를 모색해 나가야 했다. 이 점에서 이 세대 작가들은 1920년대 전반기에 출생한 전쟁세대, 전중파와는 성격이 다른 전후문학을 일굴 수밖에 없었다고 할 수 있다.

한편으로, 1940년 전후에 출생한 작가들은 앞의 두 세대와는 다른 차원의 전후문학을 구축할 수밖에 없는 세대적 특징을 지닌다. 1920년대 전반기에 출생한 작가들은 태평양전쟁을 현실로 경험했고 그 연장선상에서 6·25전쟁을 해석해야 했으며, 1930년대 전반기에 출생한 작가들은 그 6·25전쟁이 헤쳐 나가야 할 엄연한 현실로서 존재했다. 반면에 이 세대에는 6·25전쟁조차 단지 유소년 시절의 기억으로 남아 있게 되며, 이는 그들로 하여금 아버지와 어머니, 형과 누이의 체험적 현실을 사후적으로 해석, 재구성하도록 하는 세대적 위치를 할당받도록 한다. 그들 또한 그들의 앞선 세대가 6·25전쟁을 경험해 나감에 따라 그에 '부속된' 존재들로서 전쟁을 체험하기는 해야 했다. 그러나 그 전쟁에 대한 사유는 그들 자신의 '아릿한' 기억에 바탕을 두기는 했으되, 그것을 재해석한 '사후'의 담론들에 혹은 영향을 받아 혹은 그것들과 대화적으로 구성, 재구성되어 나간다.

이 세대에 속하는 작가들은 현재 한국의 가장 연령 높은 작가층을 이루고 있으며, 1970년대에서 1990년대에 걸쳐 가장 영향력 있고 대중적인 전후소설들을 써냈다. 이청준(1939), 천승세(1939), 한승원(1939), 전상국(1940), 이문구(1941), 현기영(1941), 김승옥(1941), 조세희(1942), 박태순(1942), 김원일(1942), 윤흥길(1942), 조정래(1943), 황석영(1943) 등으로 이어지는 작가들의 긴 목록은 이 세대의 문학이 해방 후 현대문학사에서 가장 풍요롭고도 다채로운 생산을 이루었음을 보여준다. 이들은 20, 30년간에 걸쳐 지속적으로 앞을 다투어 6·25전쟁에 대한 전후로서의 전후문학을 산출했으며, 이들의 눈부신 창작활동으로 인해 한국문학에서 전후란 곧 6·25전쟁에 대한 전후라는 등식이 통용될 수 있기에 이르렀다.

바로 그러한 탓에 이 세대 작가들의 전쟁 인식이나 그것을 대하는 태도나 시각은 원천적으로 새롭게 검토, 분석되어야 한다. 그들은 1950년대 초부터 1970년대에 걸쳐 형성된 제3세계론 및 1950년대 중반부터 1960년대에 걸쳐 활발하게 전개된 비동맹운동 등을 배경으로, 나아가 4·19혁명, 5·16 군사쿠데타, 베트남전쟁(제2차 인도차이나전쟁, 1960~1975) 및 1964년 9월 22일부터 1973년 3월 23일에 걸쳐 이루어진 한국군의 베트남전쟁 파병, 한일국교 정상화(1965. 6. 22), 유신체제 선포(1972. 10. 17) 등과 같은 역사적 사건들을 경유하며 형성된 반독재 민주화 운동과 민중적 체제변혁 운동의 흐름 속에서 자신들 세대의 전후문학을 만들어 갔다. 이는 곧 그들의 전후문학을 사후적으로 재구성되는 6·25전쟁에 관한 문학으로 위치시키는 것이었다고 할 수 있다. 그들의 전후문학은, 1920년대산 작가들의 전후문학이 일제강점 말기의 일본 유학생 시절에 몸에 익힌 철학과 교양의 힘에 기대어 해석된 태평양전쟁 및 6·25전쟁에 관한 문학이었던 것처럼, 1950년대 중반부터 1970년대에 걸쳐 형성된 각종 저항 담론 및 민족주의적·제3세계론적 담론들에 힘입어 재해석된 6·25전쟁에 관한 문학이었던 것이다.

이 세대의 전후문학을 그들의 담론적·이데올로기적 지반 위에서 새롭게 검토해야 할 필요성이 여기서 제기된다. 전후문학이 전쟁을 직접 경험한 자의 것이 아니라 그것을 사후적으로 재구성하는 세대의 것이 될 때 가장 유의해야 할 것은 그 진정성을 어디서 구할 것인가 하는 문제일 것이다. 1920년대산 작가들에게는 태평양전쟁이, 1930년대산 작가들에게는 6·25전쟁이 직접적 체험의 대상으로 존재했다면, 1940년대산 작가들에게는 어떤 전쟁도 자기의 것이었다고 말할 수 없다. 오히려 그들에게는 그 이후에 발발한 베트남전쟁이 전쟁에 대한 그들의 상상력과 인식을 새롭게 하는 요인이 되었다고 말할 수도 있을 텐데, 이 전쟁을 민족해방전쟁, 제1세계에 대한 제3세계의 투쟁으로 보는 담론적 시각은 이 세대 작가들의 6·25전쟁 전후문학에도 상당한 영향력을 행사했을 가능성이 있다. 「낙타누깔」(『월간문학』, 1972. 5), 「몰개월의 새」(『세계의 문학』, 1976. 8), 『무기의 그늘』(형성사, 1988) 등 황석영의 몇몇 소설에서 볼 수 있듯이 그들 세대에게는 베트남전쟁이 오히려 체험적 현실로 기능했다고 할 수 있으며, 바로 그런 의미에서 그들은 또 하나의 전쟁인 베트남전쟁을 매개나 지렛대 삼아 6·25전쟁에 대한 자신들의 시각을 재조정, 재구성한 요소도 있었을 것이다.

전후문학은 전쟁을 어떻게 체험하고 그것을 어떻게 볼 것이냐에 관계되는 문학이다. 따라서 각각의 세대가 태평양전쟁, 6·25전쟁, 나아가 베트남전쟁까지 어떻게 경험했고 어떻게 '수리'했는가 하는 문제는 한국의 전후문학을 이해, 처리하는 데 있어 매우 중요한 사항이라 하지 않을 수 없다. 나아가 한국문학이 이처럼 세대를 거듭하며 전쟁을 다루었다는 사실은 전후문학이란 과연 어디서부터 어디까지의 문학을 가리키는 것인지를 생각하게 한다. 이는 전후문학의 범위와 시기 구분에 관계되는 문제라 할 수 있다.

3. 전후문학의 시기 구분 및 관련 개념들

한국에서의 전후문학이라는 것을 이렇게 폭넓은 세대적 지평 위에 올려놓을 때 전후문학이라는 것은 어느 한 시대에 국한해서 사용할 수 없는 개념이라는 것이 아주 분명해진다. 앞에서 필자는 세 세대에 걸친 전후문학의 질적 차별성에 관하여 논의했지만, 이러한 세대론적 유형화는 그 아래위로 더욱 확장될 수도 있다.

그 하나의 사례는 김동리(1913~1995)나 황순원(1915~2000) 같은 1910년대산 작가들의 전후문학일 것이다. 황순원에 대해서 말하자면, 해방되어 처음 발표한 장편소설 『별과 같이 살다』(정음사, 1950)는 경상도의 한 가난한 소작인의 딸로 태어난 곰녀라는 여성의 수난기를 그린 것이지만, 그것이 일제강점 말기 전쟁하에서의 조선인의 삶을 총체적으로 형상화하고 있다는 점에서 이 소설은 또 하나의 전후문학으로 설명될 수 있다. 곰녀의 인생 역정을 따라 이 소설의 5장부터 9장까지는 중일전쟁, 북한지역의 병참기지화, 창씨개명, 태평양전쟁의 발발 같은 문제들이 차례로 제시되어 있으며, 10장부터 12장까지는 방공연습과 해방, 동포들의 귀환, 적산처리, 사회주의 세력의 등장 같은 문제들이 사실적으로 다루어지고 있다.[10] 그리고 이러한 황순원의 전후문학으로서의 경향이 가장 빛을 발휘한 작품이 바로 『나무들 비탈에 서다』(사상계, 1960)일 것이다. 6·25전쟁이 막바지로 치달을 무렵 학도병으로 전쟁에 동원된 동호, 현태, 윤구 등 세 젊은이의 행로를 그린 이 작품은, 전사에 금성전투로 기록되어 있는 대규모 전투를 앞두고 수색에 나가 임산부를 살해하게 된 젊은이들이 파멸해 가는 모습을 순도 높은 투명한 문체로 추적해 보이고 있다. 전쟁 중 행군 종군 작가단으로 참여해야 했던 황순원은 이 6·25전쟁 중에 전혀 전쟁의 기운을 느낄 수 없게 하는 「소나기」를 「소녀」(『신문학』, 1953. 5)라는 제목으로 발표한 바 있고, 38선 접경의 소꿉친구 성삼과 덕재의 이

10 방민호, 「현실을 포회하는 상징의 세계」, 『관악어문연구』 19, 1994, 86~92쪽 참조.

야기를 소재로 동족 간 살상의 현실을 화해로 승화시킬 것을 요청한 「학」(『신천지』, 1953. 5)을 발표하기도 했다. 『나무들 비탈에 서다』는 이러한 작가의 시각을 전쟁이 젊은 세대에 부과한 정신적 상처의 차원에서 새롭게 펼쳐 보인 것이라 할 수 있다.[11]

황순원이나 김동리 문학을 비롯하여 다양한 세대의 다양한 시대에서 산견되는 전후문학 작품들의 존재는 한국의 전후문학이 단순히 6·25 전쟁에 국한된 주제의 것이 아니요, 태평양전쟁으로까지 대상을 거슬러 올라가는 작품들이 다수 포진하고 있음을 알려줄 뿐 아니라, 그 분포에 있어서도 전쟁 직후나 1950년대에 국한되지 않고 1970년대에서 1990년대에까지 지속적으로 빈번하게 발표되어 왔음을 알 수 있게 해준다. 이와 같은 현상은 전후문학의 개념 범주를 지금껏 이해되어 온 것처럼 6·25전쟁 이후의 1950년대 문학, 4·19혁명 이전까지 전쟁 문제를 다룬 문학 정도로 한정할 수 없게 할 뿐 아니라, 그 범위와 대상을 근본적으로 확장하지 않을 수 없도록 강제한다. 그리고 이렇게 전후문학의 대상 범위를 확장하고자 할 때 실용적으로 참조할 만한 것이 바로 일본에서의 전후 및 전후문학 범주 사용법이다.

다음은 오쿠 다케노리라는 논자의 전후 관련 개념 사용례다.

> 1945년부터 계산하면 2007년은 62년째로, '전후'는 62년이라는 것이

11 황순원과는 다른 입장에서 김동리 또한 그 나름의 전후문학이라 할 만한 작품들을 남겨 놓았다고 할 수 있다. 그것은 「흥남철수」(『현대문학』, 1955. 1), 「밀다원 시대」(『현대문학』, 1955. 4), 「실존무」(『문학예술』, 1955. 6) 등에서 볼 수 있듯이 현장성과 체험적 성격이 강한 작품들이며, 그 연장선에서 인민군 치하에서의 잔류의 경험을 바탕으로 쓴 『자유의 역사』(1967) 등도 전후소설의 맥락에서 읽혀야 할 작품들이다(윤정헌, 「김동리 전후소설고」, 『비교한국학』 2, 1996, 111쪽 참조).

된다.

'전후=전쟁 후'라고 할 때의 '전쟁'은 말할 필요도 없이 중일전쟁, 태평양전쟁이다. 그것이 초래한 다양한 일들은 지금도 일본을 규정하고 있다. 그러한 의미에서는 '전후'라는 역사 파악의 유효성은 사라지지 않았다. 그렇다 해도 62년이라는 세월을 '전후'라는 말로 일괄적으로 묶는 것은 어려운 일이다. 제5장에서 오구마 에이지가 『'민주'와 '애국'』에서 사용한 '제1의 전후'라는 말을 다루었다. 그에 따르면 고도성장 이전이 '제1의 전후'이고, 그 이후가 '제2의 전후'이다. 오구마는 두 '전후' 사이에 '일본의 내셔널 아이덴티티와 관련된 논의에 어떤 질적 변화가 있었던 것은 아닐까 하는 가설'을 토대로 이 책을 집필했다.

'제1의 전후'에서는 일본이 아시아의 '후진국'으로, '제2의 전후'에서는 서양 정도의 '선진국'으로 각각 일컬어졌다. '근대화'는 '제1의 전후'에서는 달성해야 할 꿈이었으며, '제2의 전후'에서는 혐오해야 할 기성 질서가 되었다. 질서의 안정성이라는 점에서도 두 '전후' 사이에는 큰 차이가 있었다. '제1의 전후'에서는 기성 질서가 파괴되고 장래를 예측할 수 없었던 반면, 제2의 전후에서는 경제적 풍요로움을 달성하고 사회는 급속히 안정을 되찾아갔다.[12]

위의 인용 부분은 몇 가지 유의미한 사항을 검토하게 해준다. 첫째, 일본에서는 이미 이 '전후'라는 말을 아주 넓은 범위에 걸쳐 사용해 오고 있다는 점이다. 이것은 일본이 태평양전쟁에 패배함으로써만 그 이후의

12 오쿠 다케노리, 『논단의 전후사 1945~1970』, 송석원 역, 한림대학교 일본학연구소, 2011, 195~196쪽.

시대로 건너올 수 있었고 그때 성립된 이른바 평화헌법체제가 오늘날에 이르기까지 그대로 유지되고 있다는 점을 고려할 때 매우 일본적인, 다시 말해 일본의 사정이 반영된 시각이라고 할 수 있다. 전쟁에서 이긴 나라는 그것이 나라의 운명에 절대적인 영향을 미치지 않는 한 또 다른 시대를 향해 나아갈 수 있다. 반면에 패배한 나라는 그 패배의 전말과 감정과 패배로 인해 야기된 질곡이나 체제적 조건에서 쉽게 벗어나기 힘들다. 일본이 경제적·문화적인 발전을 구가하고 있는 현재에 이르기까지 '전후'라는 시대적 규정 없이는 태평양전쟁 이후의 역사를 논의하기 어려운 것은 바로 이 때문일 것이다. 이에 관해서는 가토 노리히로의 『패전후론』을 논의할 때 다시 한번 언급할 것이다.

그러나 동시에 이처럼 '전후'를 긴 시간에 걸쳐 지속되는 현상으로 이해하는 것은 한 사회의 근본적인 문제를 따져 묻고 그 추세를 더 깊게 이해하고자 할 때 반드시 견지해야 할 태도이자 시각이라고 할 수도 있다. 그리고 해방 후 한국현대문학 연구에서 꼭 필요한 것이 바로 그와 같은 '장기 지속적' 시각일 것이다.

한국현대문학 연구는 현재의 한국사회가 태평양전쟁과 6·25전쟁을 어떻게 문학에 투영시켜 왔고 작가들은 이 전쟁들을 어떻게 처리해 왔는지 체계적으로 또 주밀하게 살필 수 있어야 한다. 과연 한국사회는 이 전쟁들의 시대로부터 지금까지의 어느 시점을 '전후'라는 이미 지나간 과거의 시대로 일괄하고 그 이후를 살아가는 사회로서 스스로를 규정할 수 있는 것일까? 카이로(1943년 11~12월), 얄타(1945년 2월), 포츠담(1945년 7~8월), 모스크바 3상회의(1945년 12월)로 이어지는 해방 전후사는 2차 세계대전(및 그 일부로서의 태평양전쟁) 처리에 관한 것이었고, 이로부터 한반도 분할, 곧 남북 분단이 야기되었으며, 다시 이로부터 6·25전쟁이 발발함으로써 오늘날의 한반도 지형이 고착화되기에 이르렀음을 모두 안다. 필자는 1945년 8월 15일의 해방으로부터 1953년 7월 27일의 휴전협정 체결에 이르기까지 해방 후 8년의 과정을 하나의 시기로 구획하는 것이 유효하며, 해방 후 한국사는 이 8년과 그 이후의 전 과정으로 구획될 수 있다고 생각한다. 이 해방 후 8년사의 문학을 주밀하게 살피는 작업이 이후의 문학사를 체계적으로 살필 수 있도록 해주는 전제가 될 수 있을 것이다. 해방 후 남북한에서 모두 단독정부가 수립될 때까지의 3년, 그 후 6·25전쟁이 발발하기까지의 2년 조금 못 되는 기간은 태평양전쟁의 '전후' 처리에 관련된 시기였으며, 6·25전쟁이 발발하여 휴전협정이 체결된 후의 긴 과정은 6·25전쟁의 '전후'이자 동시에 태평양전쟁의 '전후'를 살아온 과정이었다. 이와 같은 관점을 확보할 때 우리는 1940년대 후반기와 1950년대는 물론 1960년대에도, 1970년대부터 현재에 이르기까지 어찌하여 태평양전쟁과 6·25전쟁에 관한 이야기가 아직도 사라지지 않고 있는지 이해할 수 있으며, 이들 작품을 어떻게 처리해야 하는가에 대해서도 의미 있는 사유를 펼쳐 갈 수 있다.[13]

앞에서 인용한 대목으로부터 또 하나 힌트로 삼을 수 있는 것은 전후 또는 전후문학의 시기 구분에 관한 것이다. 앞에서는 전후를 '1차 전후'와 '2차 전후'로 나누고 있는데, 그 기준은 고도성장 여부였다. 일본사회의 태평양전쟁 후 역사 속에서 고도성장이라는 것이 이만큼의 기준점

13 예를 들어 김숨의 장편소설 『한 명』(현대문학, 2016)은 위안부 문제를 다룬 소설로서 박근혜 정부 내내 계속된 위안부 문제를 둘러싼 한일협상 과정 및 박유하의 『제국의 위안부』(뿌리와이파리, 2015)를 둘러싼 지식계의 논란에 대한 소설적 응답의 성격을 가진다. 『제국의 위안부』라는 저술이나 이에 대한 학계의 반응, 그 사법 처리에 대한 한국사회와 지식계의 엇갈린 대응은 한국사회가 여전히 태평양전쟁의 전후를 살고 있음을 보여준다.

으로 작용할 수 있는가는 필자의 관심과 능력 범위 바깥의 문제이고, 여기서 중요한 것은 태평양전쟁이든 6·25전쟁이든 그 이후의 시간은 꽤 길기 때문에 어떤 기준으로 삼든 시기 구분은 피할 수 없는 문제라는 것이다. 전후를 오늘날까지 지속되는 상황으로 이해함으로써 전후문학을 1950년대 문학이나 1960년대의 어느 언저리까지에 국한된 현상으로 보는 단견에서 일단 벗어나면 이 긴 '전후'를 어떻게 분석해야 하는가 하는 문제에 직면하며, 이는 반드시 시기 구분을 요청하게 된다. 시기 구분은 분석을 위한 첫 작업이자 그 자체가 하나의 분석이기 때문이다.

몇몇 일본 쪽 저술을 보면 전후는 논자에 따라 각기 다른 방식으로 전단되고 있음을 볼 수 있으며, 앞에서 언급한 '1차 전후'와 '2차 전후'는 많은 구분법 중 하나에 불과하다. 한국의 전후문학에 대해서도 어떤 기준이든 논자에 따라 다르게 제시될 수 있겠지만, 필자는 전후문학이라는 개념 규정상 태평양전쟁과 6·25전쟁이 어떻게 이해, 처리되는가를 중심으로 몇 개의 시기로 나누어 볼 수 있다고 생각한다. 전쟁은 과거에 존재했던 하나의 '사실'이지만, 그것을 어떻게 해석하고 어떤 의미를 부여하는가는 시간의 경과에 따라, 이에 관계되는 사건이나 사태의 영향 여하에 따라 달라질 수 있다. 한국 전후문학의 경우 이는 대체로 세 개의 시기로 나누어 볼 수 있다.

첫 번째 시기는 대략 1945년부터 1960년대 중반까지로, 이 시기에 한국문학은 태평양전쟁의 전후 처리를 미처 깊이 수행하기도 전에 동족 간의 새로운 전쟁을 겪고 이것을 처리하는 데, 그리고 두 개의 전쟁을 하나의 세계사적 흐름으로 파악하고 그 속에서 한국인이 나아가야 할 삶의 방향을 찾는 데 일차적인 노력을 기울였다고 할 수 있다. 이 첫 번째 시기를 1960년대 중반까지로 잡는 것은 이때를 앞뒤로 하여 6·25전쟁(및 태평양전쟁)을 다룬 문제작들이, 특히 장편소설을 중심으로 연달아 출현했기 때문이다. 손창섭의 『낙서족』(일신사, 1959), 황순원의 『나무들 비탈에 서다』(사상계, 1960), 최인훈의 『광장』(정향사,1961), 장용학의 『원형의 전설』(사상계, 1962), 최인훈의 『회색인』(『세대』, 1963. 6~1964. 6), 박경리의 『시장과 전장』(현암사, 1964), 최정희의 『끝없는 낭만』(동학사, 1958), 이호철의 『소시민』(『세대』, 1964. 7~1965. 8) 등의 출간은 1965년경이 한국 전후문학의 제1기에 해당함을 방증한다. 이 시기는 이승만 정부의 극심한 반공주의적 독재정치에 이어 4·19혁명과 5·16 군사쿠데타가 일어나면서 새로운 독재체제가 수립되어 가는 때였고, 한국과 북한 체제 모두에 관한 비판적 의식을 바탕으로 새로운 삶의 질서나 방식에 관한 탐구가 이루어졌다. 작가들은 한편으로는 극단적인 반공, 적대, 대결에 기울기도 했으나, 문제적인 작가들은 장용학의 '원형의 시대'나 최인훈의 '중립국행' 같은 제3의 길에 대한 암중모색을 보여주었다.

두 번째 시기는 한일 국교 정상화와 한국군의 베트남전쟁 파병을 계기로 태평양전쟁과 6·25전쟁에 대한 인식이 심화되거나 그 이해 방향이 달라지게 된 이후 1989년 11월 9일의 베를린 장벽 붕괴 및 1990년 10월 3일의 독일 통일, '3일 천하'로 끝난 1991년 8월 19일의 소련 군부쿠데타 실패와 1991년 12월 25일의 소비에트 사회주의 공화국(소련) 해체까지 이어진다. 이 시기는 비동맹 운동과 제3세계론이 대두되고 베트남전쟁을 민족해방운동으로 보는 시각과 진영 간 대결의 연장선상에서 보는 시각이 엇갈리게 되었으며, 도시화·산업화로 인한 농촌 문제, 도시 문제, 계급 및 계층 문제가 심화되어 가면서 현실비판적인 리얼리즘 작가들의 문제작들이 잇달아 발표되었다. 1960년대 중반 이후 비평가 백낙청이나 염무웅, 시인 김지하 등에 의해 활성화된 '민족문학' 또는 '민족문학론', 특히 1980년대의 급진적 작가들에 의해 제기된 각종 민중문화론, 노동문학론 등은 그와 궤를 같이하는 현상이었다.

이 시기에 태평양전쟁에서 6·25전쟁으로 이어지는 과정은 이 시대에 좌우익, 진보와 보수, 미국과 소련, 한국과 북한, 제3세계와 제국주의의 대결과 갈등이라는 구도를 중심으로 집중, 해석되었으며, 많은 작가가 이와 같은 견지에서 전쟁 과정과 그 이후의 일들, 베트남전쟁 문제 등을 소설적 소재, 주제로 끌어들였다. 이 시기에 이문구, 김원일, 김성동, 조정래, 이문열 등 좌익 진영에 속한 아버지를 가진 작가들이 활발한 활동을 벌였고, 태평양전쟁에서 6·25전쟁으로 이어지는 역사를 다룬 『지리산』, 『태백산맥』, 『변경』, 『늘 푸른 소나무』 같은 대하소설들이 잇달아 출간되었으며, 『심야의 정담』, 『머나먼 쏭바강』, 『무기의 그늘』, 『하얀 전쟁』 등 베트남전쟁에서 소재를 취한 장편소설들도 잇달아 나타났다. 이 시기에 박완서가 뒤늦게 등단, 1940년 전후에 출생한 남성 작가들과는 사뭇 다른 시각에서 6·25전쟁에 대한 본격적이고도 지속적인 성찰을 보여주었다.

세 번째 시기는 세계사 차원에서는 이른바 현실 사회주의 체제가 다각도로 붕괴된 상황에서 2000년의 9·11사태로 대표되는 문명 간 충돌이 본격화되고, 그럼에도 불구하고 북한에서는 김정일, 김정은으로 이어지는 독재체제가 유지 및 공고화되고, 한국에서는 독재와 민주주의, 진보와 보수 등의 대립, 각축이 새로운 차원에서 전개된 현재까지를 포괄한다고 할 수 있다. 이 시기에 세계는 이른바 신자유주의라고 하는 새로운 경제사적 단계를 맞이했으며, 프란시스 후쿠야마 식의 '역사의 종언' 같은 유사 역사철학이 대두되는가 하면, 이라크에 대한 미국의 침공, 뉴욕 세계무역센터 테러 같은 '종교전쟁'이 일어나고, 20세기 초의 민족 청소를 방불케 하는 민족 간 유혈 대립이나 학살이 자행되었다. 이와 같은 복잡한 양상에 더하여 6·25전쟁에 관한 비밀문서들이 공개되면서 6·25전쟁에 대한 재해석을 요청하는 시각들이 대두되었다. 이와 더불어 한국 학계에서는 신자유주의와 연동된 식민지 근대화론이 새로운 형태로 대두되는가 하면, 한국과 북한의 경제적 격차가 명확해지고 국제사회에서 북한의 고립 상태가 지속, 심화되면서 지난 수십 년간 지속되어 온 분단체제가 '조만간' 해소될 수도 있으리라는 역사적 전망이 대두되기 시작했다.

새로운 시대적 상황은 지나간 전쟁들에 대해서도 새로운 접근을 요청하고 있다고 할 수 있다. 최근 들어 태평양전쟁 중 성노예 문제라 할 위안부 문제가 한일 간 외교 현안으로 대두되고, 중국 및 미국과 한국, 북한의 관계 문제가 새로운 차원에 들어서고 있는 것은 한반도를 둘러싼 상황이 해방 직후의 그것을 방불케 할 만큼 복잡하고도 민감하게 전개되고 있음을 말해준다. 작가들 또한 비교적 새로운 세대에 속하는 김영하의 『검은 꽃』(문학동네, 2004)이나 『빛의 제국』(문학동네, 2010), 권리의 『왼손잡이 미스터 리』(문학수첩, 2007), 김숨의 『한 명』(현대문학, 2016) 등에서 볼 수 있듯이 새로운 수준에서 지나간 역사를 총괄하려는 흐름이 나타나고 있다고 할 수 있고, 북한 이탈 주민 가운데에서 문학활동으로 방향을 잡은 탈북작가들의 존재 또한 한반도를 둘러싼 상황이 '바야흐로' 전후 너머를 향해 나아가고 있음을 시사한다.

한편으로, 한국의 전후문학 문제에 함축된 독특함은 이 문학의 분석이 다른 여러 연관 개념들을 필요로 한다는 사실에서도 명확히 드러난다. 해방 이후의 한국문학은 그러니까 전후문학이자 사실은 분단문학 문제와 여러 면에서 중첩되는 양상을 보여주며, 월북문학 및 월남문학과 같은 현상을 집합적 개념으로 새롭게 정립하고 이를 문학사 분석에 적용, 활용할 수 있어야 한다. 이와 같은 필요에서 한국의 전후문학은 확실히 서구나 일본의 전후문학과는 공통되면서도 구별될 수밖에 없는 특이성을 가지며, 이러한 개념들을 얼마나 탄력적·창조적으로 고안, 활용할 수 있는가에 해방 이후 한국현대문학사 연구가 얼마나 내실을 다질 수 있는가 하는 문제 또한 달려 있다.

예를 들어, 분단문학이라는 개념은 한국적인 상황이 낳은 특수한 문학적 현상으로서 '분단'이라는 정치사회학적 용어와 문학이라는 용어가 결합된 말이다. 이것은 해방 이후의 존재 가능한 많은 문학 사조, 양식 중에서 특히 한반도의 분단 상황과 밀접한 관계에 놓인 삶의 양상들을 소재와 주제로 삼는 문학을 가리키며, 소설, 시, 평론, 기타 비허구적 문학 장르에 걸쳐 폭넓은 영역과 작품을 포괄한다. 전후문학이라는 개념은 이와 같은 분단문학 개념과도 밀접한 관련을 맺고 있는데, 해방 후 전후 또는 전후문학이라 포괄할 수 있는 모든 시대는 동시에 분단체제가 아직 해소되지 않았다는 의미에서 분단문학의 시대라 말할 수 있기 때문이다. 따라서 이 개념 또한 시기 구분을 필요로 하게 된다. 분단체제, 분단문학의 제1기는 해방과 더불어 나타나 분단이 고착화되는 6·25전쟁 종전까지의 8년 동안의 문학일 것이며, 제2기는 남과 북에서 새롭고도 절대적인 배타적 지배 구조가 각기 성립하는 1970~1972년경까지일 것이다. 이 시기에 북한에서는 김일성 유일사상체계가 확립된 것으로 논의되고 있으며, 한국에서는 유신체제가 성립되기에 이른다.[14] 분단이라는 현

14 한 연구에 따르면, 북한에서 주체사상이 유일사상체계로 공식화되기 시작한 것은 1967년 12월 16일 최고인민회의 제4기 1차 회의에서 김일성이 행한 연설에서부터다. 1970년 개최된 제5차 전당대회에서 결정된 당규약 서문에서는 "조선 로동당은 맑스-레닌주의와 우리나라의 현실에 그를 창조적으로 적용한 김일성 동지의 위대한 주체사상을 자기 활동의 지도적 지침으로 삼는다."라고 규정하였다. 1972년 12월 15일부터 28일에 걸쳐 개최된 최고인민회의 제5기 1차 회의에서 채택된 조선인민민

상과 관련하여 이 영구집권체제의 출현은 분단 고착화의 또 다른 단계로 구분 지을 수 있게 한다고 판단된다. 분단문학의 제3기는 역시 한국, 즉 한반도의 남쪽에서 민주화를 향한 비약적 과정이 시작된 1987~1988년 또는 세계적인 냉전체제가 해체되기 시작한 1989~1991년까지의 시기일 것이며, 이후 북한사회는 고립적인 현실 사회주의 체제 국가로서의 위기가 심화된다. 물론 이 소련에서 중국, 북한을 포괄하는 '현실 사회주의'를 사회주의 체제로 간주할 수 있는지는 이론적인 논의를 필요로 한다. 특히 스탈린주의, 마오주의, 김일성주의 등은 차라리 국가사회주의, 즉 나치즘이나 파시즘, 천황제 파시즘과의 관련성 속에서 전체주의 이념으로 분석할 필요가 있다. 분단문학의 제4기는 그 이후 현재까지의 문학으로서, 이 시기에 북한 경제위기가 심화되면서 탈북자가 급증하고 이른바 '탈북문학'이 형성되었다. 북한망명문학, 반체제문학의 맥락에서 검토할 수 있는 탈북문학은 분단문학의 또 하나의 현상이라고 할 수 있을 것이다.

4. 일본문학에서의 '전후'와 그 참조: 가토 노리히로의 『패전후론』과 관련하여

"한국의 전후문학을 연구한다는 것은 무엇을 어디까지 연구해야 한

주주의공화국 사회주의 헌법 제4조에 따르면 "조선인민민주주의공화국은 맑스-레닌주의를 우리나라 현실에 창조적으로 적용한 주체사상을 자기 활동의 지도적 지침으로 삼는다."라고 하여 맑스-레닌주의가 아닌 주체사상을 북한의 통치 이데올로기 및 최고 규범으로 삼았다(김영명, 「주체사상의 생성과 변천」, 『아시아문화』 7, 1991, 59쪽 및 61쪽 참조).

다는 것인가?" 할 때 제기될 수 있는 논점의 하나는 그 분석의 심도 또는 심층에 관한 것이다. 앞에서 언급한 김윤식의 '학병세대' 문학에 대한 분석은 이 세대의 탈출 학병들의 글쓰기에 가로놓인 자부심이라든가 탈출하지 않은 학병 출신 작가들의 자의식 같은 것에 대해 분석할 수 있는 길을 열어놓고 있지만, 이를 충분히 논의했다고 할 수는 없다. 어떤 자의식이나 심리 같은 것은 문학적 현상을 깊이 있게 분석할 수 있도록 해줌과 동시에, 그것을 기분, 취향, 경향에 대한 분석으로 그치게 할 위험도 안고 있는 법이다. 김윤식의 연구가 열어놓고 있는 전후문학의 심층적 논리 분석을 위해서는 그 현상의 배후에 가로놓인 보다 깊은 인식이나 감정, 심리에 대한 분석으로 나아갈 필요가 있다. 이와 관련하여 참조할 수 있는 사례의 하나가 바로 일본의 '전후 담론' 논의 가운데 하나인 가토 노리히로의 『패전후론(敗戦後論)』(講談社, 1997)이다.

한국이 전후 몇 년 또는 해방 후 몇 년이라는 논법이 유효한 '공질적' 시대를 살아왔다면 일본 역시 그러할 것이다. 그뿐만 아니라 일본사회는 바로 그 패전국의 위치에서 자신들이 치른 전쟁을 '수리', 즉 그것을 하나의 '사실'로서 받아들여야 하는 고통스러운 처지에서 전후의 논리를 구축해야 했다. 이로부터 자신이 치른 태평양전쟁을 비롯한 군국주의 전쟁들에 대한 다양, 다기한 논의가 반복적으로 재생산될 수밖에 없다는 것 또한 충분히 이해할 수 있다. 이러한 일본 전후 담론의 필연성에 대한 인식 위에서 가토는 이 패전국이라는 문제를 '비틀린 삶', '비틀림'의 문제로 인식하고 이것이 전후문학의 현상들을 어떻게 가로지르고 있는지 검토한다.[15] 미국에 있어서의 베트남전쟁처럼 일본에 있어 태평양전쟁은 의롭

15 가토 노리히로, 『사죄와 망언 사이에서』, 서은혜 역, 창비, 1998, 26쪽.

지 못했고, 그리하여 나라와 국민을 위해 죽어 간 병사들의 죽음이 '무의미한 것'[16]으로 취급되어야 하는 상황으로부터 전후 일본은 비틀림을 짊어져야 했다. 이 비틀림을, 그는 다시 "모든 것이 뒤죽박죽된 '거꾸로 된 세상'인데, 그것이 어느 누구의 눈에도 '거꾸로'라고 보이지 않게 되었을 무렵부터 우리는 그것을 '전후'라고 부르고 있다."[17]라고 규정한다. 일본에서의 '전후'는 그렇게 "자신을 지탱하던 진리 체계가 자기 안에서 붕괴하는 것을 경험할 수밖에 없는 것"[18]으로부터 배태되어 나온 필연적 현상이다. 그럼에도 불구하고 일본인들은 이 비틀림을 비틀림으로 의식하지 않은 채, 즉 "이중으로 뒤집힌 채"[19] 살아왔다는 것, 이것이 가토의 논의의 인식론적 출발점이다.

이와 같은 논리 설정이 한국 전후문학 연구에 시사하는 점은 간단치 않은데, 지금까지의 한국 전후문학 논의들이 과연 이와 같이 자신의 논리 전개를 위한 심층적 근거를 확인해 왔는가 하는 문제를 이로부터 추출할 수 있기 때문이다. 이것은 논리적 거점의 문제이고, 특히 단순한 추상적 논리가 아니라 자신에 관한 논의를 위한 구체적인, 또는 모럴에 관계되는 논리적 거점에 관련된 문제다. 예를 들어 작가 한강이 외국 신문에 기고한 글에서 6·25전쟁을 가리켜 "The Korean War was a proxy war enacted on the Korean Peninsula by neighboring great powers."[20]라고 규정하고 이어서 "Millions of people were butchered

---

16 위의 책, 같은 쪽.

17 위의 책, 27쪽.

18 위의 책, 28쪽.

19 위의 책, 29쪽.

20 Han Kang, "While the U. S. Talks of War, South Korea Shudder," *The New York Times*, 2017. 10. 7.

over those three brutal years, and the former national territory was utterly destroyed."라 했을 때, 여기에서는 어쩐지 자기 인식의 문제가 결핍되어 있는 듯한 인상을 받게 된다. 6·25전쟁을 과연 '대리전'이라는 말로 설명할 수 있는 것이냐 할 때 최근의 논문들은 부정적인 견해를 피력할 수 있게 한다. 6·25전쟁은 소련과 미국, 중국이 원해서만 벌어진 전쟁은 아니었으며, 개전 과정에서부터 김일성을 중심으로 한 북한 정권이 그 결정 과정에 깊이 개입한 것이었다. 김일성은 1949년 3월 5일의 모스크바 정상회담 때부터 스탈린에게 남침 문제를 언급했으며, 북한의 남침을 지원해 줄 것을 여러 차례에 걸쳐 요청하였다. 이때 전쟁의 결정권을 쥐고 있던 스탈린은 중국에서 공산혁명이 성공한 1949년 10월 이후 마오쩌둥이 1949년 12월 16일부터 1950년 2월 말에 걸쳐 소련을 방문, 동맹조약을 체결하자, 입장을 바꾸어 1950년 1월 30일 김일성에 의한 전쟁 개시를 승인하게 된다.[21]

6·25전쟁 과정에서 김일성을 중심으로 한 북한정권이 어떤 역할을 했는지 이미 윤곽을 드러냈다면, 한국 쪽에서 이 전쟁을 앞두고 과연 지혜롭게 대처했는지에 대해서도 심문할 필요가 있다. 이러한 질문은 우리로 하여금 해방을 전후로 한 한국사 과정을 새롭게 되돌아보게 한다. 그리고 이는 『해방 전후사의 인식』(한길사, 1979)과 『해방 전후사의 재인식』(책세상, 2006)의 역사 '인식론'을 넘어 새로운 타입의 자기 탐구를 수행하는 문제에 연결되는 것이기도 하다.

---

21 김영호, 「6·25 개전 결정과 휴전협상 과정에서 공산 3국 사이의 공조에 관한 비교 연구」, 『평화학 연구』 14(5), 2013, 76~80쪽; 션즈화, 「극동에서 소련의 전략적 이익 보장 — 한국전쟁의 기원과 스탈린의 정책결정 동기」, 『한국과 국제정치』 30(2), 2014 참조. 이러한 개전 과정에 대해서는 견해가 일치된 것으로 보인다.

가토는 전후에 서양의 전승국들에 의해 '강요된' 일본의 평화헌법, 즉 제2장 9조의 '전쟁 포기'를 포함하는 헌법이 평화론자들의 인식과는 달리 결코 자발적인 것이 아니었음을 지적하면서, 강요된 것을 자발적인 것으로 비틀어 인식하는 모순적 논리 속에서 전쟁을 사유하게 되었다고 말한다.

> 하지만 우리는 이를 '강요당하고' 그 후에 이 가치관을 부정할 수 없다고 스스로 생각하게 되어 버렸다. 우리는 설득당한 것이다. 설득당했을 뿐 아니라 말하자면 그 설득당한 주체가 송두리째 변해 버린 것이다.[22]

가토는 이러한 비틀림과 그에 대한 '저항적' 현상을 깊이 있게 검토해 나간다. 그에 따르면 전후에 보수파 리버럴리스트의 입장에서 좌익 리버럴리스트로 돌변한 『세카이(世界)』지에 대한 반발로서의 『코코로(COCORO)』지 창간, 『세카이』 4호에 게재된 천황 옹호 글 「건국의 사정과 만세일계 사상」 등에는 강요된 비틀린 인식에 대한 저항감이 깃들어 있다. 가토는 같은 맥락에서 '전후문학파'와 '무뢰파'의 미묘한 대립 관계를 분석해 나간다. 전후에 천황 신봉자가 아니었음에도 불구하고 천황 옹호 입장을 보인 작가들, 예컨대 『신니혼분가쿠(新日本文學)』의 나카노 시게하루나 무뢰파의 다자이 오사무 등은 '비틀림의 감각'[23]을 갖춘 사람들이었다.

그는 또한 당시의 '정치와 문학' 논쟁은 일반적인 평가와는 달리 『긴다이분가쿠(近代文學)』의 아라 마코나 히라노 켄의 '정치에 대한 문학의 우

---

22 가토 노리히로, 앞의 책, 36쪽.

23 위의 책, 50쪽.

위 혹은 독립'보다 나카노 시게하루의 비판 쪽이 오히려 모럴 감각을 갖춘 것이었다는 점에서 에토 준의 『쇼와의 문인』(1989)의 시각을 재검토하기도 한다. 그에 따르면 아라 마코나 히라노 켄의 주장에는 "일본이 점령당해 있는 것에 대한 감각"이 결여되어 있었다는 것이다. 마찬가지로 그는 무뢰파 다자이 오사무의 패전 후 첫 작품 『판도라의 상자』(1945. 10~1946. 1) 등이 전후 일본의 '비틀림'에 주목한 것이었다고 평가한다. 그로부터 가토는 "전후문학과 무뢰파, 구프롤레타리아 문학을 구분 짓는 것은 물론 파멸형이라든가 전전부터 활동을 했다든가 문학관의 차이라든가 하는 것도 있겠지만" "무엇보다도 깊이 규정하는 것은 '비틀림'이라는 감각의 유무"[24]라는 시각을 도출한다. 다자이 오사무가 1948년 6월 세상을 떠난 후 전후문학파의 대동단결 격의 잡지 『조코쿠(祖國)』가 창간되는데, "이들을 한데 묶고 있는 것은 세계성과 인간성, 그 요소로서의 국제성, 시민성, 사회성, 주지성이지만, 실은 그보다는 구프롤레타리아 문학과 무뢰파를 배제함으로써 확정된, 패전의 '비틀림'이 없는 윤곽을 지닌다는 점"[25]이다.

가토는 그러한 의미에서 일본의 '전후'는 차라리 1948년 무렵부터 시작되었다고 말하는데, 이러한 심정과 논리로서의 '전후' 개념의 구사는 '전후후'와 같은 형이상학적 논리와 마찬가지로 시사하는 바가 크다. 그는 말하자면 '전후'를 결코 연대기적으로만 파악하고자 하지 않고 그에 뿌리박고 있으면서도 지극히 '문학적인' 개념으로서의 '전후'를, 그 심정적·논리적 기제를 심층적으로 해부하고자 하며, 그로부터 '지킬 박사와

24 위의 책, 54쪽.

25 위의 책, 55쪽.

하이드 씨'에서 볼 수 있는 바와 같은 '인격 분열'에서 일본 전후의 본질을 인식할 수 있다고 한다.

> 어떤 의미에서 '전후'란 이런 '처음 몇 년'이 끝나는 1948년 무렵부터 시작되었다.
>
> 여기서 시작되는 시대를 패전 후가 아니라 '전후'라고 부른다면 우리가 살아왔고 또한 현재 살고 있는 '전후'란 어떤 시대라고 해야 할까.
>
> 이 시대를 외관상 움직여 온 틀을, 우리는 보통 보수와 혁신, 개헌과 호헌, 현실주의와 이상주의라는 식의 개념을 사용하여 이해하고 있다.
>
> 하지만 이러한 개념들로 이 전후라는 시대의 본질을 말할 수 있으리라고는 여겨지지 않는다. 이러한 개념들 자체가 이 시대의 산물, '작품'에 지나지 않기 때문이다.
>
> 내 생각에 전후라는 이 시대의 본질은 일본이라는 사회가 인격적으로 둘로 분열되어 있다는 것이다.
>
> (중략)
>
> 간단히 말하자면, 일본 사회에서 개헌파와 호헌파, 보수와 혁신이라는 대립을 떠받치고 있는 것은 이른바 지킬 박사와 하이드 씨라는 분열된 인격의 조각난 표현 양태, 바로 그것이라는 말이다.[26]

가토는 이러한 분열, 대립을 다시 에토 준과 오에 겐자부로의 대립으로까지 새롭게 연결짓기도 한다. 즉 1946년 헌법의 구속을 벗어나 개헌으로 교전권을 확보하자는 에토 준과, 전후 민주주의를 신봉하고 헌법

26 위의 책, 56쪽.

의 이념을 일본에 뿌리박게 하자는 오에 겐자부로의 대립이 그것이다. 그는 또 이러한 대립은 걸프전쟁기에 평화부대를 파송하자고 한 오자와 이치로나 기타오카 신이치와 전후 헌법의 전쟁 포기를 옹호한 가라타니 고진, 아사다 아키라로 연결되는 것이기도 하다고 말한다. 가토는 이 대립의 연속 속에 결여되어 있는 것이 바로 그 '비틀림'의 감각이며, 이들은 모두 그것을 잊은 채 지킬 박사와 하이드 씨로 양분된 인격의 어느 한쪽을 대표하면서 자신들의 결백한 신앙을 수호할 뿐이라고 했다.

가토는 나아가 바로 이러한 전후 일본의 정신적 분열 상태로부터 '온전한' 의미에서의 '우리들'을 회복하는 것이 필요하다고 주장한다. "이런 과정 없이 우리는 거꾸로 국가적 존재로서의 국민이라는 단위의 해체를 시도할 수 없다."는 것이다. "국민을 국가적 존재로 만드는 것도, 반대로 열린 존재로 만드는 것도 바로 우리들"이기 때문이다. 그는 "우리가 언젠가 이런 우리들이라는 단위 그 자체가 불필요한 것이 될 때까지 이를 밖을 향해 열려 있는 존재로 유지할 필요가 있는 것이라면, 그러한 목표에 이르는 길의 시작은 '우리들'이라는 발상, 국민이라는 틀 위에 서지 않을 수 없다."[27]라고도 한다

> 여기서 일본 사회의 인격회복이라고 말하는 것은 새로운 '우리'의 성립을 뜻하는데, 이 새로운 '우리'는 당연히 공동성으로서의 국민과 같은 범주 안에 있지만 그 안에서 종래의 국가적 국민의 존재양식과 대립하고 있다. 그러한 별종인 '우리' 사이의 대치 없이는 종래의 국가적 공동성의 해체를 거쳐 한층 열린 존재가 된다는 것은 있을 수 없는 일이다.[28]

27 위의 책, 61쪽.

28 위의 책, 같은 쪽.

'전후'의 인격 분열에 맞서 "새로운 '우리'"의 형성을 주장하는 가토의 논리는 죽어간 병사들에 대한 '애도'의 문제로 나아간다. 그에 따르면 평화주의자나 야스쿠니 신사 법안 추진자들 모두에게 "전쟁을 통과하여 지금 우리가 여기에 있다고 하는 패전자로서의 자각, '전쟁 통과자'의 자각"은 결여되어 있다. 『패전후론』의 결미를 장식하는 오오카 쇼헤이에 대한 분석은 이 '애도'의 문제를 '전쟁 책임' 문제와 연결함으로써 '더럽혀진 자'의 '더러움', '오욕'에 대한 인식으로부터, '패자'로서의 자기 인식에 발 디디고 서서 새로운 '우리'를 만들어 내고자 하는 가토적인 의욕의 최종 귀착지라 할 수 있다.

가토의 『패전후론』에 대한 검토나 그로부터 끌어낼 수 있는 참조점들에 대한 논의는 얼마든지 더 길어질 수도 있지만, 일단은 이 지점쯤에서 논의를 정리하고자 한다. 요컨대, 한국 전후문학 연구자들에게도 가토적 의미에서의 분석의 심층이 필요하리라는 것이다. 김윤식의 '학병세대'에 대한 검토는 그와 같은 심층으로 내려가는 문을 가리키고 있지만 그 문 너머의 심층은 아직 충분히 일구어지지 않았으며, 그것은 이제 막 시작되어야 한다. 일본의 전후비평사에서 가토와 같은 논의가 가능할 수 있었던 것은 어쩌면 일본사회가 '전후'를 총괄할 수 있는 역사적 지대에 도달했기 때문일 수도 있다. 이와 유사한 의미에서 현재의 한국사회와 문학은 한국의 전후를 총괄하면서 그 너머로 나아가기 위한 본격적인 논의를 가능케 하는 시점에 다다랐는지도 알 수 없다. 이러한 비유가 성립 가능하다면 한국문학 역시 『해방 전후사의 인식』과 『해방 전후사의 재인식』이라는 형태로 순차적으로 나타난 한국사회의 '인격 분열'을 딛고 새로운 '우리'를 고안해 내야 하는 시점에 서 있는지도 모른다.

가토는 『패전후론』에서 현대 가나 사용 문제를 둘러싼 오오카 쇼헤이의 사유 과정을 추적해 보였는데, 이는 필자로 하여금 한자 사용론을 둘러싼 장용학과 유종호의 논리 대립에 관한 문제를 생각하지 않을 수 없게 했다. 1935년생이면서 자신의 논리를 4·19세대, 곧 한글세대의 정신에 가져다 붙인 유종호와 1921년생 학병 출신으로 한자 사용을 주장한 장용학의 논쟁 이면에는 확실히 태평양전쟁의 후과로서의 해방 이후 한국사의 방향에 관한 심층적 사유가 가로놓여 있기 때문이다. 이는 하나의 사례일 뿐이다. 한국의 전후문학 연구는 자신의 심층을 파헤쳐야 한다.

5. 나가며: 해방 이후의 한국 전후문학 연구의 역사적 지평

해방 이후의 한국문학을 연구한다는 것은 일종의 역사감각 또는 역사의식을 요청한다. 이는 일제강점기의 문학사 연구가 역사철학을 필요로 한다는 것과는 다른 성격의 것이다. 일제강점기 문학을 어떻게 볼 것인가 하는 문제는 최근 몇 년간에 걸쳐 한국에서의 근대화 과정을 해석하는 문제와 복잡한 양상으로 맞물려 왔다. 『해방 전후사의 인식』(1979)의 제목을 패러디한 『해방 전후사의 재인식』(2006)의 출간으로 특징지어지는, 2000년대의 한국 현대사 인식에 대한 식민지 근대화론자들의 '도전'은, '식민지 수탈론'의 논리적 맹점을 파고드는 논법으로 식민지화를 통한 근대화가 역사적 필연이었으며, 이에 대해 부정적 분석과 평가로 일관하는 것은 반편의 진실만을 보고자 하는 편견의 산물이라고 주장한다. 윤해동의 『식민지의 회색지대』(역사비평사, 2003)로 소급되는 식민지 근대화론의 변형태들은 저항과 굴종의 이분법을 해체할 것, 식민지 근대화 과정에 대한 윤리적 태도를 버릴 것 등을 주장하면서 일제 총독부 체제 아래서의 삶을 '협력'과 '저항'이 공존했던 시대로 '새롭게' 해석하고자 했다. 이에 대한 역사학계의 논의가 활발했고 국문학계에서는 김재용에 의해 『저항과 협력』(2004) 같은 저술이 제출되기도 했으며, 필자는 『일제말기 한국문학의 담론과 텍스트』(2009)를 통해 '친일'이라는 용어가 현상론적 분석 층위와 가치론적 분석 층위를 뭉뚱그려 놓은 것임을 논의하면서, 이를 작가 채만식의 용어인 '대일 협력'이라는 현상론적 분석 개념과 그에 대한 심층적인 가치론적 분석으로 나누어 살펴보고자 했다. 이러한 설정은 흔히 암흑기라 규정되는 일제강점 말기의 문학사를 식민지 근대화론, 국민국가론, 일본적 탈식민주의론 등의 담론적 경계 바깥에서 새롭게 논의하고자 한 의도의 산물이었다.

그동안 식민지 근대화론이 식민지 수탈론이나 저항론을 한국 근대화 과정에서 '선'의 측면을 살피지 못한 논리로 비판했다면, 이에 대한 비판은 한국 근대화·근대성에 대한 선악 판단을 넘어 근대성이나 근대화를 특권화하지 않으면서 그 실상을 새롭게 살펴서 보다 총체적인 인식에 다다르고자 한 것이었다. 일제강점기의 문학사 연구가 지난 15년 동안 식민지 시대의 삶의 과정에 대한 윤리적 평가나 근대화·근대성 개념에 대한 이해와 평가 문제를 중심으로 논점을 형성했다면, 해방 이후의 현대문학사 전개는 우선 무엇을 어떻게 연구할 것인가에 대한 새로운 논의를 필요로 하고 있으며, 이를 위한 전제로서 일제강점기로만 소급할 수 없는 한국사 전체에 대한 역사철학적 사유를 요청한다.

과연 해방 이후의 한국현대사는 역사의 어떤 과정 또는 단계를 통과하고 있는 것일까? 일찍이 임화는 한국의 '신문학사'를 논의하면서 그 동력을 한국사회와 문화의 서구에 대한 개방에서 찾고 그 시발점을 찾아 임진왜란 이후로까지 되돌아갔다. 중화주의적 아시아 세계의 폐쇄적 일원에서 서구사회를 '향해' 나아간 과정에 대한 임화의 서술은 현대문학사 연구로서는 드물게 넓은 시야와 통찰력을 보여준 것이었다. 일제강점 말기는 이렇게 서구를 향해 나아간 조선의 사회와 문화가 서구문명의 파국이라는 역사적 국면에 다다른 것으로 인식되었던 시기였다. 이 역사의 '막다른' 지점에서 많은 문학인이 일본판 동양주의 또는 대동아주의에 기울거나 체제 협력 또는 그 포즈를 취하는 쪽으로 나아갔으나, 시에서의 이육사, 신석초, 오장환, 윤동주, 조지훈, 박두진, 박목월, 소설에서의 김동리, 황순원, 이태준, 김사량, 이효석 등은 시대적 유행과는 거리를 두는 태도를 지키고자 했다.

해방은 한국인만의 자력으로 이루어진 것이 아니라 태평양전쟁을 포함하는 2차 세계대전의 결과였다. 이는 카이로, 얄타, 포츠담, 모스크바 3상회의, 미소공위 등으로 연결되는 전후 처리 과정에 한국의 해방과 남북한 분단, 군정, 남북에서의 단독정부 수립 같은 역사적 사건들이 맞물려 있는 것으로 쉽게 확인할 수 있다. 그러나 해방은 단순히 일제가 주도하는 식민지적 근대화 과정의 종언이자, 동시에 임화가 언급한 한국사회의 서구를 향한 개방 과정을 가속화시킨 사건이기도 했다. 미군의 한국 진주로부터 시작된 아메리카 중심의 서구화 과정은 6·25전쟁 과정을 통하여 일층 심화되었으며, 이후의 현대사 과정은 적어도 1987년 6월 항쟁과 1988년 서울올림픽으로 대표되는 한국판 페레스트로이카, 글라스노스트 시기까지 지속된다. 이로부터 우리는 한국의 세계사 참여 과정을 개화기 이전까지의 중국 중심의 한문 문화권 참여, 개화기로부터 일제강점기에 이르는 일본 주도의 서구화 과정 참여, 해방 이후의 미국 중심의 서구화 과정 참여, 그 이후 다변화·다각화된 세계사적 참여 등으로 나누어 살펴볼 수 있다. 그리고 이 과정은 다층적이고 이질적인 문화들을 수용, 섭취, 자기화하고 이를 '본래'의 자기에 접합시킴으로써 부단히 새로운 자기를 재구성해 온 해체와 구축의 역동적 과정이었다.

이와 같은 인식은 해방 이후의 한국현대문학 연구를 일제강점기에 대한, 식민지적 근대화 과정에 대한 반작용 또는 그 연속의 관점을 넘어서 더 넓고 긴 역사적 지평 위에 세워 놓을 것을 요청한다는 것이 필자의 생각이다. 다시 말해 해방 이후의 문학사 연구는 포스트콜로니얼리즘이라 일컫는 탈식민주의적 관점 이상의 시야를 바탕으로 이루어져야 한다. 그리고 이는 탈식민주의론의 방법과 효능을 심문하는 문제와 깊은 관련이 있다. 탈식민주의적 비평 방법이란 무엇인가? 이는 논자에 따라 다양하게 정의될 수 있으나, 현재 국문학계에서는 특히 다음 두 가지 용법으로 이해되고 있다. 첫째, 그것은 식민성 또는 식민지성이라고 명명될 수 있는 문화적 상태에서 벗어나고자 하는 다양하고도 광범위한 담론적 기획과 실천을 가리키며, 이는 제국주의적 담론 및 메커니즘의 힘의 한계에 대한 통찰을 바탕으로 지배를 타파하려는 의지와 힘에 주목한다. 둘째, 그것은 우리 문학과 문화에 남겨진 제국주의적 논리의 내면화 양상을 드러내고, 이를 통하여 식민지 시대 및 그 이후의 시대에도 계속되는 제국과 식민지의 구조적 관계 양상을 추적하는 것을 주된 연구 주제로 삼는다.

그동안 국문학계에서는 지난 10여 년에 걸쳐 '식민지', '식민지에 있어', '식민지 문학', '식민주의자' 같은 용어들을 지속적으로 사용해 왔다. 한국이 35년이든, 그보다 조금 더 되는 기간이든, 일본의 식민지로 존재했다는 것은 움직일 수 없는 사실이다. 그러나 불법적인 군사적·정치적 지배로 인한 식민지 상태가 문화적·의식적 식민 상태로까지 확장되어 간 것이 사실이라 해도, '역사철학'은 그것이 정당하지도 바람직하지도 못한 것이었음을 드러낸다. 이러한 상태를 수용하는 포즈의 문학은 어떤 형태로든 불미스러운 면을 가질 수밖에 없다. 일제강점기의 문학에 대한 연구는 폭력적 지배를 용인하는 문학보다 폭력의 구조를 해체하고자 하는 문학에 더 많은 가치를 부여하지 않으면 안 되며, 나아가 불가피하게 시대적 현상으로서 이른바 국민문학이니 하는 현상이 '광범위하게' 나타났다 해도 그 분석은 그로부터 비판적 거리를 확보한 시선에 의해서 이루어져야 한다. 이러한 연구 태도가 바탕이 될 때 비로소 그것과는 다른 문학의 보이지 않는 구조들이 드러나고, 작가의 감추어진 의도와 고민이 가장과 은폐의 표면을 뚫고 연구자의 시선에 다가오게 된다.

그러나 그렇게 하고도 탈식민주의적 비평 또는 연구 방법이라는 것은 제국-식민지 시대의 모든 문화적 현상을 양자의 구조적 관계의 파생물로 환원할 수 있는 위험성을 내포한다. 그것은 문화를 지배와 피지배 관계의 산물로 환원할 수 있으며, 이 때문에 이 이론은 문학적 실천을 이항관계의 폐쇄적 구조 속에 한계 지울 수 있다. 그 대표적인 용어가 바로 '현해탄 콤플렉스'다. 이 프로이트 심리학적 용어는 한국의 지식인들을 해방 이전 일제강점기 사람들이든, 그 이후의 사람들이든, 이항관계의 구조적 한계 속에 놓인 존재로 해석하는 경향이 있다.

해방 후 그리고 전후 한국문학과 일본 또는 일본문학의 관계를 고찰하고자 할 때 이 문제를 특히 슬기롭게 해결해 나갈 필요가 있다. 그리고 이것은 다시 탈식민주의적 분석 방법을 전후문학에 어떻게 적용, 활용할 것이냐 하는 문제로 환원된다.

만약 이 시대의 탈식민주의론이라는 것이 일본과의 관계항 속에서 한국문학을 환기하는 분석 방법의 재활을 의미한다면, 그와 같은 탈식민주의는 차라리 식민주의를 연장하는 기묘한 탈식민주의가 될 것이며, 우리는 이와 같은 방식을 오랫동안 목도해 왔다.

해방에 이어진 6·25전쟁이 한국인에게 선사한 것은 새로운 문화접변, 즉 아메리카 및 유럽과의 '직접' 접촉이 가능해진 것이며, 탈식민주의론이 포괄할 수 없는 유구한 시간에 걸친 문화와 문학의 문제들에 대한 사유를 요청받게 되었다는 점일 것이다. 해방 이후의 한국사는 한국과 일본의 관계를 이항관계의 폐쇄구조 속에서 사유하지 않고 이 '허구적' 구조를 더욱 본격적으로 해체할 수 있는 사유틀을 요청하는 것이다.

이와 같은 인식은 곧 전후 작가들에 대한 재평가의 문제를 제기하는 것이기도 하다. 손창섭이나 최인훈 같은 전후 작가들은 이러한 관점에서 한 번 더 중요한 작가로 인식된다. 이 두 작가는 전후문학 작가들 가운데 이 이항대립적 구조의 외부에 자신을 위치 지울 수 있었던 문제적인 사람들이었으며, 그런 의미에서 식민지적 유제 넘어서기를 가장 날카로운 입장에서 실험한 전후문학의 제1기 작가들이었다. 이러한 작가들과 문학현상에 주목하면서 필자는 한국의 전후문학이 그 특질에 걸맞은 개념들과 연구 방법을 설정할 필요가 있다고 생각한다. 한국의 전후문학이 자신에게 주어진 과제를 훌륭하게 감당해 냈는가 하는 질문에 대답하기란 간단치 않다. 그러나 많은 작가에 의해 촘촘하면서도 우수한 실험들이 펼쳐지지 않았다 해도 어떤 작가들은 놀라울 정도로 예민하거나 야심적이었다. 그들은 한국문학을 둘러싸고 있는 세계문학의 현상을 게을리 보려 하지 않았고, 반면에 쉽게 모방하고 마는 안이함에 빠지려 하지도 않았다. 이러한 작가들의 노력과 의지는 일본이나 다른 세계의 전후문학으로 환원될 수 없는 한국 전후문학의 특성을 이루고 있다. 이러한 면면들을 섬세하고도 총체적으로 살펴보는 작업은 연구자와 비평가의 몫이 되어야 한다.

참고문헌

가토 노리히로, 『사죄와 망언 사이에서』, 서은혜 역, 창비, 1998.
김숨, 『한 명』, 현대문학, 2016.
김영명, 「주체사상의 생성과 변천」, 『아시아문화』 7, 1991.
김영호, 「6·25 개전 결정과 휴전협상 과정에서 공산 3국 사이의 공조에 관한 비교 연구」, 『평화학 연구』 14(5), 2013.
김윤식, 『일제말기 한국인 학병세대의 체험적 글쓰기론』, 서울대학교출판부, 2007.
박완서, 『그 많던 싱아는 누가 다 먹었을까』, 웅진출판, 1992.
박유하, 『제국의 위안부』, 뿌리와이파리, 2015.
방민호, 「현실을 포회하는 상징의 세계」, 『관악어문연구』 19, 1994.
______, 「손창섭의 "낙서족"에 관한 일고찰」, 『한국현대문학연구』 13, 2003.
______, 「장용학의 생애와 문학」, 『한국 전후문학과 세대』, 향연, 2003.
______, 『한국 전후문학과 세대』, 향연, 2003.
션즈화, 「극동에서 소련의 전략적 이익 보장 — 한국전쟁의 기원과 스탈린의 정책결정 동기」, 『한국과 국제정치』 30(2), 2014.
오쿠 다케노리, 『논단의 전후사 1945~1970』, 송석원 역, 한림대학교 일본학연구소, 2011.
윤정헌, 「김동리 전후소설고」, 『비교한국학』 2, 1996.
이진경, 『사회구성체론과 사회과학 방법론』, 아침, 1988.
임규찬 편, 『일본 프로문학과 한국문학』, 연구사, 1987.

鶴見俊輔, 『戦時期日本の精神史 — 1931~1945年』, 岩波書店, 1991.

Han Kang, "While the U. S. Talks of War, South Korea Shudder," *The New York Times*, 2017. 10. 7.

제2장

한국문학의 '전후' 개념의 형성과 그 성격

박현수

1. 들어가며

한국현대문학에서 '전후' 개념이 등장한 것은 해방 이후부터다. 그동안 이 개념에 대한 구체적인 검토는 거의 존재하지 않았으며, 간혹 있다고 하더라도 파편적인 논의가 대부분이었다. 이에 대한 본격적인 논의는 1990년대에 이루어졌으나, 그것은 철저하게 '한국전쟁 이후'라는 단일한 개념틀 안에서였다. 이런 관점을 가장 잘 보여주는 것이 구인환 등의 『한국전후문학연구』다. 이 책은 전후문학을 "1950년대의 문학", "한국전쟁의 와중에서 전후 4·19 전까지라는 공간에서 형성된 문학"[1]이라고 단정하고 있다. 이 책에 수록된 논문의 대상은 모두 1950년대에 등단했거나 이 시기에 작품 활동을 본격적으로 한 작가들, 즉 김수영, 박인환, 김춘수, 손창섭, 장용학, 김성한, 차범석, 고석규, 정태용 등이다. 그러나 이것은 본래의 전후 개념이 지니고 있는 포괄적이고 다양한 성격을 단선화했다는 점에서 문제를 지닌다.

이런 개념 규정에 대한 반성이 일어난 것은 근래의 일이다. 우리는 한 연구자를 통하여 그 반성의 추이를 살펴볼 수 있다. 한수영은 2000년에 발간된 1950년대 비평담론 연구서에서 전후문학이라는 개념이 "그 용어의 의미가 지닌 다양하고 폭넓은 내포와 외연의 유용함에도 불구하고, 지나치게 한국전쟁이라는 사건에 1950년대의 모든 것을 귀속시켜 버리는 듯한 인상을 주기 때문"[2]에 이 용어를 사용하지 않는다고 밝히고 있다. 또한 이 개념은 1950년대 지식인 사회에서 우리의 구체적인 상황과

---

1 구인환 외, 『한국전후문학연구』, 삼지원, 1995, 14쪽.

2 한수영, 『한국 현대비평의 이념과 성격』, 국학자료원, 2000, 7쪽.

무관하게 세계적인 동시성을 강조하기 위한 의도에서 통용된 것으로서, 1950년대의 문학을 다루는 개념으로 부적절하다고 평가했다. 이는 한국전쟁의 특수성을 강조하면서 전후문학이라는 개념이 지닌 공허한 보편성을 비판하는 지적이라 할 수 있다. 그럼에도 이것은 구인환 등이 보여준 '전후=한국전쟁 이후'라는 개념틀에 철저하게 의거하고 있다는 점에서 그 한계를 지니고 있다. 그러나 그는 최근에 펴낸 자신의 다른 책에서 이전의 발언을 수정하고 있다.

> 그러나, '한국전쟁'이 갖는 그것만의 독특한 성격과 의미를 추출할 필요가 있고, 그러한 기준으로 전후문학의 가치와 성격을 변별해 내고자 하는 해석주체의 '당위'와는 별개로, 당시의 문학가들에게 이 용어가 수입·유통되던 당대의 맥락이라는 '실재'는 그것대로 결코 무시할 수 없는 매우 중요한 의미를 지니는 것이다. (중략) 요컨대 한국문학에서 '전후' 혹은 '전후문학'이라는 기호는 '한국전쟁 이후'라는 1차적인 기의 이외에도, '아시아·태평양전쟁 이후'라는 일본적 기의와, '2차대전 이후'라는 구미(歐美)의 기의가 혼융되어 있어서, '1950년대 문학'이라는 기호와는 별개의 다의적이고 중층적인 개념이다.[3]

이 글은 이전에 비하여 전후문학에 대한 유연하면서도 폭넓은 이해를 보여주고 있다. 이는 '전후'의 전쟁을 '한국전쟁'으로 국한시킨 기존의 경직된 관점을 반성적으로 고찰하며, 전후문학이 지닌 실재적인 성격으로서 중층성을 새롭게 발견했다는 점에서 주목할 만하다. 특히 2차 세계

3 한수영, 『전후문학을 다시 읽는다』, 소명출판, 2015, 34쪽.

대전 이후를 구미적 기의와 일본적 기의로 구분한 것은 이 둘을 '일본적 맥락'[4]으로 동일시한 논의를 극복한 방식이라 할 수 있다. 그럼에도 이 논의는 이 개념의 특수성이 형성된 구체적인 추이에 대한 검토를 생략했다는 점에서, 또한 1950년대(주로 한국전쟁 이후)에 발화된 자료만을 대상으로 하고 있어 해방 직후로부터 한국전쟁 이전까지를 이 개념의 공백기로 처리하고 있다는 점에서 한계를 지닌다.

이 글은 전후문학이라는 개념이 우리 문단에 등장하기 시작한 해방 이후부터 그 개념이 어느 정도 고정적인 기의를 획득해 가는 1960년 전후까지, 문학담론에서 나타나는 이 개념의 형성 과정을 추적하여 그 의미와 가치를 살펴보고자 한다. 먼저 그 형성 과정을 개괄적으로 정리하고, 이후 이에 영향을 미친 일본문단의 전후문학 개념과의 상관성과 차이점을 밝혀 그 성격을 검토할 것이다.

2. 생성 중인 개념으로서의 '전후'

1) 해방기, 타자의 개념으로서 '전후'

'전후(문학)'라는 개념에 초점을 맞추어 해방 이후의 논의를 연대기

4 박연희는 2차 세계대전 이후의 '전후'를 "제국의 식민지적 입장에서 코스모폴리탄적 관념과 결합된" 것으로 다루며, 이런 전후 개념이 "주로 일본에서 패전 이후 미국에 의한 군사 점령기를 의미하므로 일본적 맥락이 우선시되었다는 이유에서 비판받을 수 있다."는 단서를 달고 있다(박연희, 「전후, 실존, 시민 표상」, 『한국문학연구』 34, 2008, 160쪽).

순으로 정리하다 보면 이 개념이 처음부터 고정적으로 쓰인 것이 아니라는 사실을 확인할 수 있다. '전후=한국전쟁 이후'라는 고정된 틀에 익숙한 많은 이에게 이런 사실의 확인은 혼란스러움 그 자체라 할 수 있다. 1960년 전후까지 이 개념은 처음부터 다양한 기의를 지니며 등장하여 시간이 지나면서 어느 정도 고정된 기의를 형성해 가는 개념이었다고 할 수 있다. 그 생성 과정의 확인은 곧 전후 개념의 특수성을 확인하는 과정이 될 것이다.

먼저 해방 이후부터 한국전쟁 이전의 담론들부터 살펴보자. 이 시기 우리 문학담론에 '전후' 개념은 지속적으로 등장한다. 그러나 생각보다 그 양이 많지는 않다. 현재 접근 가능한 자료를 참고로 하여 작성한 관련 목록을 제시하면 다음과 같다.

저자 미상, 「전후 파란국(波蘭國)의 제동태」, 채정근 역, 『민성』, 1946. 4.
도쿠나가 스나오, 「일본문학의 신단계」, 역자 미상, 『경향신문』, 1946. 12. 5.
한흑구, 「최근의 미국문단」, 『경향신문』, 1947. 2. 20.
채정근, 「전후미국과 소련의 문학」, 『신조』, 1947. 4.
강용흘, 「전쟁전후의 미국문학」, 『신천지』, 1947. 9.
김광섭, 「세계문학 사관(私觀)」, 『경향신문』, 1947. 10. 26.
리오 라니아, 「전후 구라파문단의 동향」, 윤태웅 역, 『신천지』, 1947. 12~1948. 3.
리오 라니아, 「전후구주문단」, 석동수 역, 『민성』, 1948. 1.
F. G. 바이스코부, 「전후의 체코슬로바키아문학」, 최정문 역, 『신세대』, 1948. 2.
허용, 「전후의 소련영화」, 『예술영화』, 1948. 3.
허집, 「전후미국의 연극동향」, 『민성』, 1948. 6~8.
채정근, 「전후동태의 소찰(小察) —일본」, 『경향신문』, 1948. 9. 5.
송지영, 「전후의 세계문화사조, 치열한 문학운동—중국」, 『경향신문』, 1948.

9. 5.

최규석, 「대전후의 미국연극」, 『예술평론』, 1948. 10.

박장익, 「전후 일본사상계의 전모」, 『민성』, 1948. 10.

저자 미상, 「전후의 일본예술계」, 『민성』, 1948. 10.

저자 미상, 「전후의 일본문단」, 『민성』, 1948. 10.

저자 미상, 「전후 각국의 문화편모—철학」, 『서울신문』, 1948. 12. 14.

정내동, 「전후의 중국문단」, 『대조』, 1948. 12.

클라우쓰 만, 「전후의 독일문단」, 홍일 역, 『신천지』, 1948. 12.

김응신, 「작년도 일본문화개관」, 『경향신문』, 1949. 2. 8.

셀렌 로드만, 「금차전쟁과 시의 변모」, 채정근 역, 『민성』, 1949. 2.

양병식, 「불란서 작가 동향—전후불란서문학의 서곡」, 『경향신문』, 1949. 3. 9~12.

이태선 편, 「패전후 일본문학의 과제와 동향」, 『신천지』, 1949. 6.

오태석, 「최근의 세계문화계, 전후의 동향 개관 — 불란서, 미국」, 『경향신문』, 1949. 9. 17.

양병식, 「전후의 불란서문학과 사상」, 『학풍』, 1950. 5.

이 목록은 해방 직후부터 한국전쟁 이전까지 우리 문학계에 발표된 전후 관련 글들을 시간 순서대로 정리한 것이다. 그런데 선별의 의도가 전혀 작동하지 않았음에도 이 글들이 철저하게 '전후' 개념을 타자의 개념으로 다루고 있다는 공통점을 지닌다. 목록에 등장한 글은 모두 외국의 문학계 동향을 소개하는 것으로서, 이 중 어떤 글도 '전후'라는 개념을 한국문학에 적용하는 경우는 없다. 이 시기에 전후문학이라는 개념은 한국문학에 적용되지 않는 하나의 '특별한 지식' 혹은 '외신용 개념'으로 존재했던 증거라 할 수 있다.[5] 그 개념이 한국문학에 직접 접목되지 않는 타자의 개념이었기 때문에 필진들도 주로 한국문학 관련자가 아니라 단순 번역가나 외국문학 전공자 일색일 수밖에 없었다.

많은 글이 번역문이라는 사실은 이런 개념 사용의 성격과 깊은 관련이 있다. 「전후 파란국(波蘭國)의 제동태」, 「일본문학의 신단계」, 「전후 구라파문단의 동향」, 「전후의 체코슬로바키아문학」 등의 번역문이 그것이다. 그러나 등장 배경을 고려하면 이런 번역도 사실은 당대의 요구에 응한 번역자의 의도가 반영된 것으로서 한국문학과의 연계성을 어느 정도 읽어 낼 수도 있다. 한 예로서, 제목 자체에서는 전후문학 개념을 사용하지 않지만 내용에서 전후문학의 한 경향을 다루는 「일본문학의 신단계」(1946)를 들 수 있다. 이 글은 마이니치 신문(朝日新聞)에 실린 도쿠나가 스나오(德永直)의 글로서, 전후 일본에 등장한 노동자 문학의 의미와 이에 대한 희망적인 전망을 논술한 것이다. 이는 해방 직후 한국의 진보적 분위기와 어울리는 글로서, 해방 직후 '나라 만들기'의 분위기와 관련이 있다고 볼 수 있다. 그러나 이것은 상황이나 여건을 고려할 때 전후 개념의 동질성을 바탕으로 한 것이라 할 수는 없다. 아무리 적극적으로 읽어도 이 글은 '전후' 상황에 대한 고민을 바탕으로 한 선택이 아니라, 해방 이후 달라진 시대 상황 속에서 우리 문학이 나아가야 할 방향에 대한 암시적인 제시 그 이상이 될 수가 없는 것이다. 이 점은 다른 글들에서도 마찬가지다.

이 외의 글은 번역은 아니지만 그 내용이 일본이나 서구의 전후문학의 경향을 소개하는 내용이라는 점에서 번역과 거의 유사한 차원이라 할 수 있다. 가령 한흑구의 「최근의 미국문단」(1947)이라는 글은 "전후의 미

5 이는 정치 상황에서도 유사하다. 해방 직후에 '전후'라는 개념이 사용되었지만, 「전후 문제 토의」(『조선일보』, 1945. 12. 18), 「연합국의 전후처리와 조선(사설)」(『조선일보』, 1946. 5. 4) 같은 글처럼 국제주의적 시선에서만 사용되었다.

국문단은 어떠한 방향을 걸어가고 있는가?" 하는 궁금증을 풀기 위해 미군도서관의 책을 일별하고 그 정보를 두서없이 나열한 정도다. 전후문학의 구체적인 예로서, 일본의 '전후파 작가집단'을 소개하며 일찍이 '전후파'라는 명칭을 저널리즘에서 사용하고 있는 김응신(金應信)의 「작년도 일본문화개관」(1949)도 이와 유사하다. 그는 일본문학을 전반적으로 소개하는 글의 서두에 1948년에 일본에서 활약한 시이나 린조(椎名麟三), 우메자키 하루오(梅崎春生), 나카무라 신이치로(中村眞一郎) 등을 잠깐 소개하고 있다. 이 외에 미국, 프랑스, 독일 등의 전후문학을 소개하는 글들도 이런 경향에서 벗어나지 않는다.

해방기 글들에 나타나는 '전후'는 시기적으로 2차 세계대전 이후를 의미한다. 시간상으로 '1945년 이후'라는 동일한 시간대를 가리키기는 하지만 그 내질에 있어서 차이가 난다. 서구를 다루는 경우 전후는 2차 세계대전 이후를 뜻하는 것이 일반적이지만, 중국·일본의 전후문학을 다루는 경우 전후는 태평양전쟁 이후로 보는 것이 더 구체적이라 할 수 있다. 그리고 특히 일본의 전후는 「패전후 일본문학의 과제와 동향」(1949)이라는 글이 명시하고 있듯이 '패전 이후'라는 또 다른 의미를 지닌다. 이 '패전 이후'라는 의미는 아시아에서 일본의 경우에만 작동되는 특수한 용어라는 점에서 그 차이에 대한 인식이 필요하다.

그러나 이 시기에는 '전후'라는 개념이 지닌 각각의 의미 차이가 그다지 주목받지는 못했다. 앞에서 다루었듯이 이 개념은 한국과 전혀 무관한 개념으로 통용되었기 때문이다. 정내동이 「전후의 중국문단」(1948)이라는 글에서 중국의 전후까지 다루었음에도 이 개념은 한국으로 건너오지는 못했다. 이 시기 우리 문학에서 전후라는 개념은 일종의 공백 상태로 남아 있었기 때문에 이 개념이 지닌 성격에 대한 고민이나 성찰도 그다지 시급하지 않았던 것이다.

2) 한국전쟁 이후 토착적 기의가 가세한 '전후'

해방 직후와 달리 1950년 한국전쟁 발발 직후부터 1960년경까지의 전후 개념은 더욱 복잡한 양태로 전개되었다. 한국전쟁을 고려한 새로운 개념이 전후문학 담론에 등장했기 때문이다. 그러나 이 새로운 개념의 등장은 '전후'의 합의되거나 통일된 기의를 형성하지는 못했다. 한국전쟁이 구체적인 기의로서 등장했다고 해도 2차 세계대전 및 태평양전쟁을 염두에 둔 기존 개념이 전후 담론에서 완전히 폐기되지 않고 새로운 개념과 뒤섞여 사용되었던 것이다. 이처럼 기존 개념과 새로운 개념이 착종되어 나타나는 양상은 한국전쟁이 휴전으로 마무리된 지 수년 후인 1960년 전후까지 지속되었다. 다음 목록에서 이를 확인할 수 있다.

허박년, 「전후미국문학전망」, 『신천지』, 1952. 1.
이규환, 「세계2차대전후의 영국문학」, 『신천지』, 1953. 5.
임권재, 「전후 미국의 반공문학」, 『신인간』, 1953. 9.
H. E. 자코브, 「전후 독일의 최근문학」, 육군종군작가단 역, 『전선문학』, 1953. 9.
육군종군작가단 편, 「전후 불·독문학 교류」, 『전선문학』, 1953. 12.
최태응, 『전후파』, 정음사, 1953.
저자 미상, 「생활상식/ 戰後派文學」, 『경향신문』, 1954. 3. 7.
최인욱, 「주체정신을 확립 — 자기 위치에서 세계성 개척」, 『경향신문』, 1955. 2. 13.
조용만, 「전후영국문학의 동향」, 『서울신문』, 1955. 4. 7.

차주환, 「전후의 중국문학」, 『서울신문』, 1955. 4. 19.
백철, 「문화십년 문학 — 이제부터가 창조기(2)」, 『경향신문』, 1955. 8. 16.
독규남, 「미국의 전쟁문학(1) 전후 10년의 성과 개관」, 『조선일보』, 1955. 10. 29.
오현우, 「전후불란서문학사조의 주류」, 『사상계』, 1956. 2.
하어바트 리이드, 「전후 구라파예술의 현황」, 김용권 역, 『문학예술』, 1956. 5.
독규남, 「외국문학의 영향 — 특히 신인작가들의 경우(하)」, 『경향신문』, 1956. 9. 30.
곽종원, 「명랑 활발을 아프레와 혼동하고 있지 않은가?」, 『여원』, 1956. 10.
이승우, 「전후의 독일문학 — 서독문학을 중심으로(상)」, 『경향신문』, 1956. 11. 24.
백철, 「비중이 커졌다 — 금연도창작계 3」, 『경향신문』, 1956. 12. 22.
박종서, 「전후의 독일문학」, 『사상계』, 1957. 3.
문재안, 「아프레 껄의 생태 — 해방된 육체」, 『여성계』, 1957. 5.
저자 미상, 「전후문학은 광폭적(狂暴的) — 일 작가 삼도(三島)씨 언급」, 『경향신문』, 1957. 7. 21.
이두성, 「전후미국문학의 전개, 전쟁과 젊은 세대」, 『문예』, 1957. 11.
박승훈, 「수필문학의 방향 — 전후의 대중생리」, 『동아일보』, 1958. 1. 28.
저자 미상, 「한국문화의 재검토 — '아프레게르'라는 것」, 『한국일보』, 1958. 1. 30.
김우종, 「아쁘레문학과 성도덕 — 윤락 속에서 새 모랄을 모색하는 신진들」, 『현대』, 1958. 3.
정충량, 「전후파 여성의 어제와 오늘」, 『여성계』, 1958. 9.
프레드릭 H. 더스틴, 「서양인이 보는 한국 문학(1) 전후작품에 기대. 세계적 가치의 추구 긴요」, 『조선일보』, 1959. 2. 21.
조풍연, 「아프레 게르와 처녀성」, 『주부생활』, 1959. 4.

강두식, 「전후의 독일단편소설」, 『대학신문』(서울대학교), 1959. 5. 18.

김정진, 「양차대전 후의 독일문학 — 니힐리즘의 전후 풍미」, 『대학신문』(서울대학교), 1959. 6. 22.

김정진, 「현대문학과 '카프카'의 위치(2) 그의 영향을 받은 전후작가군」, 『동아일보』, 1959. 7. 29.

구기성, 「전후의 독일시 — 하나의 소개를 위한 노우트」, 『독일문학』, 1959. 10.

저자 미상, 「전후문학인회를 창립, 오상원씨 등 16명 젊은 작가들」, 『동아일보』, 1960. 5. 27.

백철, 「전후 십오년의 한국소설」, 『한국전후문제작품집』 신구문화사, 1960. 12.

먼저 새롭게 등장한, 한국전쟁을 고려한 전후 개념은 최태응의 장편소설 『전후파』(1953)에서 찾을 수 있다. 한국전쟁 중에 『평화신문』(1951. 11~1952. 4)에 연재한 것을 소설집으로 묶어낸 이 작품은 한국전쟁을 소재로 한 것이다. 전쟁 발발 이후 아직 휴전도 이루어지지 않은 시점에 발표된 이 소설 제목에 암시된 전쟁은 한국전쟁을 가리키는 것이 확실하지만, '전후'의 개념은 불투명하다. 이 '전후'가 종전(終戰)의 개념이 아니라는 점에서 개념상의 불일치가 발생하지만, 배경은 시종일관 한국전쟁이라는 점에서 기존의 '전후'와 다소 차이를 지닌다고 할 수 있다.

한국전쟁이 휴전으로 사실상 종전이 되자 전후문학 개념에 한국전쟁이 적극적으로 개입되기 시작한다. 전후문학이라는 개념을 적극적으로 사용하지는 않고 있으나, 백철의 소설 월평, 「비중이 커졌다—금연도 창작계 3」(1956)이 그 예가 될 만하다.

전란 뒤에 무엇이 왔느냐 그 생활형은 어떻게 변모변질했는가 즉 전후의 생활형을 탐색한 작품들이 적지 않게 눈에 띤다. 먼저 이무영 씨의 「숙(淑)」(『문학예술』 5월)이 하나의 남성적인 일(一) 여성을 그려본 것인데 그러나 작자로선 그런 신형(新型)에 반대의사를 표시해서 결론지었다.[6]

그는 이 글에서 "전후의 생활형을 탐색한 작품들"을 하나의 유형으로 묶어 소개하고 있다. 구체적으로 이무영의 「숙(淑)」, 박영준의 「질풍」, 손창섭의 「설중행」, 최인욱의 「야국화」를 인용하여 '전후파'의 인간형들을 살펴보고 있다. 그러나 백철 스스로 단서를 달고 있듯이 이 소설들이 "곧 주제적인 목표에 있어서 곧 전후형(戰後型)을 그린 것은 아니"지만, 그 인물 유형은 전후에 있을 법한 부정적 인물형이거나 "전후 작품들이 좀 더 관심을 갖고 개척해 나갈" 필요가 있는 인물형이란 점에 의의를 두었다. 즉 이때까지도 딱히 전후라 부를 만한 특질을 당대 문학작품 속에서 발견하기는 어렵지만 그 가능성 정도는 인정할 수 있다는 의미다.

그럼에도 한국전쟁을 기준으로 '전후'를 생각하는 이런 인식은 이후 오상원, 서기원, 유종호 등이 참여한 '전후문학인회'(1960) 결성으로 연결된다. 4·19 이후의 사회적 변화에 발맞추어 독재정권을 비호한 기성 문단에 반성을 촉구하며 "전후에 등장한 젊은 문학인들의 각오를 밝"힌 것이다. 그들은 자신들을 전후에 등단한 작가로 규정하는데, 이때의 전후는 한국전쟁을 염두에 둔 개념이다. 그리고 이들을 통하여 전후문학이라는 개념이 한국문학에 본격적으로 자리 잡기 시작했으며, 이후 『세계전후문학전집』으로 일반화되기에 이른다.

6 백철, 「비중이 커졌다—금연도창작계 3」, 『경향신문』, 1956. 12. 22.

그러나 1960년 말까지 문학담론에서는 한국전쟁 이외의 전쟁을 대상으로 하는 '전후' 개념들이 혼거하고 있었다. '생활상식'이라는 항목으로 '전후파문학'에 대하여 소개하고 있는 「생활상식/戰後派文學」(1954)이라는 글은 당대의 문학적 결과물을 고려할 때 한국전쟁과 직접적인 관련이 적어 보인다. 이 글은 전후파문학이 '아프레게르 문학', 즉 전후에 문단에 나온 20, 30대 젊은 문인들의 문학으로서, 정신적으로 전쟁의 상처가 생생한 것, 관념적인 것이 특색이라고 소개하고 있다. 그리고 "조형력보다는 비평력이 강하고 소재도 자기 아이디어의 형상을 주로 삼는 수가 많기 때문에 실험문학이라는 별칭이 있다."[7]라고 설명하고 있다. 이것은 한국전쟁이 휴전에 들어간 이후인 1954년에 발표된 글이지만, 당시 한국문학의 성과를 염두에 둘 때 여기에 사용된 '전후파문학'이라는 개념은 한국전쟁 이후의 한국문학을 지칭하는 개념이라 보기에 다소 관념적으로 보인다. 한국문화의 문제점을 지적하는 데 '아프레게르'라는 말을 사용하는 「한국문화의 재검토—'아프레게르'라는 것」(1958)[8]이라는 글도 이와 유사하다. 즉 이 글에서 말하는 전후파라는 개념은 우리 문학적 사실과 거리가 있는 외부적 개념으로 보인다.

이런 추측에 힘을 실어 주는 것이 1960년(혹은 1959년 8월)부터 나온 문학전집, 『세계전후문학전집』의 경우다.[9] 책 제목에 있어서나 한국문학 작품 선정에 있어서 일반적으로 '전후문학'이라는 개념을 확립하고 전파

---

7 「생활상식/ 戰後派文學」, 『경향신문』, 1954. 3. 7.

8 「한국문화의 재검토—'아프레게르'라는 것」, 『한국일보』, 1958. 1. 30.

9 『동아일보』 기사에는 이 『세계전후문학전집』이 1959년 8월부터 간행된 것으로 나오지만 현재 확인되는 전집은 1960년 간행이 가장 이른 것이다. 「세계전후문학전집 3월 말에 간행완료」, 『동아일보』, 1962. 3. 4 참조.

하는 데 가장 큰 영향력을 끼친 이 전집은 아이러니하게도 전후 개념에 오히려 혼선을 불러일으킨다. 『한국전후문제작품집—세계전후문학전집 1』의 1960년 7월 9일 자로 작성된 서문에는 "해방 15년간의 모든 문제작", "전후 15년의 문학사"(1964년판 인용)를 언급하고 있다. 이것은 1945년 이후의 15년 문학을 전후문학이라 상정하고 있음을 의미한다. 이런 의도가 더 뚜렷하게 드러난 것이 1961년 10월 5일 자의 서문을 싣고 있는 『한국전후문제시집—세계전후문학전집 8』(신구문화사, 1961)이다. 이 서문에서는 "이 책에 수록된 시인의 범위를 1945년부터 1960년 12월까지 15년 동안 시단에 데뷔하여 시작 활동을 해온 사람"으로 한정하고 있다. 즉 이 전후문제작품집의 전후는 그 기준을 1945년 해방을 기점으로 삼고 있어, 한국전쟁을 전후의 기점으로 삼는 논의와는 차이가 난다.

이처럼 한국전쟁 이후에도 이전의 전후문학 개념이 소멸하지 않고 그대로 유지되고 있어 '전후문학=한국전쟁 이후의 문학'이라는 도식으로 1950년대 문학을 보는 관점이 당시의 '실재'를 도외시한 관점이라는 사실을 확인하게 해준다. 이런 전후문학 개념이 전후문학인회가 결성되면서 '한국전쟁 이후의 문학'이라는 고정된 기의를 지닌 기호로 자리를 잡아가게 된다. 즉 1960년대 초까지도 전후는 여전히 '생성 중인' 개념이었던 것이다.

3. 생성 중인 기의의 촉매로서 일본문단의 전후 개념

앞에서 살펴보았듯이 한국문학의 전후 개념은 1950년대 말에 한국전쟁 이후로 어느 정도 합의점을 찾아가고 있었지만, 그럼에도 다양한 기의가 함께 존재하고 있었다. 그리고 이런 공존 현상은 개념상의 혼선과 그에 따른 반성을 가져왔다. 이 중 가장 문제적인 것이 신구문화사의 『세계전후문학전집』이라 할 수 있다. 이 전집은 전후 개념의 기점을 한국전쟁이 아니라 2차 세계대전으로 잡음으로써 '한국전쟁 이후'라는 기의를 고정시켜 가는 당대 담론의 진행 방향에 혼선을 주고 있다. 한국소설을 다루는 『한국전후문제작품집 — 세계전후문학전집 1』(1960)에서는 2차 세계대전이 아니라 한국전쟁 이후 작가들의 작품만을 실음으로써 이후 '전후문학=한국전쟁 이후의 문학'이라는 도식을 확고하게 만드는 아이러니한 역할을 하기도 하지만, 이 전집의 전후 설정이 기본적으로 한국문학의 실상과 다소 어긋나는 개념상의 관념성을 지니고 있다는 점에서 그 혼선은 해명될 필요가 있다.

이 문제의 해결은 『세계전후문학전집』의 기원을 추적하는 데에서 시작될 수 있다. 당대에 출간된 세계문학전집은 많지만 그 시기를 '전후'로 특칭하여 그 성격을 특화한 전집은 이것이 유일하다고 할 수 있다. 그런데 이런 전집의 모델을 일본의 전후문학사에서 찾을 수 있다. 그것은 1947년 일본 진선미사(眞善美社)에서 발간한 '아프레게르 총서(アプレゲール叢書)'다. 이것은 번역하자면 '전후총서'인데, 이 명칭은 앞서 1949년 김웅신의 글에 언급된 일본의 전후파 문학가인 나카무라 신이치로가 제안한 것이다.[10]

나카무라는 이 총서에 대하여 다음과 같이 기록하고 있다.

10 나카무라는 'aprés-guerre créatrice(창조적 전후세대)'라는 말을 추천했다고 회고한다. 이 총서는 노마 히로시, 나카무라 신이치로, 아베 고보 등의 작품을 출판했다. 호쇼 마사오, 『일본현대문학사(상)』, 고재석 역, 문학과지성사, 1998, 261~262쪽.

> 花田 씨(진선미사의 사장 인용자)는 나에게 책의 지켓에 실을 표이와 같은 것을 발명해 달라고 했다. 그것도 외국어로 해달라고. 나는 그 자리에 고재서 'Aprés-Guerre Créatrice'라는 말을 골랐다. '창조적 전후세대'라는 정도의 의미다.
>
> 그런데 이 '아프레게르'라는 프랑스어가 어찌 된 일인지 대유행을 했으며, '아프레'라고 하면 방종한 청년남녀의 대명사로까지 통용되게 되었다. (중략) 나는 전후의 사회를 규정하는 역사적 유행어의 진원지가 되었을 뿐만 아니라 이미 '전후파작가'라 불리는 명예를 지닌지도 모른다.[11]

나카무라가 제안한 '아프레게르 총서'는 일본 전후문학을 논의하는 데 아주 중요한 문헌이다. 이 총서에는 이후 '전후파 작가'라고 불리는 이들의 실험적인 작품들이 여러 권 포함되어, 해당 작가들을 당대의 문학적 전위로서 주목받게 만들었다. 이 총서의 명칭에 들어 있는 '아프레게르', 즉 '전후'는 1945년 8월 15일 이후를 가리키는 말이다. 총서의 성격과 그 명칭이 전제하고 있는 시간의식은 우리의 『세계전후문학전집』의 그것과 일치한다. 이 점에서 '아프레게르 총서'는 『세계전후문학전집』의 모델이라 할 만하다. 한국전쟁이 휴전에 들어간 지 7년 정도가 지난 후인 1960년에 나온 전집이 전후의 기준을 굳이 1945년으로 설정한 것은 『세계전후문학전집』의 기준을 공통으로 적용하려는 의도보다는 이런 모델의 문제가 더 깊이 관여된 것으로 볼 수 있다.

이 전집의 모델이 확인됨으로써 이보다 앞선 글들에 빈번하게 등장하는 '아프레게르'라는 용어의 기원도 해결될 수 있다. '아프레게르'라는

11 中村眞一郎, 「アプレ・ゲール叢書」, 『增補 戦後文学の回想』, 筑摩書房, 1983, 92쪽.

용어의 유래와 그 의미는 다음과 같은 평가에 잘 드러나 있다.

> '아큐파이드 제팬'(점령지 일본—인용자)으로부터 시작하여 독립 일본이 된 전후 수년간의 대동란기에 문학도 또한 점차 창세기 같은 혼란을 체험할 수밖에 없다는 것은 당연한 일이다. (중략) 이른바 '아프레게르'라는 말이 일반화되고 '아프레형'이라든가 '아프레청년'이라고 하는 용어법으로까지 속화된 것은 몇 년 정도 걸린 것인지 이제 나는 자세히 알 수 없지만 바로 그 '아프레게르'라는 말을 붙여서 예리하게 전후의 시대의식을 취했던 것은 소설의 영역이 최초였다./ 조금 더 상세하게 말하자면, 소화 22년(1947)에 노마 히로시(野間宏)의 최초의 창작집『어두운 그림』이 출판되고, 그와 더불어 나카무라 신이치로(中村眞一郞)가 '아프레게르 크리아테리스'라고 하는 프랑스어를 붙였을 때, 처음으로 우리 전후 사회에 '아프레게르'라는 단어는 등장했던 것이다.[12]

'아큐파이드 제팬'과 '독립 일본'의 대조를 은연중에 부각시키고 있는 이 글은, '아프레게르'라는 용어가 일본문단에 처음 등장한 것이 1947년경임을 알려주고 있다. 프랑스에서 이 용어가 문학사적 개념으로 그다지 의미를 지니지 않는다는 사실이나 이 용어에 부정적인 뉘앙스가 강한 것을 보면, 이 어휘는 '점령지 일본'의 당대 사회 상황을 반영한 일본적인 개념이다. 우리 문학인들이 이 어휘에서 프랑스의 상황을 연계시키는 것은 일본적 개념에 의한 사후적 기원 생성의 결과라 할 수 있다. 즉 일본식 프랑스어 개념이 확산되면서 나카무라의 실제적인 기원(1947년)이 망

12 平野謙,「戦後文学達成」,『平野謙全集 3』, 新潮社, 1975, 50쪽.

각되고 프랑스적 기원이 형성된 것이다.

'아프레게르'라는 말을 프랑스 개념으로 보기 어려운 것은 1950년에 발표된 양병식의 글에서도 간접적으로 확인되는 바다.[13] 그는 전후 프랑스 문학을 개관하는 방대한 글에서 하나의 독립된 문학적 경향이나 유파를 형성한 전후 신진 작가군을 다룬 바 없으며, '전후'(그는 '아프레게르'라는 용어를 전혀 사용하지 않고 있다.)라는 말을 문학적 경향을 의미하는 개념으로 사용하지 않는다. 그는 프랑스 전후문학을 "모든 새로운 경향을 가진 전후의 문학"이라고 지칭하여 긍정적으로 다루고, 1950년 당대에 "금일에 와서 불란서 문학은 재차 국민의 영혼으로서 원대하게 약진하고 있다는 인상을 준다."[14]고 하여 긍정적인 면을 부각시키고 있다. 이는 신문지상에 일본 '전후파'가 소개된 이후의 글이라는 점에서, 그리고 자신이 일본의 담론을 참고하면서 이 글을 썼다는 점에서[15] '아프레게르'의 기원을 다시 생각하게 한다. 전후문학에 대한 우리 문학인의 감각은 프랑스 문학 전공자의 것과 거리가 있음을 여기에서 확인할 수 있다. 1951년에 쓴 랑송의 불문학사에서도 2차 세계대전의 비극성을 강조하지만 '전후(아프레게르)'를 독립적 개념으로도 사용하지 않으며, 이를 개별 문학 현상과 연계시키지도 않는다. 오히려 이 책에서는 라디오와 영화의 무제한적인 파급과 그에 따른 위험성을 비판하고 "이러한 것이 1951년에 있어 문학의 현

13 가령 한국전쟁 발발 1개월 전에 발표된 양병식의 프랑스 문단 소개에서도 이런 용어는 발견되지 않는다. 양병식, 「전후의 불란서문학과 사상」, 『학풍』, 1950. 5 참조.

14 양병식, 위의 글, 87쪽. 양병식이 1940년대 후반 및 1950년대에 발표한 글은 양병식, 『현대프랑스문학론집성—쉬르레아리슴에서 누보·로망까지』, 교음사, 1988 참조.

15 가령 최근 프랑스의 문학상에 대한 부분에는 "필자주—이상 문학상에 관한 자료는 村松 씨의 파리통신에 의함"이라는 주석을 붙여 놓고 있다. 양병식, 위의 글, 80쪽.

상인 것 같다."[16]고 지적하고 있다.

이런 점을 고려한다면 한국의 전후문학 담론에 등장하는 '아프레게르'라는 용어의 기원은 물론 프랑스어에 있긴 하지만, 그 함의는 프랑스의 전후문학 담론으로부터 온 것이 아니라 일본 문인 나카무라의 명명에서 유래한 것이라 할 수 있다.[17] 적어도 우리 전후문학 담론에서는 이것이 더 사실에 가깝다. 최태응의 소설 「전후파」가 전시 중에 연재되었음에도 굳이 제목에 '전후'라는 용어를 쓴 것도 한국전쟁이 끝나기 전에 이미 일본적 문맥을 지닌 이 용어가 일반화되어 있었기 때문일 것이다. 그 역시 전쟁 중에 나온 이 작품에 붙여진 '전후' 개념의 부자연스러움에 대해서 인식하고 있었다. 그래서 그는 이 작품의 후기에 "(이 작품은) 장차 필연적으로 창궐할 전후파에 대한 일종의 사전경고"이며, 이 작품이 "그 완결을 보기까지는 무엇보다도 전쟁이 일단 끝나는 날을 기하지 않을 수 없을 것"[18]이라 한 것이다. 종전되기도 전에 등장한 '전후파'라는 개념은 일본적 기원을 전제로 하지 않을 때 해명하기 어려울 것이다. 1952년에 신문기사에 나타나는 '전후파'도 이와 동궤에 놓일 것이다.[19]

우리 전후문학 담론에서 개념의 관념성이 발생한 것은 이런 일본적 개념과 우리 문학적 상황의 괴리 때문이라 할 수 있다. 일본문학에서 종

---

16 G. 랑송, P. 튀브로, 『랑송 불문학사(하)』, 을유문화사, 1983, 473쪽.

17 김우종은 아프레게르가 일본식 함의를 지닌 용어인 줄을 모르고, 이것이 프랑스어라는 이유에서 프랑스에서 발생한 개념으로 다루고 있다. 김우종, 「아쁘레문학과 성도덕 — 윤락 속에서 새 모랄을 모색하는 신진들」, 『현대』, 1958. 3, 85쪽.

18 최태응, 『전후파』, 정음사, 1953, 304쪽; 최인욱·최태응, 『한국문학전집 28 화려한 욕망·전후파 기타』, 민중서관, 1959, 452쪽.

19 「戰後派의 여중 졸업식. 7割은 벌써 가정부인, 1년뒤에 나타난 그들의 변모」, 『조선일보』, 1952. 7. 23.

전 직후에 형성된 전후의 기의들이 우리의 경우 한국전쟁 이후에 가서야 실현되기 때문에 그 거리를 고려하지 않은 개념 사용은 필연적으로 관념적일 수밖에 없는 것이다. 그러나 전후 개념을 다루는 본 논의에서 중요한 것은 촉매로서의 일본 전후문학 개념이 바탕으로 삼고 있는 근원적인 조건이 무엇인가 하는 점이다. 이를 통하여 그 괴리의 정체가 명확해지고 한국 전후문학 개념의 구체적인 기의도 확인할 수 있게 된다. 이 문제에 대하여 나카무라는 다음과 같이 잘 정리해 놓고 있다.

> 그러나 전쟁 직후의 '아프레게르총서'가 보여준 전 세대와의 철저한 '단절'은 명치(明治) 이후 볼 수 없는 격렬한 현상이다. (중략) 왜 그와 같은 것이 가능하게 되었는가를 말한다면, 그것은 '전쟁' 때문이다. 전쟁은 전전(戰前)의 한 유파가 아니라, 근대문학이 의지하고 있던 기반 자체를 붕괴시킨 것처럼 보였다. 전쟁 중의 문학적인 언설이 이전의 문학을 근대적·서구적·비일본적인 것이라며 비난하고 부정한 이후, 전쟁의 현실 자체가 문단 자체를 해산시켰다. 또한 국민의식 그 자체에 전쟁은 대수술을 행했다. 그래서 패전이 왔다. 문화운동의 시대가 왔다.[20]

나카무라는 아프레게르 총서의 작품 경향이 이전의 일본문학 전통과 철저하게 단절되어 있다고 판단한다. 그 단절의 원인은 바로 전쟁, 더 정확하게 말하자면 '아큐파이드 제팬'을 가져온 패전이다. 이 패전은 일본문학의 변화를 가져오는 근원적 조건을 형성했는데, 하나는 근대문학 기반 자체의 붕괴 및 문단의 해체이며, 다른 하나는 국민의식의 근원적

20 中村眞一郎, 앞의 글, 95쪽.

인 변화다. 이 두 가지는 동시적이며 총체적인 것으로서 한 사건의 양면이다. 후쿠나가 다케히코의 "문단은 천황제와 함께 괴멸했다."[21]는 말은 이를 동시적으로 나타내는 말일 것이다. 이것이 일본 전후문학 개념의 근저에 놓인 핵심 내용이라 할 수 있다.

첫 번째 조건은 근대문학의 기반 붕괴와 기성 문단 해체다. 이것에 의하여 아프레게르 총서의 신인 작가들이 기성 문학전통의 무거운 그림자를 벗어던지고 문학사적 단절이 두드러지는 자유로운 실험을 감행할 수 있었다. 나카무라가 말했듯이 아프레게르 총서와 기성 문단의 반비례적 관계는 기성 문단의 권위와 질서가 회복되자 아프레게르 총서가 중단되고 신인 작가들이 절필하거나 작품 경향상의 전향을 한 사실에서 확인할 수 있다.[22]

두 번째 조건은 국민의식의 변화로서, 일본 전후문학이 일으킨 문학사적 단절의 심층에 작용한 변화다. 그래서 엄밀하게 인과관계를 따지자면 두 번째 조건에 의하여 첫 번째 조건이 파생되었다고 할 수 있다. 이때의 국민의식은 국가에 대한 의식이다. 패전이 가져온 사회심리학적 변화 중에 가장 큰 것이 바로 국가의 소멸에 따른 국가관의 변화다. 이에 대해서는 다음의 설명이 간단명료하다.

> 전후문학자들은 전전(戰前), 전중(戰中)에 자기를 형성했던 인간들이다. 그들은 마르크스주의 운동 속에서, 혹은 일개 병사로 나갔던 외국에서나, 자연, 사회, 국가, 역사와 대면하면서 자기를 형성했다./ 1945년 8월

21 호쇼 마사오, 앞의 책, 270쪽.

22 中村眞一郞, 앞의 글, 97쪽.

15일 그렇게 그들을 단련시켰던 "정당한 적이기도 하고 친구이기도 한" 국가가 파괴당했다. 이는 그들을 에워싸고 있던 '사상'의 틀이 파괴된 것을 의미한다. "정당한 적이기도" 하며 동시에 "친구이기도 한" 국가의 사상이 파괴되었다는 사실을 자각하면서 여기에서 사상과 관념을 창조하려 했던 것이 전후문학자들이다. 따라서 선행 문학자와 후행 문학자 그리고 전후문학자를 나누는 하나의 구분은 여기에 존재한다.[23]

이것이 바로 우리와 달리 일본만이 지니고 있는 1945년 8월 15일, 즉 종전의 특이성이다. 일본에 있어서 종전은 우리와 달리 국가 개념이 근본적으로 의문시되는 사건인 것이다. 아베 고보의 유명한 구절도 이를 문제 삼고 있다.[24] 그리고 바로 이런 국가 개념의 질적인 변화가 작가들로 하여금 일상성에 주목하게 만들었는데, "일상성의 결여에서 탈출하는 것이 전후문학자의 중요한 테마"[25]가 되었다는 지적은 바로 이를 말하는 것이다. 우리 전후문학 개념의 참조점으로서 일본문단의 전후 인식의 핵심 내용은 바로 이것이라 할 수 있다. 해방 직후 전후 담론에서 일본 사상계를 다루며 '국가의 문제'란 항목을 두어 일본 사상계의 국가 논의를 간략하게 소개한 것도 이 문제의 특이성과 중요도 때문일 것이다.[26]

---

23 호쇼 마사오, 앞의 책, 308쪽.

24 아베 고보의 『짐승들은 고향을 찾는다』의 주인공은 "제길헐, 정말이지 한 군데만 빙글빙글 맴돌고 있는 것 같군…… 아무리 걸어도 한 발자국도 황야를 벗어날 수 없잖아…… 어쩌면 일본 따위, 어디에도 없는 건지도 몰라…… 내가 걸으면 황야도 같이 걸어나가, 일본은 점점 도망가가 버려……."라고 말하고 있다. 가와무라 미나토, 『전후문학을 묻는다—그 체험과 이념』, 유숙자 역, 소화, 2005, 17쪽에서 재인용.

25 호쇼 마사오, 앞의 책, 267쪽.

26 박장익, 「전후 일본사상계의 전모」, 『민성』, 1948. 10.

4. '전후' 개념에 대한 성찰과 한국적 전후의 특수성

앞에서 살펴보았듯이 우리 담론에서 전후 개념은 타자의 개념에서 출발하여 자신의 기의를 채워 나가는 과정을 밟고 있다. 그리고 그 기의가 채워지기 위해 그 개념에 대한 성찰이 필수불가결한 것임도 짐작할 수 있다. 전후 개념이 어느 정도 전개된 1950년대 말에 그런 성찰이 나타나는 것은 우리의 여건을 고려할 때 시기적으로 늦다고 할 수 없을 것이다. 우리 전후문학 담론에서 전후 개념에 대한 반성적 고찰이 이루어진 것은 현재까지 확인한 바로는 김우종의 글, 「아쁘레문학과 성도덕 — 윤락 속에서 새 모랄을 모색하는 신진들」(1958)이 처음이다. 김우종은 '전후의 개념'이란 항목에서 '전후(aprés-guerre)'라는 말은 기본적으로 1차 세계대전 혹은 2차 세계대전 이후를 가리키는 용어이지만, 내적 특질로 볼 때 "참혹한 전쟁이 남겨 준, 전 인류의 절망적인 몸부림을 형용사적으로 지니는 용어"[27]라 규정한다. 그리고 참혹한 전쟁의 영향으로 기존 규범의 가치를 부정하는 인간 군상을 '전후파'라 부른다고 설명했다. 그런데 그는 이런 개념이 한국에는 적용될 수 없다고 보았다.

> 제2차대전의 종막은 그 순간 한국에선 삼팔선을 상호 전선으로 삼는 더 무서운 전쟁을 개막시켰다. 종막과 동시의 개막은 전후가 꼭 같은 전쟁 '씬'이므로 전전(戰前)의 개념도 전후(戰後)의 개념도 이루지 못한다. 한국의 전쟁은 6·25에 비롯한 것이기보다는 제2차대전에 그대로 계속된 전쟁이 그 시간에 대규모적으로 전개되었을 뿐이라는 것이 옳겠다.[28]

---

27 김우종, 앞의 글, 84쪽.

28 위의 글, 85쪽.

그는 기본적으로 해방 직후와 한국전쟁의 간격을 인정하지 않으며, 또한 휴전 상황을 고려하여 한국에서 전후란 존재하지 않는다고 본다. 그래서 한국전쟁이라는 사건을 기준으로 볼 때 전전도 전후도 없는 전중(戰中)이 있을 뿐이라는 것이다. 한국에서 전쟁은 현재진행형이라는 지적이다. 2차 세계대전(혹은 태평양전쟁)과 한국전쟁을 하나의 연속선상에서 다루는 이런 관점은 나카무라 마사노리(中村政則)의 관전사(貫戰史)라는 개념으로 볼 때 새로운 의미를 지닐 수 있다.[29] 관전사가 가능하기 위해서는 개별적인 전쟁을 꿰뚫는 연속적인 특성이 전제되어야 하는데, 김우종은 한국전쟁을 기본적으로 독립된 전쟁이 아니라 2차 세계대전의 연속으로 보는 관점을 취하고 있다. 물론 이것은 엄격한 역사학의 관점에서가 아니라 시간적 인접성이라는 상식적인 기준에 기대고 있지만, 한국 '전후'가 지닌 특수성을 고려하게 한다는 점에서 의미를 지닌다고 할 수 있다.

그러나 엄격한 의미에서 한국의 전후를 부정했다고 해도 그가 기의상의 유사성까지 부정한 것은 아니다. 시간 개념상의 전후 개념(즉 '전쟁 이후')으로 볼 때는 한국에서 전후문학은 존재하지 않지만, 그 내용상의 특질(전후의 윤리적 변질과 절망적인 생존 욕구)로 볼 때에 "이 말(아프레게르 혹은 전후파)은 오히려 그들(서구인 — 인용자)보다 가장 한국적인 현실에 적용될 것"[30]이기 때문이다. 그리고 구체적인 예로서 한국전쟁 이후의 비극적 현실을 다루는 서기원, 한말숙, 정종화, 손장순 등을 중요한 전후문학 작가로 거론하고 있다. '전후'는 없지만 '전후적 상황'은 존재한다고 판단하기

29 나카무라 마사노리는 전전과 전후의 연속성을 강조하기 위하여 '관전사'라는 개념을 제안했다. 나카무라 마사노리, 『일본전후사 1985–2005』, 유재연·이종욱 역, 논형, 2006, 15쪽 참조.

30 김우종, 앞의 글, 85쪽.

때문에, 결과적으로 문학사적으로 전후문학은 존재한다는 관점이다. 그 전후문학은 한국전쟁 이후의 문학이지만 2차 세계대전의 연속선상에서 파악된 전후문학이라는 점에서 '한국전쟁 이후의 문학'이라는 기의와 분명한 차이를 지닌다는 점이 강조될 만하다.

김우종의 이런 시각은 우리 문학에서 '전후'라는 개념을 이해하는 데 아주 중요한 관점을 제공한다고 할 수 있다. 그의 시각은 우리 전후 개념의 특수성을 처음으로 고찰하고 있다는 점, 그리고 전후문학을 논하기 위해서 몇 가지 전쟁(특히 태평양전쟁과 한국전쟁)의 상호관계에 주목하게 한다는 점에서 그러하다. 한마디로 요약하자면 그는 한국적 전후 개념의 중층성, 즉 한국적 전후가 2차 세계대전이나 태평양전쟁 혹은 한국전쟁과 같은 하나의 단일한 기의를 지니는 것이 아니라, 이 기의들의 복합적인 관계망 속에서 형성되어 있다는 점에 대한 인식을 보여주었다는 점에서 전후 개념 논의에서 중요한 위치를 차지한다고 할 수 있다.

2년 정도 후에 백철도 전후라는 개념의 이런 중층성에 주목하고 있다. 『한국전후문제작품집—세계전후문학전집 1』의 해설을 위한 글에서, 그는 한국의 전후 개념이 지니는 특수성을 "한국의 전후소설은 전후의 또 하나의 전후극(戰後劇)"[31]이라는 말로 표현한다. 즉 우리의 전후문학 개념에는 한국 외의 국가들이 보편적으로 겪은 2차 세계대전(태평양전쟁 포함)과 한국전쟁이 동시에 사유되어야 한다는 것이다. 이것은 1955년의 한 평문에서 간단히 언급한 바이기도 하다.

> 6·25사변은 지역적 현상으로선 국내의 일 동란이지만 그 외곽은 세계

31 백철, 「전후 십오년의 한국소설」, 『한국전후문제작품집』, 신구문화사, 1960, 374쪽.

적인 것이오 그 동란의 동기 내용도 2차대전 이후의 세기적인 신대립의 의미를 반영한 것으로 그 점에선 6·25 동란은 일종의 제2차적인 세계전쟁이다.[32]

그럼에도 그는 전후 세계문학의 특질을 "전쟁에서 파생된 전후 현실 관련 소재, 휴머니즘, 절망의 의식, 죽음의 의미, 니힐리즘 사상" 등으로 제약할 때, 한국 전후문학은 당시 시점으로 5년 내외(1955년 이후 5년간)의 문학에서만 발견된다고 보았다. 즉 해방 이후 10년간의 우리 문학에서 서구적·일본적 기의의 '전후' 개념의 사용은 부적절하며, 그 개념의 엄밀한 적용은 한국전쟁이 휴전한 이후, 즉 1950년대 중반 이후의 문학을 대상으로 해야 한다는 것이다. 그럼에도 그는 해방 직후부터 한국전쟁 발발까지의 기간을 전후 개념의 공백기로 처리하지 않고 이 기간까지 전후 개념을 적용한다. 그는 이 전집의 기획 의도, 즉 "'전후세계문학'이라는 전체 형식을 중시"하여 해방 직후의 문학이 "구체적으론 외국의 전후문학에서와 꼭 같은 성질의 것이 아니었다손 치더라도 특수한 뜻에서 또 하나의 전후적인 문학 동태던 것"[33]이라 주장하는 것이다. 즉 전후 개념에 '해방 직후'와 '한국전쟁'이 모두 고려되어야 한다는 것이다. 비록 전집의 기획 의도에 따른 고찰이긴 하지만, 해방 직후의 '전후'를 "특수한 뜻에서 또 하나의 전후적인 문학 동태"로 파악하면서 그 특수성에 주목한 것은 눈여겨볼 만하다. 종전 직후 한국적 전후의 상동성과 이질성 등에 대한 이런 인식이 바탕이 될 때 전후 개념의 중층성이 제대로 포착될

32 백철, 「문화십년 문학 — 이제부터가 창조기(2)」, 『경향신문』, 1955. 8. 16.

33 백철, 앞의 글, 375쪽.

수 있다는 점에서 그의 언급을 평가절하할 수 없을 것이다.

백철은 전후 개념의 중층성을 언급하면서 그런 특수한 성격을 형성하게 만드는 중요한 요인에 대해서도 언급하고 있다.

> 다 알다시피 한국에서는 종전이라고 하지 않고 해방이라고 불러서 전후현실을 맞이하였다. 사실 대전의 종결로 해서 한국은 36년간의 일제의 사슬로부터 풀려나왔다. 따라서 해방 때의 한국은 적어도 수개월 동안 전후적인 의미보다는 역사적인 해방의 기운을 느끼게 되었다.[34]

그는 한국적 전후 개념의 특수성이 2차 세계대전 이후를 종전으로 보지 않는 특수한 상황에 있다고 보았다. 즉 "한국에서는 종전이라고 하지 않고 해방이라고 불러서 전후현실을 맞이"했기 때문이다. 어떻게 보면 상식적인 지적이라 할 수도 있겠지만, 이 점을 명확하게 지적한 데서 그의 문학사적 감각을 확인할 수 있다. 그는 해방 직후부터 한국전쟁 직전까지 우리 전후문학 담론에서 '타자의 개념' 혹은 '부재의 전쟁'으로서 2차 세계대전과 태평양전쟁이 등장하는 이유를 이렇게 지적한 것이다. 즉 '종전'보다는 '해방'이라는 기의가 더 주도적으로 형성된 1945년 8월 15일 직후의 사회적 상황에 대한 인식 아래 전후 개념에 접근할 때 한국적 전후의 특수성이 제대로 파악될 수 있다는 지적으로 읽을 수 있는 것이다.

이것은 앞에서 다룬 김우종의 생각과 동궤에 놓인다. 그는 한국전쟁을 2차 세계대전의 연장으로 해석하여 한국에 있어서 전후 개념을 부

34 위의 글, 같은 쪽.

정했는데, 그 부정에는 일본과 한국의 전후 상황의 특수성에 대한 인식이 담겨 있다. 그는 '전후', 즉 '아프레게르'라는 용어가 프랑스어로 유통되고 있다는 사실을 근거로 하여 이 개념을 프랑스 문학 상황에서 유래한 것으로 이해하고 "패전국 일본도 그 영향을 받아 「만가」니 「태양의 계절」이니 하는 유명한 문학작품을 생산케 했다."[35]라고 진단한다. 아프레게르라는 부정적 양상을 '패전국 일본'에서 읽어 내는 이런 관점은 종전을 패전이 아니라 해방으로 읽는 종전관의 차이에서 비롯된 것이기에 김우종과 백철의 진단은 일맥상통한다고 할 수 있다. 그리고 이것은 한국전쟁 이전부터 많은 이들이 공유하고 있는 생각이라 할 수 있다.[36]

이와 관련하여 종전을 보는 근래의 한 방식에 대하여 검토할 필요가 있다. 보는 관점에 따라서 김우종과 백철의 시각을 "'태평양전쟁'을 오로지 '제국주의로부터의 해방'의 계기로만 '전유'하는 철저한 자기중심적 해석방식"[37]의 일환으로 읽을 수도 있다. 이는 "제2차 세계대전의 체험을 전쟁의 체험이 아닌 식민지 경험으로 환원하고 이른바 '전후'의 개념에서 삭제함으로써 '한국인'을 전쟁에 '개입'된 자가 아니라 식민지배 피해자의 위치로 단일화하는 효과를 낳는다."[38]고 본 관점과 동궤에 놓인다.

---

35 김우종, 앞의 글, 85쪽.

36 전후 일본문학의 '에로', '육체로 하는 문학'의 유행에 대한 채정근의 진단에서도 이를 확인할 수 있다. "제1차 세계대전에도 일본에는 한때 데카당티즘이 유행했으나 이는 승전국이면서도 패전국이었던 불란서로부터의 사치스런 수입향수와 비슷한 것이었다. 전후 경기로 생활이 윤택했던 당시의 일본에게 이것이 뿌리를 박을 수 없었다. 그러나 이번에는 일본은 패전국이다"(채정근, 「전후동태의 소찰(小察) — 일본」, 『경향신문』, 1948. 9. 5). 이런 글에서 전제되는 프랑스 문학과의 연계는 기원의 망각으로 인한 사후적 재구성이라 할 수 있다.

37 한수영, 앞의 책, 211쪽.

38 이는 권명아의 관점을 요약한 것이다. 권명아, 『식민지 이후를 사유하다 — 탈식민화

탈식민주의 관점의 유행이 이런 반성의 계기를 제공해 준 것은 의미 있는 일이지만, 이런 관점은 한국 상황의 특수성을 왜곡하고 식민주의를 용인하는 의도하지 않은 결과에 도달할 수 있다는 점에서 위험한 시각이라 할 수 있다. 식민 주체와 피식민 주체의 차이를 무화시키는 이런 논의는 그 의도와 무관하게 탈식민주의와 식민주의의 교묘한 접합으로 나아갈 수 있다는 것이다. 이런 방식은 전후 개념의 일본적 기의와 한국적 기의의 차이를 '균열'이라는 이름으로 지움으로써 전후 개념의 실체를 파악하는 데 혼선을 줄 수 있다는 점에서 신중한 접근을 필요로 한다.

이런 위험성을 극복하기 위하여 태평양전쟁에 대한 우리와 일본 문단의 시각차가 반영되어야 한다. 그것은 차이를 만드는 일이면서 동시에 차이를 완전히 배제하지 않는 방식이다. 앞에서 살펴보았듯이 일본 전후문학의 근원적인 기반은 철저하게 '패전으로서의 종전'이며, 이에 바탕을 둔 국가의 소멸과 문단의 붕괴다. 패전을 통해 일본은 주권을 상실하고 '아큐파이드 제팬'이 되었다. 동시에 절대적인 복종과 희생을 강요하는 천황제가 종결되고 천황은 신으로부터 인간으로 돌아오게 되었다. 이때 천황제 패러다임에 안주하고 있던 일본 문인이 받은 충격은 우리의 상상을 넘어선다.[39] 일본의 전후문학은 이 충격을 극복하는 방식으로 제출된 것이다. 기존의 정체(政體)와 국가 자체가 폐기되는 마당에 문단의 붕괴는 그다지 놀라운 일이 될 수도 없었을 것이다. 이것이 일본문학의 전후 개념에 기본적으로 깔려 있는 본질적 요소다.

와 재식민화의 경계』, 책세상, 2009, 260~261쪽; 한수영, 앞의 책, 211~212쪽.

39 종전 후에 "어째서 천황 폐하는 인간이 되셨는가. 어째서 천황 폐하는 인간이 되셨는가. 어째서 천황 폐하는 인간이 되셨는가."라는 글을 썼던 미시마 유키오(三島由紀夫)가 대표적인 예라 할 수 있다(호쇼 마사오, 앞의 책, 250쪽).

그러나 한국의 경우 종전은 국가의 소멸이 아니다. 한국인에게 있어서 국가의 소멸은 경술국치(1910년) 이후 30여 년이나 존속되어 온 지루한 사건이다. 그래서 종전은 국가의 소멸이 아니라 민족의 호명, 국가의 건설인 것이다. 이 차이를 백철은 다른 글에서 다음과 같이 명쾌하게 밝히고 있다.

> 먼저 2차대전이 끝난 직후의 정세이다. 그 직접의 정세란 알다시피 한국에선 '해방'으로 불려지고 일본은 직접 '패전'으로 불려진 만치 그 환경과 정세의 의미는 질적인 차이가 있는 것이다. 자연히 두 개의 정세에 반응된 문학경향도 상반되어 이쪽의 것은 열려진 역사적인 시야 속에 민족문학의 '건설'이 과제가 되고 젊은 시인들에게선 낭만주의이기까지 한 경향이 일시 등장했던 것이다.[40]

'해방'과 '패전'의 차이는 문학 경향의 차이로 이어져서 '해방'의 한국에선 민족문학의 건설과 낭만주의 풍조가 나타나고, '패전'의 일본에선 노대가의 전쟁 참회와 신인의 퇴폐적 경향이 나타났던 것이다. 김윤식이 해방 직후 문학담론의 특징을 한마디로 '나라 만들기'[41]로 명명한 것도 이 때문이다. 어떻게 보든지 한국의 8·15를 종전이 아니라 해방이라 부르는 것이 사실에 부합한다는 사실은 이런 논의가 방증해 준다고 할 수 있다.

---

40 백철, 「한일전후문학의 비교검토」, 『일본전후문제작품집』, 신구문화사, 1962, 388~389쪽.

41 김윤식은 "'나라찾기'를 대전제로 한 이 나라 근대문학사는 해방을 맞아 '나라 만들기'에로 집중"되었다고 지적한 바 있다(김윤식, 『해방공간 한국 작가의 민족문학 글쓰기론』, 서울대학교출판부, 2006, 머리말 iii쪽).

문학계의 경우 해방 이후 문단의 붕괴가 아니라 문단의 재건으로 이어지는 것도 이 때문이다. 해방 직후 기존 문단의 정체성을 유지한 채로 좌우의 여러 문학단체가 다투어 나타나고 이후 이합집산을 거듭한 것은 기성 문단의 연장이면서 시대 상황에 알맞은 문학조직의 새로운 판짜기라 할 수 있다. 그 지향의 상이성과 무관하게 이런 문학조직의 이합집산은 식민지하에서 제대로 구축되지 못한 문단을 재건하는 몸부림인 것은 분명하다. 이런 자명한 차이가 인식되지 않는다면 '전후'의 중층성이 제대로 파악되지 않아, 그것은 끊임없이 혼선을 반복하는 개념으로 남을 수밖에 없을 것이다. 탈식민주의 관점에서 일본과 한국의 동질성을 언급하려면 식민지 시기 한국과 '아큐파이드 제팬'을 등가에 놓거나, 해방 이후 한국과 '독립 일본'을 비교하는 것이 더 타당할 것이다.

이 차이는 전후세대로 분류되는 문인들에게 감각적으로 인식되고 있었던 것으로 보인다. 현재 전후 문인의 대표로 취급되는 장용학의 다음 발언에서 이를 확인할 수 있다.

> 세대구분의 기준을 임시로 '동란(動亂)'에 두고 말한다면, 동란이 준 압력을 감당하지 못하고 지친 기성층과, 동란을 응시하면서 동란과 함께 전진한 신진들, 그리고 자아가 눈뜨기 전에 우선 동란에 휩쓸렸던 신인군(新人群). 문단에 등장한 시기로 말하면 기성층은 해방 전부터 활동한 사람들과 해방의 흥분과 혼란 속에서 나타난 사람들이고, 신진은 사변 전후(前後) 그리고 신인군은 주로 휴전 이후에 나타나게 된 세대들이다.[42]

42 장용학, 「감상적 발언」, 『문학예술』, 1956. 9, 170쪽.

장용학은 오늘날의 개념인 '전후세대'를 신진과 신인군으로 구분하고, 전자의 구체적인 작가로 김성한, 손창섭, 곽학송, 정한숙, 유주현, 한무숙, 강신재, 홍구범, 이상필 그리고 자신을 언급하고, 후자에 속하는 이를 그 이후에 등단한 문인으로 보았다. 그는 한국전쟁을 기준으로 세대를 나누고 '사변 전후', '휴전 이후' 등을 말하면서도 끝내 '전후'라는 개념을 신세대 작가에게 적용하지 않는다. 이는 태평양전쟁 이후의 전후와 한국전쟁 이후의 그것이 지닌 동질성과 차이가 인식되고 있었기 때문일 것이다.[43] 해방 직후, 즉 태평양전쟁 종전 이후에 등단한 문인들을 기성층에 귀속시킨 것도 이런 인식의 결과라 할 수 있다. 그럼에도 그가 '전후'라는 개념을 정면으로 응시하지 않았다는 점에서 한계를 지닌다.

이런 점에서 김우종과 백철이 전후 개념의 일본적 기의와 한국적 기의의 차이에 주목하여 그 개념을 중층적으로 파악한 것은 그들의 비평가적 안목을 확인시켜 준 경우라 할 수 있다. 그들의 논의는 단순 소개에 그친 대부분의 글과는 달리 우리가 간과했던 사실을 지적함으로써 한국현대문학에서 전후 개념의 중층성을 성찰하게 했다. 즉 그들은 한국문학에 있어서 전후는 2차 세계대전이라는 서구적 기의와 태평양전쟁이라는

---

43 동질성은 "일본의 신인과 이땅에 신인은 그 세대가 같다는 것, 식민지 시대와 달라 양쪽의 문학활동은 병행되어 있다."(장용학, 위의 글, 172쪽)는 말에 보인다. 이것을 "한국전쟁을, 근대 시민사회의 위기로서 발발한 2차대전과 같은 성격을 가진 사건으로 보는 것"(김건우, 「장용학 소설 연구」, 서울대학교 석사학위 논문, 1995, 42~43쪽)으로 해석할 수도 있지만, 필자는 김우종식의 '전후적 상황'의 유사성에 대한 지적으로 읽는다. 한국전쟁과 2차 세계대전과의 유사성은 일본적 전후의 특수성 때문에 장용학이 말하는 '한일 문학활동의 병행'과 괴리를 일으킨다. 또한 장용학이 한국전쟁을 두고 "세계사의 2대 조류가 부딪친 전쟁"(174쪽)이라 할 때, 이때 2대 조류(자유주의와 공산주의)와 2차 세계대전의 2대 조류(파시즘과 반파시즘)는 전혀 등가로 다룰 수 없는 것이다.

일본적 기억, 그리고 한국전쟁이라는 한국적 기억이 복합적으로 존재하는 중층적 개념이라는 것을 지적하여 전후 개념을 단일화하는 논의의 피상성을 경계한 것이다. 한국적 전후의 특수성이 인식될 때 전후 개념은 비로소 문학사적 시기 구분의 개념을 넘어서 사상사적 개념이 될 수 있을 것이다.

5. 나가며

지금까지 살펴본 바와 같이 한국 '전후(문학)' 개념은 '전후=한국전쟁 이후'라는 단일한 개념이 아니라, 한국적 상황과는 무관한 타자의 개념에서 출발하여 자신의 기억를 채워 나가는 생성 중인 개념이었다. 그리하여 1950년대 말에 한국전쟁이 개념상의 기축으로 존재하며 다른 전쟁을 아우르는 중층성이 자리 잡게 되었다.

1950년대에 전후 개념이 한국문학에 적극적으로 적용되면서 혼선도 발생했는데, 그 혼선의 진원지는 아이러니하게도 신구문화사의 『세계전후문학전집』이다. 이 전집은 전후 개념의 기점을 한국전쟁이 아니라 2차 세계대전으로 잡음으로써 '한국전쟁 이후'라는 기억를 고정시켜 가는 당시 담론의 진행 방향에 혼선을 주고 있다. 그 원인은 그 전집이 모델로 삼고 있는 것이 일본의 '아프레게르 총서'라는 사실에서 찾을 수 있다.

결론적으로 우리의 전후는 단일한 의미로 환원될 수 없는 개념이라는 점이 기억되어야 할 것이다. 김우종과 백철의 논의에서 확인했듯이 한국문학에 있어서 전후는 세 개의 전쟁이 그 속에서 중층적으로 작용하는 복잡한 개념이다. 2차 세계대전이라는 서구적 기억와 태평양전쟁이라는 일본적 기의, 그리고 한국전쟁이라는 한국적 기의가 복합적으로 존재하는 이런 특수성에 대한 인식 없이 한국 전후문학의 본질은 제대로 파악되기 힘들다. 한국의 전후문학 개념이 제대로 자리 잡기 위해서는 개념 변화의 추이를 통하여 확인한 실재로서의 중층성을 인식하지 않으면 안 된다. 1990년대에 와서 고착화된 '한국전쟁 이후의 문학'으로만 볼 때, 그 개념은 유용성의 측면에서도 실재성의 측면에서도 부적절하게 될 것이다.

참고문헌

가와무라 미나토, 『전후문학을 묻는다 — 그 체험과 이념』, 유숙자 역, 소화, 2005.
강두식, 「전후의 독일단편소설」, 『대학신문』(서울대학교), 1959. 5. 18.
강용흘, 「전쟁전후의 미국문학」, 『신천지』, 1947. 9.
곽종원, 「명랑 활발을 아프레와 혼동하고 있지 않은가?」, 『여원』, 1956. 10.
구기성, 「전후의 독일시 — 하나의 소개를 위한 노우트」, 『독일문학』, 1959. 10.
구인환 외, 『한국전후문학연구』, 삼지원, 1995.
권명아, 『식민지 이후를 사유하다 — 탈식민화와 재식민화의 경계』, 책세상, 2009.
김건우, 「장용학 소설 연구」, 서울대학교 대학원 석사학위 논문, 1995.
김광섭, 「세계문학 사관(私觀)」, 『경향신문』, 1947. 10. 26.
김우종, 「아쁘레문학과 성도덕 — 윤락 속에서 새 모랄을 모색하는 신진들」, 『현대』, 1958. 3.
김윤식, 『해방공간 한국 작가의 민족문학 글쓰기론』, 서울대학교출판부, 2006.
김응신, 「작년도 일본문화개관」, 『경향신문』, 1949. 2. 8.
김정진, 「양차대전 후의 독일문학 — 니힐리즘의 전후 풍미」, 『대학신문』(서울대학교), 1959. 6. 22.
______, 「현대문학과 '카프카'의 위치(2) 그의 영향을 받은 전후작가군」, 『동아일보』, 1959. 7. 29.
나카무라 마사노리, 『일본전후사 1985-2005』, 유재연·이종욱 역, 논형, 2006.
도쿠나가 스나오, 「일본문학의 신단계」, 역자 미상, 『경향신문』, 1946. 12. 5.
독규남, 「미국의 전쟁문학(1) 전후 10년의 성과 개관」, 『조선일보』, 1955. 10. 29.
리오 라니아, 「전후 구라파문단의 동향」, 윤태웅 역, 『신천지』, 1947. 12~1948. 3.
______, 「전후구주문단」, 석동수 역, 『민성』, 1948. 1.
문재안, 「아프레 걸의 생태 — 해방된 육체」, 『여성계』, 1957. 5.
박승훈, 「수필문학의 방향 — 전후의 대중생리」, 『동아일보』, 1958. 1. 28.

박연희, 「전후, 실존, 시민 표상」, 『한국문학연구』 34, 동국대학교 한국문학연구소, 2008.
박장익, 「전후 일본사상계의 전모」, 『민성』, 1948. 10.
박종서, 「전후의 독일문학」, 『사상계』, 1957. 3.
백철, 「문화십년 문학 — 이제부터가 창조기(2)」, 『경향신문』, 1955. 8. 16.
_____, 「비중이 커졌다 — 금연도창작계 3」, 『경향신문』, 1956. 12. 22.
_____, 「전후 십오년의 한국소설」, 『한국전후문제작품집』 신구문화사, 1960.
_____, 「한일전후문학의 비교검토」, 『일본전후문제작품집』, 신구문화사, 1962.
셀렌 로드만, 「금차전쟁과 시의 변모」, 채정근 역, 『민성』, 1949. 2.
_____, 「외국문학의 영향 — 특히 신인작가들의 경우(하)」, 『경향신문』, 1956. 9. 30.
송지영, 「전후의 세계문화사조, 치열한 문학운동 — 중국」, 『경향신문』, 1948. 9. 5.
양병식, 「불란서 작가 동향 — 전후불란서문학의 서곡」, 『경향신문』, 1949. 3. 9.~12.
_____, 「전후의 불란서문학과 사상」, 『학풍』, 1950. 5.
_____, 『현대프랑스문학론집성 — 쉬르레아리슴에서 누보·로망까지』, 교음사, 1988.
H. E. 자코브, 「전후 독일의 최근문학」, 육군종군작가단 역, 『전선문학』, 1953. 9.
F. G. 바이스코부, 「전후의 체코슬로바키아문학」, 최정문 역, 『신세대』, 1948. 2.
오태석, 「최근의 세계문화계, 전후의 동향 개관 — 불란서, 미국」, 『경향신문』, 1949. 9. 17.
오현우, 「전후불란서문학사조의 주류」, 『사상계』, 1956. 2.
육군종군작가단 편, 「전후 불·독문학 교류」, 『전선문학』, 1953. 12.
이규환, 「세계2차대전후의 영국문학」, 『신천지』, 1953. 5.
이두성, 「전후미국문학의 전개, 전쟁과 젊은 세대」, 『문예』, 1957. 11.
이승우, 「전후의 독일문학 — 서독문학을 중심으로(상)」, 『경향신문』, 1956. 11. 24.
이태선 편, 「패전후 일본문학의 과제와 동향」, 『신천지』, 1949. 6.
임권재, 「전후 미국의 반공문학」, 『신인간』, 1953. 9.
장용학, 「감상적 발언」, 『문학예술』, 1956. 9.
정내동, 「전후의 중국문단」, 『대조』, 1948. 12.
정충량, 「전후파 여성의 어제와 오늘」, 『여성계』, 1958. 9.
조용만, 「전후영국문학의 동향」, 『서울신문』, 1955. 4. 7.
조풍연, 「아프레 게르와 처녀성」, 『주부생활』, 1959. 4.
G. 랑송, P. 튀브로, 『랑송 불문학사(하)』, 을유문화사, 1983.
차주환, 「전후의 중국문학」, 『서울신문』, 1955. 4. 19.
채정근, 「전후미국과 소련의 문학」, 『신조』, 1947. 4.
_____, 「전후동태의 소찰(小察) — 일본」, 『경향신문』, 1948. 9. 5.
최규석, 「대전후의 미국연극」, 『예술평론』, 1948. 10.

최인욱, 「주체정신을 확립 — 자기 위치에서 세계성 개척」, 『경향신문』, 1955. 2. 13.
최인욱·최태응, 『한국문학전집 28 화려한 욕망·전후파 기타』, 민중서관, 1959.
최태응, 『전후파』, 정음사, 1953.
클라우쓰 만, 「전후의 독일문단」, 홍일 역, 『신천지』, 1948. 12.
프레드릭 H. 더스틴, 「서양인이 보는 한국 문학(1) 전후작품에 기대. 세계적 가치의 추구 긴요」, 『조선일보』, 1959. 2. 21.
하어바트 리이드, 「전후 구라파예술의 현황」, 김용권 역, 『문학예술』, 1956. 5.
한수영, 『한국 현대비평의 이념과 성격』, 국학자료원, 2000.
_____, 『전후문학을 다시 읽는다』, 소명출판, 2015.
한흑구, 「최근의 미국문단」, 『경향신문』, 1947. 2. 20.
허박년, 「전후미국문학전망」, 『신천지』, 1952. 1.
허용, 「전후의 소련영화」, 『예술영화』, 1948. 3.
허집, 「전후미국의 연극동향」, 『민성』, 1948. 6~8.
호쇼 마사오, 『일본현대문학사(상)』, 고재석 역, 문학과지성사, 1998.

저자 미상, 「전후 파란국(波蘭國)의 제동태」, 채정근 역, 『민성』, 1946. 4.
_____, 「전후의 일본문단」, 『민성』, 1948. 10.
_____, 「전후 각국의 문화편모-철학」, 『서울신문』, 1948. 12. 14.
_____, 「전후문학은 광폭적(狂暴的) — 일 작가 삼도(三島)씨 언급」, 『경향신문』, 1957. 7. 21.
_____, 「한국문화의 재검토 — '아프레게르'라는 것」, 『한국일보』, 1958. 1. 30.
_____, 「전후문학인회를 창립, 오상원 씨 등 16명 젊은 작가들」, 『동아일보』, 1960. 5. 27.

「생활상식/戰後派文學」, 『경향신문』, 1954. 3. 7.
「세계전후문학전집 3월 말에 간행완료」, 『동아일보』, 1962. 3. 4.
「연합국의 전후처리와 조선(사설)」, 『조선일보』, 1946. 5. 4.
「전후 문제 토의」, 『조선일보』, 1945. 12. 18.
「戰後派의 여중 졸업식. 7割은 벌써 가정부인, 1년뒤에 나타난 그들의 변모」, 『조선일보』, 1952. 7. 23.
「한국문화의 재검토 — '아프레게르'라는 것」, 『한국일보』, 1958. 1. 30.

中村眞一郎, 「アプレ·ゲール叢書」, 『增補 戦後文学の回想』, 筑摩書房, 1983.
平野謙, 「戦後文学達成」, 『平野謙全集3』, 新潮社, 1975.

제2부

해방 후
한국과 일본의 전후문학은
무엇을 사고했나?

제3장

일본인은 '점령'을 어떻게 받아들이게 되었나?

야스오카 쇼타로의 초기 소설 속의 '점령'을 중심으로

남상욱

1. '점령기'와 '전후' 사이의 '점령'

1945년 8월 대일본제국의 아시아·태평양전쟁 패전과 그로 인한 전후 처리 과정의 일환으로서의 연합군 총사령부(GHQ)에 의한 일본 점령은, 일본이 그 외부에 의해서 통치당하는 최초의 경험이었다. 물론 전 지구적으로 봤을 때 강력한 외부에 의한 피지배는 매우 보편적이기도 하다. 그렇다면 이 특이하면서도 보편적인 사건을 일본인들은 어떻게 경험했을까?

오늘날 점령 문학이 다시 주목받는 이유는 바로 그 때문이다. 즉 점령에 대한 다양한 연구가 진행되며 상당한 성과를 거두고 있는 오늘날에도 이러한 점령에 대해서 일본인들이 어떠한 감정적 경험을 했는지는 여전히 알 수 없는 점이 많는데, 인간의 '내면'을 말하는 문학은 매우 유용한 참조점이 될 것이라고 기대되기 때문이다. 그렇다면 일본문학은 '점령'을 어떤 식으로 이야기해 왔을까?

놀랍게도 오랫동안 일본문학에서 점령은 '전후'의 일부였을 뿐, 그 특이성이 명확하게 구분되지 않았다. 가장 큰 이유로서는 점령 당시 GHQ의 검열로 인해 점령 그 자체를 언급하는 것이 금지되어 있었다는 점을 들 수 있다. 이러한 제도적 문제는 일본의 문학자들이 '점령'을 어쩔 수 없이, 그리고 성급히 '전후'로 표현하게 된 가장 큰 요인임이 틀림없다. 따라서 '점령'이 본격적으로 일본문학 속에 표현의 대상으로서 등장하게 된 것은 아이러니하게도 점령이 끝난 이후였다.

---

* 이 글의 초고는 『일어일문학연구』 79권 2호에 「야스오카 쇼타로의 초기 소설 속의 '점령' — '나'가 '점령'을 받아들이게 되기까지」라는 제목으로 게재되었다. 이 글은 초고를 기반으로 하되, 그 내용의 상당 부분을 수정했다.

물론 점령이 끝나던 1952년에 나카무라 미쓰오(中村光夫)는 이런 이해에 처음으로 반발한 적이 있다. 노마 히로시(野間宏)를 비롯한 일군의 작가들을 '전후파'라는 카테고리로 묶어 온 관례에 반발하며, "진정한 의미의 전후문학이라고 할 만한 것이 생긴다면, 그것은 1940년대 후반에 태어난 아이들이 적어도 스무 살이 될 때까지 기다려야 할 터"이며, 그런 의미에서 이제까지 "전후문학이라고 일컬어진 것은 미군 점령 시대 문학이라고 불려야 그 의미가 확실해진다."고 주장했다.[1] 이런 나카무라의 주장이 당시 신일본문학파와 근대문학파를 중심으로 한 이른바 주류 '문단'에는 직접적인 영향을 미치지 못했지만, 그의 말을 통해서 우리는 '점령'이 일본의 '전후'라는 개념에 근본적인 의문을 던진다는 것을 알 수 있다.

실제로 1980년대 이후 문학, 사상, 문화 연구의 상당수는 1945~1952년을 '전후'로 보는 견해를 유보한다. 예를 들어 가와무라 미나토(川村湊)는 다음과 같이 지적하고 있다.

> "열전"이 조선인의 생활과 생명을 파괴하고 있는 동안, 일본은 전쟁에 "참여(commit)"함으로써 그 특수를 누리고, 마침내 고도성장 시대로 접어들어 가게 되었다. 나카노 요시오가 '더 이상 "전후"는 아니다'(『文芸春秋』 二月号)라는 제목의 문장을 쓴 것은, 조선전쟁이 휴전하고 3년째인 1956년의 일이다. 더 이상 "전후"는 아니다. 이런 구호가 들려오기 시작했을 때부터 일본의 문학은 진정한 "전후"를 살기 시작하게 되었던 것이다.[2]

---

1 中村光夫, 「占領下の文学」, 『文学』 20(6), 1952, 503~510쪽.

2 川村湊, 『戦後文学を問う』, 岩波書店, 1995, 12쪽.

여기서 가와무라는 일본이 한국전쟁에 '참여'함으로써 '점령'에서 벗어날 수 있었음에도 불구하고, 이러한 사실을 부인하는 공간, 이러한 기만의 구조를 '전후'로 보고 있다. 이러한 가와무라의 '전후'의 규정에 따를 때 '전후'의 기원이 태평양전쟁 이후가 아니라 한국전쟁이 끝난 후 3년 뒤가 되는 것은 자연스럽다. 그런데 이러한 인식에 따른다면 점령은 '전후'의 외부에 위치하게 되는 문제가 발생한다.

실제로 '전후'는 점령의 기억을 망각하려는 운동성을 가진다는 것이 종종 지적되고 있다.[3] 하지만 한편으로는 바로 그러한 망각 때문에 그것에 대항하여 '점령'을 기억하려는 서사가 반복적으로 나타나게 되는 공간 또한 '전후'라는 점을 놓쳐서는 곤란하다.

예를 들면 1967년 전후 일본의 대표적인 보수파인 에토 준(江藤淳)이 야스오카의 대표작인「해변의 광경」속에서 아버지의 권위가 실추된 이유에 대해 "패전이라는 초대하지 않은 손님이 그들의 가정이라는 사적 세계에 진흙 발로 밀고 들어왔기 때문"으로 말할 때, 그는 '점령'을 일본인의 '사적 세계'를 변형시킨 주범으로 지목하고 있는 것이다.[4] 이러한 의미 부여에 의해서 '점령'은, '전후'라는 공간을 미국의 가해로 인해 일본인이 상처받은 공간으로 표상하는 것을 가능토록 하는 일종의 증거로서 '전후' 담론 속에서 반복적으로 소환된다.

하지만 점령 후 그들이 새롭게 점령을 기억하려는 과정에서 과연 무슨 일이 벌어지는가. 그러니까 하나의 기억은 어떤 망각 속에서 성립하는 것일까?

---

3 吉見俊哉,『親米と反米 — 戦後日本の政治的無意識』, 岩波書店, 2007, 151쪽.

4 江藤淳,『成熟と喪失 — "母"の崩壊』, 河出書房新社, 1967. 단, 본문의 인용은 다음 텍스트에 의한다. 江藤淳,『成熟と喪失 — "母"の崩壊』, 講談社, 1993, 21쪽.

이 글에서 야스오카의 초기 소설에 주목하는 이유는 바로 거기에 있다. 즉 에토 이후 오랫동안 문학작품을 대상으로 한 '점령' 연구는 주로 1955년 이후에 발표된 작품들을 대상으로 하는 경우가 많았다. 거기에는 앞서 언급했듯이 점령 당시에는 GHQ에 의한 검열로 인해 점령의 의미를 직접 다루는 데 많은 제한이 뒤따랐다고 하는 직접적인 이유가 분명 존재한다. 이 글에서 다루는 점령 관련 야스오카의 작품들, 즉 「유리구두」, 「하우스 가드」, 「나쁜 친구」, 「훈장」 이렇게 네 작품[5]도 실은 일미평화조약이 체결된 1952년부터 1953년 사이에 발표되었고, 이후 고지마 노부오(小島信夫), 마쓰모토 세이초(松本清張) 등에 의한 점령 서사가 본격적으로 시작되었다는 점에서 점령 서사의 신호탄으로 여겨진다.

한편으로는 이 작품들은 본격적으로 '전후' 담론이 시작된 1955년 이전에 발표되었다는 점에서 일반적인 '전후' 담론과는 다르다는 점을 놓쳐서는 곤란하다. 그러니까 야스오카의 초기 작품들은 점령기와 55년 체제 성립 이후의 '전후' 사이 혹은 과도기 속에서 '점령'을 다루고 있고, 바로 그 때문에 55년 체제 이후의 '전후' 담론 속의 '점령'을 비판적으로 검토할 수 있는 독특한 관점이 있기 때문이다.

5 초출은 다음과 같다. 「ガラスの靴」, 『三田文学』, 1952년 6월; 「ハウス·カード」, 『時事新報』, 1953년 3월; 「悪い仲間」, 『群像』, 1953년 6월; 「勲章」, 『別冊文芸妓春秋』, 1953년 8월. 단, 이 글의 인용은 다음 책에 의한다. 安岡章太郎, 『ガラスの靴/悪い仲間』, 講談社, 1989.

2. 접수 주택의 경험과 변화하는 '인간' 개념

'점령'에 대한 직접적인 의미화를 시도하는 일본 문학작품들과 비교해 봤을 때 야스오카 작품들 속에 드러난 '점령'의 가장 큰 특징은 이야기가 접수 주택을 중심으로 전개된다는 점에 있다.

익히 알려진 바와 같이 접수 주택은 GHQ에 의한 점령정책의 일환으로 연합군 및 가족들의 거주를 위해서 접수된 일본인의 개인 소유 주택으로, 그 대부분은 재벌이나 화족 등 상류계급의 전전(戰前) 소유자산이었다. 따라서 접수 주택은, 예를 들면 다자이 오사무(太宰治)의 『사양』에서 보는 바와 같이 일차적으로는 점령군에게 집을 잃고 떠나는 화족, 즉 기존 지배계급의 몰락을, 이차적으로는 패전과 점령에 의해 '일본인'의 자본뿐만이 아니라 문화자본도 '접수'되었다는 의미로도 읽힌다.

하지만 야스오카의 작품 속 접수 주택은 연합군에 의해서 완전히 접근이 차단된, 상실된 공간으로서 그려지는 것이 아니라, 오히려 등장인물들이 접수 주택으로 들어가거나 접수 주택을 지키는 일을 한다는 점에서 '열린' 공간으로 기능한다.

N 엽총집에서 밤 시간대 아르바이트를 하는 대학생을 주인공으로 내세운 「유리 구두」에서는, 하라주쿠에 있는 미 군의관 그레이고 중좌의 집에 수렵용 산탄을 배달하러 간 주인공이 그 집의 가정부 에쓰코를 알게 되어, 그녀의 제안에 따라서 중좌 부부가 집을 비운 3개월 가까이 내 집처럼 드나들게 된다. 「하우스 가드」에서는 아예 연합군이 접수한 개인 주택이 부재중일 때 빈집을 지키는 일을 하나의 직업으로 삼는 주인공이 등장한다. 이는 일부 일본인에게는 '점령'이 무엇보다도 전전에는 접근할 수 없었던 고급주택 안으로 들어갈 수 있는 하나의 기회였음을 시사한다.

그런데 이는 점령기 GHQ와 일본인이 고용자와 피고용자로서 새로운 관계를 맺음으로써만 가능한 일이었다. 즉「유리 구두」의 등장인물 에쓰코는 미 군의관의 집의 가정부이며,「하우스 가드」의 주인공 '나'는 '총사령부 서비스과'에 소속되어 연합군 소속의 개인주택 중 빈집을 지키는 일을 하는 사람이다. 이러한 설정은 점령기 GHQ와 일본인의 관계가 단순히 승자와 패자가 아니라 고용자와 피고용자로서 새롭게 재편되고 있었음을, 야스오카가 강하게 의식하고 있었음을 보여준다.

물론 이렇게 지배자와 피지배자가 고용의 관계를 맺는 것은 '점령'만의 특수성만은 아니다. 예를 들면 식민지를 배경으로 하는 고바야시 마사루(小林勝)의 소설 속에서도 식민자는 주인, 피식민자는 하녀라는 관계로 드러나 있다.[6] 하지만 동시에 점령기 동안 점령자가 피점령자를 고용하는 경우는 극히 한정적이었다. 실제로 점령기를 대표하는 사카구치 안고(坂口安吾)나 다무라 다이지로(田村泰次郎)의 작품 속에서는 패전과 점령으로 인해 직업을 잃고 암시장과 폐허를 헤매는 등장인물들이 다수 등장하고 있다. 그런 의미에서 본다면, 야스오카의 초기 소설에 등장하는 접수주택은 단순히 점령기 일본인이 GHQ와 직간접적으로 고용/피고용의 관계를 맺게 되었다는 의미만으로 한정되어서는 안 될 것이다. 더욱 중요한 문제는, 그러한 관계에 대해서 그들이 어떤 감정을 느끼고 어떻게 행동했는가 하는 점에 있지 않을까?

따라서 야스오카의 초기 작품에 대한 기존의 연구가, 조정민이 지적한 바와 같이[7] 야스오카의 서사가 '피점령자인 '나'의 굴욕, 다시 말하

---

6 小林勝,「蹄の割れたもの」,『文芸』, 河出書, 1969.

7 조정민,『만들어진 점령서사 — 미국에 의한 일본 점령을 어떻게 기억할 것인가』, 산지니, 2009, 161~163쪽.

면 전후 일본인의 '굴욕'이라는 감정에 초점을 맞춘 것은 극히 자연스러운 것이라고 할 수 있겠다.[8] 즉 야스오카 작품 속의 '나'가 접수 주택 속의 가정부인 에쓰코와의 관계를 통해 느끼는 수치심과 굴욕감은, '점령'을 살았던 모든 일본인의 감정의 대리=표상으로 이해되고 있는 것이다.

이에 대해 조정민은 그러한 감정은 어디까지나 남자로서의 '나'의 시선에 지나지 않고, 미국과 일본의 '중간자'로서의 '에쓰코'는 그러한 중압감과 굴욕감에서 자유로웠다고 파악한다. 에쓰코라는 존재에 방점을 찍는 이러한 해석은 남자가 느끼는 '굴욕'이라는 감정만을 중심으로 '점령'을 기억하고자 하는 55년 체제 이후의 전후 담론 속에서 '점령'을 보고자 하는 관점에 이의를 제기함으로써, 남성중심주의적 '전후 담론'을 해체하려고 한다는 점에서 높게 평가할 수 있다.

하지만 더욱 중요한 것은 '나'와 에쓰코의 '점령'에 대한 차이 그 자체 아닐까? 즉 일본인 중에서도 점령에 대한 태도는 반드시 일치한 것만은 아니었던 것이다. 그렇다면 무엇이 '나'와 에쓰코 사이의 태도의 차이를 불러일으키는 것인가 하는 점이 새로운 문제가 된다.

이 문제를 해결하기 위해서 다시 한번 접수 주택이라는 공간성에 주목할 필요가 있다. 사실 야스오카 작품 속에서 공간은 크게 접수 주택의 안과 밖으로 분할되어 있으며, 등장인물들의 세계관은 그 공간의 중력에 영향을 받게 된다.[9] 먼저 「유리 구두」 속에서 GHQ에 의해서 고용된 접수

---

8 石原千秋, 「安岡章太郎研究史展望」, 『日本文学研究資料叢書 安岡章太郎·吉岡淳之介』, 有精堂, 1983, 297쪽.

9 이런 '나'의 심리는, 도이 다카오(土居健郎)가 『「甘え」の構造』(弘文堂, 1971)에서 지적했듯이, 자신이 소속한 집단 혹은 공간에 강하게 영향을 받게 되는 '일본인'의 심리를 대변하는 것으로도 볼 수 있다.

주택 속의 가정부 에쓰코의 첫인상은 다음과 같이 표현되고 있다.

> 마르고 창백한 표정의 메이드가 마실 것과 과자를 내주었다. 그녀는 나를 보고는 부끄러운 듯한, 말없이 방귀를 뀌는 사람이 하는 듯한 미소를 띠었다. 나는 그녀를 양과 닮았다고 생각했다. 종이를 먹고 있는 하얀 양이 그저 떠올랐다.[10]

이 장면은 하라주쿠에 있는 미 군의관 그레이고 중좌 집에 수렵용 산탄을 배달하러 간 주인공 '나'의 눈에 비친 에쓰코의 첫인상인데, 점령자의 고용인이 된다는 것이 그렇지 않은 대부분의 일본인에게 어떻게 비치는지 잘 드러나 있다. 즉 "부끄러운 듯한, 말없이 방귀를 뀌는 사람이 하는 듯한 미소"를 보임에도 불구하고, 나는 그런 그녀로부터 "종이를 먹고 있는 하얀 양"이란 이미지가 떠오를 뿐이다. 즉 '나'가 속한 공간에서는, '굴욕'이나 '치욕'이라는 감정 없이 점령자의 고용인이 된 한 일본인은 그/그녀가 아무리 인간적인 일면을 보여준다 하더라도, 자신들과 똑같은 언어를 공유함으로써 얻어지는 감정적 공감을 할 수 없다는 점에서 '동물'로 받아들여지고 있었던 것이다.

한편, 접수 주택 안에 있는 에쓰코의 관점에서 봤을 때 '나'는 "인간과 말할 수 있는 곰"으로 표상되고 있다. 즉 그녀에게 접수˙주택 안에 있는 자신이야말로 '인간'이며, 그 밖에 있는 '나'야말로 동물에 지나지 않는 것이다. 실제로 에쓰코의 환대를 받고 접수 주택에 들어간 '나'는, 접수 주택 안에 있는 온갖 미국산 음식에 대한 식탐과 그녀에 대한 성욕을 솔

10 安岡章太郎, 『ガラスの靴/悪い仲間』, 講談社, 1989, 11쪽.

직하게 드러내며 탐닉하게 된다. 에쓰코에게 이렇게 자신의 욕망에 충실한 '나'가 동물로 보이더라도 이상할 것은 없다.

이렇게 일본인에게 접수 주택이라는 공간은 '인간'이라는 개념을 새롭게 정의하는 공간으로 기능했던 것이다. 즉 그 바깥에 있는 일본인에게 '인간'은 개인의 욕망 충족보다는 공동체의 이념에 어떤 식으로 참여하는가라는 관점에서 파악되었다면, 그 안에 있는 일본인에게는 극히 개인적이고 기본적인 욕구가 충족되는가 하는 점에 의해 '인간'이 파악되고 있었던 것이다. 이러한 공간적 차이는 시간적 차이로 환치할 수 있다. 즉 전자는 전전과 전시의 '인간' 개념이었다는 점에서 '나'는 점령기 이전의 일본인을, 에쓰코는 점령기 이후의 일본인을 대리=표상한다고 할 수 있다. 그런 의미에서 본다면 점령기는 접수 주택을 경계로 '인간'이라는 개념이 그 안과 밖, 전전과 전후 사이에서 각각 달리 정의되면서 충돌하던 공간이었다고 볼 수 있다.

하지만 동시에 그들이 설사 각기 다른 공간적(시간적) 공간에 있다 하더라도, 양자는 서로 상대를 '동물'로 보고 있다는 점에서 똑같다는 점을 놓쳐서는 곤란하다. 그들이 똑같이 상대를 '동물'로 표상했다는 것은, 그런 행위를 통해서만 가까스로 스스로가 '인간'임을 확인할 수 있을 만큼 각자가 존재론적 불안에 빠져 있었음을 의미하기 때문은 아닐까?

특히 그러한 불안은 에쓰코에게 더욱 강했음은 그녀가 유독 "나무나 식물, 짐승 등 그런 것의 이름"에 집착하는 모습을 통해서 확인할 수 있다. 이는 접수 주택 안에서 미군의 메이드로서 살아야 하는 그녀가, 일본인으로서의 자신의 이름이 상실되는 과정에서 겪는 심리적 고통을 해결하기 위한 방법이라고 볼 수 있다.

에쓰코에게 '나'의 유희가 필요했던 것은 바로 그 때문이다. 그들이 접수 주택 안에서 벌이는 유희는 단순히 에쓰코가 어리거나 순수했다는 점을 말해 주기 위한 것은 아니다. 점령이라는 척박한 상황을 의식할 때 이 작품 속의 '유희'는 보다 복잡하다. 예컨대 프로이트에 따르면, 유희는 불유쾌한 경험의 수동성을 받은 자아가 그것을 놀이의 능동성으로 바꿈으로써 불유쾌한 감정 경험을 그의 놀이 친구에게 전이시켜 생존 본능을 유지하고자 하는 행위라고 한다.[11] 그런 프로이트의 견해에 따르면, 피고용자로서 자신의 고용자인 점령자의 일상적 욕망 충족을 도와주고 응시할 수밖에 없었던 에쓰코에게 '나'와의 유희는, 그동안 일방적으로 받아왔던 불유쾌한 경험을 그의 놀이 친구인 '나'에게 전이시키는 것을 통해 해소하고자 하는 것이라고 볼 수 있다. 실제로 마지막까지 그녀가 '나'의 성욕을 완강히 거부하는 것은 바로 그 유희의 목적이 '나'에 대한 직접적인 욕망이나 성욕 해소에 있지 않았음을 보여준다. 그렇다면 그러한 불쾌함은 '나'에게 전이되었을까?

접수 주택 안에서의 유희를 위해 자신과 에쓰코가 소비한 물건들을 채우기 위해서 들른 식료품점에서 보이는 '나'의 모습에는 분명 그녀로부터 받은 영향의 흔적이 있다. 빼곡하게 사방을 메운 식료품을 보면서 '압도'당하고, 그것들이 마치 "소스가 뿌려진 구두가 접시에 실려 눈앞에 놓인 듯"해서 "허둥거"릴 때, 그는 그러한 감정의 경험이 "에쓰코를 알게 되기까지는 느낀 적이 없었"음을 깨닫는다. 나아가 물건을 살 때마다 느끼는 "부끄러운 기분"과 "이런 것을 사는 것은 내게 어울리지 않다"는 자괴감 역시 실은 "에쓰코에게 영향을 받았"음을 사후적으로 인정하게 된

11 G. 프로이트, 『프로이트 전집 11 — 정신분석학의 근본 개념』, 윤희기·박찬부 역, 열린책들, 1997, 282~283쪽.

다. 즉 에쓰코는 '나'를 처음으로 미국의 압도적인 상품들 앞에 직면시켰을 뿐만 아니라, 그런 상품들 앞에서 점령기 일본인이 겪는 감정적 불쾌감을 '나'에게도 전이시키고 영향을 미쳤던 것이다.

그런 나에게 미국의 압도적 상품들로 둘러싼 생활은 불쾌한 경험만은 아니었다는 점에 주의를 기울일 필요가 있다.

> 나는 하라주쿠의 언덕을 뛰어 내려온 후, 말할 수 없는 굴욕감과 자기혐오 속에, 잠시 에쓰코를 잊고 하루를 보냈다. 그것이 지금 차츰 안정을 되찾자 그저께까지의 생활이 이제 어떤 수단을 강구하더라도 되돌릴 수 없는 곳에 있다는 것이 명확해짐에 따라, 에쓰코가 견딜 수 없이 내 가슴을 때리기 시작했다. 그것은 내가 아무리 강하게 절망해도 이룰 수 없는 바람이었다. 나는 이제야 접수 주택의 번호를 찍은 작은 나무 팻말이, 명실공히 교전 중의 적의 손에 떨어진 것을 드러내고 있다는 것을 깨달았다.[12]

에쓰코에게 식료품을 전해 주려고 간 '나'는 접수 주택 앞에서 예상보다 일찍 돌아온 그레고리 중좌를 보고, 오후 2시임에도 불구하고 '굿모닝'이라고 말해 버렸다는 사실을 깨닫고 심한 "굴욕감과 자기혐오"에 빠지고 만다. '나'의 언어 사용의 실수는, 그것을 통해서 그가 처음으로 피점령자로서의 자신의 위치를 자각했다는 점에서 충분히 문제적이지만, 이 부분에 보다 주목해야 할 점은 그런 "굴욕감과 자기혐오"보다는 상실감이라는 감정이다. 그러니까 굴욕감이라는 감정이 시간을 지나면서 "안정을 되찾아" 가는 데 반해, 상실감은 시간이 지날수록 더 커지고 있는

12 安岡章太郎, 앞의 책, 27쪽.

것이다. 그렇다면 이 상실감은 무엇에 대한 것인가.

'나'에게 상실감은 에쓰코임과 동시에 에쓰코로 대표되는 "그저께까지의 생활"을 되돌릴 수 없다는 것에 기인한다. 그 '생활'이란 접수 주택 속에서만 가능했던, '샤워', '커피', '파이' 등으로 대표되는 미국식 생활양식에 다름 아니다. 이러한 생활에 대한 상실감에 대한 환기는, 이 작품이 점령이 끝난 시점에서 발표된 것을 고려해 볼 때 매우 의미심장하다. 왜냐하면 실제로 점령 이후의 일본은 이 접수 주택 속의 '생활'을, 본격적으로 자신의 욕망의 대상으로 삼았기 때문이다.[13] 하지만 이야기 속의 '지금'의 시점에서는 "교전 중의 적의 손에 떨어졌다"라는 표현에서 알 수 있듯이 자신의 욕망의 대상이 되는 '생활'은, 어디까지나 접수 주택 속에서나 가능한 승자 쪽만의 점유물임을, '나'는 그레고리 중좌의 등장으로 깨닫게 된 것이다.

그런 상황에서 '나'가 욕망할 수 있는 유일한 대상은 이제 에쓰코밖에 남아 있지 않지만, 앞서 언급했듯이 그녀는 '나'를 그 자체로서 욕망하기보다는 자신의 존재론적 불안을 잠재우거나 접수 주택 안에서의 불쾌의 경험을 전이시킬 존재로밖에는 여기지 않는다. 결국 그런 사실을 깨달은 '나'의 그녀에 대한 욕망은 갑작스럽게 수그러들게 된다.

이렇게 점령 시 접수 주택 속의 '생활'은 제한적으로 열림으로써, 한편으로는 이에 대한 강한 욕망을, 다른 한편으로는 심리적 불쾌감을 동시에 불러일으켰던 것이다. '점령'에 대한 이러한 야스오카의 서사 방식은, '점령'이 이제까지 억눌려 왔던 개인적 욕망을 해방시켰다거나 혹은 정신적인 타락을 불러일으켰다고 하는 식의 서사 방식과는 달리, 점령에

13 吉見俊哉, 『親米と反米 — 戦後日本の政治的無意識』, 岩波書店, 2007, 166쪽.

대한 상반되는 감정들의 기원을 동시에 드러냈다는 점에서 높게 평가할 수 있다.

3. USSR의 경험으로서 점령기

야스오카의 '점령'의 기억 속에 USSR이 등장한다는 점에도 유의할 필요가 있다. 「하우스 가드」에서 접수 주택을 지키는 일을 하는 주인공 '나'는 어느 날 GHQ에 의해 반쯤 불탄 접수 주택에 할당되는데, 때때로 응시하는 맞은편 접수 주택은 USSR(Union of Soviet Socialist Republics), 즉 소련의 소유로 설정되어 있다.

이런 설정은 연합군의 일본 점령을 맥아더 원수로 상징되는 미국에 의한 점령으로 간주하고 있는 오늘날 역사학의 관점에서 봤을 때는 의외라고 할 수밖에 없다. 즉 패전한 일본은 원칙적으로는 소련과 미국, 영국 등에 의해 공동으로 점령되어야 했지만, 실제로 일본에 진주한 것은 미군이었고 점령정책 역시 미군에 의해서 이루어졌다는 것은 오늘날 역사학의 상식이 되고 있다. 실제로 점령기를 배경으로 하는 고지마 노부오나 마쓰모토 세이초의 소설 속에서 소련인 혹은 러시아인이 직접 등장하는 경우는 없다. 그렇다면 왜 야스오카는 점령의 기억 속에 USSR을 각인시키려고 했을까?

작품 속의 USSR이란 존재는 무엇보다도 먼저 USA/GHQ에 대한 '나'의 감정을 비춰 주는 거울 역할을 한다. 이 단편의 주인공 '나'는 USA/GHQ에 의해서 고용되어 있지만, 실제로 거의 구속받는 일이 없다. 그런 그는 한밤에 자신의 대문 쪽에 들어오는 지프의 라이트를 보고,

지프의 번호판이 "USA-GHQ이 아니라 USSR로 되어 있는 것을 확인하면 언제나 실망과 비슷한 안심을 반복한다."고 말한다. 이 말에 '나'의 USA/GHQ에 대한 이중적 태도를 엿볼 수 있다. 즉 '나'는 USA/GHQ에 직접 고용되어 있음에도 불구하고 USA/GHQ와 자신의 거리가 좁혀지지 않는 것이 실망스럽지만 동시에 그 거리감에 안도하는 것이다. USSR 지프의 헤드라이트는 나의 내면을 비추는 거울로서 기능하는 것이다.

미국과 '나'의 관계를 보여주는 거울로서 기능하던 USSR은 이야기가 전개되면서 다음과 같이 구체적인 내용을 지니게 된다.

> 하지만 자장가의 멜로디는 뭔가 동양적인 것, 영미인과는 다른 우리들의 본질에 가까운 뭔가를 느끼게 해줬다.
>
> 실제로 왜인지 설명하기에는 곤란하지만, 확실히 러시아인들은 다른 구미인에 비해 우리들에게 가까운 듯했다. 그것은 단지 보는 것만으로 느껴지는 일종의 공감 같은 것이다. 그들은 조악하고, 우리들 앞에 서면 뻐기지만, 영국인이나 미국인, 독일인 같은 위압은 느껴지지 않았다. 특히 K 대위 부인이 그랬다. 부인은 사람 쓰는 게 난폭했고, 냅킨으로 아기 기저귀를 대용하곤 해서 근처의 아주머니에게 평판이 좋지 않았지만, 아주머니들의 소모임에 때때로 가볍게 얼굴을 내밀거나 하는 것은 그녀뿐이었다.[14]

이 부분은 자신이 있는 접수 주택의 오른쪽 옆집에 사는 K 대위 부인의 자장가를 들은 '나'의 반응인데, 나에게 부인의 자장가는 "영국인과 미국인과는 다른 우리들의 체질에 가까운 그 무엇인가"를 느끼게 해준

---

14 安岡章太郎, 앞의 책, 137~138쪽.

다. 즉 러시아인은 조악하고 피지배자인 우리들 앞에서 뻐기기는 하더라도, 미국인이나 영국인, 독일인 같은 위압을 느끼도록 만들지 않으며, 심지어 서민들 사이에 가볍게 끼어들기조차 하는 친근한 존재로서 표상되고 있는 것이다.

이러한 러시아인의 존재는, 야스오카에게 '점령'이 단순히 미국에 의해 일방적으로 닫힌 공간이 아니라, '나'와 외부 사이에 새로운 경계선을 긋는 시도들이 행해진 시기로서 기억되고 있다는 것을 알 수 있다. 그러니까 주인공 '나'는 점령자로서의 연합군이 복수로 구성되어 있음을 알고, 그들 중 누가 자신과 더 가까운지 존재인지를 묻고 답하려고 하는 것이다. 그리고 그 과정에서 자신과 더 가까운 '타자'로서의 USSR을 위치시키려고 한다.

이때 주인공 '나'가 USSR과 영미의 차이를 '동양적인 것'이라는 개념으로 설명하고 있다는 사실에 유의할 필요가 있다. 여기서 '동양적인 것'을 특징짓는 것은 서구적 예법에 철저하지 않은 대신 시녀나 유모의 모임에는 가볍게 참석하는 모습이다. 물론 이러한 모습은 실은 인종적 차이라고 하기보다는 계급적 차이라고 보아야 할 것이다. 다시 말해 이 러시아인 부인은 소련의 프롤레타리아 계급 친화적인 모습을 대리=표상하고 있다고 볼 수 있다. 하지만 이런 모습을 '동양적'이라고 파악하는 것이야말로 미국문화가 주로 이입되던 점령기 특유의 언설은 아닐까?

지금은 상당히 희미해졌지만 그 당시 문학계의 주류였던 『신일본문학』 동인과 『근대문학』 동인들은 1949년까지 프롤레타리아 문학을 '민주주의' 문학의 이념으로 삼는 데 주저함이 없었다. 특히 보수적인 성향도 동시에 가지고 있었던 『근대문학』 동인들조차 빈번히 러시아 문학 특히 도스토옙스키를 언급하고 있었다는 점은, 패전 직후의 일본에서 러시아

혹은 소련이 일종의 대안적 문화로서 기대되고 있었음을 단적으로 보여준다.[15]

하지만 「하우스 가드」에서 이런 USSR에 대한 친근함은 결코 오래 지속되지 않는다. 왼쪽 옆집에는 대사관에 근무하는 모스카리호프 씨가 사는데, 그는 K 부인과는 또 다른 일면의 러시아인을 대리=표상한다. 즉 모스크바 대학의 일본어과 출신으로 『겐지 이야기』도 줄줄 읽을 수 있는 30대 전후의 청년은, GHQ로부터 파견 나온 '나'를 '미국의 스파이'일지도 모른다고 의심해 시게라는 이름의 일본인 피고용자를 통해 훔쳐보지 말라는 메시지를 전달한다. 이러한 모습은 프롤레타리아 계급 친화적인 K 부인과는 정반대로, 냉전이 시작될 무렵의 러시아인 남성의 모습을 대리=표상한다. 즉 패전까지 같은 연합군으로 참전했던 소련과 미국은 전후 차세대 병기인 핵을 둘러싸고 치열한 첩보전을 전개해 갔는데, 그 과정에서 "겐지 이야기도 줄줄 읽을 수 있는" 교양을 지닌 지역 전문가가 필요했던 것이다. 그러한 상황을 고려할 때, 모스카리호프 씨의 눈에 미국에 의해서 실질적으로 고용되어 있는 일본인인 '나'의 자신을 향한 시선이 '스파이' 행위로 비칠 수 있다는 것은 극히 자연스럽다. 그러니까 야스오카에게 '점령'이란 미국인의 고용인이 되는 순간 미국의 '스파이'가 되어 버리는, 이른바 냉전이 시작되는 공간이기도 했던 것이다.

'적국어'를 '예', '아니요'밖에는 말할 수 없는 그로서는 그런 경고를 쉽게 받아들이지 못하지만, 일단은 시게에게 "훔쳐보지 않겠다"고 말하고 될 수 있으면 러시아 쪽에 관심을 두지 않으려고 노력한다. 하지만 그

15 除村吉太郎, 「ロシヤ文学門答」, 『近代文学』 4, 1946, 21~23쪽; 窪川鶴次郎と近代文学同人, 「プロレタリア文学を語る Ⅰ」, 『近代文学』 5, 1946, 10~21쪽; 平林たい子と近代文学同人, 「プロレタリア文学を語る Ⅱ」, 『近代文学』 7, 1946, 28~44쪽.

로부터 며칠 후 자신이 있는 곳에 생일 파티를 하러 온 이웃집 가정부 창코가 모스카리호프 씨의 지프 불빛에 반응해 무심코 커튼을 열고 훔쳐보자, 그가 직접 찾아와서 '나'를 심문하는 일이 발생한다.

> "어제 시계와 약속했을 터입니다. …… 당신, 지금 창에서 훔쳐봤습니다." 기묘한 액센트의 굵은 목소리로 말했다.
>
> "아니에요." 나는 자신이 한 것은 아니라고, 이어서 그렇게 말할 심산이 문득 창코가 한 것은 내가 한 것과 똑같다는 기분으로 바뀌어 "네." 하고 대답했다.
>
> 그러자 그는 위압적인 태도가 되었다. 강하게 내 가슴을 밀어붙이며 칼라를 쥐고 목을 조이면서,
>
> "당신, 왜 거짓말합니까? 나, 중국인이 아닙니다. 러시아인입니다. 거짓말쟁이, 용서할 수 없다."
>
> "네."
>
> 그의 회색 눈과 잘 정리된 금발의 턱수염의 얼굴이 모공이 보일 만큼 가까워졌다.
>
> "또 당신 훔쳐보면, 나 대사관의 군대를 데려와서 당신, 비프스테이크가 될 겁니다, 알겠는가……."[16]

'나'의 답변을 들은 러시아인은 기묘한 일본어로 '나'가 약속을 지키지 않는 거짓말쟁이라고 몰아세우며, 러시아인은 '거짓말쟁이'를 용서하는 중국인과 다르다는 것을 강조한다. 자신이 '중국'으로 대리되는 '동

16 安岡章太郎, 앞의 책, 144쪽.

양'과는 분명히 다르다고 선을 그을 뿐만 아니라, 신체적으로도 언어로도 충분히 '나'를 '위압'하는 이 러시아인의 태도는, '나'에게 러시아인 또한 영미인과 같다는 것을 인식시켜, 앞서 보았던 러시아인에 대한 기대를 저버리게 하는 결정적인 계기로 작용하게 된다. 미국과 가까워질 수 없고, 러시아와도 가까워질 수 없는 자신을 발견한 '나'는, 자신이 아무리 "발버둥 치더라도 저항이 없어서 떠오를 수 없는 늪 속"으로 빠져가는 불쾌함에 시달리며 끝내 냉소적인 성격으로 변해 간다.

「하우스 가드」의 '나'의 소련인 혹은 러시아인에 대한 태도 변화는 점령기 일본 일부 지식인들의 소련에 대한 태도의 변화를 의식적으로 반영한다고도 볼 수 있다. 즉 패전 후 사회주의에 대한 기대 속에서 소련에 기대했던 일부 지식인들은, 1949년 동맹파업의 실패와 소련의 핵무기 개발, 그리고 1950년의 한국전쟁 발발로 인해 소련에 대해 실망하게 된다. 그런 의미에서 「하우스 가드」는 소련이란 타자와의 관계를 통해서만 드러나는 '점령'의 기억을 회상하고 있는 작품이라고 할 수 있다.

4. '조선인'과의 자기동일시 속의 '점령' 수락

점령기 USA/GHQ, 이어서 USSR과 가까워지려고 하지만, 그럴수록 언제나 거리감만을 재인식하는 야스오카 소설의 주인공이 마침내 조우하는 존재가 '조선인'이다.

1953년 아쿠타가와상 수상작인 「나쁜 친구」에서는 중일전쟁 시 주인공 '나'가 신의주 출신이며 일본 이름을 가지고 있는 '후지이(藤井高麗彦)'를 프랑스어 학원에서 만나 친교를 쌓아 가는 과정이 그려지고 있다. 여기서 후지이는 "먹고 돈 안 내고 도망치기", "옆집의 욕실 훔쳐보기" 등의 악행을 자연스럽게 행하는데, 주인공 '나'는 후지이를 통해 더러움과 악행 등 반윤리적인 행위를 체득하면서 성격이 변하게 된다.

그렇다면 왜 하필 조선인은 이렇게 부정적인 이미지로 그려지고 있을까? 그것을 알기 위해서라도, 그 이전의 문제로서 왜 1953년에 발표된 이 작품이 중일전쟁을 배경으로는 하는 조선인에 대한 기억을 다루고 있는지에 대해서 먼저 생각해 볼 필요가 있다.

그 이유는 야스오카에게 점령기 피점령자로서의 자신의 모습은, 자신이 식민자였던 시절 피식민자였던 조선인의 유비를 통해서밖에는 형용할 길이 없었음을 고백하는 것은 아닐까? 지배받은 경험이 없었던 일본인들에게, 지배받으면서 산다는 것이 어떤 것인지를 후지이는 이미 가르쳐준 것이다. 이러한 후지이라는 조선인과의 '친교'는 '나'가 점령을 받아들이는 데 많은 영향을 끼치게 된 것이다. 다시 말해서 야스오카에게 점령은 일본인이 그동안 선을 그어 왔던 조선인과의 동일시, 혹은 이해의 노력이 시도되던 공간이기도 했던 것이다.

물론 야스오카가 조선인을 이해하기가 그리 쉽지 않았던 것은 점령기를 배경으로 하는 「훈장」이라는 작품 속에서 보다 구체적으로 확인할 수 있다. '담배'에 강한 집착을 보이며 길바닥에 떨어진 담배꽁초라도 좋으니까 발견하기를 원하는 주인공 '나'는 어느 날 S역에서 만난 조선인 소년으로부터 담배를 건네받는데, 그때 '나'는 다음과 같이 반응한다.

> 나는 당혹스러웠다. 소년의 마음을 헤아리기 어렵다는 점에서, 또 어떻게 그 말을 거절할까 하는 점에서. …… 거절해야 할 이유라면 얼마든지 있었다. 하지만 너무 많아서 역시 선택하는 것이 수고스러웠다. 망설인 끝

에 나는 돌연 자신이 애국자가 되어 있는 것을 깨달았다. 그리고 자신이 매우 싫고 비굴한 인간으로 생각되었다. 나는 상대가 조선인이라고 생각하고 이런 태도를 취한 것은 아닐까? …….[17]

길거리에 떨어져 있는 담배꽁초도 마다치 않는 '나'는 어째서 조선인 소년으로부터 권유받는 미국 담배를 받기 꺼리는 것일까. 그 이유에 대해서 생각한 '나'는 대일본제국 '애국자'로서의 자신의 정체성이 조선인 소년의 호의를 거절하도록 만들었음을 깨닫는다.

여기서 우리는 패전 후에도 '나' 안에 식민자로서의 일본인의 의식이 여전히 자리 잡고 있다는 사실에 직면하게 된다. 즉 전전의 일본에서는 피식민자를 당장의 쾌락을 위해서라면 어떤 행위도 불사하는 사람으로 규정하고, 그에 반해 쾌락을 포기할 줄 아는 것이야말로 식민자로 정의함으로써 자신의 정신적 우월함을 강조하면서 지배관계를 정당화해 왔다. 전자가 '더러움'이라면, 후자가 '깨끗함'으로 형용되었다. 예컨대 이런 구조는 오에 겐자부로가 말하는 "일본의 문화 문제로서 천황제"로서 설명할 수 있다. 즉 오에에 의하면, "천황은 '격하'와 '하락'을 거부하는 것으로 역사에 실재하고 있"으며, 천황제는 인간의 삶과 문화의 '격하'와 '하락'을 배제해 온 결정적인 원인이라고 한다.[18] 그런 맥락에서 본다면 여기서 '나'가 말하는 '애국'은 그러한 천황제를 기반으로 하고 있다고 볼 수 있다.

하지만 점령의 상황 속에서 '나'는 그런 '애국자'로서의 자신을 고수

17 安岡章太郎, 위의 책, 245쪽.

18 오에 겐자부로, 『소설의 방법』, 노영희·명진숙 역, 소화, 1995, 197쪽.

하는 것이야말로 '비굴한 인간'으로 생각하고 소년으로부터 담배를 받게 되는데, 그때 소년으로부터 "자 이제부터는 우리들 세상입니다. 크게 노력해요, 서로."라는 말을 듣게 된다.

이 '우리'라는 말 속에는 더 이상 일본인으로서의 자신의 우월성을 주장할 수 없게 된 상황이 전제되어 있다. 실제로 한국전쟁이 발발하기 전까지의 일본은 GHQ에 의한 징벌적·개혁적 경제정책으로 인해 경제는 심각한 상황에 처해 있었으며, 이로 인해 많은 일본의 지식인들은 프라이드에 상처를 입었다.[19] 나아가 조선인 소년의 말에는, 이제부터의 세상은 '격하'나 '하락'을 거부하지 않고 오히려 긍정하는 자들의 세상이 될 거라는 낙관적 전망이 포함되어 있다. 야스오카의 소설 속에서 조선인이 더럽거나 악행을 일삼는 자로서 표상되고 있는 것은, 단순히 조선인에 대한 우월의식을 드러내기 위해서가 아니라, 그러한 조선인의 존재에 대한 동화야말로 오에가 말한 의미에서의 문화적 천황제라는 기존의 가치체계를 상대화할 수 있다는 것을 드러내기 위해서는 아닐까?

결국 「훈장」에서 '나'와 조선인 소년과의 만남은 '나'에게 '맥아더가 있는 빌딩'의 '정리원'이 되는 것에 대한 '열등감이나 굴욕감'이라는 감각의 마비를 불러일으킨 사건으로 의미화된다. 그리하여 마침내 GHQ의 고용인이 된 '나'는, 미군 병사로부터 '죠'로 불리는 것에도 기쁘게 응하며 미군들이 피우던 담배꽁초를 그대로 피울 뿐만 아니라, 심지어는 아버지의 '애국'의 증표였던 '훈장'을 팔아서 그 대가로 파이프를 얻게 된다.

이렇게 조선인 소년을 통해서 자신의 삶의 방식을 재정립하는 얘기

---

19 ジョン·ダワー,『増補版 — 敗北を抱き締めて』, 三浦陽一·高杉忠明 訳, 岩波書店, 2004, 344쪽.

인 「훈장」은 넓은 의미에서 점령에 관한 알레고리를 이루고 있다. 즉 이 작품은 일본인에게 '점령'이 이제까지 배제하거나 경멸해 온 조선인이라는 타자를 통해서, 오히려 자신의 삶을 새롭게 정초할 수 있었다는 것을 보여준다. 실제로 일본은 GHQ의 피고용인이라는 형태로 한국전쟁에 참여함으로써 미국적 생활을 향한 자신의 욕망을 충족시켰을 뿐만 아니라, 훗날 고도성장을 이룰 수 있는 경제적 토대를 마련하게 된다. 그 과정에서 일본인들이 이미 '애국'이라는 가치를 상징하는 '훈장'을 팔아버렸다는 것을 야스오카는 담담히 고백하고 있는 것이다.

5. '전후'를 반성케 하는 '점령' 담론의 가능성

이상의 고찰을 통해서 점령 직후의 야스오카에게 '점령'은 단순히 이제까지 지배계급이었던 일본인이 피지배자가 된다는 것에 대해 느끼는 정치적 부끄러움의 공간이 아니라, 접수 주택 속에서만 얻을 수 있는 쾌락에 대한 강한 욕망과 이에 대한 반발로서의 수치심이 갈등하는 공간이며, 쾌락을 위해서라면 기존의 윤리성을 과감하게 파기하고도 살 수 있는 '인간'을 경험했던 장으로 그려지고 있다는 것을 알게 되었다. 또한 1945~1952년까지의 GHQ에 의한 일본 점령은 그것이 미국에 의한 실질적인 점령이었다고 하더라도, 소련과 조선인의 예를 통해서 확인할 수 있듯이 미국적인 것 이외의 가능성이 모색되던 시기이기도 했다.

이러한 야스오카의 초기 작품 속의 '점령' 서사는 자신이 어떻게 '수치심'이나 '굴욕' 같은 감정을 상대화하면서 GHQ의 고용인이 되어 갔는지에 대한 이야기로 볼 수 있다. 그런 점에서 점령을 일방적으로 '자유'의

도래로 말하는 서사와도, 55년 체제 이후의 '굴욕'이나 '수치심'이라는 감정을 확대하는 서사와도 다르다는 것을 확인할 수 있으리라.

또한 이 글에서 논한 작품은 1960년대 후반 야스오카의 「해변의 광경」(1958)을 통해서 에토 준이 파악한 '점령'의 기억을 재고시킨다는 점에서 의의가 있다. 즉 에토가 강조한 미국의 개입으로 인한 전통적 가족이 붕괴하는 '전후'는, 야스오카의 초기 작품 속에 드러난 '점령'의 기억을 배제해야만 가능한 것에 지나지 않는다고 할 수 있다.

물론 앞서 논한 작품들과 같은 시기에 발표된 야스오카의 작품 중에는 「해변의 광경」의 모티브가 되는 장면들도 존재하고 있다. 그런 의미에서 「해변의 광경」이 야스오카의 대표작으로 평가받는 것은 일리가 있는 듯이 보일지도 모르지만, 바로 그런 평가야말로 가족 서사에 서사의 중심점이 옮겨가는 점령 이후의 언설적 장력이 강하게 작용하고 있다는 증거라는 것을 잊어서는 안 된다. 그러니까 가족 서사가 아닌 방식의 서사로서만 가능했었던 어떤 것, 예컨대 점령군의 고용인, 러시아인, 조선인 같은 타자와의 조우와 이끌림이 강하게 드러나는 야스오카의 초기 작품들은, '전후' 언설이 점령 속에서 어떻게 타자를 배제하고 있는지를 끊임없이 환기시키고 있다는 점에서, 오늘날 여전히 문제적인 작품이라고 볼 수 있다.

참고문헌

오에 겐자부로, 『소설의 방법』, 노영희·명진숙 역, 소화, 1995.

조정민, 『만들어진 점령서사 — 미국에 의한 일본 점령을 어떻게 기억할 것인가』, 산지니, 2009.

G. 프로이트, 『프로이트 전집 11 — 정신분석학의 근본 개념』, 윤희기·박찬부 역, 열린책들, 1997.

江藤淳, 『成熟と喪失 — "母"の崩壊』, 河出書房新社, 1967.

______, 『成熟と喪失 — "母"の崩壊』, 講談社, 1993.

吉見俊哉, 『親米と反米 — 戦後日本の政治的無意識』, 岩波書店, 2007.

石原千秋, 「安岡章太郎研究史展望」, 『日本文学研究資料叢書 安岡章太郎·吉岡淳之介』, 有精堂, 1983.

小林勝, 「蹄の割れたもの」, 『文芸』, 河出書房, 1969.

安岡章太郎, 『ガラスの靴/悪い仲間』, 講談社, 1989.

窪川鶴次郎と近代文学同人, 「プロレタリア文学を語るⅠ」, 『近代文学』 5, 1946.

除村吉太郎, 「ロシヤ文学問答」, 『近代文学』 4, 1946.

中村光夫, 「占領下の文学」, 『文学』 20(6), 1952.

川村湊, 『戦後文学を問う』, 岩波書店, 1995.

土居健郎, 『「甘え」の構造』, 弘文堂, 1971.

平林たい子と近代文学同人, 「プロレタリア文学を語るⅡ」, 『近代文学』 7, 1946.

ジョン·ダワー, 『増補版 敗北を抱き締めて』, 三浦陽一·高杉忠明 訳, 岩波書店, 2004.

제4장

한일 전후소설에서의 '팡팡'과 '양공주' 표상

전쟁 기억의 재현과 은폐

홍윤표

1. 들어가며

1945년 8월 15일 정오, 라디오에서 '쇼와 천황(昭和天皇)'의 패전을 알리는 '옥음방송(玉音放送)'이 흘러나왔다. "짐은 세계의 많은 사람들과 제국의 현 상황을 깊이 고려하여 특단의 조치로 시국을 수습하려고 한다. 이에 충성스럽고 선량한 그대 신민들에게 고한다."[1]라는 말로 시작되는 종전의 조서는 바로 전쟁의 끝과 '전후'의 시작을 알리는 것이었다. 일본의 패전은 단순히 전쟁이 끝났다는 것을 의미하는 것이 아니라 가치관이 단번에 뒤집히는 인식의 대전환(paradigm shift)을 불러왔다. 전쟁기에는 '천황'의 이름으로 '일억옥쇄(一億玉碎)'라는 구호 아래 목숨을 걸고 전쟁을 수행했던 일본국민들이, 패전 이후에는 '자유민주주의'라는 이름하에서 일상생활을 영위하게 되었다. 패전 후 연합군 총사령부(GHQ) 점령하에 놓이게 된 일본은 '전후민주주의' 체제를 확립하기 위한 작업을 진행했고, 연합군 총사령부의 점령은 1952년 샌프란시스코 평화조약을 맺고 일본이 정치적으로 독립함으로써 막을 내리게 된다.

1956년 일본의 『경제백서』에는 '진무경기(神武景氣)'라 불리는 호경기를 바탕으로 "더 이상 전후가 아니다(もはや戦後ではない)."라는 말이 기록되어 있다. 이는 경제적으로 패전의 어려움에서 벗어났다는 것을 의미하는데, 전쟁의 폐허를 극복하고 경제대국으로 올라설 수 있는 기틀을 마련했다는 자신감의 표현이기도 하다. 여기에서 사용된 '전후'의 의미를

---

* 이 글은 『아시아문화연구』 40집(2015년 12월)에 실린 필자의 논문을 수정·보완한 것이다.

1 원문은 "朕深ク世界ノ大勢ト帝國ノ現状トニ鑑ミ非常ノ措置ヲ以テ時局ヲ収拾セムト欲シ茲ニ忠良ナル爾臣民ニ告ク"이고, 번역은 필자가 했다.

한정해 보면, "전쟁의 후유증으로 빈곤이 계속되었던 시기" 정도로 해석할 수 있을 것이다.

하지만 우리가 '전후'를 논할 때는 이렇게 단순하게 '경제'의 발달 정도만을 고려하지는 않는다. 일본의 '전후' 문제에는 '메이지헌법'과 현재의 '일본국헌법', '천황제', 그리고 '국체' 등 정치·사상·철학적 문제가 복잡하게 얽혀 있고, 이는 주로 '전전(戰前)'과 '전후(戰後)'의 '연속'과 '단절' 문제로 분석되고 있다. 예를 들어 '천황제 이데올로기'의 경우 전후가 되면서 '상징 천황제'로 전환되어 나왔지만, 그 이면에는 '천황'을 중심으로 한 '내셔널리즘'이 여전히 기능하고 있다는 인식 등이 바로 그것이다.[2]

전후를 논할 때 중요한 논점이 되는 것은 전쟁 이후 어느 시기에 정치·문화·사회적으로 결정적인 변화를 목도하는가다. 그리고 이는 '천황'을 정점으로 총력전을 펼쳤던 '태평양전쟁'의 '기억'이 퇴색되어 가는 것과 밀접한 관련이 있다. 다시 말해 '전후'의 종언은 '전쟁'의 '기억'이 지워지는 시점, 그리고 새로운 질서의 등장과 궤를 같이한다고 볼 수 있다.

한편, 한국의 '전후' 개념은 일본과는 달리 2차 세계대전이 아니라 6·25전쟁을 기점으로 하는 경우가 많다. 일본 제국주의로부터의 '해방'은 큰 정치·사회·문화적 변화를 가져왔으나 한국이 주도적으로 전쟁에 참여한 것은 아니었다. 또한 곧바로 이어진 사상 분열, 한국과 북한 각각의 정부 수립, 이후의 1950년의 6·25전쟁 등 일본과 달리 한국에는 이른바 '전후체제'가 정착할 수 있는 여유가 주어지지 않았다. 이런 의미에서 일반적으로 한국에서의 '전후'는 1950년 6·25전쟁을 기점으로 하는데, 6·25전쟁이 끝난 후에 비로소 한국은 '전후체제'를 갖추어 나갈 수 있게

2 姜尙中의『ナショナリズム』(岩波書店, 2001)에서 이러한 사항을 지적하고 있다.

된 것이다. 한국도 또한 일본과 마찬가지로 전후 역사의 몇몇 변곡점을 지나왔는데, 1960~1970년대는 경제개발 논리를 앞세운 독재정권과 반공주의 등을 그 특징으로 들 수 있을 것이다. 또한 1988년의 서울 올림픽과 민주화, 그리고 이후의 냉전 붕괴라는 역사적 변동의 시기를 겪어왔고, 현재에 이르게 되었다.

그렇다면 한국도 일본과 마찬가지로 전쟁 이전과 이후의 '연속'과 '단절'에 대해 논할 수 있는데, 한편으로는 경제발전, 민주주의 정치제도의 수립, 개인주의 사상의 심화 등 전쟁 이전과는 확연히 다른 사상과 문화적 변화를 목도할 수 있지만, 다른 한편으로는 여전히 존재하고 있는 권위주의, 이데올로기의 대립 등이 전쟁 이후에도 변하지 않은 점이라 볼 수 있다.

이와 같이 한국의 '전후'도 일본의 '전후'와 마찬가지로 복잡하게 중층적으로 얽혀 있기 때문에 이를 읽어내기 위해서는 다양한 측면에서의 분석이 필요할 것이다. '전후문학'이라는 용어 또한 마찬가지다. 시기를 기준으로 나눌 것인지, 아니면 소재로 구분할 것인지에 따라 그 기준과 대상이 달라지기 때문이다.[3]

---

3 김준현은 전후문학의 개념에 대해 다음과 같이 말하고 있다.

> '전후문학'을 시기적 개념으로 파악하면 그 의미와 경계가 모호해진다. '전후'라는 기호에는 시간적으로 '언제부터'라는 기준은 마련되어 있어도 '언제까지'라는 기준은 마련되어 있지 않기 때문이다. 가령 "1950년대와 1960년대 초에 생산된 문학 텍스트를 전후문학 텍스트로 규정한다."는 일반적 통념을 따르면, 1970년대 이후에 생산된 문학 텍스트는 전후의 현실을 본격적으로 천착한다고 해도 전후문학으로 규정되지 못하는 경우가 생길 수 있다. 1980년대에 생산되었어도 그것이 합당한 내용을 갖추고 있다면 전후문학으로 분류될 수 없다고 하기에는 무리가 있을 것이다.
>
> 한편, '전후문학'이라는 기호를 소재적인 측면에서 접근하면, 단순히 전쟁과 문단을 소재로 삼은 모든 문학을 '전후문학'으로 규정할 수밖에 없다. 이렇게 되면 전후

이와 같이 양국의 전후를 정의하는 개념과 시기는 다르지만, 제국주의와 식민지 경험, 미국이라는 국가의 존재, 진보와 보수의 대립, 남과 북의 분단 등 한일 양국의 근현대사를 고려해 볼 때, 한일 양국의 전후 관념은 밀접한 영향관계에 있다는 것을 알 수 있다. 그리고 양국의 '전후'를 논할 때 빠질 수 없는 것이 전쟁의 상흔을 안고 살아가는 세대의 불안과 허무 감각, 그리고 이에 자연적으로 수반되는 전쟁에 대한 기억이다. 소설은 시대의 담론과 표상을 가장 치열하게 담고 있다고 볼 수 있는데, 한국과 일본의 전쟁 이후 발표된 소설을 통해 전후세대가 '전쟁'을 어떻게 '기억'하고 있는지, 그리고 어느 부분을 '배제'하고 있는지 살펴볼 수 있을 것이다.

이 글에서는 복잡하게 얽혀 있는 전후를 논의할 때 범위가 무한정 확장되는 것을 피하고 보다 명확한 논의를 위해 전쟁의 가부장적 폭력성과 억압이 가장 잘 드러나 있는 '여성' 표상과 '기억'이라는 측면에 주목하여 한국과 일본의 전후문학을 비교·분석하고자 한다. 일반적으로 전쟁을 수행할 때 국가는 '남성' 중심의 '가부장적 사상'을 바탕으로 총력전을 펼치게 된다. 전쟁을 수행하는 것은 용맹한 '남성'이며, 이를 뒤에서 지지해 주는 것은 일반부녀자들이다. 그리고 이러한 과정에서 보호받지 못하

문학이라는 기호는 '전쟁 소재 문학'의 동의어로 그 의미가 축소된다. 이런 경우에 전후문학은 역사적 의미를 가진 지표 개념으로 마련될 수 있는 가능성에도 불구하고 단순한 편의적 기호로 전락하게 된다(김준현, 『전후 문학 장의 형성과 문예지』, 고려대학교 대학원 박사학위 논문, 2008, 1쪽).

즉 위의 인용에서 드러난 대로 '전후문학'을 시기별·소재별로 간편하게 나누는 것은 양국의 '전후' 개념이 가지는 입체성을 고려해 볼 때 바람직하지 않다. 또한 '전후문학'이라는 개념의 모호성, 범위의 무한확장성을 생각해 볼 때, '전후문학'을 대상으로 연구할 때는 반드시 명확한 범위 설정이 필요하다.

는 '여성'들은 '성노예'로 희생을 당하기도 했다. 전쟁이 끝난 후에도 한국과 일본에서는 이른바 '양공주'와 '팡팡'이라는 이름의 집단이 존재했다. 전쟁 중 보호받지 못했던 여성들이 전쟁이 끝난 후에도 여전히 '가부장적 사회체제' 바깥에서 이중의 억압을 받고 있었던 것이다.

이 글에서는 한국과 일본의 전후소설에 드러난 '양공주'와 '여성' 표상에 대해 고찰하고자 한다. 시기적으로는 '전쟁'의 기억이 비교적 강하게 남아 있는 1960년까지로 설정했다. 일본에서는 1960년 안보투쟁으로, 한국에서는 1960년 4·19혁명으로 전쟁 기억의 재구축이 일어나고 이후에는 새로운 양상을 보이기 때문이다. 이 글을 통해서 한일 양국에서 '전쟁' 기억이 어떻게 재현되고, 또한 어떠한 측면이 은폐되었는지 확인할 수 있을 것이다.

2. 전후 일본의 '여성' 담론: '일반부녀자'와 '창부'

1945년 패전 직후 미군을 중심으로 한 연합군 총사령부(GHQ)가 일본을 점령했을 때, 일본정부는 미군의 성욕 해소를 위해, 그리고 자국민 부녀자를 보호하기 위한다는 명분으로 위안시설 RAA(Recreation and Amusement Association, 특수위안시설협회)를 설치, 운영했다.

이 RAA의 설립목적에 대해서 다시로 미에코(田代美江子)는 다음과 같이 말하고 있다.

> 정부가 RAA협회를 설립한 취지는 '일반부녀자'의 '순결'을 점령군으로부터 지키기 위한 것이고, RAA는 그 '방파제'로서의 의미를 지니고 있었다.

그러나 그 진정한 의미는 점령군 병사에게 '위안'의 장을 제공함으로써 외교를 원활하게 하는 것에 있었고, 이것은 결국 '국체유지(国体護持)'를 위해 여성을 희생하려고 하는 것에 지나지 않았다.[4]

위에서 말한 대로 RAA는 '일반부녀자'를 점령군으로부터 지키는 '방파제'로서의 의미를 지니고 있었지만, 실제로는 그렇게 되지 못했다. RAA를 설립하고 여성들을 모집했지만 직업 매춘부들이 지원하지 않았던 것이다. 그래서 업자들은 일반여성들을 모집하게 되었는데, 일반여성들을 RAA에 종사하게 만든 건 "나라를 위해 헌신"한다는 마음이었다.[5] 실제로 RAA 모집 포스터에는 다음과 같은 글이 적혀 있었다고 한다.

신일본여성에게 알림. 전후처리의 국가적 긴급시설의 하나로 진주군 위안의 대사업에 참가할 신일본여성의 솔선 협력을 구함.[6]

다시 말해 RAA의 궁극적 목적은 '개인'을 보호하기 위한 것이 아니라, 전전(戰前)에서부터 이어져 내려왔던 개념인 '국체(國體)'의 유지였던 것이다. 전통적인 '국체' 개념을 유지한다는 것은 전전의 가치관을 전후에 새롭게 형성해야 한다는 것을 의미하는데, 이는 가부장 질서의 복원

4 田代美江子, 「敗戦後日本における「純潔教育」の展開と変遷」, 『ジェンダーと教育の歴史』, 川島書店, 2003, 216쪽(洪潤杓, 「三島由紀夫『美しい星』における<想像された起源>」, 『日本近代学研究』 23, 2009. 2에서 재인용).

5 RAA 설립 과정에 대한 것은 존 다우어, 『패배를 껴안고』, 최은석 역, 민음사, 2009, 145~157쪽과 マイク·モラスキー, 鈴木直子 訳, 『占領の記憶/記憶の占領 — 戦後沖縄·日本とアメリカ』, 青土社, 2006, 203~250쪽에 상세하게 설명되어 있다.

6 위의 책, 211쪽.

을 의미하는 것이기도 했다.

보건상의 이유와 국제여론의 악화로 RAA는 채 1년도 지나지 않아 폐지되었고, 이후에 나타난 것은 민간업자들에 의한 위안부 시설이었다. 그리고 이 민간 위안부 시설에서 미군들을 상대하던 여자들을 '팡팡(パンパン)'[7]이라 불렀다. 이는 명칭 자체로 멸시의 의미를 담고 있지만, 한편으로는 문화를 앞서가는 세련된 이미지를 형성하기도 하여 질시의 대상이 되기도 했다. 이러한 양가성을 지닌 '팡팡'에 대해 존 다우어는 다음과 같이 말하고 있다.

> 시대는 '팡팡'으로 상징되었다. 거칠면서도 섬약한 성격, 밝은색 립스틱과 매니큐어, 세련된 의상, 때로는 일반인들의 부러움을 사는 액세서리 등으로 대변되는 매춘부들. 전후 일본의 밤거리 풍경과 전후 일본에 대한 사람들의 기억에서 '팡팡'은 지우려야 지울 수 없는 존재로 자리 잡았다. 그녀들을 포착한 사진은 전후 일본을 기록한 사진 중에서도 가장 우울하고 향수 어린 부류에 속한다. 어둑어둑한 도시를 배경으로 벽에 기대선 실루엣, 목에 두른 스카프, 손에 든 핸드백, 그리고 담배에 불을 붙이거나 쥐고 있는 손. 밤의 여인, 거리의 여인, 어둠의 여인 등 그들을 묘사하는 표현은 많았지만 '팡팡'이 가장 널리 쓰였다.[8]

7 처음에는 미군을 상대하는 여자들을 지칭하는 용어였으나, 이후에는 일본인을 상대로 영업하는 매춘부들도 '팡팡'이라 불렀다(조정민, 『만들어진 점령 서사』, 산지니, 2009, 123쪽). 그리고 한글표기법상 '판판(パンパン)'으로 표기하는 것이 맞지만, 선행연구에서는 '팡팡'으로 표기된 것도 있고, '판판'으로 표기된 것도 있다. 이 글에서는 어감상 '팡팡'으로 표기했다.

8 존 다우어, 앞의 책, 157쪽.

'팡팡'이 부러움의 대상이 되자, '팡팡'을 일반부녀자와 분리하려는 움직임도 나타났다. 이른바 '순결교육'이 바로 그것이다. 전후 일본의 성교육은 바로 '순결교육'이라는 이름으로 시작되었고, 이 '순결교육'은 1963년까지 문부성이 주도했다.[9] 굳이 '순결교육'이라는 명칭을 사용한 것은 단순히 '건전한 성도덕의 교육'만을 위한 것은 아니었다. 여기에는 다소 복잡한 이데올로기가 작용하고 있는데, 이와 관련해서 다시로 미에코는 "'국체유지'를 위해서는 '위안' 정책도 필요하고, 또 '국체유지'의 기초가 되는 가족제도의 유지도 중요한 과제였다."고 말하고 있다.[10] 즉 '순결'이라는 용어에는 '국체유지'라는 이데올로기가 작용하고 있었다는 것인데, 다시로 미에코는 더 나아가 '순결교육'의 이면을 다음과 같이 지적하고 있다.

> 정부는 '일반부녀자'의 '순결'을 구실로, 여성이 공공연하게 매매되는 사회를 정당화하면서 매매춘정책으로 '순결'하지 않은 여성을 적극적으로 만들어내고 있었다. 결국에는 순결교육으로 '순결'을 강조하려고 한 것이다. 그렇다고 한다면 이 '순결'은 우선 여성에게 요구되어졌다는 것은 명백하다. 더 나아가 '순결'의 강조는 여성을 '순결'한 사람과 그렇지 않은 사람으로 구분한다. 그리고 '매춘부'로 내몰려진 '순결'하지 않은 여성의 문제를 '국민도덕'의 문제로 바꾸어 개인의 책임으로만 돌리게 하는, 다시 말해 체제 측의 책임에는 눈을 감게 하는 역할을 하게 한다. 이러한 의미에서 말

---

9 田代美江子, 앞의 글, 213~214쪽 참조. 전후 일본의 순결교육에 대해서는 洪潤杓, 「三島由紀夫『美しい星』における＜想像された起源＞」, 『日本近代学研究』 23(2009. 2)에서 상세하게 논의하고 있다.

10 田代美江子, 앞의 글, 218쪽.

하자면 '순결'을 강조하는 순결교육은 바로 점령하의 매춘부 정책을 보완하는 역할을 담당하고 있었던 것이다.[11]

이러한 주장은 '원활한 외교'와 '국체유지'를 위해 여성을 희생시킨 국가의 책임을 '순결'의 강조를 통해 감추려고 했다는 것을 적확하게 지적하고 있다. 그리고 '순결한 여성'과 '순결하지 않은 여성', 즉 '일반부녀자'와 '창부'를 분리하는 담론이 형성되어 있었다는 것도 간과해서는 안 될 점이다. 이는 가부장제의 가치를 전후에도 국가적으로 계속 유지, 재생산하고 있음을 의미한다. 한편으로는, 앞에서 언급한 것처럼 RAA의 여성들을 "나라를 위해 봉사한 순결의 보루"[12]라고 지칭하기도 했다. 이 또한 국가를 위한 숭고한 희생이라는 이미지를 덧씌우고 '순결'이라는 단어에 가치를 부여함으로써 남성 중심의 내셔널리즘을 강화하고 국가의 책임을 불분명하게 하는 레토릭으로 사용될 여지가 있다.

또한 존 다우어는 "미군 병사와 팔짱을 끼고 걸어가거나 미군 지프차에 개선장군처럼 올라타 질주하는 '팡팡'은 민족적 자존심뿐만 아니라 특히 남성의 자존심을 송곳처럼 후벼팠다."[13]고 말하고 있다. 이는 당시의 '팡팡'이 국가 아이덴티티와도 관련된 현상이라는 것을 의미하며, 자존심에 상처를 주는 것이므로 가능한 한 은폐하고자 하는 욕망을 야기한다. 이렇게 점령하의 '매춘' 담론은 다양한 변주를 보이고 있으며, 여기에 국가라는 관념이 적극적으로 개입되어 있음을 알 수 있다.

이와 같이 '팡팡'을 둘러싼 담론에는 전쟁이라는 그림자에 가려진

---

11 위의 글, 218쪽.

12 존 다우어, 앞의 책, 156쪽.

13 위의 책, 162쪽.

'여성'이라는 과거의 기억을 은폐하고, 한편으로는 '국체유지', 더 나아가 이른바 신일본문화 국가 건설이라는 가부장적 질서의 새로운 정립이라는 이중의 의미를 담고 있다.

3. 전후 일본소설에서의 '팡팡' 표상

전후 일본의 '팡팡'을 그린 대표적인 문학작품으로는 다무라 다이지로(田村泰次郎)의 『육체의 문(肉体の門)』을 들 수 있다. 『육체의 문』은 『군상(群像)』 1947년 3월호에 발표되어 호평을 받았고, 같은 해 5월에 발표된 단행본은 70만 부 이상이 팔리는 큰 인기를 누렸다. 이러한 인기를 바탕으로 1947년 8월에는 연극으로 상연되었으며, 1948년, 1964년, 1977년, 1988년 네 차례나 영화화되기도 했다.[14] 이 소설의 인기 요인은 여러 가지가 있겠지만, 황익구(黃益九)는 『육체의 문』이 마치 '팡팡'의 절실한 목소리를 듣고 있는 것[15]과 같은 느낌을 주었기 때문이라 분석하고 있는데, 그만큼 '팡팡'이라는 존재는 점령기 일본에서는 관심의 대상이었다.

이 작품은 센(せん), 마치코(町子), 마야(マヤ), 하나에(花江), 미노(美乃), 이렇게 다섯 명의 '팡팡' 그룹의 이야기를 다루고 있다. 이들 '팡팡' 그룹은 "생산자와 소비자를 직접 연결"하는 방식으로 몸을 팔고 있다. 그리고 "아직 정욕의 신비를 알지 못하는 그녀들은 오로지 살기 위해 필사적으로

---

14 최은주, 「'전후일본'의 대중문화와 남성주체의 욕망 — 다무라 다이지로의 "육체의 문"과 "춘부전"을 중심으로」, 『일본학』 39, 2014. 11, 156~159쪽 참조.

15 黃益九, 「占領と肉体の密会 —「肉体の門」が物語る戦後」, 『文学研究論集』 24, 筑波大学比較·理論文学会, 2006. 7, 128쪽.

몸을" 팔고 있다. 이들에 대해서는 다음과 같은 묘사가 있다.

> 법도, 세상 사람들이 말하는 도덕도 없다. 그런 것은 일본이 아직 지지 않았을 때, 그들이 군수공장에서 기름과 땀투성이로 있었을 때를 마지막으로 폭탄과 함께, — 그녀들의 집과 육신도 함께, 어디론가 날아가 버렸다. 모두 사라지고 그녀들은 짐승으로 변한 것이다. 그야말로 그녀들은 폐허가 된 도시의 짐승들이었다.[16]

여기에서 법도 도덕도 없는 이들은 마치 '짐승' 같다고 묘사하고 있지만, 이들의 이러한 모습은 온전히 그녀들 탓은 아니다. 일본이 전쟁에 졌기 때문에 어쩔 수 없이 그렇게 된 것이다. 폭탄과 함께 그들의 법, 도덕, 그리고 육신마저도 사라지고 말았다. 그녀들이 "아직 정욕의 신비를 알지 못하는" 것은 패전으로 인해 인간성을 잃었기 때문이다. 그리고 이들은 살아남기 위해 자체적으로 규율을 정하고 있는데, 이 규율들은 "자유를 확보하기 위한 규율"이다. 첫 번째 규율은 그들의 구역에서 외부의 여자가 장사를 하면 "협동해서 그런 외부의 적을 물리친다"는 것이고, 두 번째 규율은 "정당한 대가를 치르지 않고 자신의 육체를 상대에게 주는 자가 한 사람이라도 있으면 그것은 자신들의 협동생활을 파괴"하는 것이 되므로, 이러한 자들에 대해 "잔혹하고 가차 없는" 제재를 가한다는 것이다. 그러던 어느 날 이들 '팡팡' 그룹에 이부키 신타로(伊吹新太郎)라고 하는 어느 일본인 남자가 들어오면서 이들 사이에 균열이 생기게 된다.

이들 그룹의 첫 균열은 마치코가 중년 남성과 매일 돈을 받지 않고

16 田村泰次郎, 「肉体の門」, 『田村泰次郎選集 3』, 日本図書センター, 2005, 31쪽.

만나고 있다는 소식이 전해지고 나서 생기게 된다. 나머지 멤버들은 마치코의 행동이 "단결을 해치는 것"이며, "자신들의 생존 문제에 관계"되는 것이라 여겼다. 이들은 마치코에 대해 집단 린치를 가하게 되는데, 린치를 가하면서도 '관능'을 알아버린 마치코에게 질투를 느끼게 된다.

> 그것은 불결한 것에 대한 증오라기보다 자신보다도 행복한 것에 대한 질투에서 오는 증오임을 조금씩 확실하게 마야는 느끼고 있었다. (중략) 관능의 감각을 모르는 그녀들에게 단지 육체를 판다는 것은 죄가 아니었다. 그저 거래에 지나지 않았다. 죄는 돈을 받지 않고 육체의 비밀스러운 기쁨을 탐닉하는 것이다.[17]

마야는 마치코를 린치하면서 '육체의 의미'에 대해 조금씩 깨닫기 시작한다. 결국 마치코는 '팡팡' 그룹에서 추방당하는데, 추방당한 마치코는 이부키 신타로와 육체적 관계를 맺게 된다. 이 사실은 나머지 멤버들의 질투심을 더 고조시키고 그들의 마음에 동요를 일으키게 한다. 결국 마야가 이부키 신타로와 관계를 맺게 되고, 이번에는 규율을 어긴 마야가 다른 멤버들에게 린치를 당한다. 마야는 고통 속에서 자신의 '육체의 의미'를 깨닫게 되고, "처음으로 알게 된 이 육체의 기쁨을 놓치지 않겠다"고 다짐한다. 그리고 "점점 희미해져 가는 의식 속에서 마야는 지금 자신의 새로운 삶이 시작되고 있다는 것"을 느끼게 된다.

이상이 『육체의 문』의 대략적인 흐름인데, 이 텍스트에서는 "아직 정욕의 신비를 알지 못하는", "관능의 감각을 모르는" 등의 표현이 계속

---

17 위의 글, 40쪽.

반복된다. 즉 『육체의 문』에서는 주인공 마야가 '육체의 의미'를 알게 되는 과정을 그렸는데, 이는 전전(戰前)과 전후(戰後)의 육체 관념이 바뀐 것을 의미한다. 육체의 해방은 전쟁 이전에는 국가가 통제하고 관리하던 신체가 전후에 해방되었음을, 즉 개인이 신체의 자유를 획득했다는 것을 의미한다.

여기서 주목하고 싶은 것은 이 텍스트에서 '팡팡'이 중심인물이지만, 그 상대가 '미국인'이라는 것은 철저하게 지워지고 있다는 점이다. 이는 당연하게도 『육체의 문』 발표 시점이 미군 점령기였기 때문이다. 다무라 다이지로(田村泰次郎)의 원작에는 당시 GHQ의 검열 때문에 '미국인' 상대라는 것을 드러내지 않았고, 이들 '팡팡'이 권력의 피해자라는 설정도 포함되어 있지 않다. '팡팡'은 당시 일본 남성들에게 굴욕감을 안겨주는 존재였지만, 이러한 굴욕감도 이 작품에서는 전혀 드러나 있지 않다.[18] 다만 이 작품에서 내셔널리즘을 자극하는 부분이 있다면, 마야가 자신의 육체의 기쁨을 깨닫게 되는 계기가 바로 일본인 이부키 신타로를 통해서라는 점이다. 이는 어느 정도 일본인 남성의 자존심을 지켜주는 설정이었을 것이다.

앞에서 '팡팡'에 대응하여 '국체유지'의 목적으로 '순결교육'이 출발했고, '일반부녀자'와 '창부'를 분리하려고 하는 담론이 형성되었음을 언

18 실제로 1946년에 발표된 아라키 다카시(荒木巍)의 「마음의 가교(女の橋)」와 나가요 요시로(長与喜朗)의 「한 시간 반 동안의 이야기(一時間半のはなし)」에서 지나치게 친밀하게 묘사된 '팡팡'과 미군의 이야기는 GHQ의 검열에 의해 삭제되었다. 즉 '팡팡'과 미군의 관계는 일본 남성들에게 굴욕감과 열패감을 안겨주는 소재였으며, GHQ로서는 이러한 감정을 자극하는 것이 바람직하지 않다고 판단했을 것이라고 추측된다(손지연, 「'점령'을 둘러싼 일본(적) 상상력」, 『일본문화연구』 53, 2015, 220~225쪽 참조).

급했다. 그리고 더 나아가 점령기가 끝난 후에는 일본 전후소설에서의 '팡팡' 표상도 변화를 보인다. 여기서 참고가 될 만한 작품은 마쓰모토 세이초(松本清張)의 『제로의 초점(ゼロの焦点)』이다. 이 작품은 『태양(太陽)』 1958년 1월호부터 연재되기 시작했고, 1959년 12월에 단행본으로 출간되었다. 이즈음 "더 이상 전후가 아니다."라는 선언이 나왔고, 일본은 고도 경제성장기를 구가하던 시기였다. 이 작품의 줄거리는 다음과 같다.

올해 스물여섯 살인 이타네 데이코(板根禎子)는 중매인의 소개로 서른여섯 살의 우하라 겐이치(鵜原憲一)라는 광고회사 직원을 만나 결혼식을 올리고 도쿄에 신혼살림을 차렸다. 가나자와(金澤)에서 지방근무를 하고 있던 우하라 겐이치는, 신혼여행을 다녀온 후 일주일간 지방근무를 정리하기 위해 출장을 다녀온다고 했지만 그만 실종되고 만다. 결혼한 지 얼마 되지 않아 남편에 대해 아는 것이 없던 이타네 데이코는 남편의 실종사건을 추적하게 되는데, 이 과정에서 주변 인물들이 하나둘씩 살해되고 남편의 과거를 서서히 알게 된다는 줄거리다. 범인은 패전 직후 도쿄에서 미군 병사를 상대로 매춘하며 살아오다가, 전쟁이 끝난 후 자신의 과거를 숨기고 벽돌회사 사장의 부인이 된 무로타 사치코(室田佐知子)였다. 그녀는 사장의 부인이 된 후 그 지역의 여류 명사가 되어 있었는데, 그런 자신의 과거가 알려지는 것이 두려워 범행을 저지른 것이었다.

『제로의 초점』이 발표된 것은 1958년으로 일본이 패전의 상흔을 딛고 경제대국으로 나아가는 과정에 해당하는 시기이면서, 동시에 과거의 기억이 퇴색되어 가는 시기이기도 하다. 이 소설을 쓴 마쓰모토 세이초는 사회파 추리소설가로 유명한데, '사회파 추리소설'이란 "범죄의 동기와 범죄자의 심리에 사회적 맥락을 반영시키고 그것을 전면적으로 부각시키는 작품"을 말한다.[19] 『제로의 초점』 역시 '사회파 추리소설'이라는 이름에 걸맞게 '추리'와 '사회'를 키워드로 하는 텍스트다.[20] 하지만 『제로의 초점』은 '추리'와 '사회'라는 요소 이상으로 '과거'에 대한 이야기가 중심을 이루고 있다. 스물여섯 살의 데이코와 서른여섯 살의 우하라 겐이치가 선을 보고 혼담을 주고받을 때 데이코는 다음과 같은 생각을 한다.

> 데이코는 상대 남자에게 그런 여자관계가 과거에 있었다 해도 괜찮다고 생각했다. 누군가와 한때 동거했다는 말을 들으면 기분은 안 좋겠지만, 그래도 현재 그 관계가 완전히 청산되었다면 따질 이유는 없다고 생각했다. 요컨대 과거가 깔끔하게 정리되었다면 그것으로 좋았다.[21]

소설의 거의 첫 부분에 나오는 장면으로 이러한 생각이 소설의 내용 전체를 암시하고 있다. 결국 사장 부인인 무로타 사치코도 데이코의 남편 우하라 겐이치도 과거가 깔끔하게 정리되지 않아 연쇄사건에 휘말리게 되었기 때문이다. 이러한 '과거'에 대한 이야기는 『제로의 초점』 전체를 통해 계속 반복된다.

하지만 과거를 완벽하게 지울 수 있을까? 살해당한 데이코의 남편 우하라 겐이치는 점령기에 풍기단속(매춘부 단속)을 하던 경찰관이었고, 사장 부인인 무로타 사치코는 '팡팡'이었다. 점령기가 끝난 후 이들은 각자의 생활을 하다가 가나자와에서 광고회사 직원과 그 광고회사와 거래하

19 조정민, 「점령기억의 연속과 단절 — 마쓰모토 세이초(松本清張), "제로의 초점(ゼロの焦点)"의 경우」, 『동북아문화연구』 23, 2010, 499쪽.

20 위의 논문, 501쪽.

21 松本清張, 『ゼロの焦点』, 新潮文庫, 1971, 6쪽.

고 있던 벽돌회사 사장의 부인으로 다시 만나게 된 것이다.

『제로의 초점』의 후반부에는 다음과 같은 의미심장한 내용이 기록되어 있다.

"상당히 교양도 있고 좋은 학교도 나온 아가씨들이 미군 병사의 애인이 되었다는 이야기를 많이 들었습니다. 그로부터 13년이나 지난 오늘날, 당시 스무 살 정도였던 그녀들도 벌써 서른둘, 셋쯤 됩니다. 요즘은 어떻게 지내고 있을까요?"

"의외로 좋은 가정에 들어간 분들이 많지 않을까 생각합니다. 전락한 상태로 계속 어두운 생활에 빠져버린 사람도 있겠지만, 반면 자신을 되돌려 지금은 잘 지내고 있는 사람도 많을 거라 생각해요."라고 평론가는 말했다.

"그럴 수 있겠네요."

"시간이 흘러 이른바 '팡팡'으로 정착한 사람도 있었지만, 패전 직후에는 꽤 괜찮은 여성도 있었으니까요. 여자대학을 나온 사람도 꽤 있었습니다. 하지만 그런 사람들은 모두 훌륭하게 갱생했을 거라 생각해요. 이제 나이도 서른다섯, 여섯이니까, 말씀하신 대로 의외로 행복한 결혼을 하고 안정된 생활을 하고 있을 거라 생각해요."

"그런데 어떤가요? 그런 경우에 배우자에게 자신의 과거를 털어놓을 수 있을까요?"

사회자가 물었다.

"그건 미묘한 문제네요."

뚱뚱한 소설가는 가느다란 눈을 빤짝거리며 말했다.

"행복한 결혼 생활을 위해 그건 말하지 않는 편이 좋지 않을까요? 그런 직업에 있다가 곧바로 결혼한 사람이라면 몰라도, 일단 손을 씻고 평범한 직장 생활을 하다가 알게 된 남성과 결혼한 경우라면 대개는 비밀로 하겠죠. 하지만 이런 비밀은 허용해도 된다고 생각해요."

"맞아요." 평론가는 맞장구를 쳤다.

"당시 일본은 패전 직후라 나라 전체가 악몽 같은 시대였으니까, 그 사람들에게는 불행한 일이지요. 하지만 자신의 노력으로 이후의 평범한 생활을 만들었다면 그 행복을 조용히 지켜주고 싶은 심정이에요."[22]

위의 인용은 이타네 데이코가 우연히 텔레비전을 켰을 때 나온 좌담회에서 이루어진 대화다. "전락한 상태로 계속 어두운 생활에 빠져버린 사람도 있겠지만, 반면 자신을 되돌려 지금은 잘 지내고 있는 사람도 많을 거라 생각해요."라는 말은 소설 속 인물에 대한 이야기이기도 하지만, 전후 일본을 지칭하는 말이라 해도 손색이 없다. 앞에서도 언급했지만, 이 소설이 발표된 때가 일본이 패전의 나락에서 경제대국으로 성장하고 있던 때였기 때문이다. 하지만 위의 인용에서 보듯이, '팡팡'이라는 과거는 배우자에게 숨기는 편이 좋은 것이라는 생각이 일반화되었다. 패전 직후 '악몽 같은 시대'의 일은 개인적으로도 국가적으로도 꼭 숨겨야 하는 과거다. 특히나 전쟁을 극복하고 일상으로 되돌아온 후에는 개인이나 국가 모두 패전 직후의 '팡팡'을 둘러싼 굴욕감과 열패감은 은폐해야만 하는 것이었다. 하지만 그렇게 쉽게 과거를 지울 수는 없다. 또한 『제로의 초점』에서는 다음과 같은 말이 나온다.

22 위의 책, 429~431쪽.

> 패전으로 일본의 여성이 받았던 피해가, 13년이 지난 오늘까지 조금도 그 상흔이 사라지지 않았다. 그리고 약간의 충격만으로 다시 그 오래된 상처에서 기분 나쁜 피가 새로이 흘러넘친 것이다.[23]

결국 『제로의 초점』에서 무로타 사치코가 짊어진 과거의 일은 단순히 개인의 차원에서 머무는 것이 아니라 일본사회 전체의 문제로 다가오게 된다. 그렇다면 이 텍스트는 아무리 경제가 발전했다고 하더라도, 또 세상이 변했다 하더라도 '과거'를 직시해야 함을 이야기하는 것이 아닐까? 이는 아내의 자살을 알게 된 벽돌회사 사장 무로타 기사쿠(室田儀作)가 "좀 더 빨리 나에게 고백했다면 이런 결과는 되지 않았을 텐데."[24]라고 한 말에서도 알 수 있다. 이와 같이 『제로의 초점』은 일본이라는 국가가 "국체를 유지"하기 위해 희생당했던 여성의 재현과 은폐를 시사하는 텍스트로서의 가치를 지닌다.

4. 한국 전후소설에서의 '양공주' 표상

이제까지 살펴본 대로 일본이 전후에 '팡팡'에 대한 기억을 배제하고 지워야 했다면, 한국 또한 전후에 이른바 '양공주'에 대한 기억을 배제하고 지워야 했다. '양공주' 역시 분명히 한국 현대사에 존재했지만, 민족의 순수성을 해치는 존재로 인식되었기 때문이다.

---

23 위의 책, 462쪽.

24 위의 책, 468쪽.

한국의 '양공주'는 미군이 한국에 오면서 생겨났으며, 6·25전쟁 이후 본격화되었다. 이나영은 기지촌을 "이질적이며 위계적인 두 남성문화와 주체들이 양공주의 몸을 매개로 만나는 곳이자 충돌하는 곳이요, 대한민국의 주권과 민족공동체에 관한 질문을 늘 동반하게 하는 곳"[25]이라고 지적하고 있는데, 이는 '양공주'라는 기호가 단순히 남성–여성, 미국–한국이라는 단순 구도가 아닌, 중층적인 장이라는 것을 말해 준다.

정재림에 의하면 "양공주의 수는 1953년 2만 명에서 1955년 11만 642명으로 급증했으며, 이 가운데 약 50%를 차지하는 것이 미군 상대 성매매 여성이었다."[26]고 한다. 이를 보면 결코 무시할 수 없는 수였다는 것을 확인할 수 있다.

한국에서는 1950~1960년 사이에 발표된 몇몇 소설에서 이 '양공주'를 다루고 있다. 강신재의 「해방촌 가는 길」(1957), 이범선의 「오발탄」(1957), 오상원의 「황선지대」(1960) 등이 대표적이다.

「오발탄」에서 계리사(計理士) 사무실에서 서기로 일하는 송철호는 얼마 되지 않는 벌이로 전쟁 중에 정신이상이 된 어머니, 아내, 딸, 남동생, 여동생을 건사해야 하는 힘든 삶을 살고 있다. 이 모든 것은 전쟁으로 이상해진 것이다. 송철호의 남동생 영호는 이 시대를 다음과 같이 비난한다.

> 양심이란 손끝의 가십니다. 빼어버리면 아무렇지도 않은데 공연히 그냥 두고 건드릴 때마다 깜짝깜짝 놀라는 거야요. 윤리요? 윤리. 그건 나이

25 이나영, 「기지촌의 공고화 과정에 관한 연구(1950~60)」, 『한국여성학』 23(4), 2007, 6쪽.

26 정재림, 「1950~60년대 소설의 '양공주–누이' 표상과 오염의 상상력」, 『비평문학』 46, 2012, 458쪽.

롱 빤쓰 같은 것이죠. 입으나 마나 불알이 덜렁 비쳐 보이기는 매한가지죠. 관습요? 그건 소녀의 머리 위에 달린 리본이라고나 할까요? 있으면 예쁠 수도 있어요. 그러나 없대서 뭐 별일도 없어요. 법률? 그건 마치 허수아비 같은 것입니다. 허수아비. 덜 굳은 바가지에다 되는대로 눈과 코를 그리고 수염만 크게 그린 허수아비. 누더기를 걸치고 팔을 쩍 벌리고 서 있는 허수아비. 참새들을 향해서는 그것이 제법 공갈이 되지요. 그러나 까마귀쯤만 돼도 벌써 무서워하지 않아요. 아니 무서워하기는커녕 그놈의 상투 끝에 턱 올라앉아서 썩은 흙을 쑤시던 더러운 주둥이를 쓱쓱 문질러도 별일 없거든요. 흥.[27]

양심과 윤리, 관습과 법률 모두가 전쟁으로 뒤죽박죽이 되었다. 이는 앞에서 본 『육체의 문』의 전후 의식과 일맥상통하는 부분이 있다. 송철호와 송영호 형제에게 가장 아픈 사실은 하나밖에 없는 누이동생 명숙이가 양공주가 되었다는 사실이다. 송철호는 명숙이가 미군과 함께하는 것을 본 이후로 말도 하지 않고 거들떠보지도 않는다.

철호는 언젠가 퇴근하던 길에 전차 창문 밖에서 본 명숙의 꼴을 생각하고 있는 것이었다.

철호가 탄 전차가 을지로 입구 십자거리에서 머물러 신호를 기다리고 있었다. 손잡이를 붙들고 창을 향해 서 있던 철호는 무심코 밖을 내다보았다. 전차 바로 옆에 미군 지프차가 한 대 와 섰다. 순간 철호는 확 낯이 달아올랐다.

---

27 이범선, 「오발탄」, 『이범선 단편선』, 문학과지성사, 2007, 124쪽.

햇들을 쥔 미군 바로 옆자리에 색안경을 쓴 한국 여자가 앉아 있었다. 그것이 바로 명숙이었던 것이다. 바로 철호의 턱밑에서였다. 역시 신호를 기다리는 그 지프차 속에서 미군은 한 손은 핸들에 걸치고 또 한 팔로는 명숙의 허리를 넌지시 끌어안는 것이었다. 미군이 명숙의 얼굴을 들여다보며 뭐라고 수작을 걸었다. 명숙은 다리를 겹치고 앉은 채 앞을 바라보는 자세 그대로 고개를 까딱거렸다. 그 미군 지프차 저편에 와 선 택시 조수가 명숙이와 미군을 쳐다보며 피시시 웃었다. 전찻간에서도 마찬가지였다. 철호 바로 옆에 나란히 서 있던 청년들이 쑥덕거렸다.

"그래도 멋은 부렸네."

"멋? 그래 색안경을 썼으니 말이지?"

"장사치곤 고급이지 밑천 없이."

"저것도 시집을 갈까?"

"흥."[28]

당시 양공주를 바라보는 세간의 인식이 그대로 드러난 부분이다. 즉 멸시의 감정을 포함한 '더러움'이라는 감정이 드러나 있는데, 이는 이후에 송철호의 아내가 아파서 병원에 갔을 때 병원비를 보내주는 명숙의 모습을 보고 '깨끗함'을 느낀 것과 대비되는 것이다.

명숙이가 일어섰다. 그리고 아랫방으로 내려갔다. 벽에 걸어놓았던 핸드백을 벗겼다.

"옛수."

28 위의 글, 131쪽.

백 환짜리 한 다발이 철호 앞 방바닥에 던져졌다. 명숙은 다시 돌아서서 백을 챙기고 있었다. 철호는 명숙의 뒷모습을 물끄러미 바라보고 있었다. 철호의 눈이 명숙의 발뒤축에 머물렀다. 나일론 양말이 계란만치 구멍이 뚫렸다. 철호는 명숙의 그 구멍 뚫린 양말 뒤축에서 어떤 깨끗함을 느끼고 있었다. 오래간만에 철호는 명숙에 대한 오빠로서의 애정을 느꼈다.[29]

이범선의 「오발탄」에서 명숙은 주체적으로 자신의 운명을 개척하거나 하는 모습을 보이지 않는다. 그저 남자들의 시선으로 바라본 '더러움'과 '깨끗함'으로 표현될 뿐이다. 이와 같이 수동적인 '양공주' 여성상은 오상원의 「황선지대」에서도 이어진다.

주인공 정윤은 해방 직후였던 10여 년 전에는 한만(韓滿) 국경선에 가로놓인 소도시에서 "학생 총운영위원회 등을 조직하여" "시내 전 학생 대표"로 활약하고 있던 사람이었다. 10여 년 만에 우연히 만난 영미는 그 당시 함께 학생운동을 하던 학생이었다. 하지만 전쟁을 겪고 나서 만나게 된 영미는 '양공주'로 전락해 있었고, '짜리'라 불리는 기둥서방에게 폭력을 당하는 처지에 있었다. 역시 이 텍스트에서는 현재의 '오욕'을 강조하기 위해 깨끗한 과거가 회상되고 있다.

십여 년 전…… 그녀와 마지막 헤어지던 날도 오늘처럼 비가 지적지적 내리던 밤이었다.

철 늦게 내리는 비는 몹시도 피부에 차가웠다. 그녀는 자기네 학교 자치회에서 의결한 결의 사항을 그에게 전하러 왔던 것이었다.

---

29 인용문에서 밑줄은 필자가 표시한 것이다. 위의 글, 143쪽.

"무언가 두려워져요."

그녀는 싸늘히 식은 시선을 들어 그를 쳐다보며 말했다. 여학생용 오버코트의 높이 세운 깃 사이로 들여다보이는 하얀 목덜미가 유난히 귀여워만 보였다. 그녀는 미리부터 무엇인가를 예감하고 있는 모양이었다. 그러나 그는 말없이 침묵을 지켰다.[30]

이러한 과거 회상은 현재의 오욕을 강조하는 효과를 가진다. 이와 같이 '일반부녀자'를 '매춘부'와 구분하는 것은 일본과 한국 전후소설의 공통적인 특징 중 하나이지만, 차이점을 말하자면 일본 전후소설에서의 '팡팡' 표상에는 역사적·구조적 문제에 대한 서술을 피하는 경향이 보이지만, 한국 전후소설에서는 조금이나마 시대상을 묘사하고 있는 점이다. 「황선지대」의 다음 내용이 그러한 부분이다.

해방과 더불어 거리로 물결처럼 한없이 터져 나오던 환희와 감격, 그것은 너무도 순간적인 것이었다. 지금 이 소도시는 마치 하늘을 덮고 있는 음울한 구름장처럼 우울한 시민의 가슴을 짓누르고 있었다. (중략)

본정(왜인들이 밀집하여 살고 있는 거리였다.)이 곧 가까이에 이르렀을 때 곧 그들은 일부러 딴 길로 빠졌다. (중략) 잠시 후 그들은 맨발로 어둠 속을 울부짖으며 달려오는 왜인 노파를 보고 걸음을 멈추었다. 그 노파는 그들에게 왈칵 달려들며 미친 듯이 울부짖었다. 자기 딸을 소련 병정들이 잡아갔으니 어떡하면 좋으냐는 것이었다. 애걸에 찬 노파의 모습은 참으로 가련하기 짝이 없었다. (중략)

---

30 오상원, 「황선지대」, 『오상원 중단편선 유예』, 문학과지성사, 2008, 49쪽.

"아무리 일본이 나빴다고 하지만 저 여자들이 저렇게 당하는 것을 보니 불쌍해져요."[31]

위의 인용에서는 해방 후 벌어진 신탁통치를 둘러싼 미국과 소련의 대리전 양상, 이후 전쟁으로 발전하여 피해를 보게 될 영미의 운명을 암시하고 있다. 결국 '양공주'가 된 영미의 운명은 한반도의 역사적 흐름 때문이라는 것을 말하고 있는 것이다. 또한 이러한 서사는 「오발탄」에서도 동생 영호의 말을 통해 반복되고 있다.

글쎄요. 마음이 비틀렸다고요. 그건 아마 사실일는지 모르겠어요. 분명히 비틀렸어요. 그런데 그 비틀리기가 너무 늦었어요. 어머니가 저렇게 미치기 전에 비틀렸어야 했지요. 한강철교를 폭파하기 전에 말입니다. 하나밖에 없는 누이동생 명숙이가 양공주가 되기 전에 비틀렸어야 했지요. 환도령(還都令)이 내리기 전에. 하다못해 동대문시장에 자리라도 한 자리 비었을 때 말입니다. 그러구 이놈의 배때기에 지금도 무슨 내장이기나 한 것처럼 박혀 있는 파편이 터지기 전에 말입니다. 아니 그보다도 더 전에, 제가 뭐 무슨 애국자나처럼 남들은 다 기피하는 군대에 어머니의 원수를 갚겠노라고 자원하던 그 전에 말입니다.[32]

동생 영호의 이런 말에 형 철호는 아무 말도 못한다. 전쟁 중 여러 번 선택의 기회가 있었으나 모두 잘못되어 현재의 암울한 처지에 빠진

31 위의 글, 50~52쪽.

32 이범선, 앞의 글, 129쪽.

것을 비난하는 것일 테지만, 결국 철호의 반응은 어쩔 수 없었다는 것이었다. 이렇듯 전후 한국소설에서의 '양공주' 표상은 '더러움', '오욕' 등으로 표현되고 있지만, 역사적·구조적 문제에 의한 것이어서 '피해자'라는 이미지가 강하게 드러나 있다.

강신재의 「해방촌 가는 길」은 앞에서 살펴보았던 「오발탄」과 「황선지대」에서 보이는 '양공주' 표상과는 다소 다른 양상을 보인다. 우선 여성 작가의 소설이라는 점과 '여성'을 객체화하지 않고 주체화하고 있다는 점에서 차이가 드러난다.

「해방촌 가는 길」의 주인공 기애는 대구에서 외국 군인인 '조오'와 동거를 하고 경제적 이득을 얻고 있었으나, '조오'가 갑자기 떠나가고 그의 아이를 밴 기애는 낙태를 하게 된다. 자포자기 심정의 기애는 어머니와 남동생이 있는 서울 집으로 오게 되고, 새로운 취직자리를 알아보고 있는 중에 전부터 알고 지내던 '근수'를 만나게 된다. '근수'는 예전에도 기애에게 연정을 드러내 보인 적이 있었는데, 하지만 많은 것이 변했다. 기애는 외국 군인과의 동거를 끝내고 올라왔고, '근수'는 전쟁 통에 팔을 다쳐 왼팔을 제대로 쓰지 못한다. 그리고 부유했던 기애의 집도 근수의 집도 몰락해 버렸다. 근수는 다시 만난 기애에게 자신의 마음을 고백하지만 기애는 거절하고, 근수는 그만 자살을 한다. 기애는 다시 양공주로 새 출발을 하기로 마음먹고 남동생만큼은 이 굴레에서 벗어나게 하고 싶다는 생각을 한다. 이 작품에서 기애는 자신의 운명을 스스로 개척해 나가는 주체성을 가진 여자로 나온다. '조오'와의 동거도 스스로 결정했고, 다시 양공주로 나서기로 한 것도 세간의 이목을 극복하고 스스로 결심을 한다. 하지만 이 작품에서도 한계는 명확하게 드러난다. 근수의 구애를 거절할 때 기애는 다음과 같은 생각을 한다.

바보! 바보! 난 자격이 없어요, 하고 내 입으로 설명을 안 하면 못 알아보나. 바보, 바보, 그렇잖으면 날더러 내가 그 모양이었었대도 아마 괜찮을 거라는 기대를 가져보란 말인가. 바보. 등신![33]

기애는 근수의 구애를 받아들일 자격이 없다는 생각에 움츠러드는 모습을 보인다. 그리고 이 작품에는 대구에서 서울로 올라와서 어머니를 만날 때의 꺼림칙함도 드러나 있다. 이처럼 당당하게 자신의 운명을 개척해 나가는 기애에게도 '양공주'에 대한 도덕적 평가만큼은 의식되는 것이었다.

그렇다면 이러한 '양공주' 표상의 문제점은 무엇일까?

먼저 '깨끗함'과 '더러움'으로 구분 지음으로써 남성 위주의 가부장적 가치 기준이 더욱 공고해진다는 점을 들 수 있다. 이는 '여성'의 주체성을 간과하거나 무시하는 관념을 재생산하여 굳어지게 하는 결과를 초래한다. 두 번째로 오로지 역사의 '피해자'인 것만을 강조함으로써 '양공주'가 생기게 된 한국사회 내부의 문제를 은폐하게 된다. 기지촌의 생성은 한국정부가 '국가안보'를 위해 혹은 '경제성장'을 위해 조장하거나 묵인한 측면이 있는데, 이에 대한 논의를 차단할 우려가 있다.[34] 마지막으로 '양공주'는 "역사의 소용돌이 속에서 타락해 버린 우리들의 누이" 표상으로 단순화시킬 수 없는데, 이러한 이미지가 반복 재생산됨으로써 개개인의

---

33 강신재, 『강신재 소설 선집』, 김은하 편, 현대문학, 2013, 239쪽.

34 한국에 위안시설이 정착되기 이전인 1950년대 초반에 주한미군들은 5일간 부여받은 휴가 기간에 일본으로 건너가 성매매 업소를 이용하기도 했다. 이에 단 한 푼의 외화벌이가 아쉬웠던 한국정부는 적극적으로 미군 위안시설을 마련하기 시작했다. 이와 같은 기지촌 형성에 있어서 한국정부의 역할에 대해서는 이나영의 앞의 논문에 상세히 나와 있다.

다양한 모습을 입체적으로 조망할 기회를 차단당하게 된다. 일례로 '양공주' 중에서는 미군 장교들만을 상대하는 인텔리 계층의 여성도 있었으며, 외국어를 자유롭게 구사할 수 있는 여성도 있었다. 그리고 한 사람과 동거하는 사람들도 있었고, 최신 유행을 선도하는 계층도 존재했다.[35] 이러한 것들을 모두 무시하고 하나로 수렴시키는 것은 기억의 은폐와 재생산을 통해 가해지는, 가부장적이고 국가주의적인 폭력이라 할 수 있을 것이다.

5. 나가며

이상으로 살펴본 '팡팡', '양공주'를 둘러싼 "전쟁의 기억 재현과 배제"에는 다음과 같은 의미가 있다.

전후 한국소설에서는 양공주의 문제를 가부장 제도에서의 억압이라는 문화구조적인 문제로 다루지 않고 '더러움'이라는 이미지를 씌워 개인의 영역으로 축소시키는 경향을 보인다. 그리고 과거를 회상하는 방식으로 양공주 표상을 역사의 희생양 담론으로 수렴시키는 텍스트가 보이는데, 이것은 여성의 본성을 원래 순결함, 깨끗함으로 규정하여 전후의 새로운 가부장적 질서에 편입시키는 역할을 하게 된다. 또한 외세에 의한 희생양 담론은 새로운 '내셔널리즘'을 고양하는 장치로 활용되었음도 확인할 수 있다.

일본 『육체의 문』의 경우 텍스트 안에 국가나 민족 등의 집단적 가치

35 정재림, 앞의 논문, 6~10쪽.

관은 숨겨져 있고 "개인의 육체는 곧 사상이다."라는 식의 개인의 자율성과 주체성이 강조되어 있는데, 상당히 이례적인 텍스트라 볼 수 있다. 이는『육체의 문』이 발간되었을 때가 미군 점령기였다는 것이 가장 큰 이유일 것이다. 대신 일본은 '팡팡'에 대해 '시대의 피해자'라는 담론을 양산하는 대신, 일본의 '순혈'을 지키기 위한 '방파제', '일본의 정조' 등의 이미지를 생산해 냄으로써 '집단주의'적 가치관을 중시하는 방향으로 전환해 나왔다. 1959년에 발표된『제로의 초점』에서는 경제발전으로 인해 전쟁의 기억이 지워지는 시대 상황을 반영하듯, '팡팡'의 과거를 지우려는 인물이 등장한다. 시대적 흐름을 보았을 때 새로운 가부장적 질서의 등장이라 파악할 수 있을 것이다.

한국의 전후문학에서는 '양공주'를 주체성을 가진 인물로 묘사하지 못했고, 강신재의 경우와 같이 '주체성'을 부여하는 데까지는 성공했어도 도덕적 굴레를 벗어난 완전한 '개인'의 자유까지는 부여할 수가 없었다. 이후에도 독재정치의 지속으로 이른바 '양공주의 해방'으로까지는 이어지지 못했고, '피해자' 담론을 극복하는 텍스트도 등장하지 못했다.

하지만 이러한 차이점에도 불구하고 한국과 일본의 전후소설에 나타난 '팡팡', '양공주' 표상에서는 공통점을 발견할 수 있는데, 시간이 흐름에 따라 전쟁을 수행하면서 그 이면에 존재했던 여성들의 피해를 은폐하는 방향으로 나타났다는 것이다. 1960년대까지의 한일 양국의 전후소설은 이러한 구조를 재현하는 것이었고, 이는 여전히 존재하는 가부장적 질서를 재생산하는 것이었다고 볼 수 있다.

참고문헌

강신재, 『강신재 소설 선집』, 김은하 편, 현대문학, 2013.

김준현, 「전후 문학 장의 형성과 문예지」, 고려대학교 대학원 박사학위 논문, 2008.

손지연, 「'점령'을 둘러싼 일본(적) 상상력」, 『일본문화연구』 53, 2015.

오상원, 「황선지대」, 『오상원 중단편선 유예』, 문학과지성사, 2008.

이나영, 「기지촌의 공고화 과정에 관한 연구(1950~60)」, 『한국여성학』 23(4), 2007.

이범선, 「오발탄」, 『이범선 단편선』, 문학과지성사, 2007.

정재림, 「1950~60년대 소설의 '양공주-누이' 표상과 오염의 상상력」, 『비평문학』 46, 2012.

조정민, 『만들어진 점령 서사』, 산지니, 2009.

______, 「점령기억의 연속과 단절 — 마쓰모토 세이초(松本清張) "제로의 초점(ゼロの焦点)"의 경우」, 『동북아문화연구』 23, 2010.

존 다우어, 『패배를 껴안고』, 최은석 역, 민음사, 2009.

최은주, 「'전후일본'의 대중문화와 남성주체의 욕망 — 다무라 다이지로의 "육체의 문"과 "춘부전"을 중심으로」, 『일본학』 39, 2014. 11.

姜尙中, 『ナショナリズム』, 岩波書店, 2001.

松本清張, 『ゼロの焦点』, 新潮文庫, 1971.

田代美江子, 「敗戦後日本における「純潔教育」の展開と変遷」, 『ジェンダーと教育の歴史』, 川島書店, 2003.

田村泰次郎, 「肉体の門」, 『田村泰次郎選集 3』, 日本図書センター, 2005.

洪潤杓, 「三島由紀夫『美しい星』における<想像された起源>」, 『日本近代学研究』 23, 2009. 2.

黃益九, 「占領と肉体の密会 —「肉体の門」が物語る戦後」, 『文学研究論集』 24, 筑波大学比較·理論文学会, 2006. 7.

マイク·モラスキー,『占領の記憶／記憶の占領: 戦後沖縄·日本とアメリカ』, 鈴木直子訳, 青土社, 2006.

제5장

잡지 『신천지』를 통해서 본 '전후 인식' 양상

이희정

1. 들어가며

이 글의 목표는 1946년 1월에 창간되어 한국전쟁 기간을 거쳐 1954년 10월까지 발간된 잡지 『신천지』를 통해 한국문학사에서 전개된 '전후' 인식의 양상을 고찰하는 것이다. 즉 2차 세계대전과 한국전쟁이라는 두 개의 전쟁을 치른 한국사회 내에서 '전쟁'과 '전후'라는 개념이 문단 내에 어떠한 의미로 구조화되고 있는가를 밝히고, 이것이 한국사회 내에서 전쟁 트라우마 극복과 어떠한 관계를 맺으면서 형성되었는가를 살피고자 한다.

이 글의 출발은 한국사회에서 '전후'의 시작 지점과 종결 지점에 대한 고민에서부터 시작되었다. 여전히 분단국가 체제를 유지하고 있는 한국에서 '전후' 개념은 언제부터 인식되었으며, 또 그것이 어떤 방식으로 유효화되어 갔는가에 대한 질문이다. 이러한 고민의 첫 단계로 근대 이후 한반도가 겪은 2차 세계대전과 한국전쟁 이후 한국사회 내에 형성된 '전후' 인식과 문단 내에서 그것이 구조화되는 양상을 살피고자 한다. 이는 '전후'라는 기호에 대한 단순한 시기적인 접근이 아니라, '전후'의 개념 형성 과정에 대한 고찰이라 할 수 있다.

전후문학, 전후문단에 관한 기존 연구는 1990년대에 유행처럼 쏟아졌는데, 2000년 이후 최근 논의들의 특이점은 매체 연구를 통해 전후문단의 상황과 특징을 고찰하는 작업이 다양하게 시도되었다는 것이다. 이것은 단편적인 작가와 작품들을 중심으로 이루어진 초창기 연구[1]에 비해

1 1990년대에 발표되었던 학위 논문이나 공동연구 작업의 단행본들이 이에 해당한다.
구인환 외, 『한국전후문학연구』, 삼지원, 1994.
조건상 편, 『한국의 전후문학』, 성균관대학교출판부, 1994.

당대 사회와 문단의 관계를 입체적인 각도에서 조망하고 있다는 점에서 매우 고무적인 작업이라 할 수 있다.[2] 특히 김준현과 박용찬의 논의는 해방 후부터 쏟아져 나온 매체들부터 시작하여 한국전쟁기와 그 직후에 발간되었던 매체들을 통시적으로 고찰하며, 한국전쟁 전후(前後)의 사회와 문단 인식을 고찰했다는 점에서 주목할 만하다. 본 논의는 이 논의들의 시각을 공유한다. 하지만 다양한 매체 각각의 양상을 보여주는 이 논의들과는 달리 본 논의는 잡지 『신천지』 하나만을 통시적으로 고찰함으로써 '전후' 인식의 변화 과정에 더 집중한다는 점에서 차별성을 지닌다.[3]

한편, 한수영은 「전후문학을 다시 읽는다」[4]에서 "한국전쟁의 체험을 역사적으로 고립되고 단절적인 개별적 체험으로 한정 짓지 말고, 바로 그 앞에 놓여 있었던 '태평양전쟁'이나 '중일전쟁'의 체험과 연결지어

유철상, 『한국전후소설연구』, 월인, 2002.
윤여탁 외, 『한국 전후문학의 형성과 전개』, 태학사, 1993.
현대문학연구회 편, 『한국 전후문학 연구』, 태학사, 1991.

2 김준현, 「전후 문학장의 형성과 문예지」, 고려대학교 박사학위 논문, 2008.
박용찬, 「한국전쟁 전후(前後) 문학 매체의 현황과 성격 연구」, 『어문논총』 50, 2008.
손혜민, 「잡지 『문화세계』 연구」, 『한국근대문학연구』 29, 2014.
이봉범, 「전후 문학장의 재편과 잡지 『문학예술』, 『상허학보』 20, 2007.
———, 「단정수립 후 전향의 문학사적 연구」, 『대동문화연구』 64, 2008.
———, 「1950년대 신문저널리즘과 문학」, 『반교어문연구』 29, 2010.
———, 「1950년대 잡지저널리즘과 문학」, 『상허학보』 30, 2010.
정재석, 「해방과 한국전쟁, 3차 대전론의 단층들」, 『상허학보』 27, 2009.

3 이봉범의 연구인 「잡지 『신천지』의 매체 전략과 문학」(『한국문학연구』 39, 2010)은 잡지 『신천지』의 전체적인 면모를 세밀하게 고찰하고 있는 선도적인 연구라 할 수 있다. 그러나 이 논의는 『신천지』의 매체적 성격과 특징에 집중한 것으로, 『신천지』를 통해 당시 '전쟁'과 '전후'에 대한 인식의 변화 과정을 고찰하려는 본 논의와는 차별성을 지닌다.

4 한수영, 「전후문학을 다시 읽는다」, 소명출판, 2015.

이해하는 인식의 전환이 필요하다."라고 주장하며 전후문학 연구를 위한 새로운 지표의 필요성을 제기하고 있다. 이 논의는 이제까지 우리 문단에서 논의되었던 '전후문학'이 한국전쟁과 실존주의, 그리고 반공 이데올로기라는 세 개의 축을 중심으로 하여 진행되어 온 것에 대한 반성에서 나온 것이라 할 수 있다. 그는 전후 시기 대부분의 문학자들은 전쟁 인식에 관한 자신들의 균열을 은폐하거나 혹은 의식하지 못한 채로 '전쟁'에 관한 '단절'의 논리에 스스로 유폐되었다고 말하며, 이러한 '단절'의 인식은 태평양전쟁과 한국전쟁을 철저하게 분리해서 사유하는 것에서 기인한 것이라 주장한다.[5] 또한 한수영은 이러한 단절적인 사유는 "2차 세계대전의 체험을 전쟁의 체험이 아닌 식민지 경험으로 환원하고 이른바 '전후'의 개념에서 삭제함으로써 '한국인'을 전쟁에 '개입'된 자가 아니라 식민지배 피해자의 위치로 단일화하는 효과를 낳는다."[6]와 같은 권명아의 주장에 동의하며, '전후' 인식 문제에 대한 재고찰이 필요함을 제기한다.

이 글은 세부적인 해석에서 이견이 있긴 하지만, 우리에게 존재했던 두 개의 '전쟁' 중 하나의 '전쟁'은 소거되어 왔다는 한수영과 권명아의 주장에 기본적으로 동의한다. 그런데 이러한 '소거'의 원인을 '은폐'나 '무의식'으로 단정 짓기는 성급하다고 판단한다. 왜냐하면 두 개의 '전쟁'이 구체적으로 함께 인식되지 못한 것은 작가 개인의 의도적인 '은폐'라기보다, 당대 사회의 구조적인 모순과 이를 극복하고자 하는 담론의 지향에서 비롯된 것임을 살필 수 있기 때문이다. 따라서 본 논의에서는 두 개의 '전쟁' 중 하나의 '전쟁'이 소거되어 전개되었던 원인으로 작동한 구체적

5 위의 책, 211쪽.

6 권명아, 『식민지 이후를 사유하다 — 탈식민화와 재식민화의 경계』, 책세상, 2009. 260~261쪽.

인 담론과 그 구조화 과정의 역학관계를 잡지 『신천지』의 매체 분석을 통해 실증적으로 고찰하고자 한다.

매체를 연구한다는 것은 당대의 흔적을 고스란히 따라가는 작업이라 할 수 있다. 매체는 당 시대와 문화·문학을 연계하는 고리이자 당대 담론을 담아내는 제도적 토대라 할 수 있다. 또한 매체는 문학이 미처 담지 못한 당대의 여러 담론을 담아냄과 동시에 자생적으로 담론을 재생산하기도 한다. 해방기 잡지는 8·15의 정치적 해방과 경제적 파탄의 모순 속에 가치체계의 변동과 교란을 동반하면서 실연된 해방공간의 문화적 혼란과 미망에 대한 비판적 담론을 쏟아 내면서 문화를 통한 '제2해방' 혹은 '진정한' 해방조선을 위한 전망을 끊임없이 모색, 제기하는 가운데 문화운동의 중추기관으로 기능했다.[7] 이 매체 속에 나타나는 한국사회가 겪은 2차 세계대전과 한국전쟁에 대한 체험은 당시 사회 분위기 속에서 자신들이 이끌고자 하는 정론적 담론 속에서 형성되었다고 할 수 있다. 그러므로 매체를 통한 문화연구는 당대 담론의 구조화 양상을 고찰하기에 유용한 작업이라 할 수 있다.

잡지 『신천지』는 해방 직후인 1946년에 창간되어 한국전쟁 직전인 1950년 5월까지 꾸준히 발간되었으며, 한국전쟁 중인 1951년에 속간호가 발간되었다가 이후 다시 휴간·속간을 반복하며 총 69호가 발행되었다. 실로 한국사회의 역사적 질곡을 함께 헤쳐 나간 잡지다. 『신천지』의 초대 저작 겸 발행인은 하경덕, 인쇄인은 유창현이었으며, 인쇄부와 발행소는 서울신문사와 같이했고, 창간호는 A5판 148면에 임시정가 6원에

7 이봉범, 「해방공간의 문화사」, 『상허학보』 26, 2009, 41~43쪽.
———, 「잡지 『신천지』의 매체 전략과 문학」, 『한국문학연구』 39, 2010 참조.

간행되었다. 초대 발행인인 하경덕은 한국 최초 하버드 정규과정 졸업자로 흥사단에서 활동한 이력도 가진 인물로, 이러한 이력은 초창기 『신천지』의 매체 담론 형성에 많은 영향을 미친다. 하경덕에 이어 발행인이 박종화(1949. 6~1954. 4), 정등운(1954. 4~1956. 4)으로 바뀌면서 『신천지』의 편집주간도 정현웅, 전홍진, 김진섭, 김동리, 장만영 등이 거쳐 갔던 것을 볼 수 있다. 문예에서는 김동석, 김명수, 김병구, 김병욱 등과 같은 당시 신진 비평가부터 김동인, 유진오, 박인환, 황순원 등과 통속소설가인 박계주, 김말봉 등 다양한 필진이 『신천지』에 참여했다. 당대 여타 잡지를 압도하는 발행 기간과 폭넓은 집필진, 발행주간의 변화에 따른 시대적 담론의 뚜렷한 변모를 보여주고 있는 『신천지』는 명실공히 해방 후부터 한국전쟁기를 아우르는 대표적인 잡지라 할 수 있다.[8] 또한 이런 점에서 『신천지』는 한국사회가 두 개의 '전쟁'을 겪으며 전쟁의 상흔을 처리하는 과정과 '전후' 인식의 흐름을 파악하기에 유용한 매체라 할 수 있다.

이 글은 이 같은 잡지 『신천지』를 통해 해방 후와 한국전쟁기 그리고 그 이후의 한국사회와 한국문단 내에서 '전후' 인식의 형성 과정과 '전후' 트라우마의 처리 양상을 고찰하고자 한다.

요컨대 기존의 '전후문학' 연구가 주로 한국전쟁 이후의 문단을 중심으로 이루어졌던 것에 비해, 이 글에서는 출발점을 해방 후부터 설정하고 한국전쟁을 관통하는 작업을 시도함으로써 전후문단 연구의 시대적 지평을 넓히고자 한다.

---

8 『신천지』의 자세한 매체적 특징은 이봉범, 「잡지 『신천지』의 매체 전략과 문학」(『한국문학연구』 39, 2010)과 김준현, 「단정 수립기 문학 장의 재편과 『신천지』」(『비평문학』 35, 2010)를 참조할 수 있다.

2. 세계의 '전후'와 자주독립국가의 확립

한국사회에서 1945년 8월 15일은 식민지 지배에서 벗어난 해방의 날이다. 세계적으로는 일본이 '종전'을 선언하여 2차 세계대전이 끝난 날이기도 하다. 일본은 매년 '종전기념일'에 다양한 기념행사를 열어 나라를 위해 무고하게 죽어간 병사들과 민간인 전몰자들의 넋을 달래고 전쟁의 비참함을 되새기며 평화를 기원하고 다짐한다. 이 기념행사는 전후 일본사회에서 과거 전쟁이 어떻게 위치했는가를 상징적으로 보여준다는 점에서 중요한 의미를 갖는다.[9]

그런데 조선도 이 전쟁으로 입은 피해가 만만치 않았다. 당시 일본 제국주의의 식민지 상황에서 조선인들은 강압적으로 전쟁에 동원되어 침략 전쟁의 희생자가 되었다. 원자폭탄 투하 당시 히로시마에는 6만 명의 조선인이 거주했는데, 그 가운데 2만 수천 명이 피폭당해 사망한 것으로 알려졌으며, 나가사키에서는 1만 2천~2만 명 정도가 피폭된 것으로 추측되고 있다.[10] 막대한 인명 피해를 보았지만, 2차 세계대전 이후 이 전쟁에서 희생된 조선인들에 대한 기억은 한국에서나 일본에서 모두 부각되지 않았다. '원자폭탄'은 일본의 무조건 항복을 이끌어 낼 만큼 위력적이었기에 당시 최고의 화젯거리였는데, 한국사회는 이러한 원자폭탄의 위력에만 집중했을 뿐, 이에 희생된 조선인들에 대한 추모는 찾아보기 힘들었다. 제국주의 지배에서 벗어난 감격이 전쟁에 희생된 그들의 존재를 망각케 한 것이다.

9 요시다 유타카, 『일본인의 전쟁관』, 하종문·이예숙 역, 역사비평사, 2004, 119쪽.

10 허광무, 「한국인 원폭피해자에 대한 제연구와 문제점」, 『한일민족문제연구』 6, 2004 참조.

이러한 모습은 1946년 1월 15일 자로 간행된 창간호 『신천지』의 첫 번째 화두도 바로 이 '원자폭탄특집'[11]이었다는 데에서 확인할 수 있다. 이 첫 특집에는 채정근(蔡廷根)의 「원자탄특집」이라는 글(52~62쪽)과 쪼나단 킬본의 「원자탄의 원리」라는 글(63~67쪽)이 번역되어 실렸다. 단숨에 두 도시를 폐허로 만들며 많은 민간인의 희생이 가져다 준 이 원자폭탄에 대한 관심은 전 세계적으로 지대했기에, 창간호 첫 특집기사에 그런 당시 분위기가 반영된 것이다. 이 특집기사 다음으로 창간호에서 주목할 수 있는 기사는 설문조사다. 『신천지』는 특집기사 못지않게 때때로 당대 최고 화제에 대한 설문조사를 하여 매체에 담고 있었다. 창간호에서 실시한 설문조사는 제1문 "팔월십오일의 감격", 제2문 "과거 일본인의 죄악", 제3문 "조선독립은 언제?", 제4문 "어떠한 형태의 정부를 원하나"였다.[12] 제1질문에서는 2차 세계대전 종전이 몇 달 지났고 해가 바뀌었지만 여전히 조선을 아우르고 있던 기운은 8·15의 감격이었음을 알 수 있다. 그리고 제3질문은 '해방'은 되었지만 미·소 군정으로 인해 아직 '독립'국

11 본래 종합지의 성격을 지닌 『신천지』는 다양한 분야의 기사를 두루 다루고 있는데, 잡지 서두에는 주로 정치 관련 기사가 실렸다. 그중 가장 큰 비중을 차지하는 것은 '특집'기사였다. 따라서 이것은 당시 『신천지』가 당대 매체 속에서 주력으로 형성하고자 하는 담론의 방향을 살피는 데 중요한 자료가 된다.

12 앞의 제1, 2 설문에는 김남천, 임화, 이원조, 김영건, 박찬모, 임병철, 노천명, 이태준, 김영수, 김광섭, 이헌구, 김광균, 김자경(성악가), 최은연(배우), 김소영(배우), 함상훈, 조경희, 길진섭, 마금희(성악가), 성인기, 계용묵, 정비석, 양재하(신조선보 주필), 민영규(연전 교수), 윤태웅(연전 교수) 등이 참여했고, 뒤의 제3, 4 설문에는 김남천, 임화, 김영건, 임병철, 노천명, 이태준, 김영수, 김광섭, 이헌구, 함상훈, 조경희, 길진섭, 마금희, 복혜숙, 양재하, 한기택, 이서향, 나세진 등이 참여했다. 『신천지』의 설문에 당대 좌우익을 대표하는 최고 인사들부터 배우, 성악가, 대학교수 등 다양한 부류의 인사가 참여했음을 알 수 있다. 『신천지』 창간호(1946. 1. 15), 70~73쪽, 138~139쪽.

가를 이루지 못하고 있는 당시 상황에 대한 질문이며, 제4질문 역시 '조선의 독립'과 함께 조선에 세워질 '단독정부'에 대한 희망을 보여주는 질문이다. 즉 이 설문조사는 제국주의에서의 해방이 곧 조선의 독립을 의미하지는 않았으며, 조선정부 수립조차 제대로 이루어지지 않고 있음을 시사한다. 이것은 '원자폭탄', '해방', '독립', '한국정부'와 같은 당대 최고 관심을 반영한 설문조사였다.

이처럼 2차 세계대전 종전과 함께 맞게 된 해방 후 조선사회 내에서는 '전쟁'의 피해나 '전쟁'으로 희생된 이들에 대한 추모보다는 해방에 대한 감격이 더 우세하게 전개되었음을 알 수 있다. 또 한편 한반도에서는 '전쟁'이 끝났지만, 여전히 '전쟁'의 공포에 사로 잡혀 있었다. 5월에 발간된 『신천지』 1~4호에서 실시된 "제삼차세계대전이 일어나겠다고 생각하십니까(어째서)", "만일에 일어난다면 어떠한 진영으로 갈리겠습니까", "안 난다면 현재의 복잡한 정세를 어떠한 방법으로 수습해야 하겠습니까"와 같은 설문조사가 바로 그러한 인식을 보여주는 것이다. 물론 설문 참여 인사들은 3차 세계대전의 발발 가능성에 대해 의문을 표하고 있지만, 이 설문조사에서 엿볼 수 있듯이, 당시에는 종전의 기쁨보다는 3차 세계대전론에 두려움이 팽배해 있었던 것이다. 이런 분위기는 다른 여러 매체에서도 확인할 수 있는데, 1946년 3월 『조선일보』와 『동아일보』에서는 일본과 미국 기자의 예언을 보도하며 3차 세계대전 발발을 우려하는 기사를 실었으며,[13] 또 5월에 미국의 시사평론가의 연설을 빌려 미소 진영 구축 계획으로 인해 3차 세계대전이 발발할 것이라는 예측 기사가 실

13 「래(來) 4, 5월경에 3차 세계대전 — 일·미 기자 예언」, 『조선일보』, 1946. 3. 6. 「래 4·5월경 소토(蘇土)간에 제3차 세계대전 발발 — 미·일 신문기자의 예언적 보도」, 『동아일보』, 1946. 3. 6.

리기도 했다.[14] 이러한 예측 기사와 당시 여론을 반영하여 『신천지』에서도 '3차 세계대전'에 대한 설문조사가 실시된 것이다. 3차 세계대전 발발에 대한 우려는 당대 세계 사회에서 지배적으로 전개되고 있었고, 더욱이 미소 양 진영의 통치하에 있는 조선은 이 전쟁의 발발 지점으로 예견되고 있었다. 이런 분위기 속에서 2차 세계대전 종전은 한반도의 평화와 연결되지 못하고 3차 세계대전의 징후와 연결되었던 것이다. 미처 '전후'의 개념이 형성되기도 전에 또 다른 '전쟁'으로 이어지게 된 것이다.

이러한 한반도의 분위기 속에서 『신천지』는 당시 한국의 '전후'가 아닌 세계의 '전후'에 대한 특집을 지속적으로 게재했다. 1946년 7월호의 '중국특집'부터 '아메리카특집'(1946년 9월호), '소련특집'(1946년 11월호), '일본특집'(1947년 11·12월 합병호), '동남아세아특집'(1948년 9월호), '태평양문제특집'(1949년 9월호), 'UN문제특집'(1949년 10월호), '동구라파문제특집'(1950년 1월호) 등과 같은 특집에서 '전후' 세계의 동향을 분석한 글들이 이어 실리고 있었다. '중국특집'에서는 '조선과 중국 관계의 장래'를 분석하고, '세계정세와 중국문제'에 대해서도 고찰했다. '아메리카특집'에서는 '미국과 세계'의 동향에 대한 번역기사를 싣고, '최근의 미국 전쟁문학'과 같은 세계대전기의 전쟁문학에 대해 소개한다. '소련특집'에서도 '소련 29년'을 통해 소련의 현대사를 탐색하고, 소련 전쟁소설에 대한 번역물을 실었다. 이처럼 『신천지』는 당시 2차 세계대전 후 세계의 주요한 두 축으로 떠오른 미소 양국의 '전후' 동향에 대해 자세히 분석했고, 한반도의 처세와 가장 유사한 중국의 '전후'에 대한 관심을 표했다. 내전을 겪고 있는

14 「소련 세력 범위 확대하면 제3차 세계대전 야기의 위험성 농후 — 유명한 미 시사평론가 연설」, 『동아일보』, 1946. 5. 30.

중국의 모습에서 한반도의 가까운 미래를 연상하며 세계의 '전후'를 조망했고, 한반도에도 '전후'의 날이 도래하여 진정한 '독립'을 이루기를 갈망했던 것이다.

이처럼 종전 이후 전쟁의 상처를 극복하기도 전에 다시 전쟁의 중심에 놓일 것 같은 우려 속에서 당시 한반도에 '전후' 담론의 형성은 시기상조였다. 이러한 분위기는 이 시기 『신천지』의 글들에서 한반도의 상황을 '전후'라고 명명한 기호는 보이지 않는 것에서도 확인된다. 결론적으로 말하자면, 당시 한반도는 2차 세계대전 후 '해방'을 맞이했을 뿐이었고, 그것이 한반도의 '전후' 상황으로 인식되지는 않았던 것이다. 이것은 당시 일본이 '세계대전' 이후 '전후'를 맞아 평화 유지와 새로운 국가 '재건'에 주력하고 있었던 것과 대비되는 모습이었다. 일본은 2차 세계대전 후 '종전'이 '평화'로 연결되었고, 그런 분위기 속에서 조용히 국가재건을 실천하고 있었던 것이다.

『신천지』에 1946년 11월에 실린 「전후일본의 동향」이라는 기사는 이런 당시 상황을 반영한 특집 글이다. 이 글에서 핵심 화두는 '패전일본의 동향'이었다. 그런데 2차 세계대전 이후 일본 내에서 '패전'이라는 용어는 회피했고, 대신 '종전'과 '전후'라는 용어를 적극 사용했다. 히로히토가 낭독한 조칙에도 '항복'이나 '패배', '종전' 등의 용어는 사용되지 않았으며, 조칙의 요지는 전쟁에서 패전을 선언하기보다는 일본 민족이 연합국의 막대한 무력에 의해 더 이상 피해를 보고 괴멸되는 사태를 막기 위해 천황이 평화를 택하기로 했다는 내용으로 구성되었다. 이것은 2차 세계대전이 일본의 패배로 종식되었다는 사실을 철저히 은폐하는 것이었는데, 『신천지』에서는 일본의 식민지배를 받았던 조선의 입장을 대변하여 일본을 철저히 '패전국'으로 규정했고, 특집기사도 이런 관점에 초점을 맞추어 구성했던 것이다. 「전후일본의 동향」, 「조선과 일본」, 「재건일본과 세계문화」, 「대세계관과 일본」, 「일본문화의 반성과 전망」, 「일본교육의 재건」, 「전후일본[旅行記]」, 「일본정치정세」, 「민주주의와 일본」, 「일본공산당에의 공개상」, 「일본사회당의 기본정책」, 「재건일본과 세계문화」와 같은 특집기사들은 이런 의도를 반영하여 '전후' 일본사회를 분석한 글이다.

한편, 이 글들에서는 전쟁의 피해 극복에 주력하는 '전후' 일본사회의 다양한 모습을 볼 수 있다. 이는 일본의 강압으로 '2차 세계대전'에 같이 참전하고 같이 '종전'을 맞이했던 조선사회와는 대비되는 모습이었다. 다시 말해, 종전과 더불어 평화의 시대를 찾게 된 '전후' 일본이 차근히 국가재건에 힘쓰며 '전쟁'의 참상 극복에 주력하던 것과는 달리, 안타깝게도 한반도는 '패전국'도 '승리국'도 되지 못한 채 여전히 '전시체제' 담론에 놓여 혼돈의 시간을 이어나가고 있었던 것이다. 잡지 『신천지』에서는 이런 아이러니한 상황에 대해 강력히 비판하며, 한국의 완전한 '종전'을 주창하는 필진의 글들을 볼 수 있다. 특히 오기영은 한국사회는 "공동의 적의 격멸전을 끝낸 이튿날부터 세계는 다시 승리자끼리의 3차전을 수군거릴 만큼 미소 간의 심각한 알력과 끊임없이 연면하는 마찰"[15]의 중심에 놓여 있다고 말하며, 이로 인해 한국사회가 완전한 '종전'과 '해방', '독립'을 맞이하지 못하고 있는 상황에 대해 다음과 같이 역설했다.

> 열강의 경고에 의하면 우리 조선이 극동의 화약고라는 위험한 운명을 걸머지고 있는 것을 잘 인식하고 있습니다. (중략) 이 화약고가 터지는 날의

15 오기영, 「민족의 비원 — 하지 중장과 치스티아코푸 중장을 통하여 미소 양 국민에 소함」, 『신천지』, 1946. 8.

참화가 어떠하리라는 것은 생각만으로서도 몸서리가 쳐지는 것입니다. 이러한 위험한 망상은 모두 사대주의에서 생겨난 것은 두말할 것 없습니다. 그러므로 나는 사대주의의 노예에서 해방되지 못한 채로 우리 민족의 완전한 해방이 있을 수 없다고 생각하며, 그래서 우리는 군정하에서라는 이유 외에도 이 해방이 완전한 해방이 아니라고 보는 것입니다.[16]

이 글에서 그는 세계의 '전후'와 예견되는 새로운 '전쟁'의 상황에서 조선의 전쟁 '트라우마'를 극복할 수 있는 방안은 바로 조선의 '완전한 해방'뿐임을 역설하고 있다. 또한 그는 이후 트루만의 UN 총회 연설을 언급하며, 조선은 신전쟁에의 공포에 빠져 있는데 이는 미국이 한반도의 평화를 위한 것이 아니라 미국 자국의 이익을 위해 몰고 가는 형국임을 지적하여 비판[17]하기도 하고, 1948년 10월「독립과 자주독립 — 한국적 현실에 대한 일고찰」(『신천지』 1948. 10)이라는 글에서는 다시금 대한민국의 완전한 독립을 주장하며, 단독정부가 마치 독립정부로 인식되는 작금의 상황을 비판하며 자주독립국가 건설을 위해 미국의 원조에서 벗어나야 할 필요성을 강조했다.

하지만 이런 바람에도 불구하고 세계 외신의 번역을 통해 전유되었던 3차 세계대전에 대한 인식은 시간이 갈수록 한국사회 내에서 고착되어 갔다. 1948년 한국 단독정부 수립 전후까지도 외신들은 3차 세계대전의 발발 가능성에 대한 우려를 쏟아 냈고, 한국사회 내에서는 이를 두고 서로 논쟁을 벌이기도 했다.「전쟁으로 가는 길」에서 이동주는 3차 세

16 오기영,「속 민족의 비원 — 경애하는 지도자와 인민에게 호소함」,『신천지』, 1946. 11.
17 오기영,「미국의 대조선여론」,『신천지』, 1947. 2.

계대전이 소련의 선수로 시작될 것이니, 차라리 전쟁을 통해서 냉전체제를 미소 대결로 해결하자는 주장을 했으며,[18] 이에 대해 박기준은 「평화로 가는 길—이동주 씨의 '전쟁으로 가는 길'에 대한 논평」[19]에서 이러한 상황이 전쟁으로 해결되지는 않을 것이라고 반박했다. 이와 같은 논쟁을 통해 당시 한국사회 내에서는 3차 세계대전이 일촉즉발의 사건으로 인식되었고, 이 상황에서 자주독립국가 건설에 대한 고민이 팽배했음을 엿볼 수 있다.

이상 『신천지』에서는 우선 '2차 세계대전' 이후의 한국은 참전국으로 '전후'를 맞이한 것이 아니라 전쟁의 수혜인 '해방'을 맞이한 국가로 인식되었으며, 이내 이어진 미소 군정으로 인해 여전히 자주독립국가를 이루지 못한 채 제대로 된 '전후' 담론을 이끌어 내지 못하고 있었음을 알 수 있다. 더욱이 당시 한국사회는 곧 3차 세계대전이라는 새로운 전쟁의 위협에 노출되어 있었기에 '전후' 담론을 논하기는 시기상조였음을 알 수 있다. 한국사회는 이 같은 '전쟁'의 트라우마를 극복하기 위해 최우선 방안으로 '자주독립'국가 건설에 주력하고 있었던 것이다. '자주독립'국가 건설이 전쟁의 상흔과 위협을 극복할 수 있는 유일한 방안이었기 때문이다.

이와 같은 당대의 모습에서, 우리 문단에서 '전후'문학을 논할 때 두 개의 전쟁 중 첫 번째인 '2차 세계대전' 이후가 생략된 주요한 원인을 찾을 수 있다. 앞서 말한 바처럼 전후 문단에서 하나의 전쟁이 '소거'된 이유는 의도적 '은폐'나 '무의식'이 아니라, 당대 사회 분위기 내에서 자연스럽게 형성된 담론의 결과였던 것이다. 그런데 여기서 주의할 점은, 이러한

18 이동주, 「전쟁으로 가는 길」, 『신천지』, 1948. 9.

19 박기준, 「평화로 가는 길」, 『신천지』, 1948. 12.

면모 때문에 '전후' 인식이나 '전후'문학 연구에서 2차 세계대전 이후의 문학들이 제외될 수는 없다는 것이다. 이것은 한국적인 '전후'의 특징으로 인식되어야 할 것이며, 이런 관점에서 세계의 '전후'와 같으면서도 다른 점들을 분석해야 하는 것이 우리의 과제일 것이다.

3. 한국의 '전후'와 반공 이데올로기의 확립

1950년을 맞이하자 잡지 『신천지』에서는 '전후'의 그간 세계정세를 정리하며 대한민국의 나아갈 바를 모색하는 움직임이 활발히 나타났다. 이에 대한 작업으로 우선 '전후 5개년 세계총관특집'을 편성했음을 볼 수 있다.

장철수 — 제2차대전 후의 미국외교

朴鳳南 — 戰後西歐羅巴總評, 구라파 전후5년의 회고

許忠澤(역), 찰스. A. 버으드 — 전후세계의 이상사회

崔鳴山(역), 노-만. 카즌 — 세계정부론자의 고백

金仁洙(역), W. B. 윌쉬 — 쏘련 대외관계 30년

金孝九(역), 죤. 간타 — '오스트리'의 전후5년相

엄기형 — 정치이론의 신경향, 정치이론의 다원적 발전을 중심으로[20]

이 특집에 실린 위와 같은 다양한 번역 글들은 당시 '전후' 세계를 공

20 『신천지』, 1950. 2.

유하고자 하는 『신천지』의 의도를 보여준다. 또한 같은 호에 「민간에 대한 정부의 요망」[21]이라는 기획기사가 함께 실렸는데, 이는 대한민국 정부의 문교부, 법무부, 농림부, 체신부, 외부부 장관들의 국민에 대한 바람을 담은 글들이다. 또 뒤편에는 대한부인회장, 서울시 신생활촉진회주사 등이 참여한 「신생활을 말하는 좌담회」 기사가 실렸는데, 여기에서는 해방 후 국민이 갖춰야 할 신생활을 위한 논의들을 볼 수 있다. 이와 같은 『신천지』의 글들 속에서는 해방 5년을 맞이하여 세계 속에 한국사회의 나아갈 길을 모색하고 있음을 어렵지 않게 읽을 수 있다.

한편, 한국전쟁이 발발하기 직전인 5월호에는 '시국현실과 그 타개책'에 대한 특집이 기획되었는데, 여기에는 김두헌의 「국가생활의 필연성」과 여러 국회의원이 쓴 「내무치안 정책의 비판과 타개책」, 「외무국방 정책의 비판과 타개책」과 「민국초대국회의 공적과 과오」, 「귀속재산처리 방책에 대하여」, 「식량증산의 급무」 등의 글들이 실렸다. 이는 5월 30일로 예정된 제2대 총선을 앞둔 시국 진단 글들로, 이 특집은 4월 7일 『경향신문』을 통해 발표된 미국의 한국에 대한 경고 기사와 겹쳐 읽어 볼 필요가 있다.[22] 미국의 애치슨 국무부장관이 주미 한국대사 장면에게 전달한 서한을 공개한 이 기사의 골자는 "(1) 하등의 통제 기도 없이 증대되어 가는 인플레이션, (2) 한국 헌법에 규정된 자유민주주의 선거의 연기"에 대한 것이었다. 애치슨은 이 서한을 통해 대한민국 국무총리가 주한 ECA 사절단장에게 인플레이션의 문제보다 디플레이션의 위기에 직면해 있다고 발언한 것을 비판하면서, 대한민국 정부가 예산을 심각하게 낭비

21 『신천지』, 1950. 2.

22 「미 대한 중대경고」, 『경향신문』, 1950. 4. 7.

하고 있는 작금의 사태와 세금 징수에의 태만함을 지적했고, 민주주의 제도 확립에 위배되는 당시 정권의 총선 연기론에 대해서도 강력하게 비난했다. 이는 당시 이승만 정권이 패배를 우려해 5월 제2대 총선을 12월로 연기하려는 시도에 대한 경고였으며, 그것에 대한 조치로 한국이 통화 유통량을 감소시키고 재정 균형과 물가 등귀를 억제하지 못한다면 미국의 재정 원조를 중단하겠다고 선언한 서한이었다. 이 서한은 당시 한국이 미국의 정치적·경제적 간섭 속에 놓여 있었으며, 미국의 강력한 제재 속에서 움직이고 있었음을 단적으로 보여주는 것이다. '전후' 재건 한국에서 가장 필요한 '자주독립'은 달성하지 못한 채 미국의 원조 속에서 자유민주주의 대한민국 건설로 나가고자 하던 당시 실태를 여실히 보여주는 대목이다.

그러나 미국의 경고에서 드러났던 것처럼 당시 한국사회는 여러 가지 문제점을 내포하고 있었음에 주목할 필요가 있다. 이승만 정권은 집권 몇 년 동안 정권 유지를 위한 오만한 정치를 하고 있었으며, 경제적으로 부패해 있었다. 『신천지』는 이런 당시 분위기를 쇄신하고자 이러한 특집을 구성했으며, 김두헌의 「국가생활의 필연성」은 이러한 『신천지』의 의지를 대변하고 있다.

> 국가는 실로 인류가 그 생존목적을 완수하기 위하여 이루어낸 가장 존귀한 그리고 가장 우수한 조직체인 것이다. 모든 인류문화의 정화는 오직 이 국가체를 통하여서만 이루어졌었다. 아니 인류의 역사 그 자체가 이 국가로 인하여 창성되었다.[23]

---

23 김두헌, 「국가생활의 필연성」, 『신천지』, 1950. 5.

여기서 '국가'란 자주독립국가를 의미하며, 대한민국 단독정부를 세웠으나 여전히 국가생활은 존재하지 않았다는 당대의 인식을 보여준다. 그는 이 글에서 냉전으로 인해 분류되는 양 진영 속에서 '전후' 사회에 세워진 한국의 단독정부가 여전히 독립국가로 구실을 하지 못하고 있음을 지적했던 것이다. 결국 5월 30일 제2대 총선에서 우익 진영인 이승만 정부는 '반공' 이데올로기를 앞세우며 총선을 이끌었지만, 결과는 대패였다. '자주독립국가' 건설을 주창하는 중도적 민족주의자들로 구성된 무소속 의원들의 압승이었다. 2차 세계대전 이후 '전후' 한국사회의 국가재건이 제대로 진행되지 못하고 있음에 대해 성이 난 민심이 반영된 결과였다.

그러나 6월 25일, 끊임없이 우려됐던 '전쟁'이 시작되었다. 소련의 허락을 얻은 북한군의 남침은 당시 남한사회를 큰 충격에 빠트렸다. 모든 국가기관 운영은 중단되었고, 속수무책으로 남쪽으로 밀려 나갔다. 한국전쟁 발발 이후 『신천지』도 부득이 휴간했다가 1951년 1월에 한 권을 내고 다시 휴간을 반복하게 된다. 1951년 1월에 발간된 속간 전시판 『신천지』는 「민주주의와 공산주의」, 「한국내란과 세계의 동향」, 「소련정치의 모순과 삼차전의 전망」, 「극동의 운명」, 「삼차전후의 적군」과 같은 기사들로 구성되었다. 우려했던 3차전이 일어났다는 의견과, 아직 한반도 내의 국지전 형태이므로 3차전이 일어나지 않았지만 조만간 전 세계 전쟁으로 확대될 것이라는 전망이 나왔다. 또한 '암흑의 3개월'이라는 기획 속에 「나의 체험기」, 「평양탈출기」, 「사선방황기」, 「암흑에의 서설」과 같은 전쟁 체험기도 실리기도 했다. 서울 수복까지의 약 3개월간의 전쟁 체험에 대한 것이었다. 전쟁의 피해 양상과 고통의 시간을 담고 있었지만, 승리의 자신감에 차 있는 분위기였다. 이는 서울 수복 후 전쟁이 곧 한국의 승리로 끝날 것으로 예상되어 『동아일보』가 1950년 10월에 속간되고, 잡지 『문예』가 그해 12월에 속간되는 등 다른 신문과 잡지들이 하나둘 속간되던 당시의 분위기와 맞물려 있었다. 이 속간호들에는 전쟁으로 인한 피해 양상과 전쟁에 대한 극도의 반발감이 드러나 있었다. 또한 『신천지』의 전시호에는 「총련공군의 해부」, 「적색평화정세의 정체」, 「유일한 화평의 길」, 「전란을 신문과 함께」, 「子의 군인생활」, 「중서부전선(종군일기)」과 같은 본격적인 참전 기록과 전쟁 관련 글들이 실렸다. 이로써 한국을 둘러싼 전쟁에 대한 인식이 본격적으로 시작되었음을 알 수 있다. 냉전시대의 이데올로기 대결 구도에서 불안했던 이들은 직접 겪게 된 '전쟁'의 중심에서 전쟁의 참상과 전쟁에 대한 적개심을 드러냈던 것이다. 『신천지』의 이 전시판은 서울 수복과 함께 진행되었지만, 1·4후퇴로 인하여 다시 휴간되었다.

여기에서 주목할 점은, 이 같은 '한국전쟁'에 대한 구체적인 인식이 '2차 세계대전'과 중첩되고 있다는 것이다. 이 전시 속간호에 게재된 염상섭의 「해방의 아침」에서도 이런 모습을 볼 수 있다. 이 작품은 서울 수복 직후를 배경으로 한 소설로, 인공군 치하에서의 끔찍한 시절이 지나가고 서울 수복을 맞이했는데, 안심도 잠시이고 부역을 했던 사실이 들통나 조사받게 되면서 불안해하는 모습을 그린 것이다. 제목 '해방의 아침'에서는 2차 세계대전 직후를 떠올리게 되지만, 실상 소설의 배경은 서울 수복 직후이며, 사실 두 개의 '전후' 상황이 별반 다르지 않게 서술되고 있음을 볼 수 있다. 해방은 되었지만 해방의 기운을 만끽하지 못하고 오히려 신탁통치와 3차 세계대전에 대한 불안감으로 지내던 시절과, 한국전쟁 후 서울이 수복되어 다시 국군치하의 평화를 찾은 것 같았지만 여전히 불안한 삶이 이어지는 두 상황 속에서 '한국전쟁'과 '2차 세계대전'이 중첩되어 있음을 볼 수 있다.

이와 같은 인식은 같은 호에 실린 '대일정책의 대설계'라는 기획에서도 볼 수 있다. 「일본에 대한 각서」, 「한국대일정책의 기본문제」, 「한국과 일본」 같은 기사가 실리고 '전후' 일본의 상황을 살펴보는 등 2차 세계대전 이후와 마찬가지로 다시금 한일관계에 주목하는 글들이 실린다. 2차 세계대전 이후 착실히 국가재건을 실천하고 있던 일본의 '전후' 상황을 살펴보면서 전쟁 속 한국의 현재와 미래를 예측했던 것이다. 또한 2차 세계대전 이후 '전후' 세계의 동향과 문화를 살피던 특집이 지속적으로 꾸려졌던 것처럼, 전시 속간호에서도 「전후미국문학전망」, 「근래불문학의 제문제」 등과 같은 세계의 '전후' 상황에 대한 고찰이 진행되었다.

이처럼 기실 한국전쟁은 2차 세계대전의 연장이었고 3차 세계대전의 징조였기에 두 개의 전쟁은 하나의 전쟁으로 이어져 인식되었음을 알 수 있다. 이러한 인식은 C.V. 머-휘의 글을 번역한 「삼차대전의 가상국」에서도 볼 수 있다. "3차대전이 벌어진다면 어떻게 싸울 것인가?"라는 질문을 통해 3차 세계대전의 참전국을 가상으로 헤아리고 있는 이 글에서는 한국전쟁이 이미 세계적으로 3차 세계대전 발발의 전조로 인식되고 있었음을 볼 수 있다.

한편, 한국전쟁이 휴전으로 마무리될 것이 예측되던 1953년, 『신천지』는 잡지 발간에 다시 박차를 가했다. 5월호에서는 김기석의 「한국전쟁의 역사적 성격」을 게재하면서 이제 본격적으로 한국전쟁의 의미를 규정하는 작업에 나섰다.

> 한국은 역사전개의 중심에서 멀리 떠러져 있는 은심한 지역이었습니다. 그러나 역사가 새로운 터전인 태평양에 전회된 오늘에 있어서 한국 및 한민족은 바로 새로운 세계사 전개의 중심에 서 있습니다.[24]

이 글은 한국은 미소 냉전의 충돌 지점인바, 이 전쟁으로 인해 이제껏 서양을 중심으로 이어져 오던 세계사가 동양사로 넘어왔고, 비로소 한국이 그 세계사의 중심에 서게 되었다는 내용을 담고 있다. 또한 이 한국전쟁은 개인 및 각 민족의 자유를 호위하는 전쟁으로서 세계의 민주 진영이 공산 진영에 대하여 싸우는 '국제전쟁'임을 강조한다. 암흑의 경험으로서의 한국전쟁에 세계사적 의미를 부여하는 지점이다. 이 글을 이어 「이후의 미소관계」, 「지도자론」과 같은 글들이 실리면서 『신천지』 내에 한국전쟁에 대한 의미화 작업은 한층 본격화되었다.

한편, 앞서 전시 속간호에서 살펴본 바와 같이 한국전쟁 중 전후 일본과 한국의 관계에 대한 주목이 두드러지는바, 1953년 같은 호에서도 '한일문제'와 같은 기획기사가 꾸려졌으며, 이에 따라 최남선의 「한일관계의 역사적 고찰」이라는 글이 게재되고 있음을 볼 수 있다. 이 글은 한국과 일본의 역사적 관련성을 한국적 시각에서 고찰한 것으로, 한국이 일본의 문화를 발전시킨 관계를 부각시킨 것이다. 2차 세계대전 이후 한일관계에서 우위를 잡으려는 의도가 엿보이는 이 기획에는 「太盟과 韓日會談」, 「최근 일본정국의 동향」, 「일본기행」과 같은 기사들이 함께 엮여 있다. 이러한 모습은 2차 세계대전 이후 패전으로 맞게 된 일본의 '전후' 상황이 한국전쟁 휴전 이후 맞게 되는 한국의 '전후' 상황과 중첩되어 인식되고 있음을 시사하는 것이다. 앞서 분석한 염상섭의 소설에서 '2차 세계대전'과 '한국전쟁'이 중첩되어 인식되고 있는 것과 같은 맥락이다. 이와 같은 당시 인식은 이후 「일본패전교섭의 진상」(『신천지』, 1953. 6)과 같은 글에서도 나타난다. 그런데 이런 '전후' 아시아의 상황을 분석한 글

24 김기석, 「한국전쟁의 역사적 성격」, 『신천지』, 1953. 5.

들에서는 2차 세계대전의 주범인 일본에 대한 강한 경계심이 드러나고 있음이 눈에 띈다. 냉전 이데올로기의 소용돌이를 벗어난 한국으로서는 철저한 반공국가의 모습을 갖추어 아시아 태평양의 중심에 서고자 하는바, '중립국'으로서의 '전후' 일본의 상황이 여러 가지로 걸림돌이었던 것이다.

7월 휴전이 선언될 즈음, 『신천지』는 한국전쟁의 수습과 전후 상황에 대한 대비를 서두른다. 「휴전과 국채의 장래」, 「휴전문제와 경시 대회담」, 「휴전 후에 오는 것」(『신천지』, 1953. 7)과 같은 글에서 당시 상황에 대한 다양한 모색이 이루어졌으며, 「전후풍조의 극복」에서는 한국전쟁 이후의 한국사회에 몰려올 전후 풍조에 대한 대비책을 논하고 있었다. 「동서독 분연선의 내막」이라는 글은 휴전 상황에서 냉전 이데올로기로 분열된 독일의 상황을 고찰한 것으로, 휴전 후의 분단되는 한국사회에 대한 예비 진단의 성격을 띤 것이다.

한편, '전후' 상황에 대한 대비책과 더불어 「원자전쟁과 세계」와 「중공침입의 정보실패책임은?」, 「한국출병은 누가 결정했나?」와 같은 글들을 통해 현재 한국전쟁의 발발 원인과 전개 과정, 그리고 휴전 성립 과정에 대한 반성을 시도하기도 했다. 또한 '통일 없는 휴전'을 반대하고, 「전쟁예방은 가능하다」에서처럼 반전 운동을 펼치기도 했다. 이러한 글들은 잡지 『신천지』에서 드디어 세계의 '전후'가 아닌 한국의 '전후'를 논의하기 시작했음을 보여주는 것이다. 전장의 참상을 한반도 내에서 직접 경험했고, 종전이 아니라 휴전을 맞이하는 것이었지만, 한국사회는 이제 본격적으로 '전후' 상황에 대한 모색을 시작하게 된 것이다.

그런데 이와 같은 인식은 점차 반공주의 사상 확립으로 확대되어 갔다. 휴전 후 '아시아민족반공연맹'의 발족은 강력한 반공 이데올로기를 통한 아시아 연대를 이끌고자 하는 의도에서 비롯된 것이었다. 『신천지』에 실린 다음과 같은 글은 이 같은 상황을 짐작케 한다.

> 아시아의 신생 후진 국가들이 국내 정치를 취합하고 공산주의의 위협으로부터 벗어나기 위하여서는 제국주의와 봉건주의의 잔재를 일소해 버리고 자유와 평등과 형제애의 기반 위에서 민주 정치를 실천하여야 할 것이며 전시와 생활고에 허덕이는 민중의 생활을 향상시켜야 할 것이다.[25]

신기석의 이 글과 함께 앞서 2월호에 실린 김석길의 「아시아 반공민족 회의의 태동」(『신천지』, 1954. 2)에서도 냉전기 한국의 반공외교를 살펴볼 수 있다. 온 국민의 반대에도 불구하고 미국의 독자적인 행보로 진행된 휴전회담의 결과는 역설적이게도 한반도에 강력한 반공 이데올로기 열풍을 일으키게 되었다. 해방 후 '우익' 진영을 중심으로 형성되었던 '반공주의'가 한국전쟁 '전후' 한국 상황 속에서 공고해졌던 것이다. 당시 한국사회는 국가재건을 위한 모토가 필요했고, 이를 위해 작금의 상황을 위협하는 '적색공포'에 대한 적개심을 십분 활용했으며, 이것은 정권의 지배 담론을 공고히 해 상호작용을 이루어 나갔던 것이다. 이처럼 안타깝게도 비로소 형성되기 시작한 한국의 '전후' 담론은 평화 담론으로 이어지지 못함으로써 '전쟁'을 겪은 국민들의 트라우마는 '반공주의' 사상으로 은폐되어 갔다.

한국전쟁 이후 한국문단은 다양한 형태로 '전후' 문단을 형성해 나갔다. 이 시기 전후문학에 대한 연구는 '한국전쟁'에 대한 단편적인 기억으

---

25 신기석, 「아시아 민족 반공연맹의 진로」, 『신천지』, 1954. 8.

로 분석되어서는 안 될 것이다. 앞서 살펴본 바와 같인 분명 '한국전쟁' 속에 중첩되어 있는 또 하나의 '전쟁'에 대한 기억도 함께 전재되어 고찰될 필요가 있을 것이다.

4. '문화주의'를 통한 '전후' 극복 의지

앞서 살펴보았듯이 2차 세계대전 이후 한반도의 상황은 종전으로 인한 '전후'가 아니라 제국주의에서의 '해방'에 놓이게 되었고, 이내 시작된 미소 신탁정치로 인해 정국의 제1목표는 '자주독립국가' 건설에 맞춰지게 되었다. 이 같은 국가적 상황을 극복하기 위해 먼저 시도되었던 것은 '민족성 회복'과 '세계정국 인식'이었다. 2차 세계대전을 통해 세계전의 위력을 체험한 조선은 이러한 경험을 바탕으로 세계정세 파악과 세계시민의 자격 갖추기, 그리고 이와 더불어 민족성 회복하기에 주력하게 된다. '민족성 회복'이야말로 완전한 독립으로 가기 위한 기반을 마련하는 것이었다.

1946년 3월에 편성한 '3·1운동 특집'과 '독립동맹' 특집은 해방 후 첫 3·1절을 맞이하여 조선의 독립운동사를 되새겨 봄으로써 민족의식을 함양케 하고자 하는 의도에서 기획된 것이었다. 또 국란 특집으로 꾸며진 「충무공 사후 350년 기념」(『신천지』, 1948. 12. 1)과 시조에 나타난 유머를 살펴보면서 조선의 문학과 민족성을 되새기는 「조선의 유-모어집」 기획(신천지』, 1948. 3. 1) 등은 우리 민족의 위대한 조상이나 위대한 문화를 되새김으로써 민족적 자부심을 일깨우는 내용이 포함된 것이었다. 1947년 신년호에서도 「단군론 — 조선원시사회에의 一試論」, 「조선의 사상 —

학생에게 주는 글」, 「임진란의 詐謀와 민족반역자」, 「아리랑 — 조선인 반항자의 일대기」, 「민족문화건설의 방도」 등과 같은 민족정신과 관련된 글들이 가득 실림을 볼 수 있다. 또한 오랜 식민통치 기간 훼손된 우리말을 다듬고자 하는 운동도 활발하게 전개되어 이희승의 「국어강좌」(『신천지』, 1946. 7. 1), 최현배의 「우리말을 깨끗이 하자」(『신천지』, 1947. 5. 1)[26] 해방 후 조선어 사용에 대한 고민을 정리한 「맞춤법 문제 — 한자사용문제」 기획(『신천지』, 1947. 10. 1) 등이 연재되고 있음을 볼 수 있다. 이것들은 오랜 식민치하에서 벗어나 '해방'을 맞이한 당시 한국사회에서 조선민의 그간 상처를 보듬고 민족적 자부심을 회복하여 '자주독립'국가를 건설하여 민족적 트라우마에서 벗어나고자 하는 의지를 반영한 기획들이었다.

한편, 2차 세계대전의 참전국을 통해 세계사에 대한 인식이 시작된 분위기 속에서 『신천지』는 세계정세 파악과 세계시민 자격 갖추기를 위해 세계문화 번역을 시도했다. 이에 대한 기획으로 우선 앞서 살펴본 '전후' 세계의 동향을 엮은 특집을 꼽을 수 있다. 이 특집기사들은 주로 외국 군인이나 권위 있는 대학교수의 글, 해외 유명 잡지에 실린 글들을 번역한 것이었다. 『신천지』는 세계 각지의 뉴스와 역사적 사건들을 한국에 소개했고, 독자들은 이러한 뉴스와 글들을 읽으며 세계사적 감각을 익혔다. 이와 더불어 세계 문예사조와 문예물에 대한 번역 작업도 이루어졌는데, 그 대표적인 기획이 '실존주의' 철학 특집이다. 김동석은 「실존주의 비판—샤르트르를 중심으로」, 양병식은 「사르트르의 사상과 그의 작품」, 박인환은 「샤르트르의 실존주의」를 소개하고, 전창식은 사르트르

26 『신천지』에는 이희승이나 최현배 같은 국어학자들을 중심으로 국어순화와 국어정책, 어문법 정리에 대한 글들이 줄곧 실렸다.

의 실존주의 소설 「벽」을 번역 게재했다. 단편소설 「벽」은 사르트르의 최초 정치소설이라 평가받는 작품이다. 주인공 파블로는 비인간적인 전쟁에 휘말려 희생당하는 인물로 그려져 있다. 그는 최선을 다했지만 모든 일이 그의 의지와 반대로 되어 가며, 더 이상 대처할 수 없는 상황에 놓이게 된다. 전쟁의 비인간성과 그 속에서의 무기력한 인간의 실존을 보여주는 작품인 것이다.[27] 이처럼 『신천지』를 비롯한 해방 후 발간된 문예 잡지들에서는 번역 사업이 번성했는데,[28] 이것은 일종의 '신개항' 작업이라고 할 수 있다. 1800년대 말 일제가 메이지 유신을 통해 개항을 이루고 국력을 쌓아 나가는 동안, 조선은 흥선대원군의 쇄국정치로 인해 세계의 문명 수혜를 입지 못했다. 이런 연유로 조선은 결국 아시아에서 제국을 자청한 일본의 식민지가 되었고, 2차 세계대전까지 강제적으로 참여하게 되었던 것이다. 그런데 이 세계전쟁을 통해 원자폭탄을 비롯한 서구 열강의 위력을 체험한 해방 조선에서는 무엇보다도 그들 문명에 대한 지적 요구가 증가했다. 세계문화·문학에 대한 번역 작업은 이를 해소하기 위한 일종의 개항 작업으로 시도된 것이었다. 이미 식민지 치하의 조선에서도 여러 매체를 통해 다양하게 시도되었던 세계문학·문화의 유입은 해방을 맞이하여 더욱 광범위하게 시도되었다. 이러한 작업은 '해방' 후 조선에서 가장 시급히 요구되었던 '자주독립국가 건설'을 위한 바탕 작업으로 세계 역사 속에 한국을 배치함으로써 독립국가 자격으로 세

27 이 외에 다른 문인들과 함께 사르트르를 소개한 글도 볼 수 있다. 「토요문학평론지 — 보들레르의 단디즘, 라스키와 사르트르」, 1949. 10.

28 이에 대해서는 박지영의 「해방기 지식 장의 재편과 "번역"의 정치학」(『대동문화연구』 68, 2009)과 이봉범의 「잡지 『신천지』의 매체 전략과 문학」(『한국문학연구』, 2010)의 '3장 3절 세계사적 지평과 번역'에서 자세히 살펴볼 수 있다.

계 역사 속에 진입하고픈 의지가 반영된 것이기도 하다. 이러한 의지는 한국전쟁 이후에도 계속 이어지는데,[29] 세계의 '전후'와 세계의 문화 속에서 2차 세계대전과 한국전쟁의 트라우마를 치료해 나가려 한 것이다. 이 또한 두 개의 전쟁이 중첩되어 인식됨을 보여주는 것이었다.

한편, 『신천지』에 게재된 문예물의 특징으로는 '순수문학' 지향을 꼽을 수 있다. 창간 초기의 『신천지』는 좌우익을 아우르는 다소 중도주의를 표방했기에, 양 진영의 문사들이 자유롭게 글을 싣고 있었다. 김동석과 김동리를 중심으로 진행된 '순수문학' 논쟁[30]은 『신천지』를 둘러싼 양 진영의 분위기를 대변한다. 그러나 박종화가 사장으로 취임하고 김동리가 편집주간을 맡게 된 1949년 이후부터는 '순수문학' 지향의 우익 경향이 『신천지』에 두드러지게 된다. 이러한 『신천지』의 '순수문학' 지향의 성격은 한국전쟁기에 발간된 전시 속간호와 이후 다시 속간된 지면들에 이어지고 있었다. 특히 1951년에 두 차례 발간된 전시 속간호에서 사회 관련 기사로는 '한국전쟁'과 관련된 주제가 구성되었고, 문예물에서는 공군종군작가였던 박목월과 조지훈의 「종군습유첩(從軍拾遺帖)」(『신천지』, 1951. 1)과 「지옥기」(『신천지』, 1952. 5) 같은 전쟁 체험기가 실렸는데, 유독 문예

29 한국전쟁 이후 『사상계』와 같은 잡지를 중심으로 세계문학·문화와 관련된 번역은 더욱 유행했다. 『사상계』에 대해서는 김건우, 『『사상계』와 1950년대 문학』(소명출판, 2004)과 권보드래, 「『사상계』와 세계문화자유회의」(『아세아연구』 54, 2011. 6), 임지연, 「60년대 『사상계』의 '세계' 이해와 세계문학담론」(『겨레어문학』 52, 2014. 6) 등의 논의를 참고할 수 있다. 뒤의 두 논의에서는 『사상계』에서 시도된 번역이 국제감각을 통해 세계사에 적극 참여함으로써 근대화를 수행하고자 했다고 분석하는데, 이러한 의도는 이미 해방 후 『신천지』를 비롯한 잡지에서 시도되고 있었던 것이고, 한국전쟁을 계기로 더욱 활발해진 것이라 보인다.

30 김병규, 「순수문제와 휴머니즘」, 『신천지』, 1947. 1; 김동리, 「순수의 정체」, 『신천지』, 1947. 7; 김동석, 「생활과 문화의 핵심」, 『신천지』, 1948. 8 등의 글을 참고할 수 있다.

물에서는 정치적 상황이 거세되고 문학적 '순수주의'만 드러나 있음을 볼 수 있다. 황순원의 「어둠속에 찍힌 판화」(1951. 1)와 손소희의 「향연」(1951. 12), 최인욱의 「속물」(1952. 5), 최독견의 「양심」(1952. 5), 김말봉의 「전락의 기록」(1953. 7, 8), 최태응의 「자매」(1953. 7, 8) 등의 작품이 이 시기 대표적인 문예물인데, 이 작품들의 대부분의 배경은 한국전쟁기지만 그 속의 현실은 전쟁이 거세된 일상으로만 구성되어 있음을 볼 수 있다. 황순원의 「어둠속에 찍힌 판화」를 살펴보면, 주인공들은 전쟁기를 살아가고 있지만, 실상 작품의 주제는 전쟁과 관련된 경험이나 고민보다는 생명사상에 대한 경외심과 직업에 대한 본능적인 갈망만 나타날 뿐이다. 작품의 현실성, 시사성보다는 예술성을 중요시하는 전형적인 '순수문학'주의 작품임을 알 수 있다.

이처럼 『신천지』 소개 문예물들의 '순수문학'주의가 김동리에 의해 주도되었음은 기존 논의에서 많이 주목된 사실이다.[31] 즉 1940년대 말부터 본격 작동했던 김동리의 문단 내 권력은 잡지 『신천지』 내에서 전쟁을 거세시키는 역할을 담당했다. 따라서 당시 한국사회가 겪은 두 개의 전쟁은 상이한 것이 아니라 '전쟁'이라는 특수한 하나의 상황으로 인식되었고, 따라서 두 개의 '전후'는 중첩되어 함께 거세되었던 것이다.

잡지 『신천지』의 이러한 순수문학주의는 '전후' 한국사회의 트라우마를 극복하는 나름의 방안이었다. 김동리가 주장하는 '생의 구경적 형식'에서 현실성이란 구체적인 시국이 아니라 휴머니즘 의식을 바탕으로 한 민족의식 구현에 놓인 것이었다. 2차 세계대전 이후 좌우 진영의 논쟁이

31 이와 관련된 논의는 박재은, 「해방 후 한국문학과 『신천지』」(동국대학교 석사학위 논문, 2010)와 김준현, 「단정 수립기 문학 장의 재편과 『신천지』」(『비평문학』 35, 2010), 「'순수문학'과 잡지 매체」(『한국근대문학연구』 22, 2010. 10) 등에서 참고할 수 있다.

한창이었을 때에도 그는 이러한 진영 논리를 극복하는 방안으로 '생의 구경적 형식'으로서의 문학을 주장했으며, 한국전쟁기 이후에도 현실의 위기를 극복하는 방안으로 '순수문학'을 전면에 내세웠던 것이다. 앞서 살펴본 2차 세계대전 후의 『신천지』와 한국전쟁 후의 『신천지』 문예물에서 '전후'의 징조를 살필 수 없었던 주된 이유 중의 하나가 이것이다. 이와 같은 '순수문학'주의는 2차 세계대전 후 일본 문단에 나타난 '근대문학파'의 예술지상주의와 닮아 있다. 정치로부터 문학을 독립시키고 그 속에서 민족 담론을 주창한 1950년대 일본문단을 주도했던 '근대문학파'와 당시 한국의 '순수문학'은 일면 상통하는 면을 지녔다.[32]

반면 이 같은 『신천지』의 경향은 전쟁기 대구에서 발간된 잡지 『신태양』과는 상반됨을 볼 수 있다. 『신태양』은 1952년 8월에 창간되었는데, "전시 정치사회적 혼란상과 민심의 동요, 휴전반대와 북진통일론의 번성, 정부조직법 개정과 개헌파동에 따른 전쟁의 고조, 전후 복구사업의 활발한 전개, 분단체제의 고착과 반공주의의 지배 이데올로기화 등과 같은 전후 풍속의 소용돌이를 담아"[33]낸 잡지다. 그리고 문예면에서는 종군작가들을 중심으로 전쟁 관련 기사나 전쟁 체험을 담고 있는 작품들을 다량으로 수록하고 있었다. 그야말로 전쟁문학의 장을 형성하고 있었던 것이다. 이봉범은 1950년대 전반기 잡지 『신태양』이 이승만 정권을 지지, 재생산하는 자유민주주의를 논급했지만, 1950년대 후반으로 가면 공식적 지배이념으로서의 자유민주주의가 훼손, 부정되는 과정에 대응해 인권·민권에 바탕을 둔 저항적 성격의 자유민주주의로 진전된다고 평가

32 이에 대한 논의로는 서동주의 「'새로운 전쟁'과 일본 전후문학의 사상공간」(『동방학지』 57, 2012. 3)을 참고할 수 있다.

33 이봉범, 「1950년대 종합지 『신태양』과 문학」, 『현대문학의 연구』 51(2013. 9), 520쪽.

한다.[34] 이처럼 『신태양』의 후반기 담론이 비판적 자유민주주의로 나아갈 수 있었던 것은 '전쟁'에 대한 구체적 인식이 있었기에 가능한 것이라 판단된다. '전쟁'을 은폐하거나 회피하지 않고 그것의 속악함과 무자비함을 노골적으로 드러냈을 때, 비로소 '전쟁'에 대한 제대로 된 현실 인식이 형성될 수 있는 것이다.[35]

이것은 동시대에 발간된 『신천지』의 문예물 배치와는 크게 대비되는 형상이다. 『신천지』의 문학 담론에서는 '순수문학' 지향은 역사적 현실이 거세된 민족주의론으로 이어짐으로써 역사적 흐름에 대한 기억을 단절시키며 당대 집권당의 '반공 이데올로기' 확립 의지를 지지하는 역할을 하게 되었다. 요컨대 『신천지』에서 보이는 근대 한국사회는 두 개의 전쟁을 치르면서 '세계문화(문학)'과 '순수문학' 지향과 같은 '문화주의' 담론을 통해 '전후' 한국사회를 극복해 나가고 있었으며, 이는 전쟁의 트라우마를 치료하는 방안보다는 지배 정권의 이데올로기를 공고히 하는 작업으로 나아가고 있었던 것이다.

이처럼 두 개의 '전쟁' 이후 한국의 '전후' 사회는 공통적으로 순수문학과 참여문학의 맥을 형성하게 된다. 2차 세계대전 이후 나뉘었던 양 진영과 한국전쟁 이후 나뉘진 순수문학과 참여문학은 두 개의 전쟁이 중첩되어 인식됨과 동시에 서로 같은 지향점을 보여주고 있는 것이다. 따라서 한국전쟁 이후로 출발점을 정하고 있는 한국 '전후'문학에 대한 논의는 그 시작점이 재고될 필요가 있다.

---

34 위의 글, 543~544쪽.

35 『신태양』의 이러한 담론은 이후 『사상계』를 중심으로 이루어진 당대 정권의 비판 담론과 비슷한 논조를 이루면서 힘을 합하게 된다. 즉 『신천지』 종간 이후 '순수문학' 담론을 이어받아 발간되는 『현대문학』과 서로 견제 관계를 형성하게 되었다.

5. 나가며

이상에서 1946년 1월에 창간되어 한국전쟁 기간을 거쳐 1954년 말까지 발간된 잡지『신천지』를 통해 한국문학사에서 전개된 '전쟁'과 '전후' 인식의 특이점을 고찰했다.

해방 후 매체 속에 나타나는 한국사회가 겪은 '세계대전'과 '한국전쟁'에 대한 기호는 당시 사회 분위기 내에서 자신들이 이끌고자 하는 정론적 담론 속에서 구성되었다. '세계대전' 이후의 '전후' 한국은 참전국으로서가 아니라 '해방'이라는 전쟁의 수혜자로서의 인식이 드러났고, 3차 세계대전에 대한 공포로 인해 '전후'에 대한 개념 자체가 형성되지 못했음을 알 수 있었다. 이는 근대 한국을 둘러싼 첫 번째 전쟁에 대한 '은폐', '회피'가 아니라 당시 대내외적인 상황에서 구조화된 것이었다.

한편, '한국전쟁' 이후의 '전후' 한국에서는 '3차 세계대전'의 피해자로서의 인식이 형성되었다. '한국전쟁'은 '미소 냉전'의 산물인 '3차 세계대전'이었으며, 해방 후 염원했던 자주독립국가 건설의 실패로 발생한 전쟁으로 인식되었다. 따라서 근대 이후 한반도를 둘러싼 두 개의 전쟁은 서로 상이한 전쟁이 아니라 하나의 전쟁으로 한국사회 내에서는 중첩적으로 인식되어 왔음을 볼 수 있었다.

이와 같은 두 개의 전쟁을 거친 한국사회는 각각 나름의 '전쟁'의 트라우마를 처리해 나간다. '2차 세계대전' 이후의 한국사회는 '자주독립국가' 건설을 위한 목표를 앞세우며 전쟁의 트라우마를 처리해 나갔으며, '한국전쟁' 이후의 한국사회는 전쟁 발발의 원인인 '공산 진영'의 퇴치를 위해 강력한 반공 이데올로기 형성에 주력하면서 전쟁 트라우마를 처리해 나갔다.

이처럼 근대 이후 한국사회가 겪은 두 개의 전쟁에서 하나가 의도적인 '은폐' 작업을 통해 소거된 것이 아니라, 당대 시대적인 담론 속에서 자연스레 하나의 전쟁으로 중첩되어 인식되었음을 확인할 수 있었다. 또한 한국전쟁에 나타나는 '전쟁' 인식과 '전후' 인식 역시 앞서의 전쟁과 하나로 이어지고 있음을 알 수 있었다. 따라서 이 시기 전후문학에 대한 연구는 '한국전쟁'에 대한 단편적인 기억으로만 분석되어서는 안 될 것이며, 분명 '한국전쟁' 속에 중첩되어 있는 또 하나의 '전쟁'에 대한 기억도 함께 전재되어 고찰될 필요가 있다.

『신천지』에서 나타나는 '전쟁'과 '전후' 인식이 당대 한국사회의 모든 상황을 대변한다고는 할 수는 없다. 하지만 한 가지 의미 있는 사실은, 『신천지』는 해방 후 발간된 잡지 중에서 한국전쟁기까지 오랜 시간 지속적으로 발간된 몇 안 되는 핵심 매체이며, 당대 정권과 밀접한 관계를 맺으며 주류 담론 형성에 막강한 영향을 미쳤던 매체라는 것이다. 그러므로 이 잡지를 통해서 살펴본 한국사회의 모습과 당대 담론의 형성 및 전개 과정은 시대적 대표성을 띠는 양상이라고 할 수 있다.

한편, 이 논의는 『신천지』의 1954년 종간 이후 전개된 '전후' 담론은 담지 못한 한계를 가지고 있다. 이는 이후 1950년대 후반 발간되는 매체들을 통해 한국사회에서 본격적으로 형성되는 '전후' 인식의 양상에서 살필 수 있을 것이며, 이러한 작업은 다음으로 유보하겠다.

참고문헌

구인환 외, 『한국전후문학연구』, 삼지원, 1994.
권명아, 『식민지 이후를 사유하다 — 탈식민화와 재식민화의 경계』, 책세상, 2009.
권보드래, 「『사상계』와 세계문화자유회의」, 『아세아연구』 54, 2011. 6.
김건우, 「『사상계』와 1950년대 문학」, 소명출판, 2004.
김기석, 「한국전쟁의 역사적 성격」, 『신천지』, 1953. 5.
김동리, 「순수의 정체」, 『신천지』, 1947. 7.
김동석, 「생활과 문화의 핵심」, 『신천지』, 1948. 8.
김두헌, 「국가생활의 필연성」, 『신천지』, 1950. 5.
김병규, 「순수문제와 휴머니즘」, 『신천지』, 1947. 1.
김석길, 「아시아 반공민족 회의의 태동」, 『신천지』, 1954. 2.
김준현, 「전후 문학장의 형성과 문예지」, 고려대학교 박사학위 논문, 2008.
______, 「단정수립기 문학 장의 재편과 『신천지』」, 『비평문학』 35, 2010.
______, 「'순수문학'과 잡지 매체」, 『한국근대문학연구』 22, 2010. 10.
박기준, 「평화로 가는 길」, 『신천지』, 1948. 12.
박목월, 「從軍拾遺帖」, 『신천지』, 1951. 1.
박용찬, 「한국전쟁 전후(前後) 문학 매체의 현황과 성격 연구」, 『어문논총』 50, 2008.
박재은, 「해방 후 한국문학과 『신천지』」, 동국대학교 석사학위 논문, 2010.
박지영, 「해방기 지식 장의 재편과 "번역"의 정치학」, 『대동문화연구』 68, 2009.
서동주, 「'새로운 전쟁'과 일본 전후문학의 사상공간」, 『동방학지』 57, 2012. 3.
손혜민, 「잡지 『문화세계』 연구」, 『한국근대문학연구』 29, 2014.
신기석, 「아시아 민족 반공연맹의 진로」, 『신천지』, 1954. 8.
엄기형, 「정치이론의 신경향, 정치이론의 다원적 발전을 중심으로」, 『신천지』, 1950. 2.
오기영, 「민족의 비원 — 하지 중장과 치스티아코프 중장을 통하여 미소 양국민에 소함」, 『신천지』, 1946. 8.

______, 「속 민족의 비원 — 경애하는 지도자와 인민에게 호소함」, 『신천지』, 1946. 11.
______, 「미국의 대조선여론」, 『신천지』, 1947. 2
______, 「독립과 자주독립 — 한국적 현실에 대한 일고찰」, 『신천지』, 1948. 10.
요시다 유타카, 『일본인의 전쟁관』, 하종문·이예숙 역, 역사비평사, 2004.
유철상, 『한국전후소설연구』, 월인, 2002.
윤여탁 외, 『한국 전후문학의 형성과 전개』, 태학사, 1993.
이동주, 「전쟁으로 가는 길」, 『신천지』, 1948. 9.
이봉범, 「전후 문학장의 재편과 잡지 『문학예술』」, 『상허학보』 20, 2007.
______, 「단정수립 후 전향의 문학사적 연구」, 『대동문화연구』 64, 2008.
______, 「해방공간의 문화사」, 『상허학보』 26, 2009.
______, 「1950년대 신문저널리즘과 문학」, 『반교어문연구』 29, 2010.
______, 「1950년대 잡지저널리즘과 문학」, 『상허학보』 30, 2010
______, 「잡지 『신천지』의 매체 전략과 문학」, 『한국문학연구』 39, 2010.
______, 「1950년대 종합지 『신태양』과 문학」, 『현대문학의 연구』 51, 2013.
이희승, 「국어강좌」, 『신천지』, 1946. 7. 1.
임지연, 「60년대 『사상계』의 '세계' 이해와 세계문학담론」, 『겨레어문학』 52, 2014. 6.
정재석, 「해방과 한국전쟁, 3차 대전론의 단층들」, 『상허학보』 27, 2009.
조건상 편, 『한국의 전후문학』, 성균관대학교출판부, 1994.
조지훈, 「지옥기」, 『신천지』, 1952. 5.
최현배, 「우리말을 깨끗이 하자」, 『신천지』, 1947. 5. 1.
______, 「맞춤법 문제 — 한자사용문제」 기획, 『신천지』, 1947. 10. 1.
한수영, 『전후문학을 다시 읽는다』, 소명출판, 2015.
허광무, 「한국인 원폭피해자에 대한 제연구와 문제점」, 『한일민족문제연구』 6, 2004.
현대문학연구회 편, 『한국 전후문학 연구』, 태학사, 1991.

「래 4·5월경 소토(蘇土)간에 제3차 세계대전 발발 — 미·일 신문기자의 예언적 보도」, 『동아일보』, 1946. 3. 6.
「래(來) 4, 5월경에 3차 세계대전 — 일·미 기자 예언」, 『조선일보』, 1946. 3. 6.
「美大韓重大警告」, 『경향신문』, 1950. 4. 7.
「민간에 대한 정부의 요망」, 『신천지』, 1950. 2.
「소련 세력 범위 확대하면 제3차 세계대전 야기의 위험성 농후 — 유명한 미 시사평론가 연설」, 『동아일보』, 1946. 5. 30.
『신천지』 창간호, 1946. 1. 15.

「일본패전교섭의 진상」, 『신천지』, 1953. 6.
「조선의 유-모어집」 기획, 『신천지』, 1948. 3. 1.
「충무공 사후 350년 기념」, 『신천지』, 1948. 12. 1.
「토요문학평론지 — 보들레르의 단디즘, 라스키와 사르트르」, 『신천지』, 1949. 10.
「휴전 후에 오는 것」, 『신천지』, 1953. 7.

제6장

제로 연대 일본영화 속 '전후' 담론

신하경

1. 들어가며: '전후' 담론 영화란?

1990년을 전후하여 냉전이 종식된 후, 일본에서는 1993년 자민당이 패배하고 연립정권이 출현하며 무라야마 담화가 발표된다. 그리고 그 흐름 가운데에서 '종군위안부' 문제가 한일 양국 간에 수면 위로 부상하게 되고, 북한은 대포동 미사일 개발을 공표하며, 일본은 이라크전쟁에 막대한 전쟁 비용을 지불했음에도 군대를 파견하지 않았다는 이유로 세계적인 비난 여론에 휩싸이게 된다. 1990년대 이후 냉전 종식에 따른 국제질서 재편과 미국의 세계적 위상 변화는 결과적으로 점차 일본과 남북한을 포함한 동아시아와 미국의 관계 변화를 야기하며, 그에 따른 관계 재정립의 요구가 해당국들에서 분출되어 왔다.

이러한 국제질서 재편과 병행하며, 2000년대 고이즈미 준이치로(小泉純一郎) 내각의 출범과 더불어 '우경화' 경향이 현저히 나타나고 있다. 일본 수상의 야스쿠니 신사 참배와 북한의 일본인 납치 문제를 계기로 가속화된 이러한 경향은 이미 1990년대부터 시작되었던 사회적 논의, 즉 종군위안부 문제, 북한의 대포동 미사일 발사 등의 사회적 문제를 경유하며, 2000년대 초두의 '새로운 역사교과서를 만드는 모임(新しい歴史教科書をつくる会, 이하 새역모)'의 활동과 더불어 학계를 포함하는 큰 사회적 담론으로 확장되어 갔다. 이러한 일본의 우경화 현상은 헌법 개정, 야스쿠니 신사 참배 문제, 오키나와 미군 주둔 문제, 납치자 문제, 영토 문제, 국기국가법 제정, 새역모와 역사기술 문제 등을 둘러싸고 펼쳐지게 되며, 그것은 필연적으로 이 모든 문제의 연원인 일본의 '전후(戰後)'를 재검토하도록 요구하고 있다.

먼저 이 '전후'라는 용어 자체가 매우 정의하기 어려운, 그 자체로 매우 논쟁적이며 이데올로기적인 평가가 개입되어 있는 개념이란 점을 지적하고, 일본 패전 후 GHQ의 지배를 포함하는 일정 기간 정해진 문제, 즉 전후 문제가 현재까지도 근본적인 영향을 미치고 있다는 점에서 이 글에서는 그것들을 '전후' 담론으로 통칭할 것이다.[1]

이 '전후' 담론에 대한 선행연구를 개괄해 보면, 역사와 정치 영역이 다시 논의의 전면에서 기능하고 있음을 알게 된다. 예를 들어 마루야마 마사오(丸山眞男)가 다시 활발히 논의되고 있으며, '전후민주주의'와 '자유주의 사관' 사이의 '역사 해석'을 둘러싼 끊임없는 공방(예를 들어, 남경대학살의 진위, 규모 등에 대한 논쟁)이 펼쳐지고 있다. 또한 "일본은 왜 전쟁에 졌는가? 일본의 패전은 어떠한 심각한 문제를 현재까지 남기고 있는가? GHQ 지배의 본질은 무엇인가? 동경재판은 올바른 것이었는가?" 등등의 '전후책임', '전쟁책임' 등의 '전후' 문제가 활발히 논의되어 왔다. 이렇게 역사와 정치가 다시 논의의 전면에서 기능한다는 것은 역으로 그만큼 '현실적 실천'이 그러한 재검토를 요구하고 있다고 생각할 수 있을 것이다.

이에 비해 문화 영역의 선행연구는 주로 역사문화학 분야에서 진행되었다고 볼 수 있다. 그 선행연구의 가장 큰 공통점은 '역사 기억/기록'을 문제 삼아 현재에 영향을 미치는 역사적 기억에 대한 계보적 추적을 도모한다는 점이다. 문학에서는 가와무라 미나토(川村湊) 편의 『전쟁문학을 읽는다(戦争文学を読む)』(朝日文庫, 2008), 영화에 있어서는 후쿠마 요시아

---

1 岩崎稔 編, 『戦後日本スタディーズ 1』(紀伊国屋書店, 2009)은 이러한 '전후' 담론을 개괄적으로 정리하고 있다는 점에서 큰 참조가 된다. 또한 이 책에서는 일본의 '전쟁책임'과 '전후책임'을 통칭하여, 일본의 식민지 지배까지를 포함하여 '제국책임(帝国責任)'이라 부르고 있다(13쪽).

키(福間良明)의 『반전의 미디어사(「反戦」のメディア史)』(世界思想社, 2006), 역사 서술에 대해서는 나리타 류이치(成田龍一)의 『전쟁경험의 전후사(「戦争経験」の戦後史)』(岩波書店, 2010)를 대표적인 선행연구로 꼽을 수 있다. 이들 선행 연구는 '역사 기억/기록'의 역사를 크게 시기 구분(대개 세 시기, '전후', '고도성장', '역사의 재기억/수정'으로 나눈다.)하면서, 가미카제 등의 특공대, 학도병(『きけわだつみのこえ』), 원폭, 오키나와 전투와 정신대(『ひめゆりの搭』), 종군위안부 등 일본의 패전과 전후에 관한 신화가 전후에 어떻게 형성되었는지를 계보적으로 추적하는 공통점을 가지고 있다. 그리고 사카이 나오키는 『일본, 영상, 미국』(그린비, 2008)에서 이러한 '역사 기억'의 문제를 미일관계 속에 한국까지 포함하여 서술하는 흥미로운 시도를 하고 있다.

이 글에서는 이러한 '전후' 담론에 대해 이와 같은 계보적 추적을 시도하지는 않을 것이다. 오히려 여기에서는 현재 일본사회가 이러한 '전후' 담론을 왜, 그리고 어떠한 방식으로 활성화시키고 있는지를 살펴보기 위하여, 일본영화라는 문화 영역을 선택하여 현재 일본영화가 '전후' 담론을 어떠한 방식으로 묘사하고 있는지에 대해 살펴볼 것이다. 문화 영역은 정치와 역사 영역에 조응하면서도 상대적으로 다른 특성을 가지고 기능하게 된다. 예를 들어 영화는 관객으로 하여금 일정한 주인공(=시점인물)의 시선을 따라 사건(갈등축)을 싸워 나가고 해결하도록 구성된다. 그리고 그 결말은 현실적 결말과는 상당히 다를 수 있는, 즉 욕망이 발현되는 결과로 해석될 수 있다. 따라서 1990년대 후반부터 활성화되어 2000년대에 주로 생산된 일본영화들이 어떻게 '전후' 담론을 다루는지에 대해 살펴본다는 것은 현재 일본사회가 이 문제의 원인을 어떻게 진단하며, 어떠한 해결책을 바라는지에 대해 알 수 있는 하나의 중요한 시금석이 될 것이다.

이 글에서는 일본의 패전과 GHQ 지배를 포함하는 일정한 시기에 정해진 전후 일본의 모습이 현재에도 사회적 모순으로 나타나며 그에 대한 갈등이 표출되는 공간을 '전후' 담론으로 지칭하며, 그것의 사회적 서사화를 살펴보기 위해 영화 영역을 선택했다. 이러한 사회적 서사 과정을 분석하기 위해, 여기에서는 '전후' 담론 영화 전체가 아니라 사회적으로 화제가 되었던 영화들을 중심으로 살펴볼 것이며, 그것은 다음과 같은 기준에 따라 분류했다. 먼저 일본에서는 배급 수입 10억 엔 이상의 흥행 성적을 기록한 영화를 흥행 영화로 분류하는바, '사단법인 일본영화제작자연맹(日本映画製作者連盟)'의 통계에 따라 흥행 영화 가운데 '전후' 담론을 다룬 영화를 먼저 분류했다.[2]

연도	영화 제목	감독	배급	제재
1995	きけ、わだつみの声	出目昌伸	東映	학도병
1998	プライド、運命の瞬間	伊藤俊也	東映	동경재판
2001	ホタル	降旗康男	東映	특공대
2005	ローレライ	樋口真嗣	東宝	잠수함
	亡国のイージス	阪本順治	松竹角川	이지스 함대
	戦国自衛隊1549	手塚昌明	東宝	역사 판타지
2006	男たちの大和	佐藤純弥	東映	야마토 함대
2009	私は貝になりたい	福澤克雄	東宝	BC급 전범재판

하지만 흥행 수입에서 히트를 기록하지 못했다고 하여 대중적 영향력이 없는 영화라고만은 볼 수 없으며, 작품성으로 평론가들의 지지를 얻었던 영화를 고려해야 한다. 다음 표는 일본에서 영화의 작품성을 판

2 사단법인 일본영화제작자연맹 홈페이지(http://www.eiren.org/toukei/index.html)의 통계자료에 근거했다.

단하는 하나의 기준인 '기네마 준보 베스트 텐(キネマ旬報ベストテン)'[3] 중에서 '전후' 담론을 다룬 영화들을 발표 연대순으로 정리한 것이다.

연도	영화 제목	감독	배급	제재
2005	男たちの大和	佐藤純彌	東映	야마토 함대
2007	夕凪の街桜の国	佐々部清	제작위원회	원폭
2008	母べえ	山田洋次	松竹	사상탄압
2010	キャタピラー	若松孝二	若松プロダクション	전쟁고발

다음은 앞서 정리한 영화에는 들지 못했지만, 이하에서 설명하겠으나 여러 가지 이유로 화제가 되었던, 혹은 '전후'를 다루는 방식에서 주목할 만한 영화들이다.

연도	영화 제목	감독	배급	제재
2004	クラブ進駐軍	阪本順治	松竹	전후 사회상
2006	出口のない海	佐々部清	松竹	특공대
2007	俺は、君のためにこそ死ににいく	新城卓	東映	특공대
2008	明日への遺言	小泉堯史	アスミックエース	BC급 전범재판
2009	真夏のオリオン	篠原哲雄	東宝	잠수함
2011	太平洋の奇跡	平山秀幸	東宝	사이판 전투

본론에서는 이상의 영화들을 영화의 제재가 되는 몇 개의 항목으로 묶어서 주인공(=시점인물)과 내레이션 방식, 주된 갈등축과 그 해소 방식을 분석 요소로 추출하여 설명할 것이다. 그를 통해 이들 영화가 구현하려 하는 '내셔널 아이덴티티'의 구체상과 그러한 모습으로 발현되는 일본

3 기네마 준보 베스트 텐 역대 목록(http://wonderland02.web.fc2.com/movie/cinema/cinemabest.html)에 근거했다.

사회의 시대적 '욕망'이 드러나게 될 것이며, 그 결과로 '전후' 담론 영화로 표현되는 대중적 상상력의 흐름과 지향점이 파악될 것이다.

2. '역사'적 상상력의 소환

각각의 개별적인 영화에 대한 분석으로 들어가기 전에, 이들 '전후' 담론을 다루는 영화들이 가지는 공통점을 먼저 지적하지 않을 수 없다. 무엇보다도 주목해야 할 첫 번째 공통점은, 이들 영화가 대개 기존에 존재하는 '원작'을 바탕으로 영화화되었다는 사실이다. 이처럼 '원작'을 바탕으로 현재의 상상력이 표현되고 있다는 사실은 일본사회가 '전후'를 상상, 재창조해 가는 과정을 파악하는 데 있어서 놓칠 수 없는 요점이 된다. 그리고 그 원작이 발표된 시기를 기준으로 분류해 보면 크게 두 부류로 분류할 수 있는데, 첫 번째는 원작이 발표된 지 오래되어 이미 일본에서 '고전'으로 분류되는 작품의 영상화이며, 두 번째는 현재 유행 작가의 소설이나 만화를 영화화한 것이다.

첫 번째 부류부터 살펴보면, 먼저 〈들어라 해신의 목소리(きけ、わだつみの声)〉가 눈에 띈다. 이 작품은 전몰 학도병의 수기로서 1949년 초판 발행 후 판을 거듭하며 일본사회의 전후 반전 의식을 상징하는 '고전'[4]으로 지칭되는 작품이다. 그리고 〈나는 조개가 되고 싶다(私は貝になりたい)〉는 1958년 처음으로 드라마화된 이래 지금까지 수회에 걸쳐 리메이크됨으로써 "전후 전범재판에 대해 일본인 가운데 어떤 정형화된 이미지를 만

4 岩崎稔·上野千鶴子·成田竜一 編, 『戦後思想の名著50』, 平凡社, 2006, 91쪽.

드는 데 크게 영향을 준"[5] 작품을 또다시 리메이크한 것이다. 그리고 〈내일에의 유언(明日への遺言)〉은 『레이테 전기(レイテ戦記)』 등의 전기(戦記)소설로 유명한 오오카 쇼헤이(大岡昇平)의 『긴 여행(ながい旅)』(1982)에 기반하고 있다. 그리고 영화의 크레딧에 명기되지는 않았으나 『프라이드 운명의 순간(プライド、運命の瞬間)』은 카메라의 구도, 재판 진행 상황의 전개 방식 등 명백히 고바야시 마사키(小林正樹) 감독의 장편 기록영화 〈동경재판(東京裁判)〉(1983)을 참조하고 있다. 이처럼 현재의 '전후' 담론 영화는 과거의 상상력을, 후술하겠지만 어떠한 '현재적 목적'하에서 소환하고 있으며, 일본국민에게 역사적으로 알려져 있는 만큼 흥행 성적도 좋게 나타났다고 보여진다.

두 번째 부류의 작품들은 유행 작가나 그의 작품을 영화화한 것이다. 그중에서도 2005년 공개된 〈남자들의 야마토(男たちの大和)〉는 전함 야마토(大和)의 생존자와 유족을 상대로 한 방대한 취재에 기초해 쓰인 헨미 준(邊見じゅん) 원작 『결정판 남자들의 야마토(決定版 男たちの大和)』(ちくま文庫, 1995)를 바탕으로 종전 60주년을 기념하여 제작된 영화로, 2005년도 일본영화 흥행 기록 1위에 오른 작품이다. 그리고 〈로렐라이(ローレライ)〉, 〈전국자위대 1549(戦国自衛隊1549)〉, 〈망국의 이지스(亡国のイージス)〉, 〈한여름의 오리온(真夏のオリオン)〉은 군사오락 소설과 라이트노벨, 만화 원작 등의 장르를 넘나들며 활동하고 있는 소설가 후쿠이 하루토시(福井晴敏)의 작품들을 영화화한 것이며, 가이텐(回天) 특공대원으로 출격해 간 젊은이들을 그린 〈출구 없는 바다(出口のない海)〉는 『일부 자백(半落ち)』으로 유명해진 요코야마 히데오(横山秀夫)의 동명 소설을 영화화한 것이

5 林博史, 『BC級戦犯裁判』, 岩波新書, 2005, 195쪽.

다. 그리고 히로시마 원폭 후의 평화 기원과 가족애를 그린 〈해 질 녘 바닷가 벚꽃의 나라(夕凪の街桜の国)〉는 고노 후미요(こうの文代)의 동명 만화(2003)를 영화화한 것이다. 후술하겠으나 이와 같은 현재적 상상력은 '역사'적 사실에 대한 고증 의식부터 그와는 유리된 가상적 상상에 이르기까지 매우 다양한 스펙트럼을 보여준다.

이와 같은 이미 발표된 원작 소설이나 영화에 근거하지는 않았지만 전시기 사상범과 그 가족의 애환을 다룬 야마다 요지(山田洋次) 감독의 〈엄마(母べえ)〉는 1984년에 발표된 한 잡지의 다큐멘터리 부문 당선작에 근거하고 있으며, 〈호타루(ホタル)〉와 〈나는 너만을 위해 죽으러 간다(俺は、君のためにこそ死ににいく)〉는 '특공대의 어머니'로 알려진 도리하마 도메(鳥濱トメ)의 '구술'에 근거하고 있다. 이처럼 '전후' 담론을 다룬 영화들은 공통으로 과거 '역사에 대한 기술/상상력=서사'를 각각의 '현재적 목적성'에 근거하여 소환하고, 다시 새로운 상상력 속으로 가공하고 있다고 할 수 있을 것이다. 그렇다면 과거적인 '전후' 담론을 소환하는 현재적 요구는 무엇일까? 이에 대해 오카 마리(岡真理)는 '기억'과 '서사'에 대한 근본적 질문 과정에서 다음과 같은 힌트를 제공한다.

> 소설의 성립 요건이, 국어의 성립이나 국민의 형성 등의 국민국가 건설의 요청과 역사적으로 불가분의 관계에 있으며, 또한 소설세계를 구축하는 시점이 국가의 시점과 매우 근접한 것이라고 하여, 그것만으로 소설이란 모두 내셔널리즘과 공범관계에 있다고 단정할 수는 없다. 하지만 적어도, 소설이라는 것이 소설을 소설로서 성립시키는 제조건 가운데에, 국민국가적인 경험, 내셔널한 계기를 이미 내포하고 있다는 사실에 대해서는 확실히 인식해 둘 필요가 있다. (여기에서 '소설'의 자리에 '영화'를 넣는다고 해

도 마찬가지일 것이다.)[6]

이 인용문은 '역사적 기억'과 '이야기적 상상력=서사'와의 관계를 일반적으로 설명하는 구절 가운데에서 인용한 것이나, 이 글에서 다루는 '전후' 담론 영화들을 설명할 때 매우 적합하다고 여겨진다. 즉 앞에서 설명한 '전후' 담론 영화들이 현재 부상하는 내셔널리즘과 모두(?) 공범 관계에 있는 것은 아니지만, 이 영화들이 '국민국가적인 경험' 혹은 '내셔널 아이덴티티'에 대해 질문하고 있다는 점에서는 이 영화들이 그 저변에서 공통적인 목적성을 가지고 있다고 할 수 있을 것이다.

이 영화들이 '내셔널 아이덴티티'를 구현하거나 질문한다는 공통점이 있기에, 이들 영화는 그 서술 방식에서 또한 큰 공통점을 가지게 된다. 그것은 '내셔널 아이덴티티=역사'를 구현하는 주인공(=시점인물)이 등장하여, 그것을 자손에게 서술한다는 '회상의 내러티브'를 취하고 있다는 사실이다. 앞서 밝힌 어떤 영화를 예로 들어도 좋으나 〈한여름의 오리온〉을 예로 들어 설명하면, 잠수함의 선장이었던 주인공의 손녀가 생존하고 있는 옛 부하를 찾아가 그녀의 조부에 대해 전해 듣는다는 서사 구조를 취하고 있다. 여기에서 선장은 주인공(=시점인물)으로서 관객의 감정이입 통로가 되며, '회상의 내러티브'를 통해 후손(=관객)은 선장이 지켜낸 가치(=내셔널 아이덴티티)에 대한 기억과 감정을 공유하게 되는 것이다.

이상에서 '전후' 담론 영화들은 대개 원작에 근거하여 제작되는 경우가 많으며, 그것은 '내셔널 아이덴티티'에 대해 말하려는 공통된 목적성이 있다는 것과 그렇기 때문에 그를 구현하는 시점인물을 등장시키고

6 岡真理, 『記憶/物語』, 岩波書店, 2000, 14쪽.

그 서사를 전달하기 위한 '회상의 내러티브'가 사용된다는 등의 공통된 요소를 확인했다. 이하에서는 이들 '전후' 담론 영화가 어떠한 현재적 목적성에 근거하여 역사를 소환하고 있는지 그 세부적인 내용을 살펴보도록 한다.

3. '전후' 담론 영화가 구현하는 '내셔널 아이덴티티'의 제상

여기서는 앞에서 언급한 '전후' 담론 영화의 공통점에서 한발 나아가, 그렇다면 각각의 영화들은 구체적으로 어떠한 방식으로 과거를 소환하고 있으며, 그 소환된 역사는 어떠한 모습으로 현재적 서사로 재창조되는가에 대해 살펴볼 것이다. 여러 영화에 나타나는 '내셔널 아이덴티티'의 표현 방식을 살펴보기 위해, 이하에서는 공통된 영화 제재를 다룬 영화들을 몇 개의 항목으로 묶어서 주인공(=시점인물)과 내레이션 방식, 주된 갈등축과 그 해소 방식이라는 공통된 항목을 중심으로 분석하고 설명할 것이다.

1) '전범재판' 영화

일본의 패전과 GHQ에 의해 주도된 '전후민주주의'는 현재 일본사회의 기본 시스템을 형성하게 되며, 그 '전시기'와 '전후'를 구분하는 가장 상징적인 사건이 '동경재판' 및 'BC급 전범재판'일 것이다. 따라서 '전후' 일본의 형성에 대해 문제 제기할 때 가장 먼저 소환되는 역사가 이들 전범재판이며, 앞서 언급한 '전후' 담론 영화 중 이러한 전범재판을 그린 것이 〈프라이드, 운명의 순간〉, 〈내일에의 유언〉, 〈나는 조개가 되고 싶다〉이다.

〈프라이드, 운명의 순간〉은 '동경재판'을 재해석하면서 도조 히데키(東條英機)의 역할을 적극적으로 재평가한다. 주지하는 바와 같이 '동경재판(정식 명칭은 극동국제군사재판)'이란 독일의 전범처리 재판이었던 '뉘른베르크 재판'을 선례로 삼아 1946년 5월 3일부터 1948년 11월 12일까지 약 2년 반에 걸쳐 진행된 재판으로서, 그 결과 28명의 A급 전범 전원이 유죄 판결을 받고, 그중 도조 히데키 등 7명이 교수형 판결에 처했던 재판을 지칭한다. 동경재판에서 분류되었던 전쟁범죄는 A급은 '평화에 대한 죄', B급은 '통상적 전쟁범죄', C급은 '인도(人道)에 대한 죄'로 세 가지 카테고리로 분류되었다. 동경재판에서 재판에 회부된 일본의 전쟁지도자들은 '통상적 전쟁범죄', '인도에 대한 죄' 이외에도 이 '평화에 대한 죄'로도 기소되었기에 일반적으로 'A급 전범 용의자'로 지칭된다.[7] 그리고 이 재판 과정을 통해 전시기에는 '만주 모 중대사건(滿州某重大事件)'으로 알려졌던 사건이 실은 관동군의 모략에 의한 '장작림(張作霖) 폭파사건'이었다는 점, 만주사변의 발단이 되었던 류타오후(柳條湖)의 만철 폭파는 중국군이 아닌 관동군의 자작극이었다는 점, 남경대학살이나 싱가포르, 마닐라 등지에서 벌어진 수많은 학살행위 등에 대해서도 대다수의 일본국민은 동경재판을 통해 처음으로 알게 되었다.[8] 그 결과 동경재판의 일련의 과정과 그 보도는 전후 군부에 대한 불신과 전쟁혐오 등 일본 '전후민주주의'의 가장 중심적인 사회의식을 형성하게 되었던 것이다.

영화는 동경재판 속의 도조 히데키에 대한 공적 기록과 사적 픽션화

7 日暮吉延,『東京裁判』, 講談社現代新書, 2008, 8쪽.

8 太平洋戦争研究会 編,『東京裁判の全貌』, 河出文庫, 2005, 17쪽.

를 교차시키면서 그에 대한 역사적 재평가를 시도한다. 즉 영화 도입부에서 도조가 그의 변호인 기요세 이치로(清瀬一郎)에게 "일본을 패전으로 몰아넣고, 많은 장병을 죽이고, 그 책임을 져 죽지도 못하고 살아남은 나의 어디를 보아 무죄라고 할 수 있는가?"라고 묻자, 기요세는 "일본, 일본국민에 대해 당신은 유죄입니다. 하지만 영미 적국에 대해서는 유죄가 아닙니다."라고 답했다. 즉 이 영화는 '승자의 재판'인 동경재판에서 패자의 수장으로서의 도조가 그 역할을 끝까지 수행했던 것이 '프라이드'라고 말하고 있는 것이다. 재판 과정에서 남경대학살의 증거 여부가 논쟁이 되고, 미국 변호인에 의해 침략 전쟁이라는 이유로 패전국인 일본만을 처벌하는 국제법의 이중잣대가 고발되며, 도조의 증언 과정에서 일본은 나치 독일의 전체주의와는 매우 다르며, 미국과의 개전이 미국이 일본을 포위하는 경제적·군사적 압박이 극심했기에 피할 수 없는 선택이었다는 점이 웅변된다.

이 영화는 '승자의 재판'이냐, '문명의 재판'이냐에 대한 동경재판의 역사적 평가를 영화의 갈등축으로 그려내면서 명백히 '승자의 재판'이라는 관점에서 기술해 간다. 이러한 사실을 가장 잘 보여주는 점이 판사 '팔(Radhabinod Pal)'에 대한 묘사의 분량과 판결문의 서술 방식이다. 즉 팔은 인도인 판사로서 동경재판에서 피고인 전원에 대한 무죄를 요구한 것으로 유명한데, 영화에서 그는 제국주의 영국에 대해 '인도 국민군'이 일본군과 함께 싸웠던 '임팔 작전'에 대한 기억을 가지고 있으며, 따라서 동경재판 자체가 승자에 의한 재판일 뿐이라고 인식한다. 그 결과 판결문에서 팔은 "전쟁 재판의 처벌은 국제정의의 행위여야 하며, 패전국 국민만을 국제재판소에 붙여 처벌하는 것은 국제정의의 관념에 합치하지 않는다. 승자에 의한 재판은 패자를 즉결처분한 옛날 방식이며, 인류가 구축한 문명을 말살하는 것이다. 시간이 지나 광기와 편견이 작아져 이성이 허위의 가면을 벗길 때, 정의의 여신은 그 정의의 저울을 평화롭게 유지하면서 과거 상벌의 변경을 요구할 것이다."라고 말한다. 즉 영화는 지금이 과거의 역사적 과오를 변경할 때라고 말하는 것이다.

이 영화가 말하는 '역사적 과오를 변경할 때'라는 것은, 즉 영화가 개봉된 현재 시점을 말하고 있는 것이며, 이 1998년에 고바야시 요시노리(小林よしのり)의 『전쟁론(新ゴーマニズム宣言 戦争論)』이 발표되어 베스트셀러가 되었다는 것은 결코 우연한 현상이 아니다. 고바야시의 이 만화는 '새역모'에서 주장하는 '자유주의 사관'의 대표적인 문화물로 종종 언급되는 바와 같이 종군위안부, 남경대학살 등의 역사적 사실이 '전후민주주의'(그들은 '자학사관'이라 부른다.)에 의해 왜곡되고 신화화되어 있다고 주장하는 점[9]에서 〈프라이드〉와 같은 맥락에 위치한다. 그렇다면 그 결과로서 재조명되는 점은 무엇일까? 영화의 제목이 말하는 바와 같이 그것은 일본인이라는 '내셔널 아이덴티티'에 대한 '프라이드'인 것이다. 이 점에 대해서는 이하에서 다시 언급하도록 하겠다.

다음으로 〈내일에의 유언〉과 〈나는 조개가 되고 싶다〉를 통해 'BC급 전범재판'을 살펴보고자 한다. 'BC급 전범재판'이란 A급은 '평화에 대한 죄', B급은 '통상적 전쟁범죄', C급은 '인도(人道)에 대한 죄'에 대해 동경재판에서 주로 심리된 A급 전범을 제외한 B급과 C급을 함께 심리한 전범재판을 지칭한 것으로서, 일본의 요코하마 법정을 필두로 중국, 대만, 필리핀, 인도네시아, 버마, 호주, 태국 등 각지에서 승전국인 연합국의 심리로 진행되었다.[10]

9 小林よしのり, 『新ゴーマニズム宣言 戦争論』, 幻冬社, 1998. 특히 4, 11, 12장 참조.

이 중 먼저 〈내일에의 유언〉은 오오카 쇼헤이의 원작 소설 『긴 여행』을 영화화한 작품이다. 이 영화가 그리는 주인공 오카다 다스크(岡田資) 중장은 현재의 긴키 지방을 관할하는 도카이군(東海軍) 제13방면군 사령관으로서, 그는 B-29 탑승원 27명을 전쟁포로로 처우하지 않고 1945년 6월 28일에 11명, 동년 7월 12일에 16명을 참수 처형했다는 혐의로 재판에 회부된다. 이 케이스가 소설가 오오카에 의해 그리고 다시 2008년에 영화로 제작된 이유는 그 재판 과정의 특수성을 지적하며 '책임지는 지도자상'을 제시하려는 목적성 때문이다. 즉 오카다 중장은 이 재판을 법전(法戰)이라 칭하며 다음과 같은 논점을 제시한다. 즉 (1) 미군에 의한 무차별 폭격이라는 '비상시국'하에서 전쟁포로를 다루는 '군율회의'는 제대로 기능하지 못했으며, 자신이 책임지고 있는 방면군(方面軍) 내에서 정한 '약식재판'에 따라 처리했다. (2) 탑승원은 엄연한 전범자로서 포로가 아니다. (3) 포로에 대한 국제법규인 제네바 조약은 '신병기'인 핵무기가 출현한 상황에서는 무용지물이었으므로 그 법 적용은 타당하지 않다는 것이다. 이러한 세 가지 쟁점[11]으로 진행된 오카다 케이스가 후세에도 주목된 이유는 "무차별 폭격의 양상이 법정에서 입증된 장면은 동경재판에서도 요코하마의 여타 BC급 재판에서도 없었던" 케이스였기 때문이며,[12] 또한 오오카가 지적하는 바와 같이 오카다는 모든 '책임'은 군사령관인 자신에게 있으니 모든 부하는 무죄라고 주장했기 때문이다. 『긴 여행』을 원작으로 만들어진 〈내일에의 유언〉은 이와 같은 '미국의 전쟁책임'과 '일본의 책임지는 지휘관'의 모습을 부각시키는 방향으로 묘사되며, 이러한 '책임

10 林博史, 앞의 책, 61~68쪽.

11 大岡昇平, 『ながい旅』, 角河文庫, 2007, 46~47쪽.

12 『法廷の星条旗 — BC級戦犯横浜法廷の記録』, 156쪽.

있는 지도자상'의 묘사는 〈나는 조개가 되고 싶다〉의 중심 테마이기도 하다.

1959년판 영화 〈나는 조개가 되고 싶다〉는 〈내일에의 유언〉과 마찬가지로 미군포로 학살 혐의로 'BC급 전범'으로 체포되어 요코하마 미8군 BC급 군사법정에 회부된 사건을 다룬다. 하지만 이 영화는 시미즈 이등병의 시선으로 그려지며, 그는 소대장과 분대장의 명령에 따라 사로잡은 미군 병사를 총검으로 찔러 전후 전범재판에 회부된다. 최종 선고에서 군사령관 야노가 사형, 이하 대대장, 소대장, 분대장 등이 유기형을 선고받았음에도 불구하고(중대장은 패전 당시 자살), 시미즈는 사형 선고를 받고 형이 집행된다. 이 영화가 당대에 흥행함에 따라, 여기에서 기술되는 "나는 조개가 되고 싶다"라는 말은 "밑에 있는 자들이 피해를 당한다"는 인식과 더불어 1950년대의 대중적 염전의식과 군부비판을 대표하는 말이 된다. 그리고 BC급 전범재판으로 '승자의 재판장'에 '무고한 죄'로 끌려나와 '잘못된 재판' 끝에 '정직한 자가 운 나쁘게 처벌'을 받고 말았다는 1950년대적 '동정'의 공통감각을 조성하는 데에 〈나는 조개가 되고 싶다〉라는 영화는 결정적인 역할을 한다.[13]

하지만 2008년 리메이크된 영화에서 나타나는 가장 큰 차이점은 야노 사령관의 묘사다. 1959년판 영화에서는 묘사조차 되지 않는 야노 사령관의 사형 장면에서 그는 GHQ 헌병을 앞에 두고 다음과 같은 일장 연설을 한다.

헤이그 조약의 육전법규 및 공전법규에 의하면, 무방비도시, 시가지,

13 신하경, 「BC급 전범재판과 '전쟁책임'에 대한 기억의 변화」, 『일본학보』 81, 2009. 11, 139쪽.

주택, 건물은 어떠한 수단으로서도 공격 혹은 포격은 금지되어 있다. 따라서 군사기지나 시설이 아닌 일본 주요 도시의 주택을 목표로 소이탄의 융단 폭격을 가하여, 백만이 넘는 서민을 살육하고, 수천만에 이르는 피해자를 낸 미군에 의한 일본 도시 폭격은, 너무나도, 명백한 전쟁범죄로 의심된다. 폭격명령의 입안자 및 작전을 실시한 항공사령관을 즉시 군사법정에 소치하여 상세히 밝혀야 할 것이다. 다음으로 이 재판은 사령관인 나 자신의 애매한 명령이 원인으로, 그 책임자는 나 한 사람이며, 다른 관계자에 대한 처벌은 형식적이고, 또한 일방적이며 너무나도 가혹하다. 이 사건은 나의 교수형 집행으로 종결되는 것이기에 다른 관계자는 무죄로, 아니 절차상 그것이 어렵다면 최소한 한 단계씩 감형하여, 사형은 유기로, 유기형은 즉시 무죄로 하여야 한다.

즉 2008년 영화는 미국의 전쟁책임을 묻고 그와 대등하게 일본의 전쟁책임을 지는 '책임'의 소재를 밝히는 데에 있는 것이다.

이 세 영화는 '동경재판' 및 'BC급 전범재판'을 과거의 시점과는 다른 방향으로 조형하고 있다는 공통점이 있는데, 그것은 이들 재판을 '승자의 재판'으로 재규정하며 일본의 전쟁책임이 있다면 마땅히 미국의 전쟁책임도 물어야 한다는 것이었다. 또한 그에 대한 책임의 주체자로 과거에는 비난의 대상이었던 군부 지도자들을 '내셔널 아이덴티티'의 구현자로 재소환하고 있다.

2) '특공대' 영화

다음으로는 '특공대(特別攻擊隊)'를 다룬 영화군을 살펴보고자 한다.

이 특공대라는 존재는 전시기에는 '군신(軍神)'으로 추앙되다가, 전후에는 '개죽음(犬死)'으로 멸시되는 등, 시대의 변화에 따라 '내셔널 아이덴티티'에 대한 주요한 구성 요소로서 다양한 방식으로 인식되어 왔다. 여기에서는 '전후' 담론 영화 가운데 이 특공대원을 다룬 영화를 〈호타루〉, 〈나는 너만을 위해 죽으러 간다〉, 〈출구 없는 바다〉, 〈남자들의 야마토〉를 중심으로 살펴보고자 한다.

〈호타루〉는 가미카제(神風) 특공대에 포함되어 있던 조선인 비행사를 소재로 한일 양국 간의 화해 방식을 다루었다는 점에서 한국에서도 화제가 되었던 작품이다. "가미카제 특공대에 조선인이 포함되어 있다는 사실이 널리 알려지기 시작한 것은 '특공대의 어머니'로 불리던 치란(知覽) 항공기지의 육군 특별지정 식당 도미야(富屋)의 여주인 도리하마 도메(鳥濱トメ)가 NHK의 '사람찾기(尋ね人)' 프로그램을 통해 한국인 출신 특공대원 탁경현(卓庚鉉 — 창씨개명 이름은 미츠야마 후미히로(光山文博))의 유가족을 찾는 방송을 하면서부터"[14]였으며, 이 영화는 그러한 사회적 화제를 영화화한 것이다.

영화의 갈등축은 크게 두 방향으로 전개된다. 하나는 특공대에 대해 후대에 전달하기이며, 다른 하나는 조선인 특공대의 존재를 한일 양국의 역사적 희생자로 복원하기다. 먼저 첫 번째 축부터 살펴보면, 쇼와 천황의 죽음을 계기로 과거 특공대원이었던 후지에다가 자신도 먼저 간 동료들의 곁으로 가야 할 때라는 생각으로 산행 과정에서 사망하게 되고, 그 손녀가 할아버지의 심정을 이해하기 위해 치란으로 향한다. 그 손녀에게

14 이향철, 「옮긴이보론」, 오오누키 에미코, 『죽으라면 죽으리라』, 우물이있는집, 2007, 405쪽.

후지에다의 상사였던 야마오카는, 특공대원은 생사에 대해 갈등하지만 가족과 조국을 지키기 위해 자신이 죽을 수밖에 없다는 각오로 떠났었다는 오랫동안 가슴에만 담아왔던 이야기를 꺼내게 된다. 하지만 이러한 '개인사 구술=역사 서사'는 매우 흔한 논리이며, 이 영화의 특징은 오히려 이러한 역사 서술에 대한 비판에 있다. 즉 '특공대의 어머니' 도리하마 도메는 손녀를 앞에 두고 "마침 이 정도 나이였어. 젊고 건장했던 그들에게서 꿈도 기쁨도 빼앗아, 나라를 위해서다, 만세, 만세 하면서, 일장기 흔들면서 보냈어요. 죽인 거예요. 엄마라면 제 자식에게 죽으라는 말은 안 하겠죠. 자기가 죽었으면 죽었지 아이를 죽이지는 않겠죠."라고 했다. 다시 말하면, 이 도리하마의 호소는 특공대원을 '일본국'과 '일본국민'을 지켜내었던 '내셔널 아이덴티티'의 체현자로서 기술하려는 '공적 역사'에 대한 거부이며, 그것은 고통스러운 '개인사'로 지속되고 있는 것이다.

이러한 '개인사'와 '공적 역사'의 갈등은 한국과의 관계에 있어서도 마찬가지로 그려진다. 영화 속 조선인 특공대원 가나야마의 약혼자였던 도모코는 가나야마가 사망한 후 야마오카와 결혼하게 되고, 야마오카와 도모코는 도메의 부탁으로 가나야마의 유품을 한국 유족에게 전달하기 위해 안동 하회마을을 찾게 된다. 유족들은 가나야마가 조선인으로서 그렇게 죽었을 리가 없다(=한국의 내셔널 아이덴티티=공적 역사)며 가나야마의 유품(=과거의 기억)을 받아들이려 하지 않으나, 야마오카에게 전달된 유언(=개인의 구술)으로 "도모코 씨, 저는 내일 아침 출격합니다. 고맙습니다. 저는 도모코 씨 덕분에 진심으로 행복했습니다. 저는 반드시 적함을 격침시키겠습니다. 하지만 그것은 대일본제국을 위해서 죽는 것이 아닙니다. 조선민족의 긍지를 가지고, 조선에 있는 가족을 위해서, 도모코 씨를 위해서 출격합니다. 조선민족 만세, 도모코 씨 만세, 감사합니다."라는 말이 전달된다.

이 '전달된 유언'에는 두 가지 역사적 설명이 내포되어 있다. 즉 조선인이 전쟁에 나가 특공대원이 될 수밖에 없었던 당대 조선인의 '이중적 아이덴티티'라는 역사성과, 전후 일본과 한국으로 공적 역사가 재기술되는 과정에서 그들의 존재는 철저히 잊혀져 왔었다는 점이 그것이다. 따라서 조선인 특공대원은 한국과 일본 양국에 있어서 '공적 역사'의 희생자들이며, 그들의 존재는 〈그림 6-1〉에서 볼 수 있듯이 개인의 상처를 끄집어내어 치유해야 하는 과정을 거치는 것이다. 이러한 의미에서 가나야마가 출격 직전에 '아리랑'을 불렀었다는 에피소드와 가나야마의 무덤에 '호타루(=가나야마의 영령)'이 나타났다는 라스트 신의 묘사는 이와 같은 '개인사'와 '공적 기억'의 갈등과 화해 방식을 상기시킨다는 점에서 의미가 있다고 할 것이다.

영화 〈호타루〉의 이러한 '개인사'와 '공적 기억'의 갈등과 화해 방식의 묘사에 대해 정반대의 해석을 내놓은 영화가 〈나는 너만을 위해 죽으러 간다〉라고 할 수 있다. 이 영화는 이시하라 신타로(石原慎太郎) 극본, 총지휘하에 제작되었으며, 영화의 제목이 시사하는 바와 같이 가미카제 특공대원의 수많은 '잊혀진' 사연을, 〈호타루〉에도 등장했던 도미야의 여주인 도리하마 도메가 현재적 시점에서 회상하는 '역사 기억'의 이야기다. 이 영화는 특별한 사건이나 중심인물이 존재한다기보다는 군중극의 형태에 가까운 영화로서, 특공대원들은 죽음을 앞두고 국가, 가족, 개인에 대해 다양한 반응들을 보이게 되지만, 자신이 지키려는 소중한 것을 위해 자신의 목숨을 산화했으며, 그들은 〈그림 6-2〉에서 볼 수 있듯이 호타루(=호국영령)가 되어 현재에도 살아 있다는 판에 박힌 이야기를 하고 있을 뿐이다.

그림 6-1. 〈호타루〉에서 야마오카가 조선인 특공대원의 유언을 전달하는 장면

그림 6-2. 〈나는 너만을 위해 죽으러 간다〉에서 호국영령이 되어 돌아온 특공대원들

하지만 그럼에도 불구하고 이 영화에서 주목되는 장면 묘사는 〈호타루〉에서 묘사되었던 가나야마가 재차 묘사되고 있다는 점이다. 가나야마는 출격을 앞두고 도메에게 "아주머니, 저의 이 사진을 아주머니께 맡기고 가겠습니다. 조선인이 거기까지 할 필요는 없다고 친척들 모두 특공대 지원을 반대했습니다. 고생해서 상급학교에 보내준 어머니에게 보

답하기 위해 육군장교 제복을 보여주고 싶었는데, 지금은 아무것도 모르게 되었습니다. 이 전쟁이 끝난 후 조선이 어떻게 될 것인지, 나 자신은 도대체 무엇을 위해 누구를 위해 죽는 것인지조차 모르게 되었습니다." 라고 말한다. 이 말이 끝난 후 가나야마는 '아리랑'을 부르고, 영화의 라스트 장면에서 그의 영령이 다른 일본인 특공대원의 영령과 함께 일본의 신사에 안치되어 있다는 것으로 마무리된다.

이러한 논리에 따르면 가나야마는 일신의 영달을 위해 특공대에 지원한 것(=개인의 선택)이며, 그 동기야 어찌 되었든 그 죽음이 일본국의 유지에 기여했기에 일본의 호국영령으로 대우하는 것(=공적 기억)이 합당하다는 것이다. 그리고 이 논리는 〈호타루〉가 보여준 '개인사'와 '공적 기억'의 갈등과 화해 방식을 역으로 뒤집은 것이라 할 수 있다. 즉 〈호타루〉에서 암시되었던 전시기 조선인의 '이중적 아이덴티티'는 '식민지 책임'이라는 '공적 영역'이 아닌 '개인의 선택'이라는 '사적 영역'으로 후퇴하는 것이며, '공적 영역'에서 불가능한 화해의 시도가 '사적 영역'에서 이루어지는 것이라고 보는 것이 아니라, '일본'의 호국이라는 '공적 기억'으로 수렴하려는 시도인 것이다. 이러한 인식은 후술할 '책임의 자폐구조'를 보여주는 것으로서 매우 전도된 사고방식이라 할 수 있다.

다음으로 〈출구 없는 바다(出口のない海)〉는 가이텐(回天)[15] 특공대원을 그린다. 이 영화의 특색은 학도병의 출병식 영상에 당시의 뉴스 영상을 삽입함으로써 역사적 현장감을 고취하고 있으며, 전쟁 장면의 스펙터클한 묘사를 거의 배제하고 특공대원의 출격 전의 심리적 갈등을 중심적

15 가이텐(回天)은 1인승 특공 잠수함의 명칭이다. 잠수함의 전두부에 폭약을 장착하고 적의 함선에 부딪혀 침몰시키는 전략을 구사했으나, 영화에서 묘사하는 바와 같이 그 성공률이 매우 낮았다.

으로 그려냄으로써 긴장감을 고조시킨다는 점이다. 그리고 영화의 라스트에서 메이지(明治) 대학 야구부의 주전 투수이며 볼레로라는 '적국' 음악을 즐겨 듣던 주인공은 죽음을 결심하는 이유로서, "무엇 때문에 죽는가? 나는 가이텐이라는 것을 후세에 전하기 위해 죽는다. 인간어뢰라는 병기가 있었다는 것을, 사람이 그 병기의 일부가 되었었다는 것을, 이 슬픈 사실을 후세에 전하기 위해 죽는다."라고 말함으로써 영화가 전달하는 반전의식을 직접 표출한다. 즉 이 영화는 '내셔널 아이덴티티'와 결부되어 기술되기 쉬운 특공대원의 심리를 그로부터 분리하여, 오히려 강한 반전의식과 결부시키고 있다는 점에서 의의가 있다고 할 수 있을 것이다.

〈남자들의 야마토〉는 영화적 제재로서는 '전함' 영화라고 볼 수 있으나, 영화의 내러티브가 '특공대' 서사로 설명되기에 이 항목에서 설명하기로 한다. 〈남자들의 야마토〉는 앞에서 언급한 바와 같이 다양한 기록에 근거하고 있기에, 영화도 사령관이나 해군 상층부를 그리기보다는 하사관급 이하의 수병에 초점을 맞추어 군중극의 형태로 전개된다. 1944년 6월 사이판 전투, 10월 레이테 해전, 1945년 3월의 일본 본토 무차별 폭격 등이 다큐멘터리 영상과 뉴스 내레이션을 통해 정보가 전달되며, 그에 따라 '야마토' 함대 수병들은 최후의 전투에 임하게 되고, 이 전투가 여러 수병의 '특공대' 서사로 전달된다.

하지만 이 영화가 '특공대' 서사를 사용한다고 해서 '내셔널 아이덴티티'를 고취하는 영화라고는 말하기 어렵다. 오히려 이 영화의 특색은 영화 후반부의 전투 장면에 있으며, 그 특색은 '비인간적'인 묘사라고 할 수 있다. 즉 미군 폭격기는 끊임없이 무기질적인 폭격을 반복하고, 수병들의 신체는 그에 따라 끊임없이 훼손당한다. 극적으로 살아 돌아온 수병의 약혼자는 히로시마 원폭으로 사망하고, 동료의 죽음을 알리러 간

곳의 어머니는 "혼자서 잘도 살아왔군."이라며 독설을 내뱉는다. 영화는 결코 표면적인 반전 메시지를 주지는 않지만, 이러한 전쟁을 견뎌 살아남은 자의 임무가 "전쟁으로 죽어간 자들을 후대에 전하는 것"이라고 말하는 라스트 신 등으로 볼 때, 전체적으로 이 영화는 전쟁이 불러일으키는 참상에 대해 고발하는 영화라고도 할 수 있을 것이다.

3) 대중오락으로서의 '전후' 담론 영화: 후쿠이 하루토시 소설의 영화화

2005년은 일본의 '종전' 60주년에 해당하는 해로, 앞서 설명한 〈남자들의 야마토〉 이외에도 다수의 전쟁에 관련된 영화가 공개되었다. 그 중에서도 소설가 후쿠이 하루토시(福井晴敏)의 소설들을 영화화한 〈로렐라이〉, 〈전국자위대 1549〉, 〈망국의 이지스〉 등이 한꺼번에 영화화되어 주목을 끌었다. 후쿠이의 소설에 기반한 영화들은 앞에서 다루었던 영화들이 '역사적 사실'에 근거하여 제작되었다는 점과는 근본적으로 다른 면을 보이고 있다. 그것은 그 영화들이 '역사(현실)'와 '가상(상상력)' 사이의 접점 혹은 그 둘 사이의 왕복운동 가운데에서 제작된 대중오락물이라는 점이며, 이를 분명히 할 필요가 있다.

이에 대해 간략하게 살펴보면, 먼저 〈로렐라이〉는 인류 최초로 원자폭탄이 히로시마에 투하되었다는 역사적 사실을 바탕으로 제2의 원폭이 투하되는 것을 저지하기 위해 '로렐라이'라는 가상의 비밀병기를 탑재한 잠수함의 활약상을 그린 작품이다. 이 영화는 현실적으로는 1990년대 북한의 대포동 미사일 개발과 북핵 문제, 그에 대한 일본의 자주국방을 둘러싸고 고양되기 시작한 일본 내의 '반미 내셔널리즘'적 흐름에 바탕을

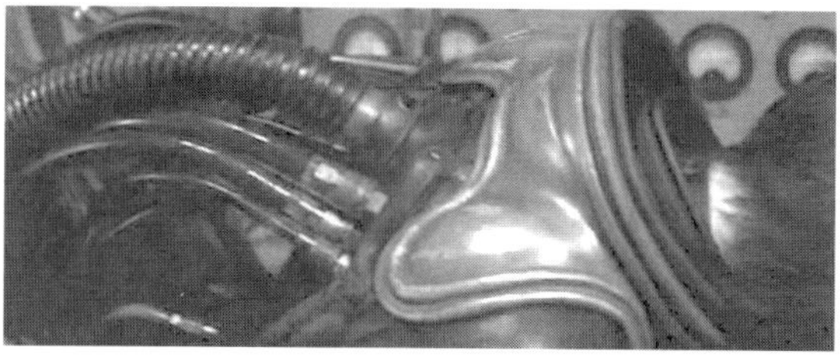

그림 6-3.
〈로렐라이〉 속 여주인공의 기계적 신체 묘사

그림 6-4.
〈공각기동대〉의 전뇌(電腦) 묘사

두고 있으나, 그것조차 문화적 상상력에 의해 가공된 내러티브 속에서 진행된다. 즉 이 영화는 장르적으로는 '크림슨 타이드'와 같은 냉전기 핵잠수함 영화의 장르 규칙을 따르고 있으며, 〈그림 6-3〉, 〈그림 6-4〉를 통해 확인할 수 있듯이 오시이 마모루(押井守) 감독의 〈공각기동대(攻殼機動隊)〉(1995)의 여주인공을 강하게 연상시키는 여주인공(초능력을 가진 인간의 뇌가 기계와 접속하여 적의 동태를 파악한다.)을 등장시켜 애니메이션적 상상력을 동원하고 있다.

〈전국자위대 1549〉는 시간여행을 통해 일본 역사의 중요한 순간인 1549년으로 자위대가 출동하여 일본의 위기를 수습한다는 내용으로 이루어져 있으며, 〈망국의 이지스〉는 해군 호위함의 함장이 일본의 군국주의 정부에 대항하여 반란을 일으킨다는 가상의 역사를 그린다.

이러한 후쿠이의 소설과 영화적 흥행 성공에 대해서 세 가지 정도의 논점만을 지적해 두도록 한다. 먼저, 이들 세 영화는 일본 방위청의 적극적인 지원하에 자위대의 '군비' 자체를 묘사하는 데에 역점을 두고 있다는 사실이다. 일본 해군의 군함, 잠수함 등의 군비가 이처럼 영화의 전면에 부각된 것은 전후 처음이라고 해도 과언이 아니며, 그것은 일본 자위대의 이라크 파병이라는 현안과 '헌법 9조' 개정이라는 뜨거운 쟁점과 직접 맞닿아 있는 문화적 현상인 것이다. 두 번째, 이들 영화는 내러티브 면에서 볼 때, 일본이 역사적으로 위기에 처했던 순간을 제재로 삼아 그 위기가 어떤 갈등 상황 속에서 발생했으며 어떻게 극복되어야 하는가 하는 당위에 대해 말한다. 이 영화들이 결코 전쟁을 직접 찬미하지는 않는다고 해도(오히려 반전적인 메시지가 강하다.) 애국적이며 반미적인 남성이 등장하여, "국가란 무엇인가? 그것은 과연 지켜낼 가치가 있는 것인가? 지켜야만 하는 가치라는 것은 무엇인가?" 등의 문제의식을 표출하고 있다. 세 번째, 이들 영화는 일정한 역사적 순간에서 제재를 취하고 있음에도 불구하고, 문화 영역의 특수한 '상상력' 위에서 제작되고 있다는 점은 무시할 수 없다. 즉 이들 영화는 애니메이션적 상상력을 표현하고 있거나, 냉전 시대의 핵잠수함 영화물이라는 영화의 장르적 규제에서 자유롭지 못한, '문화적 논리' 속에서 생산되고 있는 대중오락물이란 점을 간과해서는 안 된다는 것이다.

4) '전후' 담론 영화의 모티브: 대미관계 속 '일본 남성'의 프라이드

여기서는 지금까지 다루었던 '전범재판' 영화, '특공대' 영화, 후쿠이 하루토시 원작 영화들에 나타나는 가장 공통적인 요소를 한 가지 추출하여 그 사회적 '욕망'이 무엇을 의미하는지에 대해 고찰하고자 한다. 그 공통되는 요소란 '책임' 있는 지도자상, '남성상'을 주로 그려낸다는 점이며, 그것도 미국과의 관계 속에서 그려지고 있다는 사실이다.

앞에서 설명한 내용이지만 간단히 요약하면, 〈동경재판〉에서 도조는 '전쟁책임'을 국민에 대해서는 유죄, 적국에 대해서는 무죄를 입증하기 위해 법정 싸움을 하는 '지도자'로서의 책임을 완수하며, 〈나는 조개가 되고 싶다〉, 〈내일에의 유언〉에서는 미군의 무차별 폭격이라는 전쟁범죄를 고발하고 자국민을 보호하려는 지도자상이 그려진다. 〈남자들의 야마토〉에서는 선원들과 함께 옥쇄하는 선장의 모습이 장엄하게 그려지며, 〈로렐라이〉에서는 반미 내셔널리스트의 핵전쟁 시도를 저지하여 일본을 위기에서 구하는 잠수함장의 지도력이 부각된다. 그리고 이러한 지도자상은 적군의 이해, 심지어는 존경까지 이끌어 내게 된다. 〈나는 조개가 되고 싶다〉에서 야노 사령관의 사형을 앞둔 연설 장면에서 GHQ 헌병들이 야노 장군에게 경의를 표하거나, 〈내일에의 유언〉에서 재판관과 검찰관도 오카다 중장에게 이해를 표시하며 존중하는 장면이 종종 기술된다.

여기서는 이러한 지도자상과 미국과의 관계에 대해 〈한여름의 오리온〉과 〈태평양의 기적〉 두 편의 영화를 통해 살펴보고자 한다. 먼저 〈한여름의 오리온〉부터 살펴보자. 이 영화는 미국에서 날아온 한 통의 편지로부터 이야기가 시작되어 '역사 회상' 방식으로 진행된다. 현재 시점에서 편지를 주고받은 미일 당사자의 할아버지가 태평양전쟁 당시 일본군 잠수함장과 미군 함장의 위치에서 교전했으며, 이 양자는 군인으로서 책무를 다하고 상호 존중했다는 사실이 밝혀진다. 여기서 '오리온'이란 일본군 잠수함장의 부인이 그의 무사귀환을 바라며 지었던 노래를 말하며, 그 가사는 "오리온이여, 사랑하는 사람을 인도하라. 그가 돌아오는 길을 잃지 않도록"이라는 가사를 담고 있으며, 이것은 그 함장의 생명존중 의식으로 이어진다. 즉 그에게 가이텐 특공대가 결사 항전할 것을 호소하자, 그는 "우리는 죽기 위해서 싸우는 것이 아니다. 살기 위해서 싸운다. 인간은 무기가 아니다. 단 하나의 생명이다. 아깝지 않은가!"로 답변하며 특공대의 죽음을 무의미하다며 만류한다. 이러한 일본 해군에 대해 미군 함장은 "일본 해군은 명예롭고, 영리하며, 당당하다."는 식으로 평가하며, 일본군 잠수함에서 들려오는 '오리온'이라는 음악에 대해 고향을 그리워하는 군인의 보편성과 인류의 갈등을 넘어서 별을 노래한다는 초월성에 대해서 이해하고 받아들인다. 〈그림 6-5〉는 종전 소식이 들려오자 미군 함정에 경의를 표하는 일본군 잠수함장의 모습을 보여주고 있으며, 미군 함장도 마찬가지로 거수경례로 화답한다. 즉 〈한여름의 오리온〉은 전쟁을 완수하고 부하의 목숨까지도 보호하는 '책임'을 다하는 지도자상을 그림으로써 미국과 동등한 위치에 존재하는 '내셔널 아이덴티티'를 구현[16]하고 있는 것이다. 하지만 이러한 인물 조형이, 음악을 통한 적군 간의 상호 이해[17]나 설득력 없는 생명존중 의식 등 매우 억지스럽게 느껴지는 점은 부인할 수 없다.

이러한 미국과의 관계 속에서 일본의 '내셔널 아이덴티티'를 고양하려는 시도가 극단적으로 나타나는 영화가 〈태평양의 기적〉이다. 이 영화

16 사카이 나오키는 『일본, 영상, 미국』(그린비, 2008, 13~14쪽)에서, 일본의 '내셔널 아이덴티티'가 '태평양 횡단적인 헤게모니'에서 형성되고 있으며, 그것은 '식민지 관계를 온존'하고 있다고 분석하며, 그것을 '쌍-형상화(対-形像化) 도식'이라는 개념을 도입하여 설명한다.

17 이치카와 곤(市川崑) 감독의 1956년 영화 〈버마의 하프(ビルマの竪琴)〉에서 교전 중 음악을 통한 적군 간의 교감이 그려진 이래, 오시마 나기사(大島渚) 감독의 〈전장의 메리크리스마스(戦場のメリークリスマス)〉 등에서 이러한 묘사가 나타난다. 이 글 가운데서는 〈로렐라이〉에서도 보인다.

그림 6-5. 〈한여름의 오리온〉에서 미군 함정에 경의를 표하는 일본군 잠수함장

는 '사이판 전투'를 제재로 다루고 있는데, 이 전투는 태평양전쟁에서 일본인 민간인 집단 자살이 처음으로 나타나고, 전투 결과 사이판에서 출동한 전투기가 일본까지 직접 비행하게 됨으로써 도시부 대공습이 가능하게 된 전투로 유명하다.

이 영화의 특색은 무엇보다도 미국인 내레이터로 전개된다는 점을 들 수 있다. 또한 그것은 영화의 원작이 돈 존스(Don Jones)라는 사이판 전투 참가자의 실록소설『적이지만 눈부신 태양부대의 용감한 전투 512일(タッポーチョ敵ながら天晴大場隊の勇戦512日)』(1982)에 근거하고 있기 때문이며, 영화에서는 불과 잔병 47명으로 게릴라 전투를 이끌면서 종전까지 항복하지 않았던 오바 사카에(大場榮) 대위를 '폭스'라고 부르며 존경한다. 영화의 내레이터는 미일 개전 전에 일본에서 2년간 공부한 경험이 있으며, 일본인이 인생에서 만남을 소중히 여기며(一期一會), 포기하지 않는 강인함이 있고, 전투에서 상대편에 항복하기보다는 죽기를 선택한다는 점을 '프라이드'의 문제라고 말하는 등 일본인에 대한 깊은(?) 이해심을 가진 인물로 조형된다.

이에 대해 오바 대위는 잔병 47명으로 훌륭히 게릴라 전투를 이끌

그림 6-6. 〈태평양의 기적〉에서 사이판 전투 임무를 완수하고 지휘권을 미군에게 양도하는 일본군 오바 대위

며 종전 때까지 버티지만, 종전이 되어 지휘권을 미군에 넘기라는 상부의 명을 받고 산에서 내려온다. 그때 부하들에게 오바는 "나는 제군들과 함께 싸워 온 것을 자랑스럽게 생각한다. 너희들은 충분히 싸웠다. 부끄러워할 것은 하나도 없다. 가슴을 펴고 당당히 산에서 내려가자. 앞을 보고 내일을 살아가는 것이 우리의 임무다."라고 말한다. 〈한여름의 오리온〉의 함장과 마찬가지로, 〈그림 6-6〉에서 그려지듯이 〈태평양의 기적〉에서 오바 대위는 군부 지휘자로서 작전 지휘권을 미군에게 넘길 때까지 전쟁 책임을 다하고 있으며, 그것은 '대동아공영권'의 사상 때문이 아니라 생명존중 의식의 발로인 것이다. 다시 말하면, 이 영화는 적국 군인의 내레이터를 동원하면서까지 일본군 지도자의 '책임'의식을 부각시키려는 의도를 가진 영화인 것이다.

이들 미국과의 관계 속에서 일본군 지도자상을 재평가하려는 영화들이 말하는 '책임'의 의미에 대해 살펴보자. 먼저, 전쟁의 피해에 대해 책임을 진다는 '전쟁책임'을 말할 때, '전범재판' 영화들에서 보이듯이 그것은 일본만의 책임이라고 말할 수 없는, 그러니까 전쟁이란 것의 속성으로 설명함으로써 미국의 '전쟁책임'으로 귀결되는 논리를 말하는 것이다. 그리고 전쟁 지도자로서의 책임에 대해서는, 전투를 끝까지 수행했다는 '임무'에 대한 '완수책임'을 다하는 모습과, 부하의 생명과 국민의 생명을 보존한다는 지도자로서의 '보호책임'을 다하는 모습이 그려진다. 그리고 이러한 '책임' 있는 남성상으로 표현되는 '내셔널 아이덴티티'는 그것이 현재 일본사회가 '욕망'하는 지도자의 모습이라고 해도 과언이 아닐 것이다. 다소 거칠게 표현하면, 냉전 후 국제질서 재편 속에서 과거에는 묻지 못했던 미국의 전쟁책임을 묻고자 하며, 북한의 납치 문제, 대포동 미사일 문제 등에 대해 자국민을 보호하고 안전을 지킬 수 있는 강한 리더십을 가진 지도자의 모습을 욕망하는 것이라고 볼 수 있을 것이다.

하지만 이들 영화에서 나타나는 '책임'의 묘사는 매우 전도된 사고에서 출발한 것이라 할 수 있다. 즉 위에서 정리한 책임들을 과거 일본이 실천해 왔는가 하는 물음을 제기해 본다면 어떠할 것인가? 부연하면 태평양전쟁에서 일본의 군부는 생명존중 사상에 입각해서 자신의 군인을 지켜냈는가? 일본국민의 안전을 지켜냈는가? 미국의 전쟁책임을 추궁했는가? 이러한 과거의 역사적 질문들에 대해 이와 같은 정반대 방향의 '내셔널 아이덴티티'의 구현은 '미화'일 뿐이며, '전후' 표상에 대한 새로운 '신화화'라고 할 수 있다. 〈태평양의 기적〉에서 사이판 전투를 통해 생명존중 의식을 말하고 싶다면, 최소한 그곳에서 죽어간 수많은 민간인 자살자들에 대한 언급은 있어야 하는 것이 아닐까? 그런 의미에서 특공대의 동료에 대한 '책임'을 통해 식민지 지배의 '책임'을 암시하는 〈호타루〉는 의미 깊은 작품이라 할 것이다. 미국과의 관계에서만 '책임'을 의식하는 이러한 '책임의 자폐 구조'는 '전후' 담론 영화를 말할 때 반드시 지적해야 하는 사실이다.

5) 반전 영화의 다양성: 〈캐터필러〉를 중심으로

마지막으로 여기서는 〈들어라 해신의 목소리〉, 〈해 질 녘 바닷가 벚꽃의 나라〉, 〈클럽 진주군〉, 〈엄마〉, 그리고 〈캐터필러〉를 통해 반전 영화의 다양성에 대해 고찰하고자 한다.

먼저 〈들어라 해신의 목소리〉는 동명 수기의 일부를 발췌한 1950년 영화를 리메이크한 것으로서, 필리핀 전선과 본토-오키나와 전선을 다룬다. 이 영화는 도쿄대, 와세대대, 메이지대 등 명문대학 소속 럭비 선수들이 "왜 병역을 거부하지 않는가?", "왜 전쟁에 반대하지 않는가?" 등의 질문을 반복하면서도 전장에 출정하여 결국 럭비 경기장으로 돌아오지 못하고 전장에서 죽어가는 모습을 그림으로써, 전쟁이 얼마나 '존귀'(미래를 책임질 명문대생의 목숨)한 것들을 일거에 앗아가는지를 묘사한다.

〈해 질 녘 바닷가 벚꽃의 나라〉는 히로시마 피폭 여성과 그 손녀가 등장하는 '해 질 녘 바닷가'와 '벚꽃의 나라'가 에피소드적으로 구성되어 '원폭'의 기억을 말하는 문제작이다. 영화가 그리는 상처의 기억은 '전후' 담론 영화가 말하듯이 '회상'하는 것이 아니며, 기억하기 싫음에도 부지불식간에 찾아온다.[18] 두 에피소드 모두에서 주인공들은 원폭에 의한 후유증으로 고통을 겪는 일상을 견디고 있으며, 그럼에도 불구하고 그들은 강한 삶의 의지와 가족애로 버텨 나간다. 전쟁의 피해와 그 후에도 이어지는 일상의 무서움에 대한 묘사는 '전후' 담론 영화가 미화하는 전쟁의 기억과는 매우 이질적이다.

다음으로 〈클럽 진주군〉은 필리핀 정글에서 종전을 맞이한 한 군악

---

18 岡真理, 앞의 책, 5쪽.

대원이 복원 후 미제 담배 '럭키 스트라이크'에서 이름을 딴 '럭키 스트라이커즈'라는 재즈 밴드를 결성하여, 일본에 진주한 미군 내 클럽에서 재즈를 연주하게 된다는 스토리를 그린다. 이 영화는 그 시대적 배경으로 패전 후의 고아, 암시장, 팡팡 등의 전후 생활상을 충실히 묘사하고 있으며, 레이테 해전에서 동생을 잃어 일본을 증오하는 미군 병사와 '적국' 음악이었던 재즈를 연주하며 생활을 이어갈 수밖에 없는 일본 복원병 사이의 갈등과 화해를 그린다. 이 영화는 패전 후의 급격한 도덕적·사상적 혼란을 다루면서도 그 속에서 '전후' 문화가 꽃피었다는 점을 긍정적으로 묘사한다는 점[19]에서, 그리고 미군이 '한국전쟁'에 참여하여 (일본을 위해) 무고한 희생을 감내했다는 방식으로 묘사함으로써, 현재까지 이어지는 '전후민주주의'에 입각한 '미일 안보' 관계를 긍정적으로 그려내고 있다.

그리고 야마다 요지 감독의 〈엄마〉는 영화 스크립터인 노가미 데류요(野上照代)의 가족사를 바탕으로 하여 제작된 영화로, 노가미의 아버지는 1937년 특고(特高)에 의해 사상범으로 체포되어 스가모(巣鴨) 구치소에 수용된다. 당시 사상범은 '국체'를 훼손한다는 죄명으로 다루어졌으며, 따라서 그 가족은 마을에서 집단 따돌림을 당하던 시절에, 영화는 이 노가미 가족이 어떻게 그 곤란을 극복하고 이겨 나가는지에 대해 그리고 있다. 이 영화는 앞서 언급한 여타 '전후' 담론 영화와는 달리 군국주의 세력에 저항한 자들의 희생에 의해 '전후'가 시작되었다는 인식을 나타낸다는 점에서 차이가 있다고 할 수 있으나, 당대 사회에서 사상범 가족을 이웃이 따뜻하게 보살펴 준다는 것은 일본 가족과 지역공동체에 대한 미

19 영화의 엔딩 롤 장면에서 전후에 활약했던 실제 재즈맨들의 연주를 그림으로써, 이 영화가 그들에 대한 오마주임을 표시하고 있다.

화가 아닌가 하는 논란도 존재한다.[20] 이러한 점을 종합하면, 이 영화는 역사수정주의적인 사회적 흐름에 대항하려는 '전후 민주주의'적 사고방식의 신화화라고 볼 수 있을 것이다.

반전 영화의 마지막으로 거장 와카마츠 고지 감독의 〈캐터필러〉를 언급하지 않을 수 없다. 〈캐터필러〉는 반전 영화라기보다는 앞서 언급한 '전후' 담론 영화들에 대한 '반(反)-전후 담론' 영화라고 말하는 것이 올바를 것이다. 그것은 다음 몇 가지 항목으로 나누어 설명할 수 있다. 첫째, '전후' 담론 영화의 공통점이었던 '역사 회상'의 서술 구조가 이 영화에서는 의도적으로 기피되어 대체된다. 즉 영화는 1940년 중일전쟁에 대한 당시의 영상을 보여주면서 시작하여, 1945년 미군이 오키나와 상륙을 일본군의 승전으로 보도했던 당시의 뉴스를 보도하며 전쟁이 끝났다는 사실을 알리는 방식으로 천황의 옥음(玉音) 방송을 그대로 내보낸다. 이 영화는 앞서 말한 '전후' 담론 영화들이 일정한 현재적 의도하에서 역사를 소환하는 방식으로 사용하는 '역사 회상' 내러티브를 거부하고 있으며, 그 방식으로 전시기 당시의 뉴스 방식을 그대로 원용하고 있는 것이다.

둘째, 이 영화는 '책임' 있는 지도자상을 그리지 않는다. 그 대신에 〈그림 6-7〉에서 확인할 수 있듯이 전쟁을 통해 사지가 절단되고 귀와 목소리까지 잃어버린 '군신(軍神)'을 등장시킨다.[21] 주인공 구로카와 규조(黒川久蔵) 소위는 "적진을 돌파하여 적을 분쇄했으나 그 과정에서 사지를 잃

20 鈴木邦男·川本三郎, 『本と映画と70年を語ろう』, 朝日新書, 2008, 124쪽.

21 영화의 제목 'caterpillar'는 사전적으로 '1. (나비·나방의) 애벌레, 2. (전차·동력삽 등의) 캐터필러'를 지칭한다. 즉 나방의 다리와 같은 모양에서 무한 기계동력 장치인 캐터필러가 연상되는 것으로서, '전쟁'과 결부된 이미지, 즉 '전차의 캐터필러'와 그 상처를 안고 있는 '벌레 같은 인간'을 지칭하는 탁월한 명명이라 할 것이다.

그림 6-7.
〈캐터필러〉가 그리는 전쟁과
그로테스크한 신체

어버리면서도 기적의 생환을 달성했다."는 '신문보도'와 '금자훈장(金鵄勲章)'과 함께 부인 시게코(しげ子)에게 돌아오지만, 그는 식욕과 성욕을 제외하고는 아무런 인간의 기능도 하지 못한다. 게다가 그는 '군신'으로서 사람들 앞에 서는 것에 프라이드를 느끼지 않으며, 오히려 자신의 훼손된 신체가 군중에게 보여지는 데에 거부감을 느끼는 존재로 그려진다.

셋째, 이 영화는 전시기 공적 담론에 대한 어떠한 신화화도 거부하며, 그 모든 것들은 철저히 '허구'적 이데올로기였다고 고발한다. 규조를 데려온 군인들은 그의 "충렬한 무훈은 군인의 모범이다."라고 칭송하고, 시게코에게 규조를 맡기는 다른 가족들은 규조가 "이렇게 훌륭한 훈장까지 받은 것은 구로카와 가문의 영광이다. 나라를 위해서 보살펴 달라."고 부탁한다. 그리고 마을 사람들은 "나라를 위한 일이니, 총후 부인의 모범이 되어 정조를 지켜달라."고 요구한다. 이에 대해 시게코는 표면적으로는 "군신의 아내로서 나라를 위해 봉사하는 마음으로 돌보겠다."고 말하지만, 실제로는 그러한 대동아공영권, 가부장제에 기반한 천황제 이데올로기에 대해 무관심하며, 오히려 '군신의 처'라는 것에 대한 현시욕만이 그녀의 삶을 지탱할 뿐이다.

넷째, 전쟁의 상처와 그에 따르는 고통은 '일상'적 삶 속에서 그들을 끊임없이 괴롭힌다. '군신'이란 미명의 불구자를 보살펴야 하는 시게코는 여성 혼자서 견디기 힘든 순간마다 불구인 남편을 '군신'으로 포장하여 사람들 앞에 내보이는 '현시욕'으로 극복하려 하거나, 건장한 남성의 신체에 대한 그리움이 생길 때마다 불구인 남편과의 섹스를 통해 해소하려 하지만, 그녀의 욕구는 채워지지 않으며 일상은 점차 지옥으로 변해간다. 규조도 자신이 원치 않는 섹스를 시게코가 강요할 때마다 전장에서 자신이 저질렀던 부녀자 강간과 살인의 장면이 떠올라, 즉 전장의 기억이 트라우마가 되어 괴로워한다.

'책임' 있는 지도자상 등 어떠한 '전후' 담론의 신화화도 거부하는 와카마츠 감독의 '반-전후 담론'적인 자세는 그의 필모그래프를 환기해 보면 어쩌면 너무도 당연한 것일 수 있다. 오시마 나기사(大島渚) 감독과 함께 1960년대를 대표하는 이 노 감독은 '성'과 '폭력'을 통해 기성 질서에 대항하는 수많은 영화를 제작해 왔다. 그리고 1960년대 일본 영화는 〈캐터필러〉적인 상상력, 비판력을 심도 있는 차원에서 이미 표현하고 있다. 한두 가지 정도만 예를 들어 보면, 오시마 나기사 감독의 〈잊혀진 황군(忘れられた皇軍)〉(1964)은 군인급에서 제외된 조선인 일본군 상이군인들의 그로테스크한 신체를 다루고 있으며, 그의 〈일본춘가고(日本春歌考)〉(1967)에는 조선인 종군위안부의 노래가 삽입되어 있다.

여기에서 언급되는 이러한 '군인들의 훼손된 신체', '종군위안부', '조선인, 중국인 등의 타자' 혹은 그들의 '강간, 살해된 신체', 이러한 신체 표상을 설명하기 위해 줄리아 크리스테바의 '애브젝트(abject)'[22]란 개념을 도입하고 싶다. '애브젝트'란 "동일성이나 조직, 질서를 방해하고 경

22 줄리아 크리스테바, 『공포의 권력』, 서민원 역, 동문선, 2001.

계나 장소, 규칙을 무시하는 것"으로서, 구체적으로는 "오물, 폐기물, 고름, 체액, 시체" 등이 해당된다고 설명한다. 그와 마찬가지로 "사기, 교활, 비겁, 위선 등을 이용하여 법률의 취약성을 드러내는 범죄자, 죄의식이 없는 강간자" 등도 해당된다. 이 애브젝트는 주체성이 형성되기 위해 어떻게 부적합하고 더럽고 무질서한 것들을 그 사회가 배제해 가는가를 분석하는 개념으로 유용하다고 할 수 있다. 또한 이 글의 논지에 비추어 설명해 보면, 현재 일본이 요구하는 '내셔널 아이덴티티'에 대해 '전쟁으로 훼손된 군인의 신체', '사이판에서 자살한 민간인', '가미카제 조선인 특공대', '종군위안부', 혹은 '대의를 따르지 않는 인간의 이기심' 등은 '내셔널 아이덴티티'라는 주체성을 형성하는 데 방해가 되는 '애브젝트'인 것이다. 그리고 와카마츠는 이와 같은 '전후' 담론에 대한 저항으로서 이와 같은 '애브젝트'를 제기하고 있다고 말할 수 있을 것이다.

4. 나가며: '과거의 소환'과 관련하여

이 글에서는 1990년대 냉전 이후 현재까지를 시기 구분하여 일본이 패전 후 GHQ의 지배를 포함하는 일정 기간 정해진 문제, 즉 '전후' 문제가 현재까지도 근본적인 영향을 미치고 있다는 점에서 그것들을 '전후' 담론으로 부르고, 그에 해당하는 일본영화들을 분류했다.

이러한 '전후' 담론 영화에는 몇 가지 특징이 보이는데, 그것은 현재의 필요에 의하여 과거 역사를 소환하고 있으며, 따라서 이 영화들은 과거나 현재의 원작 소설, 영화들에 기반하고 있고, '역사 회상' 내러티브가 현저히 나타난다는 것이다. 그리고 이들 영화를 소재 및 모티브별로 구별하여 ‘전범재판’ 영화, ‘특공대’ 영화, ‘후쿠이 하루토시 원작’ 영화, ‘반전’ 영화로 나누어 설명했다.

그 결과 이러한 ‘전후’ 영화들에서는 미국과의 관계 속에서 일본군 지도자상을 재평가하려는 경향이 강하게 나타나며, 그것은 미국의 ‘전쟁책임’을 물으면서 자국민과 자국 영토, 군인을 끝까지 보호하는 ‘지도자’를 그려내려는 욕망의 발현이라고 볼 수 있다. 그리고 그것은 미군과 북핵 문제 등 현실 정세에 대해 일본사회가 강한 리더십을 가진 지도자의 모습을 욕망한 결과라고 해석할 수 있을 것이다. 하지만 이러한 욕망은 ‘조선인 가미카제 특공대’, ‘종군위안부’ 등 ‘혐오스러운 타자’를 제외하고 현실의 모습을 ‘미화’ 혹은 ‘신화화’한 결과 도출된 ‘내셔널 아이덴티티’로서, 이러한 모습은 타자와의 진정한 화해를 저해하는 ‘책임의 자폐구조’를 보여줄 뿐이란 점을 분명히 했다. 물론 ‘전후’ 담론 영화 내에는 다양한 이념적 스펙트럼의 영화가 제작되고 있으며, 표현 방식에 있어서도 다양하여 일괄적으로 정리할 수는 없으나, 주된 흐름으로 보이는 ‘내셔널 아이덴티티’의 신화화 혹은 재창조의 방향은 타자와의 진정한 화해를 저해할 뿐이란 점은 반드시 지적되어야 할 것이다.

참고문헌

사카이 나오키, 『일본, 영상, 미국』, 그린비, 2008.
신하경, 「BC급 전범재판과 '전쟁책임'에 대한 기억의 변화」, 『일본학보』 81, 2009. 11.
오오누키 에미코, 『죽으라면 죽으리라』, 이향철 역, 우물이있는집, 2007.
줄리아 크리스테바, 『공포의 권력』, 서민원 역, 동문선, 2001.

岡真理, 『記憶/物語』, 岩波書店, 2000.
大岡昇平, 『ながい旅』, 角河文庫, 2007.
鈴木邦男·川本三郎, 『本と映画と70年を語ろう』, 朝日新書, 2008.
林博史, 『BC級戦犯裁判』, 岩波新書, 2005.
小林よしのり, 『新ゴーマリズム宣言戦争論』, 幻冬社, 1998.
岩崎稔·上野千鶴子·成田竜一 編, 『戦後思想の名著50』, 平凡社, 2006.
岩崎稔 編, 『戦後日本スタディーズ 1』, 紀伊国屋書店, 2009.
日暮吉延, 『東京裁判』, 講談社現代新書, 2008.
太平洋戦争研究会 編, 『東京裁判の全貌』, 河出文庫, 2005.

『法廷の星条旗 — BC級戦犯横浜法廷の記録』.

기네마 준보 베스트텐 역대 목록(http://wonderland02.web.fc2.com/movie/cinema/cinemabest.html)
일본영화제작자연맹 홈페이지(http://www.eiren.org/toukei/index.html)

제3부

한국전쟁 이후의 한국 전후문학을 읽는 방법

제7장

황순원의 『일월』과 시마자키 도손의 『파계』

전후소설론의 맥락에서

방민호

1. 들어가며: 황순원의 장편소설 『일월』과 전후소설 개념

『일월』은 황순원(1915. 3. 26~2000. 9. 14)의 다섯 번째 장편소설이다. 그의 첫 장편소설은 『별과 같이 살다』(정음사, 1950)로서 일제강점기를 견디고 해방을 맞이하는 곰녀라는 인물을 통하여 한국인의 생존, 갱생의 저층을 탐구하고자 한 작품이다. 이 소설을 출간한 후 6·25전쟁이 발발하면서 그의 문학은 전쟁을 소설적으로 처리하는 문제에 직면하게 된다. 두 번째 장편소설 『카인의 후예』(중앙문화사, 1954)로부터 시작된 이 과정은 『인간접목』(=『천사』, 중앙문화사, 1957)과 『나무들 비탈에 서다』(사상계, 1960)로 이어졌으며, 『일월』은 바로 그 연장선상에서 이해될 수 있다. 여기서 황순원은 기독교와 샤머니즘의 만남이라는 문명사적인 주제를 탐구하는 『움직이는 성』(삼중당, 1973)으로 나아간다.

이러한 『일월』의 황순원 문학사 속에서의 맥락은 이 작품을 일종의 '전후문학'으로 읽을 것을 요청하는 측면이 있으며, 이는 다시 전후문학이라는 개념에 대한 새로운 이해의 문제를 제기한다.

그런데 이것은 먼저 이 소설이 집필되고 간행된 시기에 관련되는 문제다. 『일월』의 집필 과정을 살핀 장양수에 따르면, 이 작품은 1962년부터 1964년에 걸쳐 단속적으로 쓰였다. 작가는 모두 세 부로 구성된 이 작품의 제1부를 1962년 1월부터 5월까지 『현대문학』에 발표했고, 제2부는 같은 해 10월부터 다음 해 4월에 걸쳐 집필했다. 작가가 이 작품의 제3부를 쓴 것은 1964년 8월부터 11월에 걸쳐서이며, 이를 그해에 간행된 창우사판 『황순원 전집』 마지막 권으로 삼았다.[1]

1 장양수, 「황순원 장편 『일월』의 실존주의적 성격」, 『한국문학논총』, 2005, 244~245쪽

이처럼 하나의 장편소설을 몇 부로 나누어 구성하면서 이를 문학잡지 지면에 단속적으로 써 나가는 방법은 황순원의 창작 스타일 중의 하나라고 할 수 있으며, 이는 취재형 작가로서의 황순원의 작가적 면모를 새롭게 보게 하는 요소다. 이른바 백정 가계를 추적하는 이야기라 할 수 있는 『일월』에서는 곳곳에서 작가의 취재 정신을 엿볼 수 있게 하는 장면들을 발견할 수 있다. 작가는 작품의 구상과 설계를 바탕으로 소설에 등장시켜야 할 인물과 사건, 특히 공간적 배경들을 핍진하게 묘사하기 위해 소설의 현장을 부지런히 찾아다녔을 것이다. 이러한 과정으로 인해 이 소설은 집필은 1962년에 시작되었지만 간행은 1964년에야 비로소 이루어진다. 작가는 이 시기 동안 작품에 대한 생각과 고민을 축적시켜 가는 형태로, 또 작품의 취재를 더해 가는 형태로 작품을 써 나갔다. 이 소설은 1960년대 전반기에 걸쳐 '만들어져' 간 작품이다.

1960년대 전반기라는 이 시기에 일단 주목해 볼 필요가 있다. 이 무렵에 6·25전쟁을 결산코자 하는 의도를 보여주는 장편소설들이 잇달아 출간되었다. 최인훈의 『광장』(정향사, 1961)과 『회색인』(『세대』, 1963. 6~1964. 6), 장용학의 『원형의 전설』(『사상계』, 1962. 3~11), 박경리의 『시장과 전장』(현암사, 1964), 이호철의 『소시민』(『세대』,1964. 7~1965. 8) 등이 바로 이 시기에 간행되었으며, 황순원 또한 이 시기에 『나무들 비탈에 서다』(『사상계』, 1960.1~7)에서 『일월』로 나아가고 있음을 볼 수 있다.

이 작품들은 지금 우리에게 6·25전쟁을 조명하는 대표적인 작품들로 알려져 있다. 이 문제적 장편소설들의 분포가 의미하는 것은 무엇일까? 장편소설이 어떻게든 시대와 소설의 총체적 형상화에 관계된다는

참조.

것, 문학사적 시대 구분은 문학적 현상을 중심에 두고 분석, 설명되어야 한다는 것 등을 염두에 두면, 이 소설들의 존재는 1960년대 중반을 전후로 한 시기가 6·25전쟁에 관한 문학적 결산이 일차적으로 이루어진 시기임을 알려주는 것이라 할 수 있다.

바로 그와 같은 맥락에서 필자는 6·25전쟁의 휴전, 판문점 체제의 시작부터 1960년대 중반까지를 '제1기 전후문학'의 시대로 명명하고자 한다. 그런데 공교롭게도 이 시기는 한국의 베트남전쟁 파병 시기와 겹쳐진다. 한국군이 베트남에 처음 실전 배치된 것은 1965년으로까지 거슬러 올라간다.[2] 베트남전 참전은 6·25전쟁의 의미를 새로운 각도에서 되돌아볼 수 있는 여건으로 작용했을 것이며, 이렇게 해서 시작된 한국 전후문학의 제2기가 필자는 대략 1980년대 말 1990년대 초쯤에 이르기까지 지속된 것으로 파악한다. 1987년의 6월 민주항쟁, 1988년의 서울올림픽, 1989년의 베를린 장벽 붕괴(1989. 11. 9), 소련 해체(1991. 12. 21) 등으로 연결되는 세계사적 사건들을 계기로 한국문학사는 새로운 시기에 접어들게 되며, 전후문학 또한 새로운 시기를 맞이한다. 지금 한국문학은 전후문학 제3기를 통과하는 중이며, 이는 남북한의 재통합을 통해서야 비로소 해소될 성질의 것이라 생각한다.

『일월』을 이렇게 전후문학 제1기를 대표하는 작품의 하나로 본다는 것은 무엇을 의미하는 것일까? 이 문제는 이 작품이 백정을 어떤 각도

2 1964년 9월에 이미 이동외과병동과 태권도 교관단이 파견되었지만, 그로부터 1년여 만에 국회에서의 파병동의안 처리를 거쳐 1965년 10월에 전투부대가 파병된다(윤충로, 「베트남전쟁 시기 한국의 전쟁동원과 일상」, 『사회와 역사』 95, 2012, 287쪽 참조). 한편으로, 한국의 베트남전쟁 참전 과정을 체계적으로 살핀 박태균은 여러 차례에 걸친 파병 현황을 도표화해서 보여주었다(박태균, 「한국군의 베트남전 참전」, 『역사와비평』, 2007년 가을호, 294~295쪽 참조).

에서 다루었는가 하는 물음에 직결되는 문제라 하지 않을 수 없다. 황순원 소설 『일월』을 살핀 논문은 많다. 이 가운데 이 작품을 백정 연구의 관점에서 살펴본 본격적 논문으로는 정영훈의 「백정 관련 연구의 맥락에서 본 『일월』」(『한국현대문학연구』 24, 2008)이 대표적이다. 이 논문은 『일월』이 황순원 문학의 어떤 맥락에서 집필 계획되었는지, 또 일제하의 형평운동과 그 후속으로서의 한국축산기업조합 같은 것들과 이 작품이 어떤 연계를 맺고 있는지 상세하게 조명한다.[3]

하필이면 '전후'가 지속되는 그 시기에 백정 문제를 다룬 것, 그것도 형평사(1923. 4. 25, 진주에서 결성)를 중심으로 백정의 신분해방 운동이 활발하던 1920년대를 배경으로 한 역사소설 형태로서가 아니라, 6·25전쟁 이후의 동시대를 배경으로 하여 그 후예인 인철이라는 주인공의 내면 이야기를 묘파하는 형태로 소설을 쓴 것은 무슨 이유에서일까? 이 물음이 없다면 『일월』의 분석은 충분치 못한 채로 남아 있을 것 같다.

2. 시마자키 도손의 『파계』와 도스토옙스키의 『죄와 벌』

그런데 이는 황순원이 응당 참조했을 것으로 믿어지는 일본의 '백정' 소설, 시마자키 도손(島崎藤村)의 『파계(破戒)』와 이 소설의 관계 양상을 살

3 특히 이 논문에서 서정범의 「백정설화 연구」 및 『한국특수어 연구』 등의 연구와 황순원 소설의 관련성을 다룬 것은 『일월』의 집필 기원과 관련한 이 글의 논의를 감안할 때 참고할 점이 크다(정영훈, 「백정 관련 연구의 맥락에서 본 『일월』」, 『한국현대문학연구』 24, 2008, 326~331쪽 참조).

피는 문제로 통한다.[4] 시마자키 도손은 『집(家)』(1910)의 작가로 널리 알려져 있는 일본 근대 초창기 작가로서, 『파계』(1906)는 그의 첫 장편소설이며, 자비로 출간되었지만 그에게 큰 작가적 명성을 안겨준 작품이다.

한 연구에 따르면, 황순원은 일본 유학 이전부터 도스토옙스키에 심취했고, 특히 일본에 건너가서 영문학을 공부하던 중에는 평론가 고바야시 히데오를 매개로 도스토옙스키를 본격적으로 접하였다.[5] 이 연구에 따르면, 황순원이 섭렵한 고바야시의 도스토옙스키 관련 글은 「도스토예프스키의 생활」(1939), 「카라마조프의 형제」(1941~1942), 「『죄와 벌』에 대하여」(1948) 등 세 편에 이른다.[6] 한편으로, 시마자키 도손의 『파계』는 도스토옙스키 소설과의 관련성 없이는 생각할 수 없는 소설이다. 『파계』에 관한 한 해설은 도손이 낭만주의 시인에서 자연주의 소설가로 변모하는 과정에서 "다윈의 『종의 기원』과 『인간과 동물의 감정 표현』, 도스토옙스키의 『죄와 벌』, 플로베르의 『보바리 부인』, 러스킨의 『근대화가론』 등 근대 과학과 리얼리즘 문학에 심취"[7]했다고 한다. 이에 관해서는 다음과 같은 연구 내용도 있다.

또한 도손은 루소의 『고백』을 읽은 메이지 27년(1894) 여름, 바바 고초

4 시마자키 도손의 『파계』는 루소의 사상, 특히 그의 『고백』과 관련 있는 것으로 자주 논의되어 왔다. 최순육의 「『파계』에 나타난 도손의 피차별 의식 — 기독교적 고백과 구원을 중심으로」(『일본어문학』 67, 2014)는 그와 같은 시각이 투영된 논문의 하나다. 특히 이 논문의 461쪽 및 470~471쪽 참조.

5 이경민, 「황순원과 도스토예프스키 장편소설 비교 연구」, 서울대학교 대학원 석사학위 논문, 2014, 28~29쪽 참조.

6 위의 논문, 29쪽 참조.

7 노영희, 「'혈연의 아버지'에서 '이념의 아버지'로」, 『파계』, 문학동네, 2010, 369쪽.

(馬場孤蝶, 1869~1940)로 인하여 도스토옙스키의 『죄와 벌』도 빌려 읽고 있다. 『파계』는 주요 인물의 구성이나 소설의 구상에 있어 『죄와 벌』의 영향도 받고 있는 것으로 말해진다. 하세가와 텐케이(長谷川天溪, 1876~1940)의 『다이요(太陽)』(1906)나 모리타 소헤이(森田草平, 1881~1949)의 『게이엔(藝苑)』(1906. 5) 등이 『파계』와 『죄와 벌』의 유사성을 지적한 것은 잘 알려져 있다. 또한 우시마쓰(丑松)의 고백 장면은 구성에 있어 『죄와 벌』로부터 암시를 받은 바가 다분하다.

도손은 고모로(小諸) 시대(1899~1905)에 도스옙스키, 투르게네프, 톨스토이 등의 러시아 작가나 프랑스의 플로베르, 모파상 등의 제 작품에 심취했지만, 『파계』는 『아버지와 아들』과의 관계도 깊다고 말해진다.[8]

이와 같이 시마자키 도손의 『파계』는 도스토옙스키, 그중에서도 『죄와 벌』의 맥락 없이는 충분히 이해될 수 없다.

일본 근대소설사 전개에 관한 탁견을 제출한 나카무라 미쓰오는 『죄와 벌』(1866)과 『파계』의 관계를 『풍속소설론』(1950) 속에 선명하게 각인시켜 놓았다. 『풍속소설론』은 필자가 접한 가장 탁월한 문학사론 가운데 하나로서, 일본 근대소설의 전개 과정을 리드미컬하고도 드라마틱하게 펼쳐낸 훌륭한 비평이다. 그는 「리얼리즘의 발생」 장에서 오구리 후요(小栗風葉)의 『청춘』(1905~1906)에서 시마자키 도손의 『파계』를 지나 다야마 가타이(田山花袋)의 『이불』에 이르는 과정을 흥미진진하게 서술해 놓았다. 그의 일본소설사 서술 방식은 아직도 '독자적인' '자기' '메커니즘'에 입각

8 安部和美, 「藤村の『破戒』の主題について ― 西歐文學の影響と丑松の意味」, 『日本研究』 10, 1995, 168쪽. 번역은 필자.

한 문학사 서술을 '완결 짓지' 못하고 있는 한국소설사 연구를 위해 귀한 참조 역할을 한다.

이 평문에서 나카무라 미쓰오는 도손이 서구문학을 "그 속에 빠져 허우적거리지 않고, 어디까지나 자기 자신을 중심으로 그것들과 만났고 그 속에서 자기 자신의 창작에 직접 도움이 되는 것만을 섭취하는 태도"를 견지했다고 했고, 그 때문에 "그에게 영향을 준 근대소설은 플로베르나 도스토예프스키라도 그가 자신의 키에 맞추어 필요한 것만을 택한 결과로 끝나고 있"다고 평가했다.[9] 이와 같은 자기화 또는 "유럽 근대문학의 영향의 내면화"[10]와 관련하여, 나카무라 미쓰오는 『죄와 벌』과 『파계』의 관계를 영향의 수용과 독립성의 구축이라는 관점에서 다음과 같이 설명한다.

> 『청춘』이 『루진』의 모방인 것처럼, 『파계』가 『죄와 벌』의 번안에 가까운 것은 일찍이 많은 비평가들이 지적하는 대로입니다. 그리고 도손이 『죄와 벌』에 대해서 행했던 어댑테이션(adaptation)은 후요(風葉)의 그것보다 훨씬 철저하고 주도면밀하여 계획적인 것이었다고 할 수 있습니다. 호인이었던 후요가 『청춘』에서 루진의 이름을 여러 번 언급하고 있는 데 비하여, 도손은 『파계』에서 라스콜리니코프 등은 입밖에도 내지 않습니다. 그런데도 『파계』는 중요 인물의 배치까지 『죄와 벌』을 그대로 빌리고 있습니다. 우시마쓰(丑松)를 라스콜리니코프라고 한다면, 긴노스케(銀之助)는 라주미힌, 문페이(文平)는 루진, 게이노신(敬之助)은 마르멜라도프, 오시호(お志保)는 쏘

9 나카무라 미쓰오, 『풍속소설론 — 근대 리얼리즘 비판』, 송현순 역, 불이문화사, 1998, 31쪽.

10 위의 책, 35쪽.

냐에 해당합니다. 그들의 성격이나 상호 관계에서 현저한 유사점이 있다는 것은 이 두 작품을 비교해 본다면 누구라도 쉽게 알 수 있을 것입니다.

그러나 도손이 이와 같은 대담한 모방을 서슴없이 한 것은 아마도 이 모방이 자기의 동화력을 통하여 단순한 번안으로 그치지 않고 일본 땅에서 더욱 발전할 수 있다는, 말하자면 그 자신으로부터 새로운 소설이 탄생할 수도 있다는 강한 자신감을 가지고 있었기 때문일 것입니다.

사실 도손이 『죄와 벌』에서 빌린 것은 단지 그 표면의 '모양'뿐으로, 내용은 그의 7년에 이르는 기타신슈(北信州) 생활의 "study"의 성과라는 것은 『파계』를 읽는 자라면 누구나 인정할 것입니다.

(중략)

비록 작중 인물을 충분히 그려내지 못한 아쉬움은 있지만, 적어도 이 풍토의 공기를 자연스럽게 호흡하는 인간군으로 살아온 시대색, 지방색을 띤 느낌이 듭니다. 그러므로 작가가 외국문학의 영향을 자기의 혈육으로 한 결과, 일본의 풍토에 맞도록 기울인 오랜 노력과 수련의 공적은 여기에도 잘 나타나 있습니다. 이것만으로 『파계』는 『죄와 벌』을 초월한 독립된 문예작품으로서의 가치를 주장할 수 있습니다.[11]

이러한 『파계』의 독립적 성격에도 불구하고 이 작품을 살아 있는 것으로 만들어 준 가장 큰 모티프에 해당하는, 작중 우시마쓰의, 백정 출신이라는 '고백'은 『죄와 벌』의 라스콜리니코스의 살인의 '고백'으로부터 온 것이었으며, 다만 광인을 아버지로 두었던 도손의 개인사적 사연이 라스콜리니코프의 고백을 일본적 풍토 위에서 새롭게 착근시킨바 우시마쓰

---

11 위의 책, 35~37쪽.

의 고백에 생생한 실감을 부여했다고 할 수 있다.[12]

『죄와 벌』에 나타나는 라스콜리니코프의 '고백'과 『파계』의 '고백'은 확실히 같은 성질의 것이라고는 할 수 없다. 라스콜리니코프의 그것은 '나폴레옹주의'적[13] 세계 개조 사상에 심취한 궁핍한 청년의 몽상적 살인 행위의 고백이자, 이를 통하여 현세적인 투쟁의 논리인 변증법 대신에 초월적 믿음에 기초한 삶 자체의 이해에 도달하게 되는 정신적 구원의 서사에 귀착되는 반면,[14] 우시마쓰의 그것은 가장 일본적인 사회적 부조리라 할 수 있는 부라쿠(部落) 출신 청년 교사의 자기 출신에 대한 회피할 수 없는 고백이자, 그 결과로서 일본 내부에 정착하지 못하고 끝내 미국 텍사스라는 신개지를 찾아 떠나는 것으로 귀착되는, 부조리의 계몽을 겨냥하는 '사회소설'[15]적 서사의 중심축을 이룬다.

12 위의 책, 38쪽 참조.

13 『죄와 벌』의 5부 4장, 라스콜리니코프가 쏘냐에게 자신의 노파 및 리자베타 살해를 고백하는 장에 이러한 사상의 내용이 개진되어 있다. 특히 도스토예프스키, 『죄와 벌』, 김연경 역, 민음사, 2012, 239~269쪽 참조.

14 "변증법 대신에 삶이 도래했고, 의식 속에서는 뭔가 완전히 다른 것이 생겨나야 했다"(위의 책, 498쪽). 번역자 김연경은 이 소설을 주인공의 "몽상과 환멸"을 그린 것으로 보면서 "근대의 미망이라고 할 수 있는 '이성의 광기'를 '영성'으로 극복하려는 의지야말로 도스토예프스키의 소설을 이끌고 가는 보이지 않는 원동력"(위의 책, 514쪽)이라고 평한다.

15 "도손에게 있어서 부락민에 대한 편견이라는 사회문제는 그의 의분을 불태우는 부정에 있기 전에, 그 희생자의 심정을 자기의 분신으로 더듬어 보는 계기에 있었기 때문에, 이처럼 우시마쓰를 고독하게 살아온 인간상으로 바꿀 수 있었다고 봅니다. 바로 이 점에 『파계』가 당시 유행했던 '사회소설'을 뛰어넘는 가치를 가질 수 있었습니다"(나카무라 미쓰오, 앞의 책, 39쪽).

3. 러일전쟁 '전후소설'의 맥락에서 본 『파계』

나카무라 미쓰오는 예의 평문에서 『파계』가 『이불』에 의해 휩쓸려 나가는 일본문단 사정을 흥미진진하게 묘사하고 있지만, 그렇다고 해서 『파계』의 문학(사)적 가치나 문제적 성격이 감소되는 것은 아니라고 할 수 있다. 문학(사)적 가치와 대중 또는 독자의 반응은 늘 함께 가는 것이 아니기에, 긴 세월이 흐른 뒤에 새롭게 읽는 두 작품을 비교하면서 필자는 『이불』의 주인공의 고뇌의 단순성, 고백의 '청년성'에 비추어, 『파계』의 주인공의 고뇌의 무게, 고백의 '장려함'에 후한 평점을 주게 됨을 부인할 수 없다.

비록 『파계』는 『이불』의 선풍적인 인기에 밀려 나갔고 그로부터 본격적인 형성에 들어선 일본적 리얼리즘으로서의 '사소설' 문법이 일본근대문학의 '대명사'로 자리 잡게 되었지만, 『파계』는 '주인공 작가' 아닌 '연출자 작가'로서의 근대작가의 면모가 특출나게 드러나는 문제작이다. 여기서 도손은 자신의 출신 성분을 고백해야 하는 상황에 내몰린 주인공 우시마쓰의 내면세계를 핍진하게 그려낸다. 이 소설은 도스토옙스키의 『죄와 벌』이 선사하는 내면적 광활함, 심원함을 선사하지는 않는다 할지 모르나, 절박한 상황에 처한 주인공의 심리변화 과정을 전지적 작가의 시점에서 부감하는 특장을 지닌 것으로 평가될 만하다.

소설 속에서 주인공 우시마쓰는 신슈(信州) 지방 어느 작은 도시의 소학교 교사로서 나가노 사범학교를 우등으로 졸업한 수재형 인물이다. 이른바 신평민 사상가 이노코 렌타로(猪子蓮太郎)의 책을 즐겨 읽는 그는 자신 또한 신평민 출신이라는 비밀을 안고 살아가고 있다. 작중 25세의 청년으로 등장하는 그는 자신의 출신 성분을 절대 누설하지 말라는 아버지의 당부를 계율처럼 가슴에 새기며 3년째 교사 생활을 하고 있다. 이와 같은 사연을 작품은 다음과 같이 설명한다.

> 우시마쓰가 처음 부모 곁을 떠날 때, 아버지는 외아들의 장래가 몹시 염려되는 듯 여러 가지 이야기를 들려주었다. 집안의 조상 이야기를 들려주었던 것도 그때였다. 도카이도 연안에 사는 많은 백정 종족처럼, 조선인, 중국인, 러시아인 또는 이름도 모르는 섬에 표착하여 귀화한 이방인의 후예와는 달리, 그 혈통은 옛 무가의 영락한 사람들의 자손으로 가난하기는 해도 죄악으로 더럽혀진 가족은 아니라고 했다. 아버지는 또 덧붙여서, 세상에 나가 출세하려는 백정 자식의 비결 — 유일한 희망, 유일한 방법, 그것은 오직 자신의 신분을 감추는 것이라고 말했다. "설령 어떤 경우를 당하더라도, 어떤 사람을 만나더라도 결코 백정이라고 고백하지 마라. 한때의 분노나 비애로 이 훈계를 잊으면 그때는 사회에서 버려지는 거라 생각해라"라고 아버지는 가르쳤던 것이다.[16]

이 소설의 제목이 '파계'인 것은 이처럼 자신의 신분을 절대 누설하지 말라고 한 아버지의 유언과도 같은 당부를 끝내 깨뜨릴 수밖에 없는 소설의 줄거리 전개에 관련된다. 이 소설의 시대적 배경은 작중에 11월 3일이 천장절로 등장하고[17] "스물네 번째 천장절"[18]을 치르고 있는 것으로 보아 1891년경, 즉 메이지 천황의 시대이고, 이때는 메이지 정부가 천민 계급에 대한 해방령을 시행한 지 20년가량 된 때다. 이와 관련하여 한

---

16 시마자키 도손, 『파계』, 노영희 역, 문학동네, 2010, 16쪽.

17 위의 책, 34쪽.

18 위의 책, 77쪽.

논문은 다음과 같이 해방령 전후 사정을 밝히고 있다.

> 근세 도쿠가와 막부 체제가 붕괴한 후에 명치 신정부는 1871년 해방령을 내려 봉건사회의 가장 밑바닥에 놓여 있는 '에타(穢多)', '히닌(非人)'에 대한 호칭도 없애고 신분과 직업 또한 차별을 없이 하도록 지시하였다. 부락민들은 법제적으로는 천민 신분으로부터 해방되어 죽은 소나 말을 처리하는 천업을 반납하기도 하고 그 '부락'에서의 독립을 요구할 수 있게 되었다. 거주지나 직업, 결혼 차별도 받지 않는 법적 권리를 얻었다. 그러나 실제로 완전히 그 신분이 보장되지 않은 것이 '부락' 문제다.[19]

즉 메이지 유신 체제 아래서 부라쿠민들은 해방법에 따라 신분 해방은 얻었으나 완전한 자유민으로 살아갈 수 없었던바, 이는 "형식상으로만 과거의 신분제도를 부정했을 뿐 오랜 기간에 걸친 신분 차별을 철폐하기 위한 구체적인 실천 정책은 수립되지 못했"[20]기 때문이다. 이런 상황에서 그들은 '신평민' 또는 '특수부락민'이라는 이름으로 새로운 차별을 받게 되는 상황에 놓일 수밖에 없었다.[21]

『파계』의 이야기는 바로 그와 같은 역사적 상황을 배경으로 하여 전개된다. 이 유신 시대에 과거의 무사는 영락한 가운데 노동과 같은 교직 일에 매달리고, 학교는 천장절과 '교육칙어'로 대표되는 국가주의로 무장해 나가며, 부호가 된 신평민의 딸과 비밀리에 결혼하고 선거에 나가는 다카야기라는 인물처럼 생존경쟁 사회에서 입신 욕망을 꿈꾸는 풍조

19 최순육, 「시마자키 도손 『파계』에 나타난 부락민상」, 『일본 연구』 21, 2005. 8, 220쪽.

20 정동주, 「일본의 부락과 부락해방운동」, 『황해문화』 15, 1997. 6, 207쪽.

21 위의 논문, 같은 쪽 참조.

가 범람한다.[22] 신평민 우시마쓰는 국가주의 대두의 시대에 새롭게 조직되는 천황제 귀족 중심 사회의 차별적 압력을 온몸과 마음으로 감당해야 하는 고통스러운 인물로 나타난다. 그의 고뇌는 『죄와 벌』의 라스콜리니코프의 고뇌처럼 신경쇠약과 환상에 시달릴 정도에 다다르며, 아버지의 부고를 접하여 고향에 갔다 오다 다카야기와 마주친 후에는 "범하기 어려운 강렬한 사회의 힘"[23]이 자신을 압박해 옴을 실감한다. 그는 학교에 결근계를 내기도 하고, 마침내 학교 선생 중에 신평민이 있다는 소문이 번지면서부터는 위기감으로 인해 자신의 장서인이 찍힌 렌타로의 저서를 헌책방에 팔아버리기까지 한다. 작중 분페이를 비롯한 소학교 교사들이 그의 신분 비밀과 관련하여 인종 편견적인 시각들을 드러내는 가운데, 우시마쓰는 그가 존경해 마지않는 렌타로의 뜻하지 않은 죽음을 겪게 된다. 마침내 그는 고백의 필연성을 운명으로 받아들일 수밖에 없다.

> 보면 볼수록, 들으면 들을수록, 우시마쓰는 죽은 선배 손에 끌려서 새로운 세계로 끌려가는 듯한 느낌이 들었다. 고백 — 그것은 같은 신평민인 선배한테까지도 주저한 일로, 하물며 사회 사람들에게 신분을 밝히는 일 따위는 이제까지 상상도 못했던 생각이었다. 갑자기 우시마쓰는 새로운 용기를 얻었다. 어차피 이제 지금까지의 나는 죽은 것이다. 사랑도 버렸고 명예도 버렸다. 아, 많은 청년이 침식을 잊을 정도로 동경하고 있는 현세의 환락, 그것도 백정의 처지로서는 무슨 필요가 있으리. 하나의 신평민 — 선배가 그랬다 — 나도 또 그것으로 충분하다. 이렇게 생각됨과 동시에 뜨거운 눈물이 젊은 뺨을 따라 끝없이 흘러내렸다. 참으로 그것은 스스로 자신

22 시마자키 도손, 앞의 책, 307쪽 참조.

23 위의 책, 223쪽.

을 불쌍히 여기는 마음에서 나온 생명의 땀이었던 것이다.

드디어 내일은 학교에 가서 고백하자. 교사들에게도, 학생들에게도 이야기하자. 그래, 그것을 하더라도 나중까지 웃음거리가 되지 않도록 될 수 있으면 다른 사람에게 폐를 끼치지 않도록 하자. 그렇게 결심하고 학생들에게 해줄 말, 사직서에 써낼 말, 그밖의 여러 가지 일까지 상상하고, 하룻밤을 사람들과 함께 렌타로의 시체 앞에서 새웠다. 이것저것 하는 동안에 닭이 울었다. 우시마쓰는 새로운 새벽이 다가온 것을 알았다.[24]

이렇게 우시마쓰는 그 자신이 신평민임을 고백하고자 결심하게 된다. 그리하여 자신이 가르치는 학생들 앞에서 자신의 신분에 대한 고백을, 즉 아버지의 유언을 거스르는 '파계'를 결행하자, 그에게는 우연찮게 새로운 삶의 행로가 기다리고 있다. 소설의 첫 부분에서 신평민 신분이 탄로나 병원에서 쫓겨났던 오히나타(大日向)가 "미국의 텍사스에서 농업에 종사하려는 새로운 계획"[25]에 우시마쓰를 합류시키고자 제안해 온 것이다. 이는 『죄와 벌』의 라스콜리니코프가 자신의 죄를 고백한 후 시베리아로 유형을 떠나는 것에 대응하는 것이라 할 수 있다. 그러나 『죄와 벌』의 시베리아행이 현실의 부조리에 대한 영웅적·몽상적 '투쟁'으로부터 쏘냐와의 사랑을 통한 영혼의 구원으로의 '전향'을 의미한다면, 『파계』의 우시마쓰의 텍사스행은 뿌리 깊은 신분 차별이 존재하는 일본적 현실로부터의 자유 찾기를 의미한다. 그리고 이때 이 일본적 현실이란 메이지 유신 이후 대두된 국가주의적 분위기를 의미하는 것으로 해석될 수

24 위의 책, 321쪽.

25 위의 책, 353쪽.

있다. 처마 높이 국기를 걸고 천황의 탄생을 축하하는 천장절이 바로 이 국가주의를 대표하는 것으로 작중에 자주 등장하며, 이 천장절 기념식을 소설은 다음과 같이 묘사해 보인다.

> 드디어 '국가'가 흐르고 있는 가운데 교장은 교육칙어를 봉독했다. 만세 만세 하고 사람들이 외치는 소리는 우레처럼 울려 퍼졌다. 그날 교장의 연설은 충효라는 제목으로, 예의 금패는 가슴 위에 달려 있어서 한층 그 풍채를 교육자답게 보이게 했다. '천장절'의 노래가 끝나고 내빈 대표로 다카야기의 인사가 있었는데, 그것은 그런 장소에 익숙된 만큼 숙달된 것이었다. 웅변을 좋아하는 것은 신슈 사람들의 특색으로 이러한 간단한 인사조차도 사람의 마음을 취하게 했다.
>
> 평화와 기쁨이 식장에 넘쳐흘렀다.[26]

시마자키 도손은 신평민의 비애를 품고 살아가는 우시마쓰 위에 던져지는 이 시대의 풍조를 가리켜 앞에서 언급했듯이 "범하기 어려운 강렬한 사회의 힘"[27]으로 표현하고 있다. 여러 편의 『파계』론을 쓴 최순육은 이와 같은 국가주의 풍조를 다음과 같이 축약해 보인다.

> 이상의 작중 인물과 우시마쓰와의 대립, 연대관계는 국가주의와 인간주의, 사회의 모순에 가담하여 모순을 조장하는 측과 희생을 강요당하는 측, 차별을 이용하는 측과 이용물이 되는 측과의 관계임을 알 수 있다. 이 사회란 금배지에 빛나는 청일전쟁 후의 군국주의 사회이며, 천장절 행사를

26 위의 책, 81쪽.

27 위의 책, 223쪽.

중심으로 매년 반복되는 교육칙어, 기미가요, 현인신으로서의 천황에 대한 충군애국사상을 다짐하게 하여 부국강병에 헌신하게 하는 사회인 것이다. 이와 같은 절대적 천황제의 확립은 필연적으로 새로운 차별의 구도를 가져오게 마련이다.[28]

그런데 이와 관련하여 『파계』를 가리켜 러일전쟁 이후의 시대적 추세를 그려낸 일종의 '전후소설'로 파악한 견해는 특기할 만하다.

강우원용은 러일전쟁과 일본 자연주의 소설 및 사소설의 관계를 탐색해 온 자신의 연구 맥락에서 『파계』와 『이불』 두 작품을 "러일전쟁의 전후성을 표출한 전후문학"으로서, "메이지 30년대 일본사회의 현실을 전후라는 시기에 담아내고자 했던…… 같은 동기를 가진, 동시대의 산물"[29]로 간주한다. 그런데 이 서로 다른 두 종류의 자연주의 소설에 나타난 고백은 심문되고 비판되어야 할 기제로서 존재한다.

그에 따르면, '고백'하는 것만으로는 '싸움(戰い)'이 되지 않는데, 그것은 싸움이라는 것이 성립하려면 넘어뜨려야 할 상대가 존재하고 확고한 의지가 동반되어야 하기 때문이다.[30] 두 작품에 나타난 고백은 서로 차원은 다르지만 일본 자연주의 문학(또는 사소설)의 내면적 성찰의 결핍성을 드러내는 장치라 할 수 있다. 그는 이 두 소설의 고백이 우상타파의 도구로서가 아니라 오히려 우상을 용인해 버리는 효과를 본다고 하는

28 최순육, 「『파계』에 나타난 도손의 피차별 의식 — 기독교적 고백과 구원을 중심으로」, 『일본어문학』 67, 2014, 465쪽.

29 강우원용, 「시마자키 도손의 『하카이(破戒)』와 다야마 가타이의 『후톤(蒲団)』」, 『한국일본어문학회 학술발표대회 논문집』, 2007. 4, 139쪽.

30 위의 논문, 140쪽.

데, 여기서 말하는 우상이란 '국가' 또는 '국민'이라는, 러일전쟁 이후에 더욱 극적으로 대두된 시대적 추세를 가리킨다. 그는 『파계』와 『이불』 두 작품이 "'국가' 성립의 절정기에 '국민'의식과 더불어 쓰이게 된 것"[31]이라고 비판한다. 또 이 점에서 두 작가는 "전쟁을 통해 애국심이 고취된 일반 '국민'과 다를 바 없었"[32]다. 이와 같은 맥락에서 『파계』는 "세가와 우시마쓰(瀬川丑松)가 텍사스로 도망가듯이 떠나는 결말"[33]로 다소 초라하고 석연찮은 결말을 가진 '실패작'이 된다.

필자의 판단에 이러한 비판적 진단은 두 작품, 특히 『파계』에 관하여 지나치게 냉담한 것으로 여겨진다. 예를 들어, 카프 계열의 신경향파적 소설이나 사회주의 리얼리즘 소설에 관한 이론은 어떤 작품이 결말 부분에서 이른바 전망을 드러내지 않는다면 적극적인 의미를 가진 것으로 보기 어렵다고 주장한다. 그러나 이러한 '기계적' 전망주의는 도식적이고 천편일률적인 결말로 시종하는 경향을 낳게 되며, 이는 곧 소설의 질식으로 직결된다. 오히려 소설의 결말에 나타난 비극적 실패나 주인공의 도피는 독자들로 하여금 역설적으로 현실에 대한 강렬한 비판의식과 개조의 필요성을 각성시키는 효과를 발휘할 수 있다.

『파계』에 나타난 우시마쓰의 텍사스행은 소설적 장치로서는 불완전해 보일 수 있지만, 그것은 현실의 부조리가 공고함을 드러내고 그로부터 자유로운 새로운 사회에의 동경을 표현하는 장치로 기능할 수 있을 것이다. 필자의 관점에서 보면 『파계』는 러일전쟁 이후 군국주의, 국가주의를 향해 내달리는 일본사회의 '비국민'적 상황에 처한 부라쿠민의 고통

31 위의 논문, 143쪽.

32 위의 논문, 같은 쪽.

33 위의 논문, 같은 쪽.

과 불안을 효과적으로 드러내는 측면이 있다. 그렇다면 강우원용의 논의는 시사하지 않은, 싸움의 또 다른 형태로 간주될 수 있지 않을까?[34]

4. 백정의 삶의 묘사와 '고백'의 문제: 『일월』과 『파계』의 경우

『파계』가 러일전쟁 이후의 일본사회를 향한 문학적 반향의 측면을 가졌던 것과 마찬가지로, 『일월』은 한국에서의 6·25전쟁에 대한 전후 결산의 의미를 갖는다는 것이 이 글의 생각이다. 이 문제를 짚어보기 위해서는 먼저 간단히 『일월』과 『파계』의 상호 텍스트적 양상을 살펴볼 필요가 있다.

황순원의 『일월』은 지금까지 논의해 온 것처럼 시마자키 도손의 『파계』 및 도스토옙스키의 『죄와 벌』과의 상호 텍스트적 독법을 필요로 하는 작품이다. 전체가 세 부로 구성된 이 소설의 2부 마지막 7장 「기룡이」 부분에는 주인공 인철의 동생 인주가 오빠를 향해 "……어제만 해두 오빠꼴이 전당포 노파라두 죽인 인상 같다구 했드니……."[35] 운운하는 대목이 나오는데, 이것은 물론 『일월』의 주인공 인철을 『죄와 벌』의 라스콜리니코프의 형상에 겹쳐 놓으려 한 작가의 의도를 내비친 것이라 할 수 있다. 이것은 시마자키 도손이 자신의 소설의 주인공 우시마쓰를 라스콜리니코프에 연결 지은 것과 같은 맥락이다.

34 그럼에도, 『파계』를 러일전쟁 이후의 일본 사정이 투영된 전후소설로 읽는 독법의 존재는 『일월』을 6·25전쟁의 제1기 전후문학 시대를 정돈하는 작품으로 읽고자 하는 필자에게는 시사하는 바가 크다.

35 황순원, 『일월 — 황순원전집 6』, 창우사, 1964, 262쪽.

또한 황순원이 『일월』을 씀에 있어 『파계』를 각별히 의식했다는 것은 적어도 두 가지 사실에 비추어 방증될 수 있다. 하나는 작중에 등장하는 도살장 또는 도수장 풍경에 관한 작가의 자세한 묘사이며, 다른 하나는 백정의 유래에 관한 상세한 조사라든가[36] 형평사 결성에 자극을 준 일본 수평사에 대한 언급 등[37]에 나타나는 두 작품의 연관성이다.

이 소설은 황순원의 취재형 작가로서의 면모가 아주 잘 드러나는 작품이다. 백정으로서의 '정체성'(본분)을 지켜가는 인철의 큰아버지 김본돌 영감의 분디나뭇골 생활상 및 전통적 의식 행사에 관한 묘사라든가[38] 도수장 풍경에 대한 묘사 같은 것을 통해 이 사실을 확인할 수 있다.

이러한 묘사들은 시마자키 도손이 자신의 주인공 우시마쓰로 하여금 부친이 신분을 감추고 숨어 살다 세상을 떠난 에보시게다케 산마루 이시노이리 같은 향토의 생활상과 자연 풍광을 상세하게 살펴보게 한 것을 의식한 듯한 인상을 남긴다. 또 『파계』는 도살 장면을 자못 인상적으로 그려놓은 장면을 보여주는데, 황순원의 도수장 풍경 묘사는 도손의 그것에 비해 일층 상세하고도 리얼한 효과를 거두고 있다고 할 수 있다.

---

36 조선 백정의 유래에 관한 일본 쪽 저술로 젠쇼 에이스케(善生永助)의 『朝鮮の聚落』(조선총독부, 1935)이나 아유가이 후사노신(鮎貝房之進)의 『雜攷』(1931~1938) 등까지 참조하여 조선의 백정 유래 논의나 백정사를 상세하게 밝힌 것은 그 한 예다. 위의 책, 107~108쪽 참조.

37 이는 특히 이 소설의 2부 5장 「늦가을 빗속을」에 집중적으로 나타난다. 이 장에서 작가는 1923년 4월 25일 경남 진주에서 발의한 것으로 되어 있는 「형평사 결사문」을 매개로 백정의 역사와 백정 신분해방 운동의 발흥과 쇠퇴, 일본 교토에서 발의한 수평사와의 관계 등에 관한 이야기를 끌어들인다. 위의 책, 213~222쪽 참조.

38 이는 이 소설의 2부 2장 「칼」 부분에 집중적으로 나타난다. 여기서 작가는 본돌 영감의 도수장에서의 제사 과정과 도우에 쓰는 칼, 소꼬리 따위의 백정의 세계를 이루는 물상들에 관한 '정밀한' 재구를 시도했다. 위의 책, 138~156쪽 참조.

몇 곳에 이러한 장면 묘사가 등장하지만, 특히 이 소설의 1부 5장 「오전 3시」에 등장하는 도우 과정에 관한 서사적 묘사는 눈에 잡힐 듯한 인상을 남긴다.

> 작업복 입은 한 사내가 가까이 왔다. 작달막한 키에 목이 유달리 밭은 삼십 대의 이 사내는 눈이 약간 붉어 있는 것 같을 뿐 얼굴에는 아무런 감정의 빛도 내비쳐 있지 않았다. 그의 손에, 끝이 갈려 반들거리는 파이프가 달린 메가 쥐어져 있었다. 코뚜레를 잡은 사내가 소 턱밑으로 허리를 숙이면서 손바닥으로 소의 눈을 가리는 순간 메가 그 이맛전을 향해 내려와 때렸다. 탁 하는 소리와 함께 소의 육중한 체구가 둔탁한 음향을 내면서 네 굽을 꿇듯이 쓰러졌다. 우움 하고 안으로 당기는 신음소리를 지른 것 같기도 하고 전혀 아무 소리도 지르지 않은 것도 같았다. 메질을 한 사내가 발꿈치를 돌렸다. 인철은 그 사내에게 찾아온 용건을 물어봐야 한다는 생각을 했으나 머뭇거리는 동안에 저쪽으로 가버리고 말았다. 저 사내가 자기가 찾아온 사촌이 아니길 인철은 바랐다.
>
> 코뚜레를 잡고 있던 사내가 긴 참대꼬챙이로 메 파이프가 뚫어놓은 구멍을 속 깊이 쑤셔댔다. 소의 전신에서 푸들푸들 경련이 일더니 그만 잦아들었다. 오십 대의 작업복 사내가 와서 골속을 쑤시던 사내와 함께 소를 모로 눕히고는 칼로 소의 멱을 따는 것이었다. 쏟아지는 피를 똑같은 작업복을 입은 소년이 와 깡통에다 받아 석유초롱에 옮겼다. 소모가지가 잘라졌다. 큰 눈을 흰자위가 드러나게 치뜬 채로 있는 소대가리를 피 받던 소년이 안고 뒷문 밖으로 나갔다. 잘린 자리의 근육이 피끗피끗 경련을 일으키고 있었다.
>
> 소를 시멘트 바닥 도랑에 등이 들어가게끔 하여 젖혀 눕히더니 가죽을

> 벗기기 시작했다. 칼이 쉴 새 없이 움직임에 따라 허연 지방에 싸인 육괴의 면적이 늘어갔다. 그 육괴의 여기저기서 경련이 일었다. 사내가 피 묻은 손을 가죽에 문질러 닦았다. 발목이 잘라졌다. 인철은 이 작업복 사내의 손이 틈나는 대로 물어볼 것을 물어보리라 마음먹었다.
>
> 앞다리들을 잘라내고 가슴을 톱으로 켜고는 뒷다리를 갈고랑쇠에 걸어 물레로 끌어올렸다. 사타구니 쪽으로부터 내장이 쏟아져 내려왔다. 누가 와서 그것들을 바퀴 달린 통 속에 담아가지고 끌고 나갔다. 등에 붙은 가죽을 마저 벗겨냈다. 낡은 부대자루모양 구겨서 시멘트 바닥에 떨어졌다. 새로운 피기름 냄새가 짙게 퍼졌다. 이제는 어느 부분에서도 경련이 멎은, 잠잠히 공중에 매달린 육괴의 각을 사내가 떠내기 시작했다. 딴 사내 하나가 그것을 받아 문밖에 세워 놓은 자동차로 날랐다. 이렇게 순식간에, 그리고 묵묵한 가운데 질서정연하게 한 마리의 산 소는 육괴로 변하여 본래의 형태를 점차로 잃어가면서 조작이 되어나가는 것이었다. 그러나 인철은 눈앞에 벌어진 광경이 여전히 어두운 속에서의 잡연한 동작의 연속으로밖에 느껴지지 않았다.[39]

그런데 이와 같은 도축 장면은 『파계』에서도 찾아볼 수 있어, 두 작품 모두 도수장의 취재를 기반으로 리얼리티 효과에 각별히 유의했음을 알 수 있다.

> 드디어 씨소가 끌려 나올 차례였다. 일동의 시선은 모두 그쪽으로 모였다. 지금까지 잠잠해 있던 두 마리의 사도 소는 갑자기 떠들기 시작했고

39 위의 책, 115~116쪽.

자주 머리를 좌우로 흔들었다. 한 사람의 도수는 붉은빛 소의 콧잔등을 꽉 잡고 소리를 질러서 제압하고 꾸짖곤 했다. 짐승이지만 본능적으로 알아차린 모양으로 도망가려고 안간힘을 쓰는 것이었다. 검은 사도 소는 묶인 채로 기둥을 한 바퀴 돌았다. 죽음으로 끌려가는 씨소는 오히려 냉정한 태도로 다른 두 마리처럼 몸부림치는 것도 아니고 슬픈 소리를 지르는 것도 아니며 겨우 흰 콧김을 보이며 유유히 수의사 앞으로 걸어갔다. 보랏빛을 띠운 큰 눈은 옆에서 보고 있는 사람을 내려다보는 듯했다. 그 니시노이리 목장을 휩쓸고 우시마쓰의 아버지를 받아서 죽일 정도의 나쁜 소이지만 이렇게 용감한 임종 모습은 또 사람들에게 연민의 정을 불러일으켰다. 숙부도, 우시마쓰도 적지 않게 감동되었다. 수의사는 여기저기 걸으면서 씨소의 가죽을 꼬집어보기도 하고 목을 눌러보기도 하고, 또는 뿔을 두드려보고 마지막으로 꼬리를 들어보더니 검사는 그것으로 벌써 끝났다. 도수는 다가와서 '식, 식' 소리를 지르면서 도살하는 방으로 마구 소를 밀어 넣었다. 도수의 우두머리는 소의 빈틈을 노리다가 재빨리 가는 밧줄을 던졌다. 쿵 하는 소리가 나고 소의 몸이 판자 위로 넘어지고 발과 발이 묶여졌기 때문이었다. 주인은 멍청하니 서 있었다. 우시마쓰도 깊은 생각에 잠긴 표정을 하고 침울하게 지켜보고 있었다. 이윽고 씨소의 미간을 겨누어 한 사람의 도수가 도끼를 휘두른 순간 그것이 이 짐승의 마지막이었다. 가느다란 신음소리를 남기고 곧바로 숨을 거두었다. 일격에 소는 쓰러졌던 것이다.

햇빛은 이 오두막 안에 비쳐 죽어 그곳에 쓰러진 씨소와 바쁘게 일하는 사람들이 입은 흰 가운을 비쳤다. 도수 우두머리는 날카로운 날이 선 식칼을 휘두르며 우선 소의 목을 잘랐다. 꼬리를 끄는 사람은 곧장 꼬리를 버리고 밧줄을 쥔 사람은 밧줄을 버리고 누구나 소 위에 탔다. 많은 수의 장정이 힘을 주어 이곳저곳 할 것 없이 밟아대므로 피는 잘라진 목을 통해 마루판 위에 붉게 흘러내렸다. 목에서 배, 배에서 다리로 차차 검은 모피가 벗겨져 갔다. 기름과 피 냄새는 이 도살장에 넘쳐 흘렀다.

(중략)

명복을 비는 듯한 소임자의 눈은 씨소에서 떠나지 않았다. 씨소는 이제는 발로 잘렸다. 목장의 잡초를 밟아 뭉개던 두 개의 발굽도 이제는 오두막에서 토방 쪽으로 던져졌다. 회색빛이 도는 보랏빛 막에 쌓인 내장은 마치 큰 보자기에 싸인 짐처럼 물렁한 채로 거기에 놓여 있었다. 세 사람의 도수는 서로 칼을 대고 뼈를 따라 살을 가르는 것이었다.

(중략)

정신을 차리고 자신으로 돌아왔을 때는 렌타로가 옆에 서 있었다. 어느 사이엔가 순경이 들어와서 수의사와 함께 바라보고 있었다. 씨소는 무릎에서 몸통으로 네 개의 덩어리로 잘려 있었다. 오른쪽 앞다리 무릎고기는 벌써 천정에서 내려온 가는 끈에 매달리고 한 사람의 도수가 해면을 가지고 계속 그 피를 닦아내고 있었다. 이렇게 거대한 씨소의 몸은 마구 잘려 버린 것이다. 도수의 우두머리가 도장을 꺼내 들고 고기 위에 도장을 찍는가 했더니, 한편에서는 고기를 가지러 온 푸줏간의 사환은 수수깡이 살린 상자를 마차 위에 놓고 기운차게 움막 안으로 덜컹덜컹 끌고 들어갔다.[40]

두 작품 모두 묘사가 뛰어나지만, 특히 도수장 풍경 묘사에서 『일월』은 『파계』만큼이나 정교하고 리얼한 인상을 선사한다. 이러한 모든 것이 『일월』과 『파계』의 상호 텍스트성, 즉 두 작품의 상호 교차를 드러내고 입증한다.

---

40 시마자키 도손, 앞의 책, 164~167쪽.

그렇다면 작가 황순원은 『파계』가 세상에 나온 지 50여 년이 지난 시점에서 어떤 이유에서 또 다른 백정의 이야기인 『일월』을 집필하고자 했던 것일까? 이에 관한 분석을 위해서는 『일월』과 『파계』의 서로 다른 고백의 양상을 살펴볼 필요가 있다.

『파계』가 니시노이리 산속에 숨어 살다 씨소에 받혀 불행한 죽음을 맞이한 아버지로부터 우시마쓰로 이어진 2대의 삶의 운명을 이야기한 것과 같은 맥락에서, 『일월』은 인철의 부친인 김상진과 그의 형 본돌 영감으로부터 그의 자녀들에게로 이어지는 2대에 걸친 가족, 가문의 서사라고 할 수 있다. 그리하여 이 소설은 주인공 인철을 중심으로 위로는 부친 김상진과 큰아버지 본돌 영감의 삶과 죽음의 이야기가 펼쳐지고, 아래로는 그의 사촌형 기룡과 친형 인호, 누이 인주, 동생 인문 등의 이야기가 다각도로 전개되는 양상을 보인다.

『파계』의 주인공 우시마쓰는 부친의 부음을 접하고 장례를 치르러 고향에 갔다가, 도중에서 대의원 선거에 입후보한 다카야기 리사부로(高柳利三郎)를 만남으로써 자신의 신분에 관한 소문을 피할 수 없게 되고, 고백 끝에 미국의 텍사스로 떠나 새로운 삶을 기약하게 된다. 이와 같은 결말은 오늘날에까지 뿌리 깊은 일본의 부라쿠민 차별 문제에 비추어 볼 때 절박하면서도 불가피한 선택이었을 것으로 해석되는 점이 있다. 반면 『일월』의 주인공 인철에 있어 자신이 백정 계급 출신의 사내라는 사실은 『파계』의 우시마쓰에 비해 미묘하고도 복잡한 자기 인식의 문제로 제출된다.

이야기 속에서 『아트 앤드 아키텍처』를 통하여 루이스 칸(Louis Kahn, Itze-Leib Schmuilowsky)의 건축이론을 읽는 건축학도로서 장래가 촉망되는 젊은이로 자신을 인식하고 있던 인철은 뜻하지 않게 경기도 광주 분디나뭇골에 자신의 출생 신분에 관한 비밀이 묻혀 있음을 알게 되고, 그로부터 자신에 관한 재인식의 요구 앞에 놓이게 된다. 아이러니하게도, 광주의 군수로 입신 출세를 꿈꾸다 좌절의 위기감에 휩싸여 있는 형과 달리 인철은 자신의 신분에 관한 문제를 냉철하고도 차분하게, 그러나 내면적으로 수용한다. 그는 고향을 떠나 서울로 와 사업을 하면서 출신 관계를 철저히 세탁하고자 한 부친의 행위를 객관적인 사실로 수용하면서 형을 향해, "…… 앞으루 남은 문젠 우리들이 어떻게 자신의 방향을 정하는가에 달려 있지 않은가 해요."[41]라고 이야기한다. 그로부터 『일월』의 이야기는 인철의 새로운 자기 인식을 향한 내면적 고민과 탐색의 서사가 된다. 그는 T자형 십자가를 짊어진 꿈 같은 무거운 꿈들에 시달리며 오랫동안 서로 알아온 여성인 다혜에게 자신을 보이고 싶어 하지 않기도 하고, 사촌 형의 행방을 찾아 동대문 도수장을 찾아가기도 한다. 그는 애인이라 할 수 있는 나미와의 관계를 어떻게든 결정지어야 하는 국면에 맞닥뜨려 "자기 핏줄에 이어진 어두운 그림자"[42]를 느끼기도 한다. 또 그녀를 만나기를 회피하던 끝에 맞닥뜨린 그녀로부터 그녀의 아버지 앞으로 보내신 의문의 투서 얘기를 듣고는 마침내 자신의 출생의 비밀을 고백하기에 이른다.

> 나미가 핸드백에서 접은 종이를 꺼내어 인철 앞에 펴 놓았다.
>
> 인철은 종이 위로 시선을 준 순간 눈앞에 아찔함을 느꼈으나 곧 눈을 들어 나미를 건너다보았다.

---

41 황순원, 앞의 책, 96~97쪽.

42 위의 책, 254쪽.

"아버지 앞에 이런 것이 왔어요. 누구의 장난인지 짐작 안 가세요?"

"그걸 내가 알 수가 있나."

"좀 자세히 보세요. 새집 그림이길래 어쩌면 인철씨가 알아낼 것 같애서……."

나미는 이때 인철의 눈동자가 가늘게 떤 걸로 느꼈다.

"누구의 것인지 몰라두 왜 이런 걸 보냈나 하는 건 알 것 같군."

이번에는 인철의 눈길이 확 타는 듯함을 나미는 느꼈다.

"그건, 이 집을 설계한 사람이 어떤 사람이란 걸 알려주는 고마운 편지야. 즉, 이 집의 설계자는 백정입니다, 하는 것을 말야."

나미는 흠칫 놀랐다. 설계한 사람, 곧 인철이 백정이라는 말에서보다도, 뒤이어 인철에게서 솟은 웃음소리 때문이었다. 그것은 마주앉은 인철의 뒤쪽 먼 어둠 속에서 일어 그대로 말할 수 없는 어떤 환희로 변해 가까이 다가온 웃음소리로 들렸다.

인철은 세상에 이런 수도 있다고 생각했다. 정말 나미가 좋아져 어쩔 수 없이 됐을 때 이야기하려던 것인데…… 그러고 보니, 뜻밖에 알게 된 자기의 과거를 가까운 두 사람에게 자기도 예측 못한 그럴 만한 것에 유도되어 아무 준비도 없이 털어놓은 폭이 된다. 저번 지교수의 경우도, 그리고 지금 이 자리에서도. 그러나 인철은 오히려 마음이 가라앉는 심정으로 나미를 바라볼 수 있었다.[43]

『일월』에서 이처럼 사랑하는 나미 앞에서 자신의 출생의 비밀을 털어놓은 인철의 고백 장면은, 『파계』에서는 자신이 가르치는 학생들 앞에

43 위의 책, 303~304쪽.

서 자신이 신평민임을 고백하는 우시마쓰의 모습에 겹쳐진다.

"…… 자, 백정이라는 것은 그 정도로 비참한 계급이랍니다. 만일 그 백정이 이 교실에 와서 여러분에게 국어나 지리를 가르친다면 그때 여러분은 어떻게 생각하시겠습니까? 실은 저는 그 비천한 백정 중 한 사람입니다."

손과 발이 심하게 떨렸다. 우시마쓰는 서 있을 수 없다는 듯이 그곳에 있는 책상에 몸을 기댔다. 그러자 학생들은 놀라고 말고가 아니었다. 모두 고개를 들기도 하고 입을 벌리기도 하며 열심히 눈을 쏟고 있었다.

(중략)

"이제부터 앞으로 5년 10년 지나서 여러분이 가끔 초등학교 시대를 생각해 볼 때, 아, 그 고등과 4학년 교실에서 세가와라는 선생한테 배운 일이 있었지. 그 백정 선생이 신분을 밝히고 작별을 고할 때, 정월이 되면 자신들과 함께 도소주(屠蘇酒)를 마시고 천장절이 오면 마찬가지로 애국가를 부르며 남몰래 우리들의 행복과 출세를 빈다고 했었지. 이렇게 생각해 주세요. 내가 지금 이런 말을 고백하면 분명히 여러분은 더럽다는 느낌을 일으키겠지요. 자, 가령 나는 천한 신분이라도 적어도 여러분이 훌륭한 생각을 가지도록 매일 그것을 공들여 가르쳤던 것입니다. 적어도 그 고생을 보아서 이제까지의 일은 이해해 주세요."

이렇게 말하며 학생 책상에 손을 짚고 용서를 빌 듯이 머리를 숙였다.

"여러분이 집에 가서는 아버님과 어머님께 부디 제 이야기를 해주세요. 이제까지 숨기고 있던 것은 참으로 죄송했다고 전해 드리고, 여러분 앞에 이렇게 손을 짚고 이렇게 고백했던 일을 이야기해 주세요. 정말로 나는 백정입니다. 조리(調理)입니다. 더러운 인간입니다."

이렇게 덧붙여서 말했다.

우시마쓰는 아직도 사과가 부족하다고 생각했든지 두세 걸음 뒤로 물러가서 "용서해 주세요." 하면서 마루 위에 무릎을 꿇었다.[44]

위에서 살펴볼 수 있듯이, 그 비극성에서 『일월』과 『파계』는 사뭇 다르게 느껴지는 것이 사실이다. 말하자면, 『파계』의 고백하는 우시마쓰는 벼랑 끝에 몰려 있는 상처 입은 짐승의 모습을 연상시킨다면, 『일월』의 인철의 고백은 마치 김윤식이 염상섭의 고백체 소설들을 가리키면서 논의했던 것처럼 고백이라는 장치가 먼저 있어 고백이 만들어진 것과 같은 인위성을 의식하지 않을 수 없다.

다르게 표현한다면, 『파계』의 우시마쓰의 고백은 비록 자기 고뇌의 고백이기는 하지만 신분해방이 이루어진 지 스무 해가 지나도록 여전히 천대받는 계급으로 남아 있는 신평민, 부라쿠민의 문제를 그린, 일종의 사회소설의 주인공으로서의 고백이라면, 『일월』의 인철의 고백은 자신의 출생의 비밀을 알게 된 젊은이의 새로운 자기 인식과 삶의 방향 잡기의 문제로서 제출된 것이라는 점에서 이 작품을 사회 문제를 그린 소설로 간주하기에는 난점이 느껴진다고 할 수 있다. 다시 말해, 『일월』은 백정 계급의 문제가 더 이상 사회 문제로서는 기능할 수 없는 시대적 상황을 배경으로 그린 소설이며, 따라서 여기 등장하는 백정의 후예라는 설정은 주인공으로 하여금 자기 인식이라는 문제를 생각하지 않을 수 없도록 하는 일종의 '미학적' 조건으로 기능한다.

---

44 시마자키 도손, 앞의 책, 335~336쪽.

5. 나가며: 6·25 전후소설 『일월』의 위치

한 연구에 따르면 "한국의 백정과 일본의 피차별 부락민은 전통사회에서 차별과 억압 아래 '버림받은 집단(outcast)'으로 인식되는 공통점을 갖고 있"[45]지만, 오늘날의 상황은 각기 다르다. 즉 한국에서는 백정 계급의 존재가 어떤 집합적 명칭으로 분류할 수 없을 만큼 의미를 상실해 버린 반면, 현대 일본에서도 부라쿠민은 심각한 차별의 대상이자 일종의 소수자, 하위계층 문제로 빈번한 사회 문제가 되고 있다. 그 원인을 특히 한국 쪽의 사정과 관련하여 이 논문은 다음과 같이 추단한다.

> 제2차 세계대전이 끝난 이후 백정과 부락민의 상황은 크게 달랐다. 한국에서는 일제 식민지 통치, 한국전쟁, 산업화라는 일련의 변동 속에서 지역 공동체의 와해가 일어나면서 백정에 대한 차별 관습이 빠르게 사라졌다. 1964년 서울 우이동에서 형평사원 후손들이 모여 평우사(平友社) 발기인 모임을 가졌지만, 성공적인 조직 결성으로 이어지지는 않았다. 도축업자들의 결사체인 축산기업조합이 있지만, 그것은 해당 산업의 결사체이며 이익 집단이지, 백정 후손의 조직은 아니었다. 이와 같이 백정 집단의 흔적이 사라지면서 오늘날 한국에서는 백정 차별을 둘러싼 사회적 갈등을 찾을 수 없다. 일부 집단의 관념 속에 백정에 대한 차별의식이 남아 있다고 하더라도 실질적인 차별대상인 백정 집단의 존재는 확인되지 않는 상황이다.[46]

---

45 김중섭, 「한국의 백정과 일본의 피차별 부락민의 비교 연구」, 『현상과 인식』 38, 2014. 5, 87쪽.

46 위의 논문, 110쪽.

이 논문은 한국에서는 일본에서와 달리 "일제 식민지 통치, 한국전쟁, 산업화" 같은 일련의 과정이 특정 지역에 붙박이 된 백정 계급의 해체, 와해를 야기했다고 주장한다. 필자의 판단으로는 일제 식민지 통치는 비록 만주로의 이민을 비롯한 이산작용을 강제하기는 했지만 지역 공동체를 위기에 몰아넣을 만한 현상이었다고 볼 수 없고, 산업화라면 일본에서 더 먼저 대규모로 일어난 현상이라고 보아야 할 것 같다. 이 논문은 19세기 후반의 사회경제적 변화에 힘입어 조선에서 백정 신분의 해체 과정이 시작되었던 반면, 일본에서와는 달리 이에 반발하는 반동적 운동은 일어나지 않았다고 한다.[47] 따라서 한국에서의 백정 계급이나 백정 마을의 해체 또는 와해는 일본과는 달랐던 조선 전통사회의 백정의 존재 방식과 보다 용이했던 해체 또는 와해의 조건들에 대한 탐구를 필요로 함과 동시에, 6·25전쟁의 효과에 관해 주목해 볼 필요가 있을 것이다.

이와 관련하여 인철의 윗대에 해당하는 김본돌, 김상진 영감의 가계에서 일어난 사건들은 시사하는 바가 크다. 양주 분디나뭇골 본돌, 상진 형제의 고향에서는 6·25전쟁을 둘러싼 공공연한 비밀 이야기 하나가 전해져 내려온다. 그것은 본돌 영감이 9·28수복 때 소 잡는 칼로 사람을 죽였다는 것이다.

> 노인의 맏손자가 6·25 때 의용군에 끌려나갔다 도망쳐 집에 숨어 있었다. 이것을 알고 보안서에 일러바친 자가 있었다. 같은 백정의 아들로 인민군이 밀려들어오자 동 민청 선전 책임자가 된 청년이었다. 아들을 감춰 둔 것도 반동이라 하여 부자가 한꺼번에 죽임을 당했다.

47 위의 논문, 108쪽 참조.

"참 끔찍했습니다. …… 그리구 얼마 안 있어 국군이 인천에 상륙하구 나서의 일인데 말예요, 인민군들은 달아나구 한참 뒤숭숭한 구이팔 다음다음날 밤이었어요. 한밤중에 소리 지르는 사람소리가 들리길래 뛰어나가니까 아까 그 할아버지가 칼을 한 손에 들구, 내가 사람을 죽였다아, 하구 외기구 있지 않아요. 바루 그 민청 선전 책임잔가 뭔가 하던 녀석의 집 앞에서 말입니다. 짐작하겠지만 그 칼루 자기 아들하구 손자를 죽게 만든 녀석의 애비 목을 찌른 거에요. 장본인은 인민군하구 함께 달아나버리구 집에 없었지요. 나중에 그 할아버지 말이 원수를 갚으려구 죽이긴 했어두 극락에 가두룩 소잡는 칼루 찔렀다구요."

"극락에 가라구 소잡는 칼루 찔러요?"

지교수의 목소리는 저도 모르게 크게 튀어나왔다.

"그게 다 그럴만한 까닭이 있습죠. 원래 칼잽이들이 칼을 여간 소중히 여기는 게 아니예요. 조금이라두 녹이 슬면 불길하다구 줄창 갈구 닦는 게 한 일이죠. 그런데 그날 밤 사람을 죽인 그 칼은 더더구나 옛날부터 그 할아버지네 집에 물려 내려오는 칼이었거든요. 그 많은 소를 극락으루 보낸 칼이니 그것에 죽은 사람두 극락에 간다는 거지요."[48]

이 사건은 6·25전쟁에 관한 많은 일들을 함축적으로 보여준다. 전쟁의 와중에 많은 집단 학살이 이루어졌고, 이것은 좌익이 우익을, 우익이 좌익을 무분별하게 살상한 것이었음이 속속들이 밝혀져 있다. 북한의 남침과 점령지역에 대한 계급주의적 적대, 살상 따위는 9·28수복과 더

48 황순원, 앞의 책, 18~19쪽.

불어 국군이 피점령 지역을 회복하면서 또 다른 살상으로 이어졌다.[49] 본돌 영감의 집안에서 일어난 사건은 그와 같은 맥락에서 살펴볼 수 있다. 그러나 이야기가 전개되면서 이 살상의 진실에는 다른 사연이 개입되어 있었음이 밝혀진다. 본돌 영감의 맏아들과 손자를 죽인 장본인의 아비를 보복 살해한 것은 본돌 영감이 아니라 기룡이었고, 그는 환도 후에 서울로 올라와 도수장에서 일하게 된다.

김본돌 영감의 백정 가계의 이야기는 단순히 6·25전쟁에 걸쳐 있는 것만은 아니다. 참혹한 6·25전쟁을 겪으면서도 고향에 머물러 살면서 백정으로서의 자기 운명에 순응하다 세상을 떠난 본돌 영감과 달리, 인철의 부친 김상진은 운명의 굴레를 깨뜨리려 서울로 올라와 측량 기사가 되어 일제 토지조사사업 중에 신고되지 않은 양주 땅들을 자신의 것으로 돌리고 해방이 되자 장사 끝에 대륙상사를 열어 신분을 감추고 살아가게 된다. 이와 같은 김상진의 이야기는 일제강점기부터 6·25전쟁기에 걸쳐 전통적 지역사회와 그 단적인 사례로서의 백정 마을이 해체되어 가는 과정을 보여준다. 이야기 전개 속에서 본돌 영감도 그의 아우 상진도 끝내 죽음을 맞이하는 것으로 끝나게 되는 것은 그 의미가 단순하지 않다. 이것은 6·25전쟁을 통하여 구한말에서 일제강점기로, 그리고 해방기에까지 지속되어 온, 또 그러면서 해체되어 온 한국의 전통적인 지역 공공체가 백정 마을의 해체와 더불어 '완전히' 새로운 단계에 들어섰음을 의미한다.

---

49 김동춘은 6·25전쟁 중의 학살을 작전으로서의 학살, 처형으로서의 학살, 보복으로서의 학살 등으로 설명하는데, 김본돌 영감의 집안에서 일어난 처형과 보복은 그 중요한 사례에 해당한다고 할 수 있다(김동춘, 『전쟁과 사회』, 돌베개, 2006, 4부 2장 「학살의 유형 및 전개」 참조).

이와 같은 맥락에서, 『일월』의 복잡한 이야기 가닥들이 결말 부분에 이르러 인철과 나미의 결합을 예고하는 것으로 종결을 맺는 것은, 백정의 후예가 자신의 삶의 '전사'를 매듭짓고 낡은 전통과 결별한 존재와 결합함으로써 새로운 자기를 획득함을 의미한다고 할 수 있다. 작중의 '신여성' 연극배우 지망생인 나미는 부친의 반대에도 불구하고 인철이 백정의 자식이든 아니든 아랑곳하지 않는 새로운 가치관의 소유자로 나타난다. 그녀는 조선옷을 입는 지 교수의 딸 다혜와 달리 양장의 산뜻한 옷차림으로 독자들 앞에 처음 모습을 나타낸다. 소설에서 그녀는 "소매 없는 블루빛 블라우스에, 그보다 짙은 색 주름치마를 페티코트로 받쳐 짧게 입고, 검정 벨트로 허리를 졸라 악센트를 준" "호리호리한 몸매", "갸름한 얼굴"의 여성으로 나타난다.[50] 그녀는 바닷가에서 만난 남자와 쉽게 친해지고 해운대 같은 곳으로 함께 놀러가 호텔에 들기도 한다. 또 그녀는 자신을 따라다니는 남자와 함께 보트를 타고 한강으로 나가 배를 일부러 뒤집어버리기까지 하는 소동도 능히 벌일 수 있는 대담한 여성이다.[51]

이러한 나미와 인철은 다혜까지 포함해서 전후 명동과 충무로를 중심으로 펼쳐진 다방 문화를 향유하며 새로운 연극과 건축이론을 토론하고 명동극장 같은 극장들에서 새로운 '양키' 영화를 보며 데이트를 하고 크리스마스 댄스파티를 연다. 이러한 젊은이들의 모습은 흔히 논의되어

---

50 황순원, 앞의 책, 30쪽.

51 이 에피소드는 동방문화회관을 건립하는 등 문화 진흥에 힘쓴 젊은 실업가 김동근이 한강에서 배가 뒤집혀 죽은 1956년 8월 19일의 사건을 극화한 것으로 보인다. 명동에 지금 그 건물이 남아 있는 3층짜리 동방문화회관은 박인환을 비롯한 당대의 문학인, 문화인들이 모여들던 문화의 산실 역할을 했지만, 그를 비롯한 십여 사람이 밤섬에서 개최된 문화인 사육제 끝에 나룻배가 뒤집히는 사고로 익사하는 참극이 일어난 바 있다(「김동근 씨 문화인장 동방회관에서 엄수」, 『동아일보』, 1956. 8. 24 참조).

온 아프레 세대의 전형적인 문화적 형상이라 할 수 있으며, 특히 나미는 인철, 다혜, 인주까지 포괄하는 이 세대의 특징을 가장 전형적으로 보여주는 인물이다. 나미와 같은 여성을 사회사적·풍속사적으로 포착한 한 논문은 이른바 댄스 열풍과 관련하여 이 세대를 논의한다. 즉 "1950년대 중반 댄스홀에 다니면서 타락한 성윤리를 보여주는 여성 집단을 '전후파(戰後派) 여성' 혹은 '아프레 걸(Apres-girl)'이라고도 불렀다."는 것이고, "가정으로부터 해방된 '가정 해방파'와 육체로부터 해방된 '육체 해방파'를 '전후파' 여성의 전형으로 분류"했다는 것이며, "이들은 전통을 말살시키고 사회도덕과 윤리기강을 해치는 존재"로 부각되었다 한다.[52]

그러나 아프레 세대, 특히 '아프레 걸'의 세대적 특질과 그 가치 지향에 대해서는 사회사, 풍속사의 측면에서도 재론될 필요가 있다. 특히 소설문학 속에 나타나는 이들의 형상은 사회사, 풍속사 속의 전형적·통속적 재현으로 간주되기보다, 작가가 제시하고자 한 가치 지향의 맥락에서 각각의 작가마다 다른 특이성의 맥락에서 분석, 설명되어야 한다. 강신재의 「젊은 느티나무」(『사상계』, 1960. 1)의 숙희, 한말숙의 「신화의 단애」(『현대문학』, 1957. 6)의 진영, 손장순의 「입상」(『현대문학』, 1958. 1)의 지연 등은 이러한 아프레 걸의 '대명사'들로서, 전쟁이 야기한 삶과 도덕, 가치관의 위기에 적극적으로 대응해 나가고자 한 여성들이다. 이 아프레 걸 유형의 인물들은 다른 많은 장편소설에도 다양한 형태로 표상화되어 있다. 그들은 전쟁이 선사한 앞 세대, 기성세대의 극한적 이념 대립과 살육, 무책임, 부패와 부조리, 가치관의 혼돈을 딛고 자신들의 삶의 창조를 위한 새로운 인간상을 만들어 가고자 했고, 이를 위한 새로운 도덕률, 가치관을

52 주창윤, 「1950년대 중반 댄스 열풍」, 『한국언론학보』 53(2), 2009, 290쪽.

만들어 내려 했다.

『일월』에 나타나는 나미는 바로 그러한 유형의 '아프레 걸'이다. 그녀는 성과 사랑에서의 자기 결정권, 선택권을 주장하고 인철과 그녀의 부친들로 대표되는 앞선 세대의 유습으로부터 자유로운 삶을 창조하고자 한다. 그녀는 일견 철부지 같고 타락해 보이지만 결코 유행적 문화, 댄스파티 따위에만 얽매이는 비자각적·즉자적 인물은 아니다. 인철은 그녀의 주도적 '견인' 속에서 본돌 영감의 죽음과 아버지 상진의 자살로 대표되는 백정의 혈통, 가계로부터 탯줄을 떼어내고 새로운 삶을 향해 한발 더 나아갈 수 있게 된다. 따라서 이 소설의 결말은 다음과 같이 표현된다.

> 밖은 어둡고 추웠다. 훈훈한 방에 있던 몸이 으스스 떨렸다. 인철은 홀에 두고온 코트 생각이 났으나 그것을 가지러 되돌아 들어가지는 않았다.
>
> 이대로 나는 관객의 입장에서 다혜와 나미를 대해야 하는가. 나는 나, 너는 너라는 인간관계란 있을 수 없지 않는가. 인간이 소외당한 자기 자신을 도루 찾으려면 우선 각자에 주어진 외로움을 참구 견뎌나가는 데서 시작해야 할 꺼야. …… 기룡의 말이었다. …… 그건 그렇다. 하지만 그 외로움이란 인간과 인간이 격리돼 있는 상태에서만 오는 게 아니지 않는가. 서로 부딪칠 수 있는 데까지 부딪쳐본 다음에 처리돼야만 할 문제가 아닌가. …… 기룡을 만나야 한다. 만나 얘기해야 한다.
>
> 인철은 머리에서 고깔모자를 벗어 뜰에 서 있는 한 나뭇가지에다 걸었다.[53]

53 황순원, 앞의 책, 356쪽.

이에 이르러 인철은 자신이 "소외당한 자기 자신"을 회복하는 과제에 직면해 있음을 분명히 의식한다. 6·25전쟁과 그 후의 삶의 결과로서 자신에게 주어진 백정이라는 어두운 혈통과 그에 대한 의식에 바탕을 둔 '소외'는 인철을 『나무들 비탈에 서다』(1960)에서 동호가 겪었던바, "거창한 유리"[54] 안에 갇혀 버린 듯한 극한적 고독 속에 밀어 넣는다.

그러나 그는 그 자신이 벗어나야 함을, 그러기 위해서는 자신의 사촌 기룡이든, 다혜든, 궁극적으로는 나미든, 자신이 먼저 몸을 던져 "서로 부딪칠 수 있는 데까지 부딪쳐" 가야 함을 깨닫는다. 이 소설의 마지막 문장에서 인철은 '고깔모자'를 벗어 나뭇가지 위에 거는데, 이는 한 사람의 실존적 인간이 스스로를 가두고 있는 낡은 인습과 사유의 '장식'을 벗어던지고 아무런 불필요한 장식 없는 날것의 존재로서 새로운 삶을 살아가고자 함을 의미한다. 이와 같은 태도, 태세를 획득함이야말로 이 소설이 6·25전쟁으로서의 전후를 결산하는 소설이라는 것, 즉 삶을 그 역사적 상흔의 문제가 아니라 더욱 근원적인 인간 존재의 차원에서 이해하고자 하는 단계로 작가가 나아가고 있음을 알리는 작품임을 의미한다 할 것이다.

이와 관련하여 비평가 성민엽은 『일월』에 관해 일찍이 다음과 같이 진단한 바 있다.

> 『일월』은 인간의 근원적 존재 양식을 고독으로 파악하고 그 인간 조건에 반응하는 인물들의 고뇌를 조명하여 구원의 가능성을 어디에서 찾아야 할지에 대해 암시를 던진다. …… 거칠게 말하면, 『일월』(1964)은 황순원의

54 황순원, 『황순원전집 5 —『인간접목』『나무들 비탈에 서다』』, 창우사, 1964, 198쪽.

장편소설사에 있어서 『나무들 비탈에 서다』(1960)의 좌절의 미학과 『움직이는 성』(1972)의 구원의 미학을 이어주는 교량 역할을 하고 있는 것이다.[55]

바로 이러한 의미에서, 황순원의 『일월』은 『파계』보다 더욱 도스토옙스키의 소설적 발상법에 가까운 작품이라는 진단이 가능할 것이다. 그는 『파계』가 먼저 백정 서사를 매개로 그것을 재활성화하면서 19세기 제정 러시아의 지식 청년 '백정' 라스콜리니코프의 궁극적 구원의 문제를 자신의 문학의 주제로 새롭게 끌어들이고자 했다.

55 성민엽, 「존재론적 고독의 성찰」, 『일월 — 황순원전집 8』, 문학과지성사, 1983, 455쪽.

참고문헌

강우원용, 「시마자키 도손의 『하카이(破戒)』와 다야마 가타이의 『후톤(蒲団)』」, 『한국일본어문학회 학술발표대회 논문집』, 2007. 4.
김동춘, 『전쟁과 사회』, 돌베개, 2006.
김중섭, 「한국의 백정과 일본의 피차별 부락민의 비교 연구」, 『현상과 인식』 38, 2014. 5.
나카무라 미쓰오, 『풍속소설론 — 근대 리얼리즘 비판』, 송현순 역, 불이문화사, 1998.
노영희, 「'혈연의 아버지'에서 '이념의 아버지'로」, 『파계』, 문학동네, 2010.
도스토예프스키, 『죄와 벌』 2, 김연경 역, 민음사, 2012.
박태균, 「한국군의 베트남전 참전」, 『역사와비평』, 2007년 가을호.
성민엽, 「존재론적 고독의 성찰」, 『일월 — 황순원전집 8』, 문학과지성사, 1983.
시마자키 도손, 『파계』, 노영희 역, 문학동네, 2010.
윤충로, 「베트남전쟁 시기 한국의 전쟁동원과 일상」, 『사회와 역사』 95, 2012.
이경민, 「황순원과 도스토예프스키 장편소설 비교 연구」, 서울대학교 대학원 석사학위논문, 2014.
장양수, 「황순원 장편 『일월』의 실존주의적 성격」, 『한국문학논총』, 2005.
정동주, 「일본의 부락과 부락해방운동」, 『황해문화』 15, 1997. 6.
정영훈, 「백정 관련 연구의 맥락에서 본 『일월』」, 『한국현대문학연구』 24, 2008.
주창윤, 「1950년대 중반 댄스 열풍」, 『한국언론학보』 53(2), 2009.
최순육, 「시마자키 도손 『파계』에 나타난 부락민상」, 『일본 연구』 21, 2005. 8.
______, 「『파계』에 나타난 도손의 피차별 의식 — 기독교적 고백과 구원을 중심으로」, 『일본어문학』 67, 2014.
황순원, 『일월: 황순원전집 6』, 창우사, 1964.
______, 『황순원전집 5 — 『인간접목』 『나무들 비탈에 서다』』, 창우사, 1964.

「김동근 씨 문화인장 동방회관에서 엄수」, 『동아일보』, 1956. 8. 24.

安部和美,「藤村の『破戒』の主題について — 西歐文學の影響と丑松の意味」,『日本研究』10, 1995.

제8장

선을 못 넘은 '자발적 미수자'와 선을 넘은 '임의의 인물'

최인훈의 『광장』과 홋타 요시에의 『광장의 고독』을 중심으로

김진규

1. 들어가며

1968년 출판된 『현대세계문학전집』 12권에는 미시마 유키오(三島由紀夫)의 「금각사」, 아베 고보(安部公房)의 「모래의 여인」, 시이나 린조(椎名麟三)의 「자유의 저쪽에서」가 선택되어 실리고, 책의 말미에는 세 작품이 왜 일본의 전후문학을 대표하는지를 설명하는 최인훈의 「風俗과 觀念」이 실린다.[1] 이 책 앞부분에는 '편집위원'이란 이름으로 「이 책을 읽는 분에게」란 짧은 글이 실려 있는데, 그 내용이 「風俗과 觀念」의 요약이고 같은 어구가 반복 사용된다는 점에서 이 글 역시 최인훈이 썼음을 알 수 있다. 그는 이 서문에서 한국문학과 일본문학이 "다 같은 동양적 특수성의 바탕 위에서 서구의 문학을 받아들였다는 점에서 많은 교훈을 얻을 수" 있기 때문에 "일본문학이라 해서 구태여 배격할" 필요는 없다고 말한다. 곧 이어 그는 아베 고보(安部公房)를 소개하는 자리에서, 실존주의의 영향을 보여주는 그의 작품이 우리에게 "동양적 특수성의 바탕 위에서 서구문학을 어떻게 받아들일 것인가 하는 점에 많은 문제를 제기한다."고 반복해서 말한다. 즉 "우리 문학의 충실성"을 위해 일본 전후문학이 어떻게 서구문학을 받아들였는지를 검토해야 하고, 이때 서구문학은 실존주의에 기초한 문학이 되는 것이다.

이러한 언급과 달리 최인훈은 사르트르는 물론 카뮈, 혹은 그들에게 영향을 받은 일본의 실존주의 문학 등에 대해 거의 언급하지 않았다.[2] 하

1 최인훈, 「風俗과 觀念」, 『현대세계문학전집 12』, 신구문화사, 1968. 이 글은 문학과지성사의 최인훈 전집 『문학과 이데올로기』에 「세 사람의 일본작가」로 제목이 바뀌어 실린다.

2 정영훈, 「『광장』과 사르트르 철학의 관련성」, 『한국문예비평연구』 21, 2006, 398쪽.

지만 1950~1960년대 한국문학이 부조리 개념을 중심으로 한 실존주의 사상과 문학에 강하게 매료되었고, 1960년에 나온 최인훈의 『광장』이 "전후소설의 극상(極相)이나 완성"이라는 평가를 받는다는 점을 생각해 볼 때,[3] 최인훈 역시 '실존주의'와 관련을 맺었음을 추론하기란 어렵지 않다. 하지만 실존주의와 최인훈 작품 사이의 관련성을 검토한 논문은 그리 많지 않다. 정영훈은 사르트르 철학과 『광장』 사이의 관련성이나 영향 관계를 구체적인 명제로부터 시작해 작품을 지탱하는 철학적 사유의 차원에서 살피고 있다는 점에서 연구사의 앞자리에 놓이며,[4] 백주현은 최인훈이 「가면고」에서 실존주의 철학을 바탕으로 개인의 주체성과 민족 정체성의 회복을 꾀했음을 밝혔다.[5]

이러한 논의는 동시대의 한국문학과 실존주의의 영향 관계를 다룬 일반적인 연구 경향과 사뭇 다르다. 기존 논의는 사르트르와 카뮈를 중심으로 한 프랑스 실존주의가 1950~1960년대 한국의 비평과 소설에 큰 영향을 미쳤으나, 당대의 정치·사회적 조건에 의해 왜곡되어 수용되었고, 사상의 형상화 면에서도 충분한 내면화에 이르지 못했다는 데 의견을 모은다.[6] 여기서 한 가지 의문이 생긴다. 삶의 부조리함에 대한 자각에 충실한 『이방인』의 뫼르소와 달리 「요한시집」의 누혜와 「불꽃」의 현 등이 자신의 죽음으로써 인간의 존엄성과 공산당에 대한 저항을 형상화했

3 조남현, 「해방50년, 한국소설」, 『한국현대문학50년』, 민음사, 1995, 147쪽.

4 정영훈, 『최인훈 소설의 주체성과 글쓰기』, 태학사, 2008.

5 백주현, 「최인훈의 「가면고」에 나타난 프랑스 실존주의의 영향」, 『비교문학』 49, 2009.

6 비평과 논쟁의 차원에서는 1950년대 한국문단에서 실존주의에 관한 해설과 번역이 활발히 이루어졌지만 비판적 수용을 통한 내면화에는 이르지 못했다는 한수영의 논의가 대표적이다(한수영, 『한국현대 비평의 이념과 성격』, 국학자료원, 2000).

다는 한계를 지녔다면,[7] 과연 '푸른 광장'에서 목숨을 잃은 이명준은 프랑스의 뫼르소와 한국의 누혜나 현 사이의 어디에 위치할까? 최인훈이 "전후세대의 막내이면서 동시에 한글세대의 맏이"라는 특수한 지위를 가졌다면, 그 홀로 당대 지식인을 사로잡은 실존주의와 거리를 두는 것이 오히려 이상하지 않을까?

그러나 1950~1960년대 한국의 소설이 프랑스 실존주의를 '올바로' 수용하지 못했다고 보는 기존 논의에서처럼, 사르트르의 문학작품과 철학 등 특정한 대상을 표준으로 삼아 최인훈의 작품을 평가하는 것 역시 의미 있는 결론을 내리기 어렵다. 우선, 영향을 준 대상인 '실존주의'를 엄격하게 규정하기 어렵다. 실존주의로 분류되는 철학자와 작가가 다양한 상황에서 주로 사르트르의 철학서와 문학작품을 중심으로 실존주의를 규정하지만, 사르트르 스스로 뚜렷한 사상적 변모 과정을 겪었고, 스스로 실존주의자가 아니라고 규정한 카뮈 등도 '실존주의'란 이름으로 한국 전후문학에 큰 영향을 끼쳤기 때문이다. 프랑스 실존주의자 사이에서도 첨예한 갈등이 벌어진 상황에서,[8] 한국 전후문학을 어느 한쪽을 기준으로 평가하는 것은 무리가 있다. 다음으로 '영향 관계'라는 것은 분명하게 밝히기 어렵다. 장용학의 「요한시집」과 사르트르의 『구토』 사이의 비교 논의에서처럼, 작가의 직접적인 진술이 없는 한두 작품 사이의 영향

---

7 박지영, 「번역된 냉전, 그리고 혁명: 사르트르, 마르크시즘, 실존과 혁명」, 『서강인문논총』 31, 2011, 102쪽.

8 예를 들어 이념적 편향성을 거부하고 삶의 부조리를 피하지 않은 채 분명한 의식으로 삶을 바라보아야 한다는 카뮈의 '반항(révolte)'은 그 소극성 때문에 사르트르 진영으로부터 '부르주아적 발상'이라 비판을 받는 등 당시 프랑스 지성인 사이에서 공감을 얻지 못했다(유기환, 「카뮈, 공산주의, 한국전쟁」, 『프랑스 지식인들과 한국전쟁』, 민음사, 2004, 224~226쪽).

관계를 분명히 결론짓기는 어렵다.[9] 마지막으로 일방적인 위계의 흐름을 상정하고 서구문학과 한국문학의 관계를 살피는 작업으로는 의미 있는 결론을 얻기 어렵다. 비평과 논쟁 등의 차원에서 실존주의 사상이 제대로 수용되지 못했다는 점을 분석하는 것은 당대의 지적 지형도를 재구성한다는 점에서는 의의가 있다. 하지만 실존주의 수용의 심도보다는 "실존주의가 우리 사회나 문화에 자연스럽게 토착화 또는 내면화된 사정을" 고민하는 것이 1950~1960년대 소설 이해에 필요하다.[10]

이 글은 최인훈의 『광장』이 사르트르와 카뮈 등의 사상과 연관이 있고, 그러한 연관성을 고려할 때 작품을 새로운 각도로 볼 수 있다는 전제에서 시작한다. 구체적으로 알베르 카뮈의 『이방인』(1942)을 참고로 하여, 최인훈의 『광장』(1961)과 홋타 요시에(堀田善衛)의 『광장의 고독』(1951)을 비교함으로써,[11] 전쟁이라는 한계 상황과 부조리의 인식이라는 보편적 주제가 각 나라의 구체적 현실에서 어떻게 달라지는지를 검토한다. 인물의 행동과 주제 사이의 표면적 유사성을 넘어서는 둘 사이의 차이를 통해 『광장』을 다시 읽는 것이 이 글의 목표이기 때문이다.

본론으로 가기 전에 먼저 이 글에서 중요하게 사용할 개념인 '관여(commitment)'의 맥락에 대해 정리해 보겠다. 실존주의의 주요 개념인 'commitment'와 'engagement'는 실제로 거의 구분되지 않고 '관여', '참여' 등으로 번역된다. 사르트르 철학에서 'commitment'와 'engagement'

9 이재룡, 「실존과 생존 — 『구토』와 「요한시집」의 비교」, 『실존과 참여 — 한국의 사르트르 수용 1948~2007』, 문학과지성사, 2012.

10 조남현, 앞의 글, 146쪽.

11 이 글에서 사용하는 각 텍스트는 다음과 같다. 최인훈, 『광장』, 정향사, 1961; 堀田善衛, 『廣場の孤獨』, 新潮社, 1982; 알베르 카뮈, 『이방인』, 김화영 역, 책세상, 1993. 이하 이 텍스트들의 인용은 쪽수만 표기한다.

는 실존주의적 상황에서 이성의 추상적 구조나 신의 의지 등으로 도피하지 않는 인간이 의미 있는 삶을 살기 위한 근본적인 근거가 된다.[12] 2차 세계대전 후 사르트르는 실존주의적 참여를 지식인의 정치 참여의 한 방식으로 고수하고자 했으나, 카뮈는 그러한 '관여'가 살인을 용인하거나 조장한다는 점에서 비윤리적이라고 비판했다. 압제에 맞서기 위한 한 개인의 살인은 정당화될 수 있지만, 역사의 이름으로 자행되는 살인은 결코 정당화될 수 없다. 왜냐하면 그것은 한 인간이 자신의 행동에 대해 져야 할 책임을 다른 것에 전가하는 것이기 때문이다. 구체적 현실세계를 벗어난 일체의 진리를 거부했던 카뮈가 초월적 진리 위에 서 있는 "역사적 부정의를 바로 세워야만 한다."는 주장을 용납하지 못한 것은 당연하다.[13]

사르트르의 용어를 빌리면 이 '관여'는 '선택(기획 투사)'과 '의지적 결단(결의)'으로 나뉜다. 이때 선택은 "우리 자신에 대한 선택, 즉 우리가 어떻게 있기를 바라는가 하는 것에 대한 선택"이며, 결의에 선행하며 그것의 기초가 된다.[14] 물론 "자신을 선택하지 않음", 즉 도피와 선택의 유예 역시 하나의 선택이다. 하지만 사르트르 입장에서 결단의 기피와 결정의 유예에는 자유가 없다. 왜냐하면 자유는 "자신을 하나의 목표로 기획 투사해 갈 수 있는 것, 그리고 이러한 기획 투사함 속에서 자신의 고유한 존재를 선택하고, 자신을 참여시키는 것"이기 때문이다.[15] 『이방인』의 주

12 Steven Crowell, "Existentialism," Edward N. Zalta (ed.), *The Stanford Encyclopedia of Philosophy* (Winter 2010 Edition).

13 위의 글, 176~178쪽.

14 빌터 비멜, 『사르트르』, 구연상 역, 한길사, 1999, 196~198쪽.

15 위의 책, 205~206쪽.

인공 '뫼르소'에게는 일견 그러한 '자기 선택'이 없어 보인다. 따라서 당시 일부 비평가들은 카뮈가 "사회와는 아무 관련이 없는 '자연 상태의 인간' 혹은 '식물 상태의 인간'을 그렸다."고 비판했다. 이에 대해 카뮈는 '부정' 역시 하나의 선택이며, 따라서 포기가 아니라고 항변했다.[16] 뫼르소가 부조리를 바탕으로 삶의 가치를 부정하고 죽음을 받아들이는 것은 단순한 허무주의나 삶으로부터의 도피가 아니라, "실질적 유용성을 갖는 새로운 세계를 지향하는 준비 작업으로서의 내적 전복"이라는 것이다.[17] 『광장』과 『광장의 고독』의 주요 단어들의 의미를 잘 드러내기 위해서, 이 글에서는 'commitment'를 정치 참여를 포함해 인간이 세계와 관계 맺는 행위 일체를 지칭하는 단어로 사용할 것이고, '관여'로 번역할 것이다. '관여'는 '선택'을 핵심으로 하는데, 이 글에서 '선택'은 삶을 유지하기 위해 내리는 결정 모두를 아우르고, 분명한 목적 아래 내려지는 '선택'에는 '결단'을 사용할 것이다. 사르트르적 의미의 '선택'은 '자기 선택'과 '기획 투사' 등으로 구별하여 쓸 것이다.

2. 한국전쟁, 실존주의 그리고 광장

『광장의 고독(広場の孤独)』은 『중앙공론문예특집』(1951년 9월호)에 전문 게재되고, 그해 제26회 아쿠타가와상을 받은 홋타 요시에(堀田善衛)의 작품으로, 동시대 일본에서 한국전쟁을 다룬 몇 안 되는 소설 중 하나이

16 이양재, 「『이방인』의 형이상학적 의미와 사회적 의미」, 『불어불문학연구』 83, 2010, 453쪽.

17 위의 논문, 469쪽.

다.[18] 사르트르와 카뮈 등으로 대표되는 프랑스 실존주의와 『광장』의 관계를 살피기 위해 이 작품을 함께 보는 이유는 두 작품 사이에 실존주의 사상의 영향, 소설의 배경과 주제 등의 공통점이 있기 때문이다.

『광장』과 마찬가지로 『광장의 고독』은 실존주의와 관련이 있고, 당대 일본 지식인 역시 실존주의 사상을 바탕으로 이 작품을 독해했다. 사르트르의 작품은 1945년 이후부터 일본에 수입되기 시작해 당시 일본문단에 많은 영향을 끼쳤다.[19] 이러한 상황에서 게이오대학 불문과를 졸업

---

18 나카네 다카유키, 「홋타 요시에(堀田善衛) 『광장의 고독』의 시선」, 『한국어와 문화』 7, 2010, 195쪽. 홋타 요시에는 1950년을 전후해 등장한 아베 고보(安部公房), 시마오 도시오(島尾敏雄) 등과 함께 제2차 전후파라 불린다. 특히 아베 고보와 홋타 요시에는 1951년 25회·26회 아쿠타가와상을 받으며 나란히 등단했다. 『광장의 고독』의 줄거리는 다음과 같다.

> 1950년 한국전쟁 발발에 따라 물밀 듯 들어오는 전문(電文)을 번역하기 위해 전직 기자 출신 기가키(木垣)는 임시로 한 신문사에서 며칠 전부터 일하고 있다. 그는 일본이 독립하기 전까지 사회에 관여하지 않겠다고 다짐했지만, 생활을 위해 신문사에 들어갔던 것이다. 그는 신문사에서 전문의 '북한군'을 아무 의심 없이 '적'으로 바꾸어 말하는 상황에 문제를 제기하는 등, 한국전쟁으로 다시 전쟁에 관여하는 일본을 비판적으로 바라본다. 부정적인 현실에 관여하지 않으려 하지만, 그는 공산당 당원 미쿠니(御国), 미국인 기자 헌트, 중국인 기자 장국주, 옛 오스트리아 귀족 테일핏 등을 만나며 국가 일본과 마찬가지로 자기 자신 역시 어떠한 방식으로든 현실에 관여할 수밖에 없음을 깨닫는다. 동거녀 교코(京子)와 그는 혼란스러운 일본을 떠나 아르헨티나로 떠나고 싶어 했고, 테일핏은 그 꿈을 이룰 수 있는 돈을 준다. 하지만 돈으로 자유를 살 수 없다는 생각에 그는 그 돈을 불태운다. 신문사에서 제안한 정규직도, 하라구찌(原口)가 제안한 경찰보안대(경찰예비대)로의 이직과도 거리를 둔 채, 그는 자신을 둘러싼 이해할 수 없는 세계를 그리기 위해 소설 『광장의 고독』을 쓰기 시작한다.

19 増田靖彦, 「サルトルは日本でどのように受容されたか — その黎明期を中心として」, 『Jinbun』 6, 学習院大学, 2007, 85쪽; 石井素子, 「日本におけるJ.-P.サルトルの受容についての一考察 — 翻訳·出版史の視点から」, 『京都大学大学院教育学研究科紀要』 52, 2006. 사르트르 등 프랑스 실존주의 사상은 1945년 이후 미국을 경유

한 작가가 프랑스 실존주의로부터 거리를 두기는 어려웠을 것이다. 또한 작품 안에서 1950년 당시 일본 내 좌익과 우익의 갈등은 프랑스의 그것과 겹친다. 기가키는 사르트르, 지드 등과 모리악 사이의 갈등, 즉 프랑스가 미국으로부터 독립해 국제문제에 자유로운 목소리를 내야 한다는 측과 소련의 위협으로부터 프랑스를 지켜주는 미국의 존재를 인정해야 한다는 측 사이의 갈등이 일본의 그것과 같다고 보며, "공포에 의한 판단 정지"인 후자보다 전자를 심정적으로 옹호한다. 미국인 기자 헌트는 그러한 기가키가 현실 정세에 어둡다고 보고, 그를 "생각하는 미스터 사르트르 지드 군(考えるミスターサルトルジイド君)"이라고 부른다. 또한 아쿠타가와상 수상 기념회에 참가한 당시 일본 문인들은 사르트르 등을 언급하며 "개인의 실존과 타인과의 연대"라는 관점에서 작품을 평했다. 두 작품 모두에서 '광장'은 중요한 상징적 의미를 지니고, 그것의 상대어로 '밀실'·'에고'와 '고독'·'태풍의 눈' 등이 대립하는데, 이는 실존주의 독법으로 읽을 때 의미가 명확해진다.

두 번째로, 한국전쟁을 배경으로 하는 두 작품에서 각 주인공은 좌와 우 사이에서 '선택'을 강요당한다. 『광장』은 한국전쟁 전부터 시작해 휴전협정 이후까지의 한국과 북한을 배경으로 이명준의 '선택'과 '행동'을 그린다. 『광장의 고독』은 한국전쟁 발발 직후인 1950년 7월, 아직 'GHQ/SCAP' 지배하에 있던 일본을 배경으로 한다. 한국전쟁으로 일본 주둔 미군 부대가 한반도로 이동하고 일본의 방어·치안유지 병력이 존재하지 않게 되자, 같은 해 8월 자위대의 전신인 경찰예비대령이 공포되면서 일

해 일본으로 들어오기 시작했으며, 철학보다는 문학 등에서 그 영향이 뚜렷했고, 피상적인 이해가 점차 개선되는 방향으로 나아갔다. 이는 한국의 사르트르 수용과 유사하다.

본의 재군비 논쟁이 심화되고, 국제정세의 변동에 따라 패전국 일본의 강화조약 역시 전면강화(全面講和)가 아닌 단독강화(單獨講和) 쪽으로 기울게 된다. 이와 함께 공직과 일반 기업에서 공산주의자를 몰아내는 적색 추방령(Red Purge)이 본격적으로 진행되었다. 이렇게 좌와 우의 갈등이 표면화되는 상황에서 주인공은 공산당 당원으로부터 입당을 권유받는 동시에, 우파 신문사의 정직원이 되는 것과 경찰보안대(예비대)에 들어가 섭외와 정보를 맡는 것을 권유받는다. '동조자(fellow traveler)'로서 기가키는 심정적으로는 전자에 서 있지만, 그 무엇도 선택하지 않는다. 한국전쟁으로 인해 혼란한 상황에서 제3국으로 떠나는 선택지가 등장하는 것 역시 비슷하다. 휴전협정 후 남과 북 어디도 선택할 수 없었던 이명준은 "마치 자기를 위해 마련된 조항"으로 보이는 중립국행을 선택한다. 태평양전쟁 말기, 상해에서 간첩사건에 연루되어 곤욕을 치렀던 교코는 일본이 다시 전쟁에 휘말릴지도 모르게 되자, 이전부터의 소망이었던 아르헨티나로의 이민을 기가키에게 종용한다. 기가키는 아르헨티나로의 이민을 고민하나, 그것이 생활로부터의 도피라는 이유로 포기한다. 마지막으로 주인공이 두 여자와 관계를 맺는다는 점 역시 흥미롭다. 물론 『광장의 고독』에서 이혼을 하지 않은 부인은 언급되기만 할 뿐, 작품에 등장하지 않는다는 점에서 『광장』의 윤애의 비중과 비교할 수 없다. 하지만 1976년 『최인훈 전집』 초판 이후의 『광장』 판본을 대상으로 할 때, 교코와의 사이에서 태어난 법적 보호를 받지 못하는 '사생아'와 은혜의 뱃속에서 '죽은 아이'가 각각 전면 강화를 맺지 못한 채 국제사회에 재등장하는 일본과 통일국가를 수립하지 못한 당시의 한국을 은유할 수 있다는 점에서 이러한 삼각관계는 유의미하다.

마지막으로 주제의 유사성을 지적할 수 있다. 텍스트 안에서 '광장'

의 내포적 의미는 다양하지만, 『광장』의 서사는 "존재론적 의미에서의 자유" 모색과 "타자를 만날 수 있는 광장"을 추구하는, 다시 말해 "자유와 공동체의 동시적 추구"를 목표로 한다.[20] 『광장의 고독』의 주인공 기가키 역시 주어진 이데올로기로 자신의 환경을 설명하고 어느 한쪽에 '관여하는(commit)' 대신, "자기의 존재 중심에 있을 허점"을 바탕으로 현실을 조망하면서도 타인과 다른 아시아 민중과의 연대가 가능한 '광장'에 대한 추구를 놓지 않는다. 이러한 주제의식은 작가의 아쿠타가와상 수상 기념축하회 기록의 제목인 「광장의 고독과 공통의 광장(広場の孤独と共通の広場)」에서 단적으로 드러난다.[21] 이 기념회에 참석한 문인들은 사르트르의 명제 등을 인용하며 이 작품이 제시한 개인의 실존과 공동체 추구의 문제에 심정적으로 동조하는 한편, 일본 민중을 포함한 '공통의 광장'을 형상화하는 데는 한계가 있다는 평가를 내렸다. 가령 소설가이자 시인인 다카미 준(高見順)은 '광장'과 '동굴' 사이를 헤매는 것을 핵심으로 글을 쓰고 싶다고 생각했으며, 자신의 몸과 문학을 '동굴'에 두는 것이 '광장'으로 나아가는 길이라고 말한다. 문학평론가 야마모토 겐키치(山本健吉) 등은 당시 중국을 예로 들어 작품에 공동체(조국)가 발견되지 않는 것은 홋타 요시에가 민중을 발견하지 못했기 때문이며, 이는 일본 작가 전체의 고민이라고 말한다. 개인의 자유와 그것에 기초한 '광장'의 추구는 서로 모순이며, 이는 사르트르 철학의 근본 한계라고 할 수 있다.[22] 즉 1950년 초반 한국전쟁이라는 구체적 시공간에서 광장을 찾지 못한 것은 최인

20 정영훈, 앞의 글, 407~408쪽.

21 「広場の孤独と共通の広場」, 『近代文学』 7(5), 1952. 참고로 수상기념 축하회는 1952년 2월 25일에 혼다 슈고(本多秋五)의 사회로 진행되었다.

22 정영훈, 앞의 글, 409~410쪽.

훈과 홋타 요시에 개인의 한계가 아니라, 그들이 기초한 실존주의 사상의 구조적 모순 때문이다. 따라서 그들의 광장 추구가 단순히 '실패'했다고 판단하는 것에서 그칠 것이 아니라, 자유와 '광장'의 첨예한 갈등, 다시 말해 개인의 자유를 확보하지 못한 한계 상황에서 어떻게 참다운 '광장'으로 나아갈 것인가의 문제에 두 작가가 각각 어떻게 답했는지를 살펴야만 작품의 의미를 풍성하게 살필 수 있다.

이러한 공통점을 바탕으로 『광장』과 『광장의 고독』을 비교하기 전에 한국과 일본 문단이 자국 전후 현실의 특수성을 인식하고 있었음을 간단히 지적하겠다. 『광장의 고독』의 아쿠타가와상 수상 축하회 사회자 혼다 슈고(本多秋五)는 게오르규(Constantin Virgil Gheorghiu)의 소설 『25시』에 나타난 2차 세계대전 시기 유럽의 절망적인 현실과 『광장의 고독』에 형상화된 일본의 전후 현실 사이의 유사성을 언급한다.[23] 하지만 다카쿠와 스미오(高桑純夫)는 "일본인의 정신은 결코 유럽과 같을 수 없고, 따라서 사르트르의 수용에서도 이 같은 맹점이 있을 것"이라고 말한다. 즉 "일본의 상황은 유럽의 그것과 다르기 때문에 현재 일본의 상황에 대한 해답 역시 유럽적인 것이 아닌 일본적인 것이어야 하며, 『광장의 고독』이 그 해답의 하나를 나타내고 있다."는 것이다. 1960년 『일본 아쿠타가와상 소설집(日本芥川賞小說集)』에서 『광장의 고독』을 번역한 신동문 역시 일본의 문제 상황에 대한 진단과 해답의 하나로 인식된 『광장의 고독』이 한국의 상황과 맞지 않는다고 말한다.[24] 한국전쟁을 직접 겪은 입장에서 볼 때, 『광장의

23 「広場の孤独と共通の広場」, 앞의 책, 3쪽.

24 "美國과 쏘聯이라는 兩大勢力과 理念下에서 방황해야 했던, 當時 被占領下 日本의 인테리의 고민과 자각을 다룬 主題를 이만큼 成功시킨 作品이 아직 없"지만 "그 主題 속에는 우리의 눈으로 (直接 動亂의 도가니 속에서 世紀的인 苦痛을 맛본) 볼 때

고독』에 형상화된 고민은 피상적이고 관념적이었던 것이다.

이처럼 『광장』과 『광장의 고독』이 한국전쟁을 배경으로 전쟁이 초래한 황폐함과 좌와 우 사이의 갈등을 형상화했을지라도 그 양태와 성격은 다를 수밖에 없었다. 이러한 맥락의 차이는 프랑스 실존주의의 영향 아래에서 『광장』과 『광장의 고독』을 함께 살피는 작업의 기반이 된다.

3. 세계와의 분리: '인간의 혼'과 '에고'

이성에 기초한 분명한 인식으로 세계와의 통합을 이루려는 욕구가 좌절될 때, 다시 말해 자기 자신이 세계로부터 단절되어 있음을 의식할 때 부조리는 솟아오른다. 이명준과 기가키가 느끼는 주된 정서는 '고독'이다. 그들이 '고독'을 느끼는 이유는 그들이 던져진 '광장'에서 '보람찬 삶'을 살겠다는 것을 포기하지 않았기 때문이고, 따라서 그들은 그들이 던져진 '광장'을 자신이 보람을 느낄 수 있는 역사의 '광장'으로 만들어야 하는 문제에 직면한다. 여기서는 그들의 '선택'과 '행동'을 비교하기 전에, 먼저 그들이 낯설게 느낀 당대의 현실과 그것에 대한 인식에 대해 검토해 보겠다.

왜 이명준과 기가키는 한국전쟁 시기의 한국과 일본에서 '고독'을 느낄 수밖에 없었을까? 원론적인 차원에서 살펴보면, 인간이 "절대에 대한 향수"를 가질 수밖에 없고, 또 그것이 좌절될 수밖에 없는 까닭은 인간의

에는 지나치게 말초신경질적이고 意識의 深度가 얕은 點이 없지 않다"(신동문, 「광장의 고독 역자의 말」, 『日本芥川賞小說集』, 신구문화사, 1960, 376쪽).

유한성 때문이다.[25] 이명준이 세계와의 일체감을 일시적으로 획득한 '계시' 같은 순간이 '영원'과 연결되고(27쪽), 정 선생의 집에서 미라를 보고 "이끼 낀 장엄한 시간이 몸속에 소리쳐 흘러오듯 하는 감격"과 "강렬한 카타르시스"를 느끼는 것(50쪽)은 그 때문일 것이다.

다음으로, 두 작품의 주인공이 괴리를 느끼는 구체적 세계는 자유가 없고 부패한 사회라는 공통점을 지닌다. "국가의 독립과 정신의 독립이 불가분의 관계에 있다."(14쪽)는 기가키의 언급대로 이명준과 기가키 등이 겪는 혼란과 고독은 당시 한국과 일본의 현실에 뿌리박고 있다. 『광장』에서 당시 한국의 정치는 "미군부대 식당에서 나오는 청소차를 청부 맡아서 그중에서 깡통을 골라내어 양철을 만들구 목재를 가려내서 소위 문화주택 마루를 깔구 나머지 찌꺼기를 가지고 목축을 하자는"(52쪽) 것으로, 경제는 "최소한 양심을 지키면서 탐욕과의 조절을 꾀하자는 자본주의의 교활한 악덕조차" 없이, "사기(詐欺)의 안개 속에 협박의 꽃불이 터지고 허영의 아드바룬이 떠"도는 것으로 그려진다(53쪽). 비록 형식상으로는 독립을 이루어 냈지만 여전히 미국의 영향 아래에서 주체적인 자기 결정을 내리지 못하며, 본래 탐욕을 바탕으로 한 자본주의가 더욱 왜곡되어 진행되는 부패하고 협잡이 난무하는 곳이 당시 남한사회이고, 이명준은 그곳에서 '환멸'을 느낀다.

1950년 7월이라는 짧은 시기를 배경으로 하는 『광장의 고독』에서는 기가키가 위화감을 느끼는 '광장'이 구체적으로 묘사된다. 정치적으로는 전면강화가 아니라 단독강화인 샌프란시스코 강화조약(1951년 9월 조인, 1952년 4월 발효)과 정부기관과 기업에서 공산당을 축출하는 레드 퍼지(レ

25 알베르 카뮈, 『알베르 카뮈 전집 4 — 시지프 신화』, 김화영 역, 책세상, 2013, 58~60쪽.

ッド・パージ)가 진행되고 있었다. 기가키가 「전면강화는 기대하기 어렵다. 군사기지 반대론은 이상론」이란 기사가 실린 신문을 짓밟고, 신문사에서 쫓겨난 공산당원 미쿠니 등에게 심정적으로 동조하며, '경찰보안대'[26]로의 권유를 거절하는 것에서 그가 당시 일본의 정치상황에 비판적임을 알 수 있다. 일본의 경제부패 역시 그가 사회에 위화감을 느끼는 중요한 이유였다. 기가키의 전 직장인 S 신문사는 경제적 위기를 겪게 되자, 당시 법정에서 문제가 되고 있었던 'S 전공 관계자'로부터 유입된 '수상한 자본'을 받아들인다. 1948년 발각된 '쇼와전공의옥사건(昭和電工疑獄事件)'을 모델로 한 이 사건을 두고 기가키는 "그때쯤부터 이 사회가 밑바닥부터 흔들리기 시작했다."(10쪽)고 술회한다.[27]

세계와의 괴리 앞에서 두 인물이 경험하는 고독은 카뮈가 사르트르의 '구토'를 예로 설명한 부조리의 경험과 연결된다.[28] 로캉탱은 공원의 마로니에 뿌리 앞에서 "인간 세계의 붕괴를 지연시키기 위해, 그가 유지하려고 고집을 부리던 주위 사물과의 관계"가 붕괴하는 경험을 한다. 세계를 통합하기 위해 내 안에 붙들고 있던 타인과 사물과의 관계가 빠져나가 버리고, 그렇게 해서 남은 '나'는 '여분의 존재'가 된다.[29] '여분의 존재', 세계와의 관계 절연 끝에 찾아온 자기 인식은 두 작품에서 각각 '에

26 자위대의 전신인 '경찰예비대'를 나타내는 것으로 보인다.

27 이 문단에 나와 있는 당시 일본사회의 사건에 대한 정보는 伊藤博, 「堀田善衛と日野啓三 ―「眼の虚無」から「虚点の精神」へ」, 『法政大学大学院紀要』 65, 法政大学大学院, 2010, 169~170쪽의 것이다.

28 "인간 자신에게서 엿보이는 비인간성을 접하면서 느끼는 막연한 불안, 우리 존재 자체의 모습 앞에서 경험하는 측량할 길 없는 추락, 이 시대의 어느 작가가 말한 바 있는 '구토(嘔吐)', 이것도 또한 부조리다"(알베르 카뮈, 앞의 책, 31쪽).

29 장 폴 사르트르, 『구토』, 방곤 역, 문예출판사, 1999, 237~246쪽.

고의 방'과 '인간의 혼'으로 나타난다.

> 그저 그렇게 살아가는 것이거니 놀랍도록 철저한 무관심 속에 살아왔다. …… 에고라는 낱말 속에는 밥이며 신발, 양말, 옷, 이불, 잠자리, 납부금, 우산 그런 물건이 들어 있지 않았다. 오히려 ㉠어떤 물건에서 그것 모두를 빼 버리고 남은 게 에고였다. 모든 것을 의심한 다음까지, 덩그마니 남는 의심할 수 없는 마지막 것. 철학도 이명준에게 의미있으며 실감있는 에고란 그런 것이었다. 어머니가 그의 에고의 한 식구일 수는 없었다. 에고의 방에는 명준 혼자만 있었다. …… 애당초 그리로 갈 염을 내지 말아야했고 가고 싶다고 생각한 일도 없었다. 왜냐하면 ㉡그는 광장을 불신하고 있었기 때문이었다. 소중하고 값있는 건 에고의 방뿐이었다.(61~62쪽, 밑줄은 필자가 표기한 것임. 이하 동일)

소설의 시작부터 이명준은 이미 세상과 절연한 개인의 고독에 빠져 있다. 한국전쟁 이전, 이명준은 "세계와 삶에 대한 그 어떤 그럴싸한 '결론'"을 얻기 위해 철학과에 진학하지만, "인생은 그저 살기 위하여 있다"는 동어반복만을 확인하며 삶에 대한 허무감을 느낀다(26쪽). 위에서 인용한 것처럼 그가 관심을 두는 것은 일상의 삶이 아니라, 다른 사람과 사물과의 관계로부터 따로 분리된 자신의 '에고'이다(㉠). 그리고 그가 이렇게 '에고의 방'에 '수인(囚人)'처럼 갇힐 수밖에 없는 까닭은 "광장을 불신하기" 때문이다(㉡). 부조리가 세계를 명확히 인식하여 자기 안에 통합하려는 욕망에서 비롯되듯이, 이명준이 이처럼 삶을 "아무런 의미 없는 부조리의 연속"으로 받아들이며 자신의 '에고의 방'에 갇히는 까닭은 그가 의미 있는 삶, 감격을 느끼며 사는 삶을 간절히 원하기 때문이다.[30] 그리고 그 '에고의 방'에서도 "가장 정직(!)하게 판단해서 부조리하게밖에는 느껴지지 않는 '에고'의 불안을 달래기 위하여 '힘껏 산다', '시간의 한 점 한 점을 피 방울처럼 진하게 산다'"고 다짐하며 의미 있는 삶을 포기하지 않는다.

『광장』에서 부조리의 감각이 처음부터 이명준에게 주어져 있었다면, 『광장의 고독』의 첫머리에서 기가키는 일상의 습관에 "어느 날 문득, '왜?'라는 의문"을 던진다. 신문사 섭외부 부부장 하라구치는 전문(電文)의 '공산군 태스크 포스(task force)'를 '적 기동부대(敵機動部隊)'로 번역한다. "왜 북한군이 일본의 적인가?"라는 의문, 다시 말해 북한을 일본의 적으로 간주하고 미국에 의한 일본의 전쟁 관여를 자연스러운 것으로 보는 당시 일본의 '습관'에 대한 위화감은 작품 안에서 계속 변주된다.

"저곳을 봐. 절대로 고독하지도 고립되지도 않았어. 자네가 말한 대로 확실히 ㉠<u>사람들의 마음 밑바닥에는 일말의 의문과 함께 고립감, 고독감이 근본적으로 존재하겠지.</u> 하지만, 기분의 여하에 상관없이 일본은, 다시 자네 말을 빌리면, 이미 일본은 '코미트'하고 있어, 그렇게 해서 저곳에 힘을 모아 일하고 있는 사람들은, 결코 고독하지 않을 것이야."

…… ㉡<u>전쟁으로 폐허가 된 곳의 한가운데 세워진 공장이, 다시 전쟁으로, 아니 전쟁을 위해, 가동되고 있다는 것을 어찌 믿을 수 있을까.</u> 그리고 만일 저 공장이 전쟁을 위해 가동되고 있다면, 저기서 일하는 사람들이 어찌 고독하지 않다고 말할 수 있을까. 기가키는 이 격렬한 대조를 바라보면서, ㉢<u>자신의 기분의 기조가 살아있는 공장이 아니라, 죽어있는 공장의</u>

30 정영훈, 앞의 글, 114쪽.

황폐한 풍경에 눌러붙어있다고 생각했다.(53~54쪽, 이후 『광장의 고독』 인용문은 인용자의 번역임.)

그러한 위화감이 적나라하게 드러나는 장면이 위의 인용문이다. OA 통신의 미국인 기자 헌트는 가와사키 중공업 지대를 가리키며, '일본/일본인'이 한국전쟁에 어떠한 방식으로든지 '관여'하는 순간 기가키가 느끼는 근원적 고독감은 사라질 것이라고 말한다(㉠). 헌트의 말대로 태평양전쟁에 '관여'했던 일본인들은 어떠한 위화감과 의문 없이 한국전쟁으로 인한 전쟁 특수를 누리고 있었다. 하지만 기가키는 태평양전쟁으로 폐하가 된 곳에 세워진 공장이 다시 한국전쟁 때문에 가동된다는 사실에 위화감을 느낀다(㉡). 그는 '습관'처럼 한국전쟁에 '관여'하는 일본인들의 '광장(공장)'에 주목하는 것이 아니라, 전쟁으로 폐허가 된 '광장'에서 '고독'을 느끼는 것이다(㉢). 국제정세의 급변과 일본사회의 혼란 속에서 자신을 둘러싼 세계에 끊임없이 의문을 제기하는 기가키는 서로 모순되고 갈등을 빚고 있는 바람들, 다시 말해 자기를 둘러싼 세계(태풍)의 부조리함을 직시함으로써 자기 안에 있을 '인간의 혼(태풍의 눈)'을 명확히 하겠다고 다짐하고, 그것의 실천이 『광장의 고독』의 창작이 된다.[31]

이명준이 '광장'을 불신하는 탓에 '에고의 방'에 갇힌 반면, 기가키는 자기를 둘러싼 '모순되고 대립하고 적대하는 것'과 그것에서 느끼는 위화감을 그림으로써 '인간의 혼'을 찾겠다고 다짐한다. 즉 이명준에게 '에

31 바꿔 말해, 태풍을 태풍으로 성립시키는, 태풍의 중심에 있는 눈의 허무를, 바깥 현실의 바람을 그림으로써 명확하게 하는 것이다. 이렇게 해서 나의 존재의 중심에 있을 허점을 현실 안으로 끄집어내면, 내 살아 있는 육체로 존재하는 나를 한층 정확하게 파악할 수 있는 것은 아닐까. 예견이 불가능한 지역, 태풍의 눈, 그것은 인간에게

고의 방'은 벗어나야 할 것이며, 기가키에게 '인간의 혼'은 견지해야 하는 것이다. 이러한 차이는 부조리에 대한 각각의 대응 방식에 따라 다르게 표현되었을 뿐, 인간과 그의 삶 사이의 단절감, 다시 말해 부조리 앞에서 느끼는 '잉여로서의 나'에 대한 인식은 그들이 반드시 견지해야 하는 것이다. 왜냐하면 그러한 '부조리'야말로 인간이 가질 수 있는 단 하나의 '자명함'이기 때문이다.[32] 즉 "존재론적 자유로부터 정치적 자유로 옮아가는 과도기적 양태"[33] 속에서 전자는 벗어나야 하는 것으로 묘사되지만, 그것 역시 이명준이 확보해야 할 자유인 것이다.

세계라는 '광장'과 분리된 『광장』과 『광장의 고독』의 인물들은 '고독'하며, 동시에 그 '고독'은 그들이 정직한 삶을 살기 위해 견지해야 할 것이다. 하지만 어떤 인간도 '밀실'에서만 살지 못한다. 인간의 근원적 조건으로서의 '고독'은 '선택'을 수반한다. 앞의 인용문에서처럼 『광장의 고독』에서 근원적으로 고독한 인간은 세계에 '관여'할 수밖에 없으며, 그 '관여'를 통해 고독에서 벗어난다. 이시카와 준(石川淳)이 "선택한다는 것은 자유롭다는 것이다."라는 사르트르의 말을 "선택한다는 것은 고독하다는 것이다."라는 말로 바꿔 『광장의 고독』에서 '관여'가 나타내는 뜻을 살핀 것도 그 때문일 것이다.[34] 이명준 역시 인간은 고독하기 때문에 무엇인가를 선택한다고 말한다.[35] 은혜를 잃고 중립국으로 향하는 배 안에서 이명

있어서는 혼이라고 불리는 것이리라(堀田善衛, 『廣場の孤獨』, 新潮社, 1982, 87쪽).

32 알베르 카뮈, 앞의 책, 76쪽.

33 정영훈, 앞의 글, 407쪽.

34 「広場の孤独と共通の広場」, 앞의 책, 8쪽.

35 "여자를 껴안고 딩구는 건, 그러지 않고는 배기지 못할 아담의 고독이 빚어내는 여러 가지 몸부림 가운데 하나일 것이었다. 어떤 사람은 여자 대신 전쟁을 택했다. 그래서 그는 알렉산다가 되고 징그스칸이 되었다. 어떤 사람은 물질 사이에 걸쳐있는 눈에

준은 '고독자(孤獨者)'로서의 자신을 재인식한다.

> 그는 자기의 손을 보았다. 그것은 무엇인가를 더듬고 무엇인가를 잡고 있지 않고는 배기지 못하는 고독자(孤獨者)였다.(203쪽)

그가 고독을 견디기 위해 '잡아야 할 무엇'은 비단 은혜의 육체만이 아니었다. 그는 보람찬 삶을 위해 끊임없이 무엇인가를 잡아 왔고, 그가 고향을 떠나 이국으로 갈 수밖에 없었던 것은 그가 잡아야 할 것이 더는 그곳에 없기 때문이다. 그렇다면 그는 어떤 선택과 결단을 했으며, 왜 고향을 떠나야만 했는가?

4. '한 발 내딛기'와 '범죄자 되기'

이 글의 목적은 이방인을 바탕으로 『광장』과 『광장의 고독』에서 '한 발 앞으로 나아가다' 혹은 '선을 넘다'는 표현으로 묘사된 '관여'의 양태들을 분석하여 한국전쟁으로 야기된 혼란에 직면한 두 인물의 자아 정립과 삶의 태도를 비교하는 것이다. 현실에의 '관여'가 결국 '죄를 저지르는 방식'으로밖에 인식될 수 없었다는 점에서 당시 한국과 일본의 시대적 상황은 엄혹했다. 하지만 전쟁에 직접 참여하고 월북과 고문 등의 뚜렷한 선택에도 이명준은 끝내 자신을 선을 넘지 못한 '자발적 미수자'로 규정하

보이지 않는 함수 관계를 택했다. 그래서 그는 갈릴레오가 되고 뉴톤이 됐다. 돈·환답게 태식은 걸 알고 있었다"(최인훈, 『광장』, 정향사, 1961, 39쪽).

는 반면, 좌와 우 어느 곳도 선택하지 않았지만 삶을 영위하기 위한 일체의 행동 때문에 기가키는 자신을 선을 넘은 '죄인'으로 규정한다.

이러한 차이를 분석하기 위해서는 각 작품에 등장하는 '한 발 앞으로 나아가다'라는 표현에 주목해야 한다. 흥미롭게도 『이방인』, 『광장의 고독』, 『광장』 모두 현실에 '관여'하는 행동을 '한 발 앞으로 나아가다', '선을 넘다' 등으로 표현한다. 이때 그 의미는 '의지적 결단', '인위적 질서의 초월', '죄를 지음' 등 다양한 의미를 띠지만, 그중 가장 뚜렷한 것은 '죄를 지음'이다. '범죄와 위반'을 뜻하는 러시아어 'prestuplenie'와 영어의 'transgression' 등이 '선을 넘다'라는 어원을 공유한다는 점을 생각해 볼 때, '한 발 앞으로 나아가다'가 '죄'와 연결되는 것은 자연스럽다. 하지만 각 작품에서 '한 발 내딛기'의 구체적 맥락과 의미는 다르다.

『광장의 고독』과 『광장』의 해당 표현을 비교하기 위한 준거점으로 『이방인』을 간단히 살펴보자. 『이방인』에서 뫼르소의 아랍인 살인은 카뮈가 설정한 전체 소설의 의미구조를 지탱하는 단 하나의 사건이다. 뫼르소가 태양을 피하기 위해 '한 걸음 앞으로 나서지' 않았다면 이 이야기는 성립하지 않는다.

> 그 햇볕의 뜨거움을 견디지 못하여 ㉠나는 한 걸음 앞으로 나섰다. ㉡나는 그것이 어리석은 짓이며, 한 걸음 몸을 옮겨 본댔자 태양으로부터 벗어날 수 없다는 것을 알고 있었다. 그렇지만 ㉠'나는 한 걸음, 다만 한 걸음 앞으로 나섰던 것이다.[36]

36 알베르 카뮈, 『이방인』, 김화영 역, 책세상, 1993, 81쪽.

뫼르소는 아랍인을 권총으로 살인하기 직전 태양을 피하기 위해 '한 발 앞으로 내딛는다'(㉠, ㉠'). 물론 그는 태양을 피할 수 없기에 그러한 행동이 결국 아무 의미 없는 행동임을 알고 있다(㉡). 그렇다면 그는 왜 한 발 앞으로 움직여야 했는가? 우연이나 운명으로 뫼르소의 살인을 설명하거나 구체적인 살인의 동기를 찾기는 어렵다. 더욱이 법정에서 그가 사형을 선고받은 것은 그가 저지른 살인 때문이 아니라, 그가 법정에서 보여준 삶의 태도 때문이다.[37] 결국 '뫼르소=무고한 살인자'라는 장치는 세계의 허위를 꿰뚫어 보는 예외적 인간이 사회로부터 처형당한다는 보들레르의 '저주받은 시인(poètes maudits)'의 구조를 되살려내기 위해 사용된 것으로 이해해야 한다.[38] 뫼르소는 한 발 내디뎌 살인을 저질렀지만 무고하다. 오히려 사회적 가치의 허위와 세계의 무의미성이 그의 처형 때문에 도드라진다.

『이방인』은 1951년 6월호 『신조(新潮)』에 일본어로 처음 번역된다. 이 일본어 번역에서 앞에서 인용한 "그 햇볕의 뜨거움을 견디지 못하여 <u>나는 한 걸음 앞으로 나섰다.</u>(A cause de cette brûlure que je ne pouvais plus supporter, <u>j'ai fait un mouvement en avant.</u>)"는 "焼けつくやうな光に堪へかねて、<u>私は一歩前に踏み出した。</u>"로 번역된다.[39] 이때의 '한 발 내딛다(踏み出す)'는 『광장의 고독』에서 '一步踏み出した'에서처럼 'commit(コミット)', 즉 '죄를 짓다'의 동의어로 사용되며, 인물들이 어떤 방식으로든 현실에

---

37 René Girard, "Camus's Stranger Retried," *PMLA*, Vol. 79, No. 5, Modern Language Association, pp. 521~523.

38 위의 글, 527쪽.

39 『이방인』의 일본어 번역 텍스트는 カミュ, 『異邦人』, 窪田啓作 譯, 新潮社, 1968의 것이다. 窪田啓作는 1951년 6월호 『신조(新潮)』에 『이방인』을 번역했다.

관여하는 것을 나타낸다.[40]

인간은 세계와 관계를 맺을 수밖에 없으며, 그것은 구체적 삶에서 하게 되는 수많은 선택으로 구체화된다. 『광장의 고독』은 이를 표현하기 위해 'コミット(commit)'를 사용한다. '코밋트(コミット)'의 사전적 정의가 에피그래프(epigraph)에 등장하는 것에서 잘 드러나듯이, '코밋트(コミット)'는 작품의 주제와 긴밀하게 연관된다. 에피그래프에서 'commit'의 첫 번째 뜻으로 제시된 것은 '(죄·과오) 등을 저지르다, 범하다'이다. 이 '코밋트(コミット)'는 작품에서 '한 걸음 내딛다(一步踏み出す)'나 '한 걸음 한계를 넘다(一步限界を越える)'와 병기된다. 작중 인물들이 현실에서 하는 일상적인 선택까지도 모두 '죄를 저지르는 것'과 연결함으로써 다시 한국전쟁에 '관여'하고, 단독강화란 비정상적인 방식으로 국제무대에 등장하는 일본의 현실을 우회적으로 비판하는 것이다. 예를 들어 일본이 한국전쟁에 '관여'하는 것은 물론이거니와, 반동 신문사에서 전문(電文)을 번역하는 일, 군수물자를 생산하기 위해 공장에서 일하는 것, 전쟁에서의 통역, 생업을 위해 오락물인 탐정소설을 번역하는 행위 등이 모두 '한 발 내딛다(一步踏み出した)'와 '한 발 한계를 넘다(一步限界を越えた)'로 표현된다. 구체적 현실에서 인간이 하는 일체의 선택과 관여를 '죄나 과오를 저지르는 것'으로 파악하는 것이다. 따라서 작품에서 생활한다는 것은 곧 손을 더럽힌다는 것의 동의어가 된다(28쪽). 이러한 상황에서 기가키는 일체의 선택과 관여를 유예하려 한다. 그는 자신이 생활을 위해 추리소설을

---

40 伊藤博, 앞의 글, 167쪽. 伊藤博는 이러한 표현상의 유사점, 『광장의 고독』이 작품 속에서 *Stranger in Town*의 일본어 번역이라는 점, 작품의 주제와 카뮈의 사상과의 관련성 등을 바탕으로 제목이나 사상의 계보면에서 『이방인』과 『광장의 고독』을 연결한다.

번역했고, 임시직으로라도 우파 신문에서 일하고 있으므로 이미 '자신의 손은 더럽혀졌다'고 생각하지만, 현재 일하고 있는 신문사의 정식직원 채용 권고, 경찰보안대에서 섭외 담당 권유, 공산당 입당 권유, 동거녀 교코와의 아르헨티나행 등과는 계속 거리를 둔다. 어떠한 선택도 내리지 않음으로써 '관여'를 하지 않으려는 그의 태도는 미국인 기자 헌트와 공산당 당원 미쿠니 양쪽으로부터 비판받는다. 헌트는 기가키 등 일본의 지식인이 한국전쟁 이후로 일본의 고립과 고독은 불가능하다는 사실을 깨닫지 못하거나 외면하고 있다고 비판하고(83쪽), 오히려 '관여'함으로써 고독에서 벗어날 수 있다고 말한다(53쪽). 공산당 당원 미쿠니 역시, 행동에 옮기지 않는 생각은 의미가 없고 '고독'이 지닌 힘이 관념으로서만 가능하다면 일본이라는 존재 자체가 사라질 것이라며, '아무것도 하지 않는 것을 선택하는' 기가키에게 또 다른 의미에서 '한 발 내딛기'를 요구한다.

> 그러나 그렇게 생각만 하는 것만으로는 가망이 없어요. 점령 상태라 할지라도 <u>한 발 내디뎌 행동하지 않는 한,</u> 당신이 말한 '고독' 안에서, 고독마저 영화의 페이드아웃처럼 점차 사라지고, 일본이라는 존재 자체가 어딘가로 녹아 없어질 겁니다.(85쪽)

공산당원 미쿠니는 생활 때문에 어쩔 수 없이 손을 더럽혔다고 생각하는 기가키에게 '한 발 내디뎌 행동(一歩踏み出して行動)할 것'을 요구한다. 그는 미쿠니처럼 뚜렷한 확신과 희망을 품고 살고 싶어 하지만, 우는 물론 좌와도 거리를 둔다. 어느 한쪽에 '관여'함으로써 그 반대편과 대립하는 것은 안이한 타협이기 때문이다(110쪽). 기가키는 아르헨티나로의 도피 자금을 불태우고 좌와 우 어느 편도 선택하지 않는 상태에서 자신을

둘러싼 '세계/태풍'을 직시한다. 비록 심정적으로 구체적인 투쟁을 통하지 않고는 역사의 전진이 없다고 보는 공산당 당원 미쿠니의 말에 동조하지만, '애매한 부분이 조금도 없는 그의 논리가 일상인의 논리가 될 수 없다.'고 생각하기 때문이다(84쪽). 『광장의 고독』은 기가키가 광장에 벌거숭이로 노출된 자신을 느끼며, 자신이 쓸 소설의 제목인 '광장의 고독'을 적는 것으로 끝맺는다. 어떤 입장이나 선택도 결정하지 않고 자신을 둘러싼 세계를 직시하는 태도는 그가 쓰는 소설 『광장의 고독』의 특성이 된다.

> 임의의 이방인(stranger)을 주인공으로 '소설'을 쓰면 어떨까? 이 임의의 인물이 주위의 교차되고 대립하는 현실에 대응해 가면서 자기 자신의 입장을 선택한다. 이러저러한 사건과 사고를 접하면서 선택된 그 입장과 위치가 이번에는 반대로 이른바 대각선적으로 이 인물의 위치를 결정한다. …… 이 인물은 위치결정에 의해 임의의 인물에서 특정한 인물이 된다.(87쪽)

앞에서 살폈듯이, 사르트르는 의지적 결단에 앞서 자기 자신에 대한 선택(기획 투사)이 선행된다고 보았다. 반대로 기가키가 쓰려는 이 소설에서 주인공은 허구와도 같은 '임의의 인물'이며, 그의 위치는 그가 현실에서 내리는 다양한 선택으로 결정된다.[41] 기가키는 스스로를 '선을 넘은 죄

41 자신이 던져진 '세계라는 광장'을 보이는 대로 묘사함으로써 자기 안에 있을 '인간의 혼'을 명확히 하겠다는 다짐은 "부조리의 인간에게 중요한 것은 설명하고 해결하는 것이 아니라, 투시력을 갖춘 무관심으로부터 시작해 세계를 실감하고 묘사하는 것이며, 따라서 예술작품은 출구 없는 막다른 길을 정확히 가리켜 보이는 것"(알베르 카뮈, 앞의 책, 147~148쪽)이라는 카뮈의 언급과 긴밀히 연결된다.

인'으로 규정한다. 하지만 한국전쟁 당시의 일본에서 생활하는 모든 사람 중 선을 넘지 않은 사람은 없다. 오히려 중요한 것은 그러한 선을 넘는다는 말로 표현되는 일체의 관여를 통해 그가 궁극적으로 자기의 존재 중심에 있는 '인간의 혼'을 명확히 하고자, 다시 말해 살아 있는 존재로서의 자기를 한층 정확히 파악하고자 했다는 사실이다. 기가키의 이러한 관조의 태도는 한국전쟁의 한복판에 있었던 사람에게는 적용되기 어려울 것이다. 1960년에 『광장의 고독』을 번역한 신동문의 언급처럼, 한국전쟁을 직접 경험한 입장에서 한국전쟁을 바다 너머에서 바라보며 현실의 부조리를 그림으로써 자기 존재를 분명히 하겠다는 기가키의 다짐은 "지나치게 말초신경질적이고 意識의 深度가 얕"게 느껴질 수밖에 없었을 것이다. 이러한 맥락에서 이명준의 선택과 행동을 살펴보겠다.

비록 구체적인 결의를 하지는 않지만 기가키는 타인과의 연대를 포기하지 않는다.[42] 이명준은 기가키보다 더 적극적으로 자신의 삶에서 "갈빗대가 버그러지도록 부듯한 보람"을 느끼기 위해 결단을 내리기 원하지만, 결국 실패한다. 그가 한국전쟁을 전후한 한국 현실에 어떻게 관여했는지를 구체적으로 살펴보자. 한국전쟁 이전 이명준은 "자기와 환경 사이에 아무 갈등도 없는 미분화(未分化)의 세계"를 즐기는, 다시 말해 '관조(觀照)'의 삶을 살았다. 이 "관조에서의 회의(懷疑)는 뼈아픈 결단까지는 요구하지 않았지만" 그는 "에고의 불안을 달래기 위해 시간의 한 점 한 점

42 기가키는 일본이 국제사회에 정당하게 나서기 위해서는 단독강화가 아니라 한국 등을 포함한 모든 나라와의 전면강화가 이루어져야 한다고 생각하고, 요코하마의 일본 민중을 식민지, 반식민지의 아시아 민중과 겹쳐 놓고 전쟁의 극한 고통을 겪는 한국인에 대한 안타까움을 표출한다. 또한 비록 공산당에 입당하지는 않지만 그들의 입장에 동조하고, 입당을 진지하게 고민한다. 이처럼 그는 민족적 차원과 개인적 차원에서의 현실 '관여'를 포기하지 않는다.

을 피 방울처럼 진하게" 살기 원했다(31쪽). 1961년 정향사 판의 "뼈아픈 결단"이 1976년 문학과지성사 판에서 "뼈아픈 어떤 걸음을 내딛기"로 바뀐다는 점에서 『광장』에서도 '결단'이 '앞으로 한 걸음 내딛기'로 여겨지고 있음을 알 수 있다.[43] 하지만 그러한 '한 걸음 내딛기'는 이후 이명준의 생각과 달리 전도된 형태로 등장하고, 그것마저도 실패하고 만다.

언젠가는 결단을 내려 '밀실'에서 '광장'으로 나가겠다는 그의 다짐은 정 선생과의 대화에서 잘 드러난다. 정 선생과의 대화에서 인생은 '게임'으로 비유되는데, 흥미롭게도 보람 있게 살기 위해 하는 선택과 행동의 결과는 '실수/실패'로 연결된다. 인생은 "미스를 할적마다 표하나씩 뺏기는 께임"이고, 이제 "남은 패가 한 장도 없는" 정 선생과 달리 이명준은 "아직 한 께임도 안했"다. 비록 그가 한국의 현실에 '환멸'을 느끼고 '광장'을 불신하지만 "께임을 하면 실수 없이 할 작정"이다(51쪽). 하지만 다른 한편으로 그는 자신의 게임이 '부도(不渡)'로 끝날 것임을 알고 있다. 그럼에도 그는 '광장'에서 '치고 박기' 전에 '밀실'에서 "바디·빌딩을 충분히" 하겠다고 다짐한다. 사르트르의 말을 빌리면 이명준은 자신을 "텅 빈 광장으로 시민을 모으는 나팔수"(55쪽)로 '선택'했고, 그러한 '기획 투사'에 따라 의지적 결단을 밀실에서 예비하고 있었다. 하지만 패배가 예정된 그 싸움은 이명준의 생각과 달리 갑자기 시작되었다.

> 여태껏 오해를 해온 것을 어렴풋이 깨달았다. 오해. 에고의 방문이 붕괴되는 소리가 들렸다. 그렇게 튼튼하리라고 믿었던 에고의 문이 녹크도 없

43 "관조(觀照)에서 오는 회의는 그래도 뼈아픈 결단까지는 요구하지 않았다."는 "헛궁리에서 오는 어수선함은 그래도 뼈아픈 어떤 걸음을 내딛기까지는 다그치지 않는다."로 바뀐다.

이 무례스리 젖혀지고 흙발로 침입한 폭한이 그를 함부로 구타했다.(70쪽)

'광장'에 대한 불신으로 '에고의 방'에서 '수인(囚人)'이 된 이명준은 그 '밀실'에서 광장으로 나갈 준비를 했다. 하지만 그가 미처 준비가 되기 전에 '에고의 방'은 붕괴되었다. 북한에서 주요 인사가 된 아버지를 두었다는 이유만으로 S경찰서에서 형사들로부터 폭행을 당하는 순간, '장난감 같은 에고의 방 자물쇠'는 부서졌다. 강제로 역사의 '광장'으로 내몰린 이명준은 '정말 삶다운 삶을 살기' 위하여 세상에 '관여'하지만, 그러한 선택은 엄밀한 의미에서의 의지적 결단, 즉 '가치를 만들어 내기 위한 주체적 행동'과는 거리가 멀다. 왜냐하면 그러한 '기획 투사'와 '결의'는 환경에 종속되지 않는 반면, 이명준의 행동은 그가 처한 상황에 의해 반강제적으로 결정되기 때문이다. 실제로 이명준은 "강제에 가까운 동기(動機)가 아니면 행동으로까지 나서지 못하는" 인물이며(75쪽), "생활을 뿌리로부터 뒤엎어 버릴 사건을 예감하는(76쪽)", 다시 말해 "자기가 노력하지 않는데도 어떤 사건의 도래를 피부로 느끼는(79쪽)" 때에 북한행을 제시받았다.

그 말을 듣는 순간 명준은 몸에서 힘이 스르르 빠졌다. 깊은 안도감 같은 것이 그의 온몸을 가볍게 휩쌌다. 마치 그 말을 기대하기나 했던 것처럼 그는 태연했다.(92쪽)

인천 부두 선술집 주인으로부터 이북으로 다니는 밀수선을 소개받은 그는 '자기에게 도래한 수태고지의 계시'를 따라 '때 묻지 않은 새로운 광장'으로 탈출한다. 비록 보람 있는 삶을 살기 위해 북한을 선택했지만,

거기에서 그의 삶은 역시 '명령'에 따라 결정되었다.[44] 광장에서의 새로운 삶을 다짐했지만, 그가 북한에서 발견한 것은 '잿빛 공화국'이었다. 개인의 자유로운 사고와 선택이 허용되지 않고 오로지 '당사(黨史)'란 '완전한 집단의 언어'만이 존재하는 사회. 이곳에서 이명준의 '밀실'은 다시 붕괴된다.

> 그는 가슴에서 울리는 붕괴음(崩壞音)을 들었다. 그 옛날 그는 S서 뒷동산에서 퉁퉁 부어 오른 입언저리를 혓바닥으로 핥으면서 이 붕괴음을 들었었다. ㉠그의 에고의 방 도아가 붕괴하는 소리였다. 이번 것은 더 큰 음향이었다. 그러나 먼 소리였다. 둔탁하면서 울리는 소리, 광장에서 동상이 넘어지는 소리 같았다. 할수만 있다면 그 자리에 엎드려서 울고 싶었으나 울기 위해서는 그는 네 개의 벽이 아직도 충실한 그의 방으로 가야했다. 아니 그의 에고의 방이 아니다. 에고의 방은 벌써 무너진지 오랬으므로. ㉡그의 둥글게 안으로 굽힌 두 팔 넓이의 광장으로 달려가야 했다.(143쪽)

만주에서 취재한 "조선인 꼴호즈의 생활" 보도가 '소부르주아지적인 판단의 낙후성'을 보였다는 이유로 그는 '자아 비판회'에 회부된다. 거기서 그는 살기 위해 자신의 사고와 판단을 중지하고 그들 앞에서 자신의 죄를 인정하고 빈다. 'S경찰서'에서 이미 붕괴됐던 '에고의 방'은 이제 결정적으로 붕괴했다(㉠). 그는 '존재론적 자유'와 '광장'에서의 보람 있는 삶에 대한 지향 모두를 잃게 되었다. 이러한 맥락에서 이명준의 '선택

---

44 "그는 『노동신문』 본사 편집부 근무를 명령받았을 때 새로운 생활을 결심했다." (125쪽)

불가능성의 자각'이 '자살'로 귀결될 수밖에 없다는 지적에 동의할 수 있을 것이다.[45] 그리고 그러한 '선택 불가능성'은 '중립국 선택' 이전에 이미 '자아 비판회'에서 시작되었다고 보아야 한다. 이제 안식을 취할 수 있는 '두 팔 넓이의 광장', 다시 말해 '은혜와의 관계'가 그가 기댈 마지막 보루지만, 그 광장 역시 은혜의 모스크바행으로 무너진다. 이제까지의 게임은 삶을 보람차게 살기 위한, 다시 말해 이기기 위한 게임이었지만, 이제 그의 게임은 '살아남기 위한 게임'이 된다. 이 게임에서 이명준은 '범죄인 또는 인민의 영웅'으로 자신을 '선택'하고, '어쩔 수 없이 나를 구속하는 죄'를 스스로 만들고자 한다. 하지만 그는 이 '살아남기 위한 게임'에서도 자신의 패를 잃게 된다.

> 내 생애에 단 한 번 악마가 될 수 있는 기회를 빼앗지 말아 줘. 난 악마가 돼봐야겠어. 옛날 은인의 외아들을 목숨을 걸고 구해주는 공산당원. 안 돼. 그러면 ㉠나는 끝내 공중에 뜬 존재일 뿐이야. 이런 기관에 온 것도 내가 자원한 일이야. 나는 이번 전쟁을 겪어서 부활하고 싶어. 아니 탄생하고 싶단 말이야. 이런 전쟁을 겪고도 말끔한 손으로 돌아가고 싶지 않다는 거야. 내손을 피로 물들이겠어. …… 여태껏 나는 아무 것도 믿지 못했어. 남조선에서 그랬구 북조선에 가서도 마찬가지였어. …… 지금 나에겐 아무 것도 없어. ㉡무엇인가 잡아야지. 그게 무엇인가는 물을 게 아니야. …… 그 썩어진 모랄의 집에 불을 지르겠단 말이거든. 그래서 범죄인이 되겠어.

45 서영채는 이명준의 자살이 선택 불가능성의 완성이며, 따라서 그의 자살은 이미 중립국을 선택했을 때부터 예정된 것이었다고 보았다(서영채, 「최인훈 소설의 세대론적 특성과 소설사적 위상 — 죄의식과 주체화」, 『한국현대문학연구』 37, 2012, 304쪽, 311쪽).

또는 인민의 영웅이 되겠어. 마찬가지 말이야. ㉢어쩔 수 없이 나를 구속하는 죄를 내 손으로 만들겠다는 거야.(165~166쪽)

"사정? 옛날 애인이지만 지금은 친구의 부인이란? 알아. 아니깐 그러는거야."

㉣그는 한발 다가섰다.

"용서해주세요. 이러지 마세요."

그녀의 말이 명준의 가슴에 불을 달았다. 됐다. ㉣′이젠 행동할 수 있다.

"용서? 무얼 용서하란 말이야? 어떻게 용서해야 하는지 가르쳐 줘."

그는 뒤로 물러서는 그녀를 따라서 ㉣″한발씩 따라갔다.(170쪽)

폭력으로 '에고의 방'이 붕괴된 이명준은 '광장으로 시민을 불러 모으는 나팔수 되기'를 포기하고, '진정한 공산주의자'가 되기 위해 전쟁에 자원한다. 더 이상 '공중에 뜬 존재'(㉠)가 되지 않기로 한 그는 이제 적극적으로 한쪽에 서서 다른 쪽과 맞선다. 무엇을 잡는다는 것 자체가 중요하지, 그것이 무엇인지는 중요하지 않다(㉡). 그리고 자신의 존재를 명확히 하여 주체로 바로 서는 것은 '죄인 되기', 다시 말해 '선을 넘기'의 방식으로 이루어진다. 그는 이 전쟁에서 태식을 구타하고 윤애를 능욕함으로써, 다시 말해 죄를 저지름으로써 '주체'로 서려 한다(㉢). 그리고 그가 '범죄인'이 되려는 결정적인 행동은 '한 발 내딛다'(㉣, ㉣′, ㉣″)로 표현된다. 하지만 그는 행동할 수 있었을 뿐 행동하지 않았으며(㉣′), 한 발 내딛지 못하고, 다만 다가서거나 따라갔다(㉣, ㉣″). 내포된 의미야 다르지만 뫼르소와 기가키는 한 발 내디딘 반면, 이명준은 끝내 한 발 내딛지 못한 것이다.

너 나 할 것 없이 정도에 차는 있을망정 ㉠더럽혀지지 않은 손은 아무도 없을 터였다. …… 자기는 무엇이던가. ㉡고문자(拷問者). 강간자(强姦者). 그러나 난 자발적인 미수자라? 닥쳐라 너는 그쪽이 더 유리한 걸 계산하구 한 짓이 아니냐. 아니다. 결코 아니다. ㉢그 순간의 내 행동은 계산할 틈새 없이 순수했었다. 나의 사악한 충동이 순수했던 것처럼, 그녀를 놓아준 행동도 진실이었다.(113쪽)

기가키가 한국전쟁 당시 생업에 종사하는 모든 일본인이 현실에 '관여(コミット)', 다시 말해 죄를 저지를 수밖에 없다고 생각했던 것처럼, 이명준은 전쟁에서 죄를 짓지 않은 사람은 없다고 생각한다(㉠). 그 역시 포로를 고문하고 강간을 시도했다는 점에서 죄를 저질렀다. 죄를 지음으로써 주체로 서려 했다. 하지만 그는 스스로를 '자발적 미수자'로 규정하고(㉡), 결국 자신이 "악마가 되지 못했다."고 말한다(212쪽). 그가 한 '선택'과 '결단'들에도 그는 선을 넘지 못했고, 범죄자가 되지 못했다. 뫼르소와 기가키에 비교할 때 분명 그는 수많은 죄를 저질렀다. 윤애를 버리고 북한으로 갔으며, 전쟁 중에는 고문 등으로 그의 손을 더럽혔다. 그럼에도 불구하고 그는 '자발적 미수자'에 머무를 뿐, '범죄자'가 되지 못했다. 왜냐하면 그의 행동은 순수했기 때문이다(㉢).

그가 지은 죄에도 불구하고 이명준은 왜 스스로를 '자발적 미수자'로 규정할까? 카뮈가 『이방인』에 배치한 '무고한 살인자'란 장치는 이 '죄를 지은 무고자'란 역설을 이해하기 위한 하나의 실마리를 제공한다. 뫼르소가 사형 선고를 받은 까닭은 그가 살인을 저질렀기 때문이 아니라, '어머니의 장례식에서 울지 않았기' 때문이다. 사회가 그를 처형한 까닭은 그가 담지하는 삶의 태도 때문이며, '살인'은 그를 법정에 세우기 위한 구실일 뿐이다. 그러므로 그의 처형은 역설적으로 세계의 허위와 무의미성을 폭로한다. 이명준은 죄를 지었으나 무고하다. 왜냐하면 그의 행동은 어떤 계산에 의한 것이 아니라 순수한 것이기 때문이다. 겉으로 보기에 '무고한 살인자'와 '죄를 지은 무고자'는 같다. 하지만 뫼르소는 '프랑스 국민'의 이름으로 처형당하고, 이명준은 스스로를 '선을 넘지 못한 자'로 규정한다. 뫼르소의 사형 선고가 그에게 사형을 선고한 사회적 질서와 가치에 대한 고발이라면, 이명준의 무죄 선고는 그의 내면에 대한 고발이다. 여러 선택과 죄에도 그는 끝내 자신을 '선을 넘지 못한 자'로 규정한 것이다.

이명준의 이러한 감각은 먼저 그가 끝내 행동하는 사람이 되지 못했다는 점과 관련이 있다. 그가 말하는 '순수'는 '수동적'이란 말을 은폐하는 것일 수 있다. '강제에 가까운 동기가 아니면 행동으로까지 나서지 못하는' 이명준이 결국 광장을 찾기 위한 '뼈아픈 어떤 걸음 내딛기'에 실패했듯이, 그러한 특성 때문에 범죄자 또는 인민의 영웅이 되기 위한 '한 걸음 앞으로 나아가기' 역시 실패한 것이다. 다음으로 미국과 소련에 의해 분단된 해방 공간과 대리전의 양상을 띤 한국전쟁에서 주체적인 결단의 자리를 찾는 것의 어려움을 지적할 수 있다. 이명준이 한국과 북한 모두에서 광장을 찾지 못한 것은 결국 주체적으로 나라를 세우지 못한 역사와 관계 있으며, 그가 범죄자가 되지 못한 까닭도 한국전쟁 시기 한국과 북한 모두 그를 처벌할 '국민의 이름'을 갖지 못했기 때문이다. 역사의 폭력이 그의 '에고의 방'을 붕괴시켰기 때문에 그는 준비되지 않은 상태에서 광장으로 내몰렸다. 기가키처럼 관여를 유예하고서 자신의 존재를 사유할 공간이 이명준에게는 주어지지 않았다. 하지만 관조자로서 이명준의 속성과 역사적 현실만으로 '죄를 지은 무고자' 이명준을 온전히 설명하기는 어렵다. 38선을 넘고, 전쟁에 참여하고, 한국과 북한이 아닌 중립국을 선택했음에도 끝내 '한 발 앞으로 나아가지 못했다'는 그의 감각은 다른 전후 실존주의 소설과의 관련성 속에서 더 깊이 탐구되어야 할 것이다.

5. 나가며

카뮈의『이방인』을 참고로 하고 홋타 요시에의『광장의 고독』과 최인훈의『광장』을 나란히 놓음으로써, 전쟁이라는 한계 상황과 부조리의 인식이라는 보편적 주제가 각 나라의 구체적 현실에서 어떻게 달라지는지를 검토했다. 세 작품 사이의 직접적인 연관 관계를 밝히거나 실존주의 수용의 심도를 평가하는 것은 이 논문의 목적과 거리가 멀다. 다만 넓은 의미에서 실존주의로 대표되는 세계인식과 정서의 유사성을 지닌 인물들이 구체적인 현실에서 벌이는 행동의 의미를 비교함으로써, 한국과 일본의 한국전쟁 경험과 그것의 형상화를 더 깊이 이해할 수 있는 기반을 마련하고자 했다.

이러한 목적 아래 두 주인공이 당시 한국과 일본의 현실과 단절을 경험하면서 각각 '에고의 방'과 '인간의 혼'이라는 근원적인 자기 인식에 도달하고 있음을 먼저 살폈다. 하지만 그러한 자기 인식을 바탕으로 세계에 관여하는 방식은 달랐다.『광장의 고독』의 기가키는 한국전쟁이 일어난 상황에서의 생활은 어떤 방식으로든 선을 넘는 것이라고 보고, 구체적인 결의를 유예한 채 자기를 둘러싼 세계와 그 속에서 자신이 내리는 선택을 소설로 형상화함으로써 자기의 존재를 규명하고자 했다. 반면

『광장』의 이명준은 의지적 결단을 통해 광장을 획득하고자 했으나, 그의 '에고의 방'이 붕괴됨에 따라 그러한 '관여'는 실패로 돌아간다. 이후 철저히 체제에 순응하여 살아남고자 하는 그의 '범죄자 되기' 역시 실패하고, 은혜와의 최후의 광장이 붕괴됨에 따라 그는 중립국으로 가는 배에서 생을 마치게 된다.

이 글의 한계는 이명준이 다양한 방식으로 당시 현실에 '관여'했음에도 불구하고, 끝내 자신을 '한 발 내딛지 못한 자'로 규정한 의미를 충분히 밝히지 못함으로써 『광장』을 새로운 각도에서 보겠다는 취지를 온전히 달성하지 못했다는 점이다. 앞으로 『광장의 고독』과의 비교를 통해 드러난 특성들을 전후 실존주의 수용 맥락과 동시대의 소설과의 관련 속에서 깊이 규명하는 작업이 필요하다.

참고문헌

나카네 다카유키, 「홋타 요시에(堀田善衛) 『광장의 고독』의 시선」, 『한국어와 문화』 7, 숙명여자대학교 한국어문화연구소, 2010.

박지영, 「번역된 냉전, 그리고 혁명 — 사르트르, 마르크시즘, 실존과 혁명」, 『서강인문논총』 31, 서강대학교 인문과학연구소, 2011.

백주현, 「최인훈의 「가면고」에 나타난 프랑스 실존주의의 영향」, 『비교문학』 49, 한국비교문학회, 2009.

빌터 비멜, 『사르트르』, 구연상 역, 한길사, 1999.

서영채, 「최인훈 소설의 세대론적 특성과 소설사적 위상 — 죄의식과 주체화」, 『한국현대문학연구』 37, 2012.

신동문, 「광장의 고독 역자의 말」, 『日本芥川賞小說集』, 신구문화사, 1960.

알베르 카뮈, 『이방인』, 김화영 역, 책세상, 1993.

______, 『알베르 카뮈 전집 4 — 시지프 신화』, 김화영 역, 책세상, 2013.

유기환, 「카뮈, 공산주의, 한국전쟁」, 『프랑스 지식인들과 한국전쟁』, 민음사, 2004.

이양재, 「『이방인』의 형이상학적 의미와 사회적 의미」, 『불어불문학연구』 83, 한국불어불문학회, 2010.

이재룡, 「실존과 생존 — 『구토』와 『요한시집』의 비교」, 『실존과 참여 — 한국의 사르트르 수용 1948~2007』, 문학과지성사, 2012.

장 폴 사르트르, 『구토』, 방곤 역, 문예출판사, 1999.

조남현, 「해방50년, 한국소설」, 『한국현대문학50년』, 민음사, 1995.

정영훈, 「『광장』과 사르트르 철학의 관련성」, 『한국문예비평연구』 21, 한국현대문예비평학회, 2006.

______, 『최인훈 소설의 주체성과 글쓰기』, 태학사, 2008.

최인훈, 『광장』, 정향사, 1961.

______, 「風俗과 觀念」, 『현대세계문학전집 12』, 신구문화사, 1968.

한수영, 『한국현대 비평의 이념과 성격』, 국학자료원, 2000.

堀田善衛, 『廣場の孤獨』, 新潮社, 1982.

増田靖彦, 「サルトルは日本でどのように受容されたか — その黎明期を中心として」, 『Jinbun』 6, 学習院大学, 2007.

石井素子, 「日本におけるJ.-P.サルトルの受容についての一考察 — 翻訳·出版史の視点から」, 『京都大学大学院教育学研究科紀要』 52, 京都大学大学院教育学研究科, 2006.

伊藤博, 「堀田善衛と日野啓三 —「眼の虚無」から「虚点の精神」へ」, 『法政大学大学院紀要』 65, 法政大学大学院, 2010.

堀田善衛, 『廣場の孤獨』, 新潮社, 1982.

カミュ, 『異邦人』, 窪田啓作譯, 新潮社, 1968.

「広場の孤独と共通の広場」, 『近代文学』 7(5), 1952.

René Girard, "Camuss Stranger retried," *PMLA*, Vol. 79, No. 5, Modern Language Association.

Steven Crowell, "Existentialism," Edward N. Zalta (ed.), *The Stanford Encyclopedia of Philosophy* (Winter 2010 Edition).

제9장

한국 전후세대 시인들의 위치와 언어적 현실

여태천

1. 전후세대와 언어적 혼란

해방과 한국전쟁이라는 역사적 사건은 1950년대 한국문학을 이해하는 데 매우 중요하다. 그렇다고 1950년대 한국문학이 해방과 한국전쟁이라는 역사적 사건의 결과물로 단순히 축소되어서는 곤란하다. 한수영은 전후문학 연구가 한국전쟁, 실존주의, 반공 이데올로기라는 세 개의 큰 축을 중심으로 진행되어 왔으나 전후세대, 즉 "1920~1930년대에 출생하여, 식민지 시기에 초·중등 및 대학교육을 받고, 한국전쟁을 전후한 시기에 등단한 문인들"[1]이 공통적으로 처한 언어적 정체성의 문제를 제대로 밝혀내지 못했음을 매우 중요한 문제점으로 지적한다.[2] 그리하여 전후세대의 문학이 언어적 정체성의 문제를 중심으로 재해석되어야 함을 강조한다. 그가 이미 지적하고 있는바, 무엇보다 전후세대들이 자신들을 둘러싼 언어적 환경과 정체성이 매우 혼란스러웠음을 여러 차례 고백하고 있다는 사실을 눈여겨볼 필요가 있다. 그뿐만 아니라 전후세대의 언어적 정체성 문제를 재해석함으로써 1960~1970년대 문학을 언어적 관점에서 심층적으로 이해할 수 있는 가능성을 확보할 수 있다는 사실도

---

1 한수영, 「전후세대의 문학과 언어적 정체성」, 『대동문화연구』 58, 2007, 259쪽.

2 전후문학이라고 했을 때 '전후'는 당연히 한국전쟁으로 이해될 가능성이 크다. 하지만 전후세대에서 '전후'는 "1920~1930년대에 출생하여, 식민지 시기에 초·중등 및 대학교육을 받고, 한국전쟁을 전후한 시기에 등단한 문인들"의 정체성 문제와 관련 있다는 점을 고려한다면, 그 시기를 굳이 한국전쟁으로 한정할 필요는 없다. 그리고 그 당시 청년기를 보낸 세대에게 해방이 민족의 해방이 아니라 2차 세계대전의 종전이라는 인식이 공통적인 현상이었다는 사실을 참조하자면, '전후'의 의미를 민족의 해방으로 이해되는 2차 세계대전 이후로 넓혀서 이해할 수도 있을 것이다. 그러므로 이 글에서는 전후세대 시인들이 한국전쟁 이전에 발표한 작품들도 함께 다룬다.

충분히 고려되어야 할 것이다.[3]

전후세대는 비슷한 시기에 태어나고 동일한 교육을 받았다는 공통점은 있으나, 그들이 처한 언어적 환경이 모두 똑같을 수는 없다. 말하자면 일본어와 한국어라는 이중언어적 상황에 따른 노출 정도와 그 대응은 조금씩 다를 수밖에 없다는 것이다.[4] 이러한 언어적 환경이 어쩔 수 없는 상황에 의한 것이었다면, 그들의 언어적 정체성이 어떤 형태로 드러나고 있는가를 살피는 일 또한 필요하다. 한수영이 '언어적 정체성의 혼란'이라는 말로 그 중요성을 여러 번 강조하고 있는 것은 다름 아닌 전후세대의 이중언어적 상황이다. 이 글에서 관심 있게 다루고 있는 내용 역시 전후세대가 처했던 이중언어적 상황이다. 사회언어학에서는 한 언어가 고위 변종으로 공식적인 장면에서 사용되고, 다른 한 언어가 저위 변종으로 비공식적 장면에서 주로 입말로 사용되는 상황을 이중언어 상황(diglossia)[5]이라고 말한다. 상황이 공적이냐 사적이냐에 따라 지배 언어와 모어를 구분해서 사용하는 것도 여기에 포함된다. 또한 방언과 표준어를 병용해서 사용하는 것 역시 포괄적인 의미에서 이중언어 상황에 해당한다. 이중언어적 상황은 해방과 한국전쟁 이후의 한국 현대시를 올바르게 평가하기 위해서 반드시 확인해야 할 부분이다. 일제강점기와 해방, 그리고 한국전쟁을 경험한 시인들은 매우 특별한 언어적 환경과 문화적 특

---

3 한수영, 위의 논문, 259~261쪽 참조.

4 위의 논문, 296쪽 참조. 한수영 역시 전후세대 문인들 각 개인의 차이에 대한 충분한 검토가 이루어지지 못한 점을 한계로 밝히고 있다. 이 글 역시 개별 시인의 차이를 확인하기보다는 전후세대 시인들의 위치와 그들의 작품에서 전체적으로 드러나는 언어적 현실에 주목하고자 한다.

5 사회언어학에서 말하는 이중언어 상황은 이익섭의 『사회언어학』(민음사, 1994)을 참조했다.

수성 아래서 그들의 시를 창작해야만 했다. 그러므로 그 시대를 살았던 시인들의 작품에는 거의 예외 없이 그들이 사용한 언어와 당시의 언어적 현실 사이에 형성된 불균형이 드러나고 있다.

전후세대 시인들이 처했던 언어적 현실은 그들의 태생과 성장, 그리고 교육환경 등을 통해 대략 살펴볼 수 있다. 1920~1930년대에 출생한 전후세대는 일제의 식민지 교육과정에서 모어인 조선어를 자유롭게 배우지 못하고 일본어를 강제로 학습해야만 했다. 일제의 조선인 교육은 1911년 8월 제정·공표된 조선교육령을 근간으로 한다. 조선교육령은 일제강점기의 한국인에 대한 일제의 교육방침과 교육에 관한 법령으로, 1922년 2월 제2차 조선교육령을 거쳐 1938년 3월 제3차 조선교육령, 그리고 1943년 3월 제4차 조선교육령까지 이어진다. 일본 제국주의의 언어 정책 중 당시 문학가와 문학에 가장 큰 영향을 끼친 것은 1938년 3월에 발표된 제3차 조선교육령이다.

> 1938년 3월에 교육령을 개정하였을 때에 정과이던 조선어를 수의과로 하고서도 그해 4월부터 조선어를 못 가르치게 하였다. 그뿐만 아니라 조선어 사용을 금지하였다. (중략) 保導聯盟員이 있어서 학생이 조선어 쓰는 것을 발견하면 불러 말하고 혹은 그 학교에 알리어 단속하게 하였으며, 조선어 쓰는 것을 민족사상의 발로로 다루고 일본어 아니 쓰는 것을 배일사상으로 여기었다.[6]

위 인용문에서 확인할 수 있는 것처럼, 1938년 3월 제3차 조선교육

6 이만규, 『조선교육사』, 거름, 1988, 344~345쪽.

령이 시행되자 이때부터 조선어는 필수과목에서 선택과목으로 전락했다. 이로 인해 조선어를 배울 기회가 축소될 수밖에 없었다. 명목상 선택과목으로 남긴 했으나 실제로 조선어는 폐지된 것과 다름없었다. 이 교육령은 모든 조선인을 일본인화하기 위한 의무교육을 전제로 한 교육령이었다. 1920~1930년대에 출생하여 일제강점기에 초·중등 및 대학교육을 받은 전후세대 시인들이 최초로 배웠던 언어는 그러므로 조선어(한국어)가 아니라 일본어였다. 물론 그것은 입말이 아닌 문자언어에 해당하는 글말이었다. 한국어가 아니라 일본어를 문자언어로 먼저 배웠던 이들은 해방 이후 뒤늦게 다시 한국어를 문자언어로 배우게 된다. 그러므로 이들은 성장하고 나서도 대부분 이중언어를 사용할 수밖에 없었다. 국어와 국가어가 일치하지 않는 상황 속에서 그들이 자라고 교육을 받았기 때문이다.

이와 같은 이중언어 상황은 일제강점기뿐만 아니라 해방 이후까지 지속된다. 1945년 해방과 1950년 한국전쟁을 겪은 한국에는 한국어, 일본어, 영어가 공존하고 있었다. 전후세대 시인들은 이와 같은 '언어장'의 변화를 그대로 보여주고 있다. 앞서 말했던 것처럼, 일본어를 먼저 학습한 그들은 해방 이후에도 일본어 사고체계를 한국어로 번역해야만 했다. 이로 인해 그들은 종종 일본어와 한국어 사이에서 사고의 혼란을 겪기도 했다. 그러므로 그들이 실제로 한국어를 사용한다고 해도 한국어가 자기언어 같지 않은 상황이었다고 볼 수 있다. 전후세대 시인들이 처했던 언어 현실과는 다르게 해방 이후 한국어를 표준화하려는 움직임은 강했다. 1948년 국한문 혼용으로 되어 있던 '한글맞춤법통일안'을 한글 전용으로 바꾼 것이 대표적인 사례에 해당한다. 우리말을 순화하고 올바른 표현을 강조하는 것은 국가를 재건하려는 노력과 같았다. 국어의 순수성이 민족의 순수성을 보증하는 것처럼 이해되었기 때문이다. 해방되었을 때 국민에게 가장 먼저 요구되었던 것은 한글의 사용이었다. 새로 탄생한 국가의 주체로서 국민들은 마땅히 과거에 익숙했던 일본어를 버리고 낯선 모국어인 한국어를 사용해야 했다. 공식적인 자리에서 일본어와 한국어를 이중으로 사용하는 것이 금지된 것이다. 이와 같은 상황은 그들에게 모종의 억압이 되었다. 또한 일본어 청산과는 별도로 국제어로서의 영어에 대한 새로운 욕망이 급격하게 생성되고 있었다는 사실도 중요하다. 해방 이후 미소 군정체제와 한국전쟁을 거치는 동안 새롭게 유입된 강대국의 언어에 대한 모방은 자연스러운 현상이었다. 그러므로 해방 이후 한국어는 국제어로서 중요하게 급부상된 영어와 구제국주의의 언어였던 일본어 사이에서 매우 위태롭게 존재할 수밖에 없었다. 한국어 표준화에 대한 강박으로 인해 전후세대 시인들이 괴로움을 겪었다면, 바로 이 지점은 한국어 사용 금지라는 일제강점기의 상황과는 또 다른 한국어의 균열에 해당한다.

전후세대는 김수영이 말한 바 있는 "일본어를 우리말보다 더 잘 아는 비교적 젊은 사람"들인데, 이들 중에는 해방 후에야 우리말을 비로소 의식하고 공부한 사람들도 적지 않았다.[7] 이들은 모국어를 익혀야 할 어린 나이에 일본어를 의무적으로 배웠으며, 정치적·사회적으로 혼란스러웠던 해방공간과 한국전쟁 동안 대부분의 청년기를 보낸 세대였다. 이들은 일제강점기 동안 한국어로 시를 쓸 기회를 잃어버렸을 뿐만 아니라, 해방 이후에는 정치적 정황 때문에 본받을 만한 선배조차 가지지 못했다. 그 결과로 그들은 전통을 부정적인 것으로 생각하게 되었다. 전통적

7 김수영, 「히프레스 문학론」, 『김수영 전집 2 — 산문』, 민음사, 2003, 278쪽.

인 정서와 언어감각에 충실했던 시인들이 없었던 것은 아니지만, 모더니즘의 세례를 받아 새로운 언어와 새로운 시 정신을 찾으려고 했던 시인들, 예컨대 김수영, 김종삼, 김경린, 김규동, 김춘수, 박인환, 신동집, 전봉건, 이봉래 등은 이 시기에 한국어와 씨름하면서 시를 써야만 했다. 그들은 한국어를 완벽하게 습득하지 못한 채 창작을 했다. 이들 전후세대 작가들은 자신들이 처해 있는 언어적 환경의 혼란스러움과 이로 인한 언어적 정체성의 문제를 여러 가지 방식으로 고백했다. 일제강점기에 배운 일본어로 인해 자신들의 언어가 정확하지 않고 심지어 어눌했음을 말하고 있다. "나는 한국말이 서투른 탓도 있고 신경질이 심해서 원고 한 장을 쓰려면 한글 사전을 최소한 두서너 번은 들추어"[8] 보았다고 말하는 김수영은 1921년에 태어나 초·중등학교를 일제강점기에 다녔던 대표적인 전후세대 시인이다. "나는 창피스럽게도 일본어 세대에 속한다."[9]라고 말했던 1922년 생인 김춘수도 여기에 속한다. 1928년에 태어나 해방이 되던 1945년에 중학교를 졸업했던 전봉건이 당시 "나의 국어실력은 겨우 '가갸거겨'를 간신히 판독할 수 있을 정도에 불과하"[10]다고 말한 것은 과장이 절대 아니다.

일제강점기 동안 한국어를 배우지 못했던 그들은 해방이 되자 한국어를 강제적으로 배워야 하는 동시에, 일제강점기 동안 제한되었던 외국문화의 수용을 위해서 외국어까지 학습하게 된다. 여전히 남아 있는 일

8 김수영, 「시작 노트 4」, 위의 책, 441쪽.

9 김춘수, 「시인이 된다는 것」, 『처용단장』, 미학사, 1991(김춘수, 『왜 나는 시인인가』, 남진우 엮음, 현대문학, 2005, 70쪽).

10 전봉건, 「詩作 노오트 — 고쳐 쓰기 되풀이」, 『한국전후문제시집』, 신구문화사, 1961, 403쪽.

본문화와 급속하게 밀려들어 온 영미문화의 혼란 속에서 자기 정체성을 찾아야 했다. 그 결과 전후세대 시인들의 언어적·문화적 정체성의 혼란이 그들의 작품에 어쩔 수 없이 드러나게 된다. 여기에는 언어의 타자와 주체를 둘러싼 정체성 혼란의 문제가 숨겨져 있다. 그러므로 전후세대 시인들의 작품을 문화적 타자에 대한 단순한 부정이나 수용의 문제로만 해석할 수 없으며, 타자와 주체 사이에 존재하는 언어적 정체성의 혼란상을 세심하게 살펴보아야 한다.

2. 억압과 강제의 흔적으로서의 일본어

국어란 한 민족이 국가를 세워 민족어가 국민어로 된 것을 의미한다. 사실 일반적으로 국어란 모어에 해당되는 경우가 매우 많다. 모어란 태어나서 처음으로 몸에 익힘으로써 무자각인 채로 자신 속에 생겨버리는 언어라는 점에서 근원적인 언어라고 할 수 있다. 반면에 국가어란 국가 안에 복수의 언어가 존재하는 것을 전제하는 것으로, 국가 운영의 공용어로 정한 언어를 말한다.[11] 일제강점기 조선인에게 일본어는 모어가 아니라는 점에서 국어일 수 없다. 그러나 일본어는 모어는 아니면서 국가어였다. 전후세대 시인들은 태어나면서부터 일본어를 외국어로 인식하지 않았다. 그것은 학교에서 정규적으로 배워야 하는 언어였다. 모어는 아니면서 국가어였던 일본어는 비모어(non-mother tongue)라고 말할 수

11 다나카 가스히코(田中克彦), 「언어와 민족은 분리될 수 있다는, 언어제국주의를 지탱하는 언어이론」, 미우라 노부타카(三浦信孝)·가스야 게이스케(糟谷啓介) 편, 『언어제국주의란 무엇인가』, 이연숙·고영진·조태린 역, 돌베개, 2005, 14~15쪽 참조.

있다. 비모어란 외국어가 아니면서 동시에 모어도 아닌 특별한 위치에 있었던 일본어를 설명할 수 있는 용어에 해당한다.[12]

일제강점기 조선인에게 일본어가 지니는 의미는 매우 크다. 일본의 식민지 정책은 조선인의 모든 생활을 통제했다. 언어도 예외일 수 없었다. 오히려 일본은 언어 통제를 통해 식민지 정책을 더욱 강화했다. 그러므로 제국의 언어인 일본어를 사용할 줄 아는 지식인들은 조금은 손쉽게 권력의 장으로 이동할 수 있었다. 조선어는 평가절하되어 일본어에의 동화가 사회적 상승의 조건 혹은 문명으로의 진입이라는 표상이 만들어지기도 했다. 일본어가 그것 자체로 권력이 되지 않았지만, 최소한 그만한 힘을 행사할 수 있는 배경을 거느리고 있었던 것이다. 비록 강제적으로 학습해야 하는 일본어이긴 했지만, 조선인은 일본어를 통해서만 국가가 구성한 공공적 제도 안으로 진입할 수 있었다. 실제로 일본의 식민통치로 인하여 일본어를 한국어보다 더 편안하게 생각한 이중언어 사용자들이 많았다. 그들은 도시에서 살고 교육을 받은 젊은 엘리트 남자들이었다. 동시에 기억해야 할 것은 한자에 대해 특권을 지녔던 양반 엘리트 계급이 조선어 글쓰기 체계를 굉장히 무시하고 경멸했다는 사실이다.

해방 무렵 20대 초중반의 한국 젊은이들에게 일본어는 공공적 제도로의 진입을 위해서만 아니라, 근대문명을 접할 수 있는 하나의 언어적 통로였다. 그것은 사적인 교양과 취미의 영역과 관련되는데, 일본의 문학작품이나 일본어로 번역된 외국의 문학작품들을 읽으면서 그들은 근대문명이라는 새로운 세계를 만날 수 있었다. 한수영이 밝히고 있는 것처럼, 전후세대에 해당하는 이호철, 서기원, 최일남 등이 당시 최고의 문

12 서경석, 『언어의 감옥에서』, 권혁태 역, 돌베개, 2011, 35쪽 참조.

인이었던 육당이나 춘원, 그리고 소월과 정지용의 작품보다 나쓰메 소세키(夏目漱石), 아리사마 다케오(有島武郎), 이시카와 다쿠보쿠(石川啄木), 기타하라 하쿠슈(北原白秋)의 작품을 먼저 접했으며, 일본의 신조사(新潮社)에서 출간된 세계문학전집을 읽었다는 사실은 이를 증명하고 있다.[13] 사적인 교양이나 취미로서 일본의 문학작품과 일본어로 번역된 외국의 문학작품을 읽었다는 것과 긴밀하게 연결되는 것이겠지만, 또 하나 흥미로운 사실은 이들 전후세대에게 일본어가 기성세대로부터 탈출할 수 있는 기회였다는 점이다. 기성세대는 일본어를 통해 수입된 근대문명을 접할 기회가 거의 없었다. 기성세대에게 중요한 언어적 소통 도구는 한문이거나 한문에 기원을 두고 있는 번역어로서 한자어였다. 전후세대 시인들 역시 한문, 정확하게 말해 한자에 기초해서 만들어진 한자어라는 자장으로부터 자유로웠던 것은 아니지만, 기성세대로부터 벗어나기 위해서는 한문보다는 일본어의 습득이 절실할 수밖에 없었다. 1920~1930년대에 출생하여 초·중등학교에서 일본어를 학습한 그들은 매우 자유롭게 일본어로 된 책을 읽을 수 있었다. 기성세대는 책을 읽는 전후세대를 억압하지 않았다. 전후세대는 기성세대가 자신을 혼낼지도 모른다는 막연한 두려움에서 벗어나 다양한 책을 마음껏 읽을 수 있었다. 왜냐하면 대다수의 기성세대는 그들이 읽는 일본어로 된 책을 읽을 수 없었기 때문이다. 이처럼 일본어는 전후세대가 세계와 소통할 수 있는 매우 중요한 도구였다.

전후세대는 일제강점기 조선교육령에 따라 모어인 한국어를 제대로 배우지 못한 채 일본어를 강제적으로 배웠으며, 해방과 한국전쟁을 전후

13 한수영, 앞의 논문, 273~274쪽 참조.

로 등단하여 작품 활동을 하였다. 더 심각한 문제는 이들이 시를 쓸 때도 일본어로 먼저 구상을 하거나 쓰고 난 뒤, 그것을 한국어로 옮기는 작업을 했다는 사실이다. 다음 인용문에서 우리는 일본어를 강제로 교육받았으나 완벽하게 습득하지 못하고, 한국어를 배울 기회를 박탈당한 전후세대의 고민을 엿볼 수 있다.

(1)

또 하나의 장벽이 있었다. 한 편의 시를 쓰기 앞서 그것을 머리 속에서 구상할 때 머리 속에서 이루어지는 구상은 일본어로 연락되고 조직되는 것이다. 왜냐하면 아직도 나의 모국어 실력은 내가 나의 한 편의 시를 쓰는데 충분한 힘이 못 되었던 것이다. 이러한 고통과 비극은 지금 나와 같은 三十대의 시인이나 소설가가 역사적으로 짊어졌던 공통적인 장벽이었으리라고 짐작된다.[14]

(2)

今　僕ハ コノ 僕ノ部屋ニ居リナガラ 何處カ遠イトコロヲ 旅行シテイルヤウナ 氣ガ スルシ､鄕愁トモ死トモ 分別ノツカナイモノノナカニ 生キテヰル。或ハ 日本語ノナカニ 生キテイルノカモ 知レナイ。

지금 나는 이 내 방에 있으면서, 어딘가 먼 곳을 여행하고 있는 듯한 기분이 들고, 향수인지 죽음인지 분별이 되지 않는 것 속에서 살고 있다. 혹은 일본말 속에서 살고 있는 건지도 모른다.[15]

14 전봉건, 앞의 글, 403쪽.

15 김수영, 「일기초 2」, 앞의 책, 508~509쪽.

(1)은 한국어를 제대로 학습하지 못한 전후세대 시인들의 창작 과정에서 겪었던 고통과 어려움을 보여준다. 전봉건이 말한 '장벽'은 전후세대 시인들에게 매우 치명적이었다. 시인이라면 당연히 모국어로 시를 써야 하는데, 그는 먼저 일본어로 머릿속에서 시를 구상하고 나중에 그것을 한국어로 옮겼다고 고백한다. 그의 말대로 그의 모국어 실력이 충분하지 않았다는 것은, 이미 앞에서 살펴본 것처럼 그들이 일제강점기에 일본어를 국어로 정규 교과과정에서 배웠기 때문이다. 한국어를 제대로 배울 기회가 없었던 전후세대에게 해방 이후 한국어를 다시 배우는 것은 "역사적으로 짊어졌던 공통적인 장벽"이면서, 동시에 극복하기 어려운 상처였다.

(2)는 일본어로 쓴 시는 아니지만 일본어로 쓴 김수영의 일기다.[16] 김수영은 1960년대 초까지 일기를 일본어로 쓰고 다시 우리말로 옮겼다. 말하자면 전봉건이 말한 "三十대의 시인이나 소설가가 역사적으로 짊어졌던 공통적인 장벽"을 그대로 보여주고 있는 셈이다. 시를 쓰는 자세와 자신의 시적 위상에 대한 이야기로 읽을 수 있는 글 속에서 김수영은 혼란스러운 자신의 상태를 "일본말 속에서 살고 있는" 것일 수도 있다고 말한다. 비록 김수영은 한국어가 아닌 일본어의 세계에 살고 있을지도 "모른다"라고 의문을 남기고 있지만, 일본어로 글을 쓴다는 사실은 일본어로 사고하고 있다는 의미로 읽어야 한다. 이 외에도 1960년 9월 9일에는 시 「중용에 대하여」의 시작 메모로 보이는 내용 중 일부를 일본어로 썼으

16 서석배는 김수영의 이 글에 대해 "일본어로 씌어졌다는 사실이다. 더군다나, 이 글은 가타카나로 씌어졌을 뿐 아니라, 전후 일본에서는 더 이상 쓰이지 않는 전쟁 전의 맞춤법으로 씌어져 있"음을 매우 중요하게 지적하고 있다(서석배, 「단일 언어 사회를 향해」, 『한국문학연구』 29, 2005, 187쪽).

며, 10월 19일에는 사르트르의 『순교와 반항』의 한 구절을 일본어로 메모한 적도 있다.[17] 김수영이 "나는 해방 후 20년 만에 비로소 번역의 수고를 던 문장을 쓸 수 있었다."[18]라고 했을 때, 그 말의 진위를 떠나서 얼마나 오랫동안 일본어가 김수영을 지배하고 있었는가를 짐작할 수 있다. 실제로 김수영의 시에는 일본어의 흔적이라고 할 만한 사례가 발견된다.

> 오늘 또 活字를 본다
> 한없이 긴 활자의 連續을 보고
> 瓦斯의 政治家들을 凝視한다
> (김수영, 「아메리카 타임誌」『새로운 都市와 市民들의 合唱』, 도시문화사, 1949) 일부)

'瓦斯'를 '가스'라는 의미로 해석하기엔 사실 석연치 않은 구석이 없지 않다. 가스처럼 실체도 없이 이름만 내세우는 정치가들을 비판하는 은유로도 충분히 볼 수 있다. 하지만 장인수가 지적하고 있는 것처럼 '와사'를 "가스의 불꽃 속을 고속으로 통과시켜 표면의 보풀을 태워 광택이 나게 한 무명실"을 뜻하는 '瓦斯絲'의 준말로 보았을 때, 앞뒤 구절의 맥락이 오히려 자연스럽다. 이렇게 볼 때 "瓦斯의 政治家"란 "고급스러운 양복을 입고 있는 정치가(瓦斯を着る政治家)"[19]라는 의미가 된다. 잡지를 보고 있는 화자의 눈에 수없이 이어지는 활자들과 중간중간에 끼어 있는 광고 속의 고급 양복을 입고 있는 정치가들이 들어왔을 가능성도 충분히

---

17 김수영, 「일기초 2」, 앞의 책, 499~504쪽 참조.

18 김수영, 「시작 노트 6」, 앞의 책, 451쪽.

19 장인수, 「전후 모더니스트들의 언어적 정체성」, 『국제어문학회 학술대회 자료집』, 2011. 5, 53쪽 참조.

있다. 김수영은 자신의 처녀작을 이야기하는 자리에서, "그 이전에 나는 「아메리카 타임誌」라는 같은 제목의 작품을 일본말로 쓴 것이 있었다."[20] 라고 말했다. 이 사실로 미루어보건대, "瓦斯의 政治家"는 "瓦斯の政治家"의 일본어 표기를 그대로 번역한 것이며, "瓦斯の政治家"는 앞서 이야기한 것처럼 "瓦斯を着る政治家"들을 뜻할 가능성이 높다고 하겠다. 김수영이 실제로 일본어로 「아메리카 타임誌」를 썼다는 사실도 중요하지만, 일본어의 흔적이 그가 한국어로 발표한 「아메리카 타임誌」에 그대로 노출되고 있다는 점을 눈여겨볼 필요가 있다. 김수영은 이 시를 『新詩論』 2집에 해당하는 『새로운 都市와 市民들의 合唱』(도시문화사, 1949. 4)에 발표한다. 해방 이후 김수영이 발표한 시에서 확인되는 일본어의 흔적이 그의 한국어 능력 부족으로 이해될 것은 아니다. 그가 일본어의 잔재를 의도적으로 활용했다고는 단언할 수는 없겠지만, 최소한 그는 언어 순혈주의에 대한 강박으로부터 자유로웠던 같다. 해방되었으니 일본어를 버리고 당연히 한국어만을 사용해야 한다는 논리가 전후세대 시인들에게 또 다른 억압이었음을 상기한다면, 그의 태도는 시적 언어의 실험으로 볼 수 있는 여지가 충분히 있다. 일본어를 아직 머릿속에 담아 두고 그 그늘에서 벗어나지 못했음을 부끄럽게 생각하지 않았다는 점에서 김수영의 언어의식의 한 단면을 읽을 수 있다.[21] 김수영이 시 「가까이 할 수

20 김수영, 「연극 하다가 시로 전향」, 앞의 책, 334쪽. 하지만 그가 쓴 일본어 「아메리카 타임誌」는 확인할 수 없다.

21 그러나 김수영은 강계숙이 「김수영 문학에서 '이중언어' 문제와 '자코메티적 발견'의 중요성」(『한국근대문학연구』 27, 2013, 161쪽)에서 지적하고 있듯이 좌익에 경도되었던 체험과 심정적 동조를 미발표 소설, 편지, 일기 등을 통해 드러낸 데 반하여, 일제 치하에서의 개인적 이력은 말하지 않았다. 이러한 사실은 그에게 일본어의 억압이 어느 정도였는지 짐작할 수 있게 한다.

없는 書籍」에서 '캘리포니아'의 일본식 표기인 '가리포루니아'를 그대로 사용한 사실 역시 이러한 측면에서 이해할 필요가 있다. 김수영은 청년 시기의 대부분을 일제강점기 아래에서 보냈다. 그가 사용한 언어는 어려서부터 익힌 한문과 모국어인 한국어, 그리고 공식어였던 일본어와 학습된 외래어인 영어 등이 다양하게 혼종된 것이었다. 이러한 시대적 배경은 그의 시를 이해하는 데 반드시 고려해야 할 언어적 환경이다.

1926년생인 박인환 역시 대표적인 전후세대 시인에 속한다. 그의 시에는 일본어에서 흔히 사용되는 말 'の'의 번역어에 해당하는 '의'가 상당히 많이 사용되고 있는 것을 확인할 수 있다.

> 아무 雜音도 없이 滅亡하는
> 都市의 그림자
> 無數한 印象과
> 轉換하는 年代의 그늘에서
> 아 永遠히 흘러가는 것
> 新聞紙의 傾斜에 얽혀진
> 그러한 不安의 格鬪
>
> (박인환, 「最後의 會話」(『選詩集』, 산호장, 1955) 일부)

"都市의 그림자"는 암울한 도시의 분위기를 강조하는 것으로, "不安의 格鬪"는 싸움의 정도와 상황을 의미하는 것으로 충분히 읽을 수 있다. 그런데 "年代의 그늘"은 앞 구절 "轉換하는"과 함께 읽으면 그 의미가 혼란스러워진다. "新聞紙의 傾斜"는 "신문을 유심히 읽고 있는" 정도로 이해되지만, 뒷 구절 "그러한 不安의 格鬪"와 함께 읽으면 쉽게 그 뜻을 찾

기가 어려워진다. 하지만 어쩐지 여기저기 보이는 새로운 문명어에 가까운 한자어들을 이어주는 역할을 '~의'가 하는 것 같기도 하다. 박인환은 일본어 'の'의 역어에 해당하는 '~의'를 통해 당시 수많은 문명어와 문화어를 연결할 수 있었는지 모른다.[22] 서로 다른 관념을 '~의'를 통해 하나의 이미지로 만들어 내려고 했던 박인환의 시도는 새로운 언어적 실험으로 볼 수 있을 것이다.

많은 전후세대 시인들은 한국전쟁 이후에도 오랜 기간 일본어로 글을 썼으며, 그것을 다시 한국어로 번역하는 수고를 해야만 했다. 사물을 이해하고 사고하는 것은 일본어로 하고, 그것을 표현할 때는 한국어로 해야 하는 어려움이 전후세대 시인들에게 언어적 실험의 계기가 되었을 가능성도 없지 않다.

3. 뿌리칠 수 없는 조건으로서의 한자어

전후세대의 언어적 정체성을 확인하는 데 있어 일본어의 흔적 못지않게 눈여겨보아야 할 중요한 부분은 한자어다. 한자어는 문자로서의 한자, 즉 동아시아 문명의 오랜 전통을 표상하는 한문과는 구별해야 한다. 하지만 동아시아의 오랜 전통으로서의 한문으로부터 완전히 자유로울 수도 없다. 바로 그 한문으로부터 한자어의 새로운 사용이 가능해졌기 때문이다. 새로운 언어의 생성은 하나의 문명이 다른 문명으로 번역되는 과정에서 자연스럽게 일어나는 현상이다. 서구의 근대문명은 19세기 말

22 김용희, 「전후세대 '언어'의 문제와 모더니티」, 『한국언어문화』 49, 2012, 170쪽.

이후 일본에 의해 번역되었고, 그것은 자연스럽게 조선으로 유입되었다. 한자어가 지니는 조어 능력은 이 과정에서 상당한 역할을 했다. 그러나 한자어가 완전히 일본이 만들어 낸 '근대어'라고만 할 수 없다. 물론 19세기 말, 20세기 초에는 일본식 한자어에 많이 의존할 수밖에 없었지만, 일본식 근대어로서의 한자어와 함께 우리식의 한자어도 분명히 존재했다. 어쨌든 근대문명의 역어들이 대부분 한자어로 되어 있다는 점에서, 전후세대 시인들에게 이 한자어의 위력은 뿌리칠 수 없는 것이었다.

흥미로운 사실은, 1930년대까지 대부분의 보통학교 학생들이 서당에서 한문교육을 받았다는 것이다. 전후세대가 동아시아의 오랜 전통으로서의 한문으로부터 완전히 자유로울 수도 없음을 보여주는 대목이다. 한 연구자에 의하면, 1933년 보통학교 입학생의 32.9%가 입학 전에 서당을 다닌 것으로 기록되어 있다.[23] 이러한 사실은 전후세대가 일제강점기 동안 입말이 아닌 글말로서의 언어를 어떻게 배우게 되었는가를 보여준다. 말하기로서의 언어와 읽기와 쓰기로서의 언어를 학습하는 과정이 서로 달랐다는 사실에 주목해야 한다. 말하기로서의 언어의 경우에는 모국어인 한국어를 가장 먼저 배웠을 것이며, 그다음이 일본어였다. 그러나 읽기와 쓰기로서의 언어는 학습 과정이 이와 다르다. 만약 전후세대가 서당을 다녔다면, 한문을 가장 먼저 배웠을 가능성이 높다. 그다음에 보통학교에서 일본어를 학습하고, 해방 이후에 한글을 새롭게 배웠을 것이다. "처음 천자문을 배우고 이어 일본말 교육을 학교에서 받았으니 나의 기초적 어문 교육은 중국 문자, 일본 가나, 한글의 순서로 진행된 셈"[24]이라는 유종호의 회고담이나, 다섯 살부터 보통학교에 입학할 때까지 서

23 오성철, 『식민지 초등교육의 형성』, 교육사회사, 2000, 117쪽 참조.

당에서 『천자문』과 『동몽선습』 등을 배웠다는 김경린의 증언[25]은 이러한 가설에 상당한 무게를 싣고 있다.

1921년생인 김수영의 경우만 하더라도 보통학교에 입학하기 전인 여섯 살 무렵인 1926년에 친구인 고광호와 함께 계명서당(啓明書堂)에 다닌 것으로 되어 있다.[26] 이 과정에서 김수영은 유교식 한문 교양을 어느 정도는 체화했으리라고 추측할 수 있다. 그의 등단 작품인 「廟庭의 노래」(『예술부락』 2호, 1946. 3)에 사용된 '靑裳', '朱雀星', '矢箭', '柱礎', '星火', '胡弓', '寒鴉' 등은 근대 이후 우리가 새롭게 만들었거나 일본에서 건너온 역어로서의 한자어라고 볼 수 없는 것들이다. 역사적으로 오래전부터 사용했던 한자어들이다. 그뿐만 아니라 「孔子의 生活難」의 마지막 구절 "그리고 나는 죽을 것이다."라는 구절이 여러 연구자가 지적한 것처럼, 공자가 한 말 "아침에 도를 들으면 저녁에 죽을 것이다(朝聞道夕死可矣)."와 밀접한 관련을 지니고 있는 점 등도 김수영의 유교식 한문 교양의 수준을 짐작하게 한다. 물론 김수영의 시에 빈번하게 사용된 한자어는 일본어의 영향과 무관하지 않다. 김수영의 한자어가 대부분 당시에 새롭게 만들어진 일본어식 한자어라는 점을 고려할 때, 한자어의 빈번한 사용은 일본어의 영향 속에서 채 벗어나지 못했다는 증거가 된다. 그러나 그가 구사하는 한자어를 유심히 들여다보면 관념적인 의미만을 기호화하고 있지 않음을 알 수 있다. 그의 한자어를 식민지 교육의 잔재로 제한해

---

24 유종호, 『나의 해방 전후』, 민음사, 2004, 39쪽. 1935년생인 유종호는 1941년 보통학교에 입학하여 해방이 되는 1945년까지 5년여 기간 동안 일본어 교육을 받았다.

25 김경린·한수영, 「현대성의 경험과 모더니즘」, 강진호·이상갑·채호석 편, 『증언으로서의 문학사』, 깊은샘, 2003, 20쪽.

26 최하림, 『김수영 평전』, 실천문학사, 2001, 35~37쪽 참조.

서 이해하는 것은 착오이다.

사람이란 사람이 모다 苦悶하고 있는
어두운 大地를 차고 離陸하는 것이
이다지도 힘이 들지 않는다는 것을 처음 깨달은 것은
愚昧한 나라의 어린 詩人들이었다
헬리콥터 ― 가 風船보다도 가벼웁게 上昇하는 것을 보고
(김수영, 「헬리콥터 ―」(『달나라의 장난』, 춘조사, 1959) 일부)

「헬리콥터 ―」라는 시 전체에는 더 많은 한자어가 등장하지만, 인용한 부분에서만 보자면 '苦悶', '大地', '離陸', '愚昧', '風船', '上昇'과 같은 한자어가 사용되었다. '苦悶', '大地'는 예전부터 사용된 한자어로 볼 수 있겠지만, '離陸', '愚昧', '風船', '上昇'은 새로운 문물과 함께 들어온 역어로서의 일본어식 한자어다. '離陸하는'을 대신하여 '땅을 떠나는'이나 '땅위로 떠오르는'을, '愚昧한'을 대신하여 '어리석은'을, '上昇하는'을 대신하여 '위로 떠오르는'이나 '날아오르는'을 사용할 수도 있겠다. 그런데 이러한 한자어가 시를 이해하는 데 크게 방해가 되지 않는다는 점이 김수영만의 특별함이다. 더 중요한 것은 사물과 현상을 지각하는 시적 화자의 감각이 이 한자어들의 도움을 받아 조금 더 분명해지고 있다는 사실이다. '上昇'은 그것을 바라볼 수밖에 없는 '어린 詩人'의 처지를 지시하는 '愚昧'와 연결되어 화자의 서러운 심정의 깊이를 더 깊게 한다. 이러한 일본식 한자어의 사용은 유년의 나이에 일찍 일본으로 유학을 떠났던 전후세대 시인들의 시에서 유독 많이 나타난다. 하지만 전후세대 시인들이 이러한 한자어를 사용하면서 모두 성공을 거두고 있는 것은 아니다.

(1)

낡어 빠진 傳統우에

停止하는 速度를 따러

紳士들의

社交術은 繁殖하였고

(김경린, 「波長처럼」(『새로운 都市와 市民들의 合唱』, 도시문화사, 1949) 일부)

(2)

石膏를 뒤집어 쓴 얼굴은 어두운 晝間.

旱魃을 만난 구름일수록 움직이는 角.

나의 하루살이떼들의 市場.

짙은 煙氣가 나는 싸르뜨르의 뒷간.

주검 一步直前에 無辜한「마네킹」들의

化粧한 陳列窓.

死産.

소리 나지 않는 完璧.

(김종삼, 「十二音階의 層層臺」(『한국전후문제시집』, 신구문화사, 1961) 전문)

1918년에 태어나 '청록파'로 대표되는 전통적 서정 세계에 반발하며 모더니즘의 기수로 활약했던 김경린은 함북 경성전기공업학교를 졸업한 후 일본에 유학하여 1942년 와세다대학 고등공업학교 토목과를 졸업했다. 인용한 시 (1)「波長처럼」에 사용된 '停止', '速度', '紳士', '社交術', '繁殖' 등은 일본어식 한자어에 해당한다. 시의 제목에 사용된 '波長' 역시 마찬가지다. 일본 유학을 한 그의 시에 일본어식 한자어가 사용되고 있다는 사실은 그다지 놀랄 만한 것이 아닐 수 있겠다. 하지만 이와 같은 한자어들을 대체할 만한 마땅한 어휘를 한국어에서 쉽게 찾을 수 없다는 점, 그리고 이 한자어들이 당시의 시대 상황과 밀접한 관련이 있다는 점은 눈여겨볼 필요가 있다. 인용하지 않은 시의 한 구절 "戰爭은/ 시름없는 餘波를/ 나의 뜰앞에 남기고 지나갔다"에서 알 수 있는 것처럼, 시의 전체적인 내용은 2차 세계대전이 끝난 후 빠르게 변화하는 사회상을 이야기한다. 새로운 문화의 변화상이 '停止', '速度', '紳士', '社交術', '繁殖', '波長'이라는 한자어를 통해 표현되고 있는 것이다. 그리고 이 어휘들은 대부분 근대문명과 관련이 있다.

김종삼은 1921년 숭실중학교를 다니다가 1938년 4월 일본으로 건너가 도요시마(豊島) 상업학교로 편입한 뒤 같은 학교를 졸업했다. 1942년 4월 동경문화원 문학과에 입학했으나 졸업을 하지 못하고 1944년 6월 중퇴했다. 인용한 시 (2)「十二音階의 層層臺」는 사람들이 화장을 한 듯 진열창에 얼굴을 비추고 있는 모습을 아무 소리도 들리지 않는 완벽한 죽음의 세계로 표현하고 있다. 여기에도 다양한 한자어가 등장한다. 사실 '石膏', '晝間', '旱魃', '角', '市場', '煙氣', '一步直前', '無辜', '化粧', '陳列窓', '死産', '完璧'과 같은 한자어 때문에 시를 이해하는 것이 쉽지 않다. '旱魃', '市場', '煙氣', '無辜', '完璧' 등은 예전부터 사용된 것이라고 하더라도, '石膏', '晝間', '角', '一步直前', '化粧', '陳列窓', '死産' 등은 새로운 문명과 함께 들어온 일본어식 한자어에 해당한다. 당연히 한국어에는 이들을 대신하여 쓸 수 있는 말이 없었을 것이다. 1938년에 일본에 유학하여 이후 귀국하기까지 김종삼은 일본에서 막노동을 하며 다양한 문화를 체험했다. 그런 그에게 한국어는 근대적이건 전근대적이건 간에 섬세하고 복잡한 사고를 표현하는 데 적합하지 않았다. 한국어와 일본어, 그리고 문명의 번역 과정에서 파생된 한자어가 뒤섞여 있는 언어적 혼종 상태에서 그가 자신이 경험한 세계를 한국어만으로 표현하기가 결코 쉽지 않았을 것이다.

한자어가 많이 사용된 전후세대의 시들은 관념적이고 추상적이라는 비판으로부터 자유롭지 않다. 하지만 그 현상을 비판하기에 앞서 당시 상황에 대한 이해가 먼저 요구된다. 1920년대 중반부터 식민지 제도교육의 영향 아래 있었던 전후세대는 공적 지식과 정보의 세계를 일본어를 통해 접했다. 그 이전에 한글을 제대로 익히지 못한 채 한문을 먼저 배웠던 전후세대라면, 그들이 학습하게 된 문자언어는 한문 → 일본어 → 한글의 순서일 수밖에 없다. 한문을 먼저 배우지 않았다고 하더라도 새로운 근대문명의 역어에 해당하는 일본식 한자어를 자연스럽게 접하게 되었을 것이다. 그러므로 이러한 언어적 혼란을 적극적으로 고려하면서 전후세대의 시를 읽을 필요가 있다. 전후세대 시인들에게 한국어는 절대적으로 의지할 수 있는 것이 아니었기 때문에 새로운 언어를 찾을 수밖에 없었다. 말하자면 존재하고 있지만 그들로부터 멀리 떨어져 있는 한국어라는 언어를 대신하여, 그들은 그들 나름의 새로운 언어를 발명해 내야만 하는 궁지에 처해 있었던 것이다.

4. 코즈모폴리턴 문화의 유혹과 외래어

일제강점기 동안 국가어였던 일본어의 위상은 우리가 상상하는 것보다 훨씬 높았다. 상대적으로 한국어는 공공성을 상실한 채 사적인 언어로 사용될 수밖에 없었다. 해방 이후에도 이와 같은 사정은 크게 달라지지 않았다. 어느 정도 해소되기 했지만 일본어의 잔재가 완전히 사라진 것은 아니었으며, 전후세대 시인들에게는 일본어의 강요와 한국어 사용금지가 외상처럼 남아 있기도 했다.

일제강점기의 일본어로 인한 언어의 혼종적 상황에 비교할 정도는 아니어도, 해방과 한국전쟁 이후 외래어의 범람으로 인한 언어의 혼란도 만만치 않았다. 한국어와 영어가 조합된 신조어가 등장했으며, 한국의 정치적 상황을 풍자하는 단어들도 유행했다. 영어에 대한 관심은 해방 이후 급속하게 커졌는데, 실제로 이 시기에 '헬로', '오케이', '미스터' 등과 같은 영어 단어가 일상적으로 사용되었다. 해방 이후에는 일본어를 밀어내고 영어가 공공적 제도 안으로 진입할 수 있는 유력한 수단이 되었으며, 동시에 영어는 다양한 독서체험에 따른 사적인 교양과 취미의 영역에서도 중요했다. 일제강점기의 일본어에 대한 욕망처럼 영어로 표상되는 우월한 문화의 세계에 편입하기 위한 욕망이 만들어지기 시작했다. 일제강점기 동안 강제적으로 학습해야 했던 일본어 대신 영어가 그 자리를 차지하게 된 것이다. 비슷한 점이 있다면 일본어나 영어가 식민주의 언어라는 사실이며, 차이가 있다면 일제강점기의 강제적인 일본어 습득에 비해 해방 이후의 영어 학습은 자발적인 모방 욕망에 가까웠다는 점이다.

해방 이후 외래어, 특히 영어로 구축된 세계에 대한 동경과 열망은 전후세대 문인들에게는 거부할 수 없는 유혹과도 같았다. 김수영이 시에서 "日本 말보다도 더 빨리 英語를 읽을 수 있"(「거짓말의 여운 속에서」)게 되었다고 고백한 것은 결코 거짓이 아니었다. 실제로 김수영은 일본어 못지않게 영어를 많이 사용했다. 영어로 된 외국 서적을 즐겨 읽었던 그가 우리말의 어감과는 동떨어진 문장을 쓰게 될 가능성은 매우 높다. 해방 이후 일본어를 사용하는 일이 급격하게 줄어든 반면, 김수영을 포함한 전후세대 시인들에게 영어는 지적 호기심을 충족시키기 위해 꼭 필요했다. 이들이 문학활동의 자양분을 대부분 '책'을 통해 얻었다는 사실은 참고할 만하다.[27] 그들은 다양한 외국 잡지들을 통해 세계 각국의 문학의 흐름을 동시적으로 읽었던 것이다. 이와 같은 사실은 최소한 1945년 해방 이후에는 일본어보다 영어가 그에게 더 많은 영향을 미쳤음을 증명한다. 전후세대 시인들에게 해방은 강제적인 일본어 학습을 끝낸 것이 아니었다. 학습해야 할 언어가 일본어에서 한국어로 바뀌었을 뿐만 아니라, 새롭게 영어도 배워야 했던 것이다.

그런데 우리가 기억해야 할 것은 해방이 단순히 제국주의로부터의 독립이 아니었으며, 한국전쟁 역시 단순한 내전이 아니었다는 사실이다. 해방과 한국전쟁은 세계사적인 하나의 사건으로 해석되었다. 해방이 민족의 해방이 아니라 2차 세계대전의 끝이라는 인식은 그 당시 청년기를 보낸 세대들에게 공통적인 현상이었다.[28] 민족 혹은 국가의 부속으로만 이해되던 존재에서 세계적 보편인이라는 새로운 정체성을 한국전

27 특히 김수영은 영·미 문학에 관심이 많았으며, 『엔카운터(*Encounter*)』나 『파르티잔 리뷰(*Partisan Review*)』 등을 직접 구독해서 읽었다. "『엔카운터』誌가 도착한 지가 벌써 일주일도 넘었을 터인데 이놈의 잡지가 아직도 봉투 속에 담긴 채로 책상 위에서 뒹굴고 있다"(김수영, 「밀물」, 앞의 책, 42쪽)거나, "스탠드 앞에는 『신동아』, 『사상계』, 『파르티잔 리뷰』 등의 신간 잡지가 놓여 있고"(김수영, 「금성라디오」, 앞의 책, 101쪽) 등에서 확인할 수 있다.

28 박연희는 "한국전쟁 이후를 가리키는 '전후'는 민족주의적 효용이 보존된 전쟁 경험으로부터 국가, 민족, 전통 등의 관념을 재생산하지만, 2차 대전 이후를 지시하는 '전후'는 제국의 식민지적 입장에서 코스모폴리턴적 관념과 결합된다."(박연희, 「전후, 실존, 시민 표상 — 청년 모더니스트 박인환을 중심으로」, 『한국문학연구』 34, 2008, 159~160쪽)면서 박인환이 '전후', '실존', '세계시민'을 동시적으로 이해하고 있었음을 밝히고 있다.

쟁 이전에 이미 가지고 있었다고 볼 수 있다. 해방, 즉 2차 세계대전 종전 후의 냉전체제는 이러한 인식의 변화에 큰 영향을 미쳤다. 특히 이 과정에서 영어의 역할은 무시할 수 없을 만큼 컸다. 전후세대는 제국과 식민이라는 이분법에서 벗어나면서 국가, 국민, 민족이라는 개념을 버리고 코즈모폴리턴, 즉 세계시민으로서 보편적 문학을 할 수 있다고 생각하게 되었다. 1949년에 발간된 『새로운 都市와 市民들의 合唱』의 제목에서 이미 세계시민으로서 행동하고 사고하겠다는 전후세대 시인들의 의욕을 발견할 수 있다. 그들이 명명하고 있는 '시민', '시민성'은 국민표상으로부터 벗어나 있으며, 그들은 이를 통해 탈국민적 주체성의 가능성을 추구하고자 했다. 또한 이들은 국가적·민족적 소속감보다는 보편적 이상을 내세우고 국가와 민족이 아닌 주체로서의 개인의 권리를 중시했다. 박인환은 이 세계시민 정신과 언어 작용이 매우 긴밀하게 연결되어 있다는 점을 중요하게 생각했다. "不毛의 文明 資本과 思想의 不均整한 싸움속에서 市民精神에 離反된 言語作用만의 어리석음을 깨달었었다."[29]라는 그의 진술은 개인적 사유의 자유가 새로운 시의 중요한 덕목임을 제시하고 있다.

해방 이후 한국전쟁을 거치는 동안 생성된 미국풍은 또 다른 문화적 식민 현상으로 이해될 수도 있다. 새로운 문물을 대신하는 영어가 범람했으며, 미국문화의 직접적인 영향 또한 만만치 않았다. 박인환이 「아메리카 영화 시론」을 포함해 영화에 관련된 많은 글을 발표했으며, 서구 영화를 무려 140편가량 소개했다는 사실도 이러한 현상의 한 예로 설명

29 김경린·임호권·박인환·김수영·양병식, 『새로운 都市와 市民들의 合唱』, 도시문화사, 1949, 53쪽.

할 수 있을 것이다.[30] 전후세대 시인들에게 어쩌면 외래어의 매혹은 새로운 시에 대한 욕망 이전에 새로운 문화에 대한 욕망으로 이해해야 할지도 모른다.[31]

해방 이후 박인환이 가장 먼저 발표했다는「斷層」에는 민족으로부터 자유로운 문학의 가능성, 세계사적 동시성의 체험 등을 읽을 만한 요소가 상당히 존재한다.

> 産業銀行 유리窓밑으로
> 大陸의 市民이 푸로므나-드하든
> 지난해 겨울
>
> 戰爭을 피해온 女人은
> 銃소리가 들리지않은 過去를
> 受胎하며 뛰어다녔다.
>
> 暴風의 Muse는 燈火管制속에

---

30 박연희,「박인환과 영화 — 영화평론(1948~1956)에 나타난 아메리카니즘」,『한국문학연구』45, 2013, 305~336쪽 참조.

31 1945년 박인환이 당시 초현실주의 화가 박일영의 도움으로 종로 3가 낙원동 입구에 개업한 '마리서사(茉莉書舍)'는 이들에게 새로운 문화의 창구 역할을 했다. 여기에는 살바도르 달리의 사진, 앙드레 브르통의 책, 장 콕토의 시집뿐만 아니라 니시와키 준자부로(西脇順三郞)의 시집, 일본 잡지『오르페온』,『판테온』,『신영토』,『황지』등이 진열되어 있었다. 서점의 이름인 '마리' 역시 프랑스 여류화가이며 시인인 마리 로랑생의 이름에서 빌려왔고, 안자이 후유에(安西冬衛)의 시집『군함 말리(軍艦茉莉)』에서 마리의 한자 표기를 따온 것만 봐도 충분히 짐작할 수 있다(김수영,「마리서사」, 앞의 책, 105~110쪽 참조).

고요히 잠들고
이 밤 大陸은 한개 果實같이
大理石우에 떠러졌다.

짓밟힌 나의 優越感이여
市民들은 한사람 한사람이 Demosthenes
政治의 演出家는 逃亡한 Arlequin을 찾으러 도라다닌다.
(박인환, 「斷層」(『純粹詩選』, 1946. 6. 20) 일부)[32]

인용된 시는 "戰爭을 피해온 女人"을 내세워 전쟁이 없는 평화로운 세계에 대한 갈망과 좌절을 보여주고 있지만, 전체적으로는 이미지가 자연스럽게 이어지지 않아 매우 난해한 작품이다. 주목할 만한 대목은 "大陸의 市民"이라는 표현이다. '시민'은 국가와 민족과는 다른 차원에 있는 개인을 문제화하고 있다고 볼 수 있다. "戰爭을 피해온 女人"의 행동이 국가주의나 민족주의를 넘어서 지구적 단위의 인류애를 상징적으로 보여준다는 점도 중요하다. 이를 통해 세계시민으로서의 시적 화자의 자세를 읽을 수 있다. 또 하나 눈여겨볼 것은 시에 사용된 어휘들이다. 우선 눈에 띄는 것은 외국어다. '프로므나-드'와 같은 우리말로 옮겨 적은 경우를 제외하더라도 'Muse', 'Demosthenes', 'Arlequin', 'Bluse', 'Cosmo', 'Mannequin', 'Express for Mukden', 'Marronnier', 'Jasmin' 등이 알파벳으로 적혀 있다. 이 어휘들은 한국어로 바꿀 수 없을 뿐더러 바꾸어도 시를 이해하는 데 큰 도움이 되지 않는다. 그렇다면 이

32 엄동섭·염철 엮음, 『박인환 문학전집 1 — 시』, 소명출판, 2015, 249쪽 재인용.

러한 언어 사용이 가져오는 효과는 어디에 있을까? 전쟁을 피해서 대륙으로 온 여인이 총소리가 들리지 않는 과거를 수태하며 뛰어다니는 시의 정황은 한국적인 것에서 벗어나 세계문명의 공시성이라는 문제를 노출하고 있다. 외국어는 이러한 시적 주제와 관련이 없다고 말하기 곤란할 만큼 노골적으로 사용되고 있다. 억압된 욕망을 언어를 통해 재현하려는 전후세대 시인들은 외래어의 사용을 통해 자신들이 지닌 결여의식을 뒤집어 세계인으로서 스스로를 규정하려는 과욕을 부리기도 했다. 「斷層」에 사용된 외국어와 외래어들이 이를 증명한다. 그들이 앞세운 '새로움'이란 결국 '전통주의적 관점'에 대한 반발에 다름 아니다. 그들은 자기들 세대와 구세대를 구분하는 기준을 여기에 두고 있었다.[33] 일찍이 서구적 개인주의를 표방한 일본의 교양주의를 독서를 통해 받아들였던 전후세대는 2차 세계대전과 한국전쟁으로 인한 황폐한 상황을 문학을 통해 극복함으로써 새로운 출발을 도모하려고 했다. 그들은 전쟁의 불안과 공포, 파괴와 살육 등으로 얼룩진 현실을 그려 보일 수 있는 시적 방법과 언어를 찾으려고 노력했다.

새로운 문화와 문명의 교류에 따른 언어의 탄생은 자연스러운 현상이다. 1957년 김종삼이 김광림, 전봉건과 함께 펴낸 『戰爭과 音樂과 希望과』에 서구문화의 관습을 제목에서 그대로 노출하고 있는 「그리운 안니.로.니」, 「G.마이나」와 같은 시들이 실려 있다. 물론 시의 내용에서도 서구문화 관습과 관련된 언어들이 종종 발견된다.

---

33 그 대표적인 사례가 '신시론(新詩論)'에 기원을 두고 있는 '후반기(後半紀)' 동인이다. 박인환이 말하고 있듯이 "'후반기'에 속하는 시인의 대부분은 1920년대에 이 불안의 세계에 태어났"으며, "어떠한 한 사람도 그들이 성장되고 사고하는 방법이 그 기반을 황폐한 정신적 풍토에 두"고 있었다(박인환, 「현대시의 불행한 단면」).

'뿌롱드' 빛갈의 果實들이 평탄하게

가득 차 있었다.

(김종삼, 「園丁」『戰爭과 音樂과 希望과』, 자유세계사, 1957) 일부)

인용한 시에서 "'뿌롱드' 빛갈의 果實들"에서 '뿌롱드'는 시를 읽는 독자들의 이해를 돕기 위해서 사용된 언어는 아니다. 과실의 빛깔을 구체화하지 않는 '뿌롱드'는 사물성을 드러내는 데 일조하면서 시적 화자의 정서를 확장하는 데 성공하고 있다. 그의 작품에서 발견되는 외래어의 노출은 언어 간의 불균형한 권력관계의 결과물로 이해할 수 있다. 단지 교양이나 취향을 드러내기 위해 외국 이름이나 외래어들을 가져다 쓰지 않았다는 것이다. 김종삼 시에서 자주 등장하는 외래어, 외국 사람의 이름, 문화는 1950년대 세계라는 큰 범주 속에서 열리게 된 한국의 역사, 그 안에서 소통하는 한국어와 외래어의 현상을 보여준다.[34] 언어의 번역은 때로 번역자에게 자신이 알고 있는 모국어 문법을 다시 사유하게 함으로써 더 풍부한 표현을 가능하게도 한다. 이러한 과정에서 이질적인 언어의 차이로 인한 균형 상실이 언어를 통해 회복되는 것이다.

전후세대 시인들은 해방 이후 대부분 순수한 한국어의 세계에 편입되기를 강요받았다. 새로운 국가의 국민으로서 국가어를 완벽하게 쓸 수 있는 국민이 되어야 했다. 어쩌면 그들은 이중언어자로서의 정체성을 벗어나기 위해 자의로, 혹은 타의로 노력했을 것이다. 하지만 안타깝게도 그들은 한국전쟁 이후에도 한국어를 완벽하게 구사하지 못하고 언어적 혼란을 겪었다. 외국 인물을 가리키는 이름이나 문화를 지칭하는 외

34 김용희, 앞의 논문, 358쪽.

래어는 해방 이후 코즈모폴리턴으로서의 자격을 갖추고자 했던, 세계와 함께 나아가고자 했던 전후세대 시인들의 또 다른 욕망의 결과라고도 볼 수 있을 것이다. 전후세대 시에 나타난 외래어와 한국어 사이의 갈등 양상은 그 배후에 해방과 한국전쟁이라는 정치적·사회적 문제를 은폐하고 있으며, 그것은 전후세대 시인들의 언어적 정체성과 긴밀하게 맞닿아 있다고 할 수 있다.

5. 언어적 혼란의 이면

지금까지 전후세대 시인들의 위치와 그들이 경험했던 언어적 현실을 확인했다. 전후세대 시인들의 시에 얼마나 많은 일본어와 한자어, 외래어가 사용되고 있는지, 사용된 문장이 얼마나 일본어 문장구조와 비슷한지 등을 확인하는 일도 중요하다. 한 개인의 언어사용은 그의 지적 능력뿐만 아니라 사고체계, 그리고 역사적·문화적 환경 등과 밀접하게 연결되어 있기 때문이다. 하지만 이와 함께 일본어, 한자어, 외래어가 작품 전체에 어떻게 영향을 미치고 있는가에 대한 고려도 필요하다. 전후세대 시인들의 시에 나타나는 언어적 특징은 식민지 체험, 해방과 한국전쟁이라는 세계사적 사건을 두루 고려하면서 이해되어야 한다. 일제강점기, 해방, 한국전쟁을 겪었던 전후세대 시인들에게 일본어와 한자어, 외래어는 자리를 바꾸면서 억압과 강요를 반복했다. 언어규범의 강제성은 일제강점기나 해방, 그리고 한국전쟁 이후에도 크게 달라지지 않았다. 해방 이후 문자규범의 정비에 따른 한국어의 위상 회복은 하나의 표준어를 성립시키기 위해 무수한 언어 변종을 배제했다. 그뿐만 아니라 외국문화의 수용에 따른 외래어의 유입에 대한 경계를 낳기도 했다. 전후세대 시인들은 모국어를 올바르게 쓸 수 있어야 한다는 강박에 시달리면서도, 번역된 한자어로부터 자유롭지도 않았고, 의도적으로 일본어를 망각해야 했다. 또 코즈모폴리턴으로서 영어를 사용할 수 있어야 했다.

만약 전후세대 시인들이 모국어를 올바르게 사용해야 한다는 생각을 의식적으로 가지고 있었다면, 그들에게 언어적 규범은 그 자체가 하나의 장벽이었을 것이다. 그들의 작품에서 확인되는 언어적 특징은 전후 한국사회의 언어적 혼종 상태를 보여준다. 그러나 이 사실은 동시에 그들에게 강력히 요구되었던 언어적 규범을 넘어서는 시적 실험성으로 이해할 부분도 없지 않다. 전후세대 시인들의 시 쓰기 경험이란 전통적인 시로부터의 학습에서 온 것이 아니라 일본을 통해서, 넓게는 서구의 모더니즘에 대한 이해로부터 가능했다. 외래어와 낯선 어휘들로 가득한 그들의 언어 표현은 모국어로 표상되는 중심화된 담론에 대한 저항으로 이해될 소지가 충분하며, 외세의 억압적 폭력을 전경화하는 방법적 전략으로 읽을 수도 있다. 하지만 다른 측면에서 그들의 언어가 언어적 규범에 대한 위반이 되었을 때, 전후세대 시인들은 자신의 언어를 되돌아볼 소중한 기회를 얻었으리라고 추측할 수도 있다. 그 과정에서 전후세대 시인들은 모국어에 대해 더 깊게 이해하고, 언어를 통한 새로운 문학적 실험의 길을 힘겹게 걸었을 것이다. 전후세대 시인들은 시를 쓰기 위해서, 존재하고 있지만 그들로부터 멀리 있는 한국어 습관을 버리고 새로운 어법을 만들어 내야만 했다. 그러므로 그들이 완벽하게 성공을 거둔 것은 아니지만, 그들 나름대로 문학적 한국어의 발견이라는 임무를 성실하게 수행한 것으로 볼 수 있다.

참고문헌

강계숙, 「김수영 문학에서 '이중언어' 문제와 '자코메티적 발견'의 중요성」, 『한국근대문학연구』 27, 2013.
김경린·임호권·박인환·김수영·양병식, 『새로운 都市와 市民들의 合唱』, 도시문화사, 1949.
김경린·한수영, 「현대성의 경험과 모더니즘」, 강진호·이상갑·채호석 편, 『증언으로서의 문학사』, 깊은샘, 2003.
김수영, 『김수영 전집 2 — 산문』, 민음사, 2003.
김용희, 「이중어 글쓰기 세대의 한국어 시쓰기」, 『한국 현대 시어의 탄생』, 소명출판, 2009.
_____, 「전후세대 '언어'의 문제와 모더니티」, 『한국언어문화』 49, 2012.
김춘수, 「시인이 된다는 것」, 『처용단장』, 미학사, 1991.
_____, 『왜 나는 시인인가』, 남진우 엮음, 현대문학, 2005.
다나카 가스히코(田中克彦), 「언어와 민족은 분리될 수 있다는, 언어제국주의를 지탱하는 언어이론」, 미우라 노부타카(三浦信孝)·가스야 게이스케(糟谷啓介) 편, 『언어제국주의란 무엇인가』, 이연숙·고영진·조태린 역, 돌베개, 2005.
박연희, 「전후, 실존, 시민 표상 — 청년 모더니스트 박인환을 중심으로」, 『한국문학연구』 34, 2008.
_____, 「박인환과 영화 — 영화평론(1948~1956)에 나타난 아메리카니즘」, 『한국문학연구』 45, 2013.
서경석, 『언어의 감옥에서』, 권혁태 역, 돌베개, 2011.
서석배, 「단일 언어 사회를 향해」, 『한국문학연구』 29, 2005.
엄동섭·염철 엮음, 『박인환 문학전집 1 — 시』, 소명출판, 2015.
오성철, 『식민지 초등교육의 형성』, 교육사회사, 2000.
유종호, 『나의 해방 전후』, 민음사, 2004.

이만규, 『조선교육사』, 거름, 1988.
이익섭, 『사회언어학』, 민음사, 1994.
장인수, 「전후 모더니스트들의 언어적 정체성」, 『국제어문학회 학술대회 자료집』, 2011. 5.
전봉건, 「詩作 노오트 — 고쳐 쓰기 되풀이」, 『한국전후문제시집』, 신구문화사, 1961.
최하림, 『김수영 평전』, 실천문학사, 2001.
한수영, 「전후세대의 문학과 언어적 정체성」, 『대동문화연구』 58, 2007.

제10장

1960년대 일본번역문학의 수용과 전집 발간

신구문화사 『일본전후문제작품집』을 중심으로

이종호

1. 일본번역문학선집과 일본번역문학의 수용론

이 글은 신구문화사 『일본전후문제작품집』(1960년 8월 발간)을 중심으로 1960년대라는 시대적 특수성 속에서 일본번역문학선집이 구성되는 일련의 과정과 당대 전개되었던 일본번역문학의 수용론에 대해 논하고자 한다. 주지하는 바와 같이 1960년대 일본문학의 번역은 폭발적이었다. 반공과 반일 정책을 기조로 외부로부터의 위협을 의도적으로 조장하며 한국사회를 통제했던 이승만 정권이 4·19혁명과 더불어 무너지면서, 해방 이후 금기시되었던 일본문화는 한국사회의 공적 영역에 거리낌 없이 등장하게 된다.[1] 선집과 전집, 단행본 출판을 가리지 않고 이름도 생소한 군소 출판사들이 앞다투어 일본문학의 번역출판에 뛰어들었으며, 한국의 대중독자들은 이에 열렬히 반응함으로써 사회문제를 야기했다. 4·19와 5·16으로 상징되는 1960년대의 시대적 특수성과 일본문화에 대한 '향수'와 '호기심'이 촉발한 새로운 읽을거리에 대한 독서대중의 욕망, 그리고 출판시장의 불황 속에서 갈피를 잡지 못했던 출판자본의 현실적 이해가 결합함으로써, 1960년대 한국출판시장에는 세계문학 혹은 한국문학과 경쟁하는 새로운 문화 콘텐츠로서 일본번역문학이 (재)등장하게 된 것이다.[2]

---

1 「全國에 몰아치는 日本風」, 『사상계』, 사상계사, 1960. 11, 159~161쪽; 「새 共和國 誕生前과 后 ⑧ 倭色 붐」, 『경향신문』, 1960. 12. 28.

2 1960년대 한국출판시장에서 생산·유통·소비되었던 일본번역문학에 대한 선구적 작업으로는 강우원용의 「1960년대 일본문학 번역물과 한국」(『일본학보』 93, 2012. 11)과 「1960년대 초기 베스트셀러를 통해 본 일본소설의 번역물과 한국 독자」(『일본학보』 97, 2013. 11), 이한정의 「일본문학의 번역과 한국문학」(『현대문학의 연구』 55, 2015. 2)이 대표적이다.

1960년대 한국사회에 수많은 일본문학선집과 전집들이 발행되었음에도 불구하고,[3] 이 글이 신구문화사『일본전후문제작품집』을 논의의 대상으로 삼은 까닭은 다음과 같다. 먼저 신구문화사『일본전후문제작품집』이 4·19라는 역사적 사건과 더불어 1960년대 한국출판시장에 '출현'한 최초의 완결된 형태의 문학선집이라는 점이다.[4] 시기적으로 선진문화

강우원용은「1960년대 일본문학 번역물과 한국」을 통해 당대 일본문학의 붐을 수용자적 측면(일본문화에 대한 중장년층의 '향수'와 해방 후 세대의 '호기심')에서 분석하고 있으며, 후속 작업인「1960년대 초기 베스트셀러를 통해 본 일본소설의 번역물과 한국 독자」에서는 1960년대 초기 베스트셀러였던『만가』(하라다 야스코)와『가정교사』(이시자카 요지로),『김약국의 딸들』(박경리)에 대한 분석을 바탕으로 동시대 유행했던 일본대중소설과 박경리의 소설 사이에 존재하는 유사성에 주목한다. 그러나 작품 간의 유사성(대중적 요소들)이 강우원용의 주장처럼 일본대중소설에서 '학습'된 것인지는 보다 세심한 분석을 필요로 한다. 박경리의 소설이 식민지 시기 이래로 '신문연재소설'을 중심으로 전개되었던 한국사회의 대중·통속소설들의 구성적 특수성과 어떤 측면에서 변별되며, 나아가 '학습'된 대중적 요소들이 어떤 측면에서 한국의 대중소설과 확연히 구별되는 일본대중소설만의 고유한 특수성인지의 여부가 드러나야 하는 까닭이다.

강우원용의 작업이 1960년대 번역된 일본 단행본 출판물에 대한 수용자적 측면의 분석이라면, 이한정의「일본문학의 번역과 한국문학」은 당대 한국출판시장에서 발간된 일본문학선집·전집에 대한 통시적 접근이라는 점에서 의미를 지닌다. 이한정은 1960년대 한국출판시장에서 유통되었던 일본번역문학이 서구문학에 대항하기 위한 '동류' 의식의 차원에서 그 존재 가치를 인정받았을 뿐만 아니라, 노벨상 수상자인 가와바타 야스나리의 문학이 한국문학장 내에서 한국문학의 세계화를 위한 참조점으로 기능했음을 보여준다.

3 1960년대 발간되었던 일본문학선집과 전집에 대한 목록은 이한정의「일본문학의 번역과 한국문학」(『현대문학의 연구』 55, 2015. 2) 8쪽과 김병철의『한국현대번역문학사연구(상)』(을유문화사, 1998) 제9절「일본문학의 번역」, 337~356쪽 참조.

4 신구문화사『일본전후문제작품집』은 1960년에 8월에 발간되었음에도 불구하고 선행연구에서는 1962년에 발행된 것으로 다루어진다. 번역문학사 연구에서 선구적인 업적이라 할 수 있는 김병철의『한국현대번역문학사연구(상)』(을유문화사, 1998)에서도 신구문화사 선집이 1962년에 발행된 것으로 표기되어 있다. 이러한 오류는 연구

사의 『국역일본문학전집』이 한 달여의 차이로 앞서기는 하나 전체 10권이라는 애초의 기획과 달리 완결을 거두지 못했으며,[5] 이후 청운사에서 『일본문학선집』(전 7권)이라는 제목으로 완간되었다.

또한 신구문화사 『일본전후문제작품집』은 일본의 저명한 문학상 수상작품들을 중심으로 선집을 구성하는 한편, 문학사에 대한 개략적인 소

자의 실수라기보다 전적으로 신구문화사의 출판 관행에 의한 것이다. 신구문화사의 경우 판권란의 인쇄·발행일 정보가 부정확하여 종종 연도의 착오를 초래한다. 신구문화사가 전국적인 규모의 월부외판 조직을 갖추고 있었음을 고려할 때, 이러한 '의도적' 오기는 영업적인 이익과 무관하지 않을 것이다. 인플레이션으로 인하여 전집의 제작비용이 물가 인상폭을 따라가지 못하는 상황에서 '초판 발행'으로 표기함으로써 출판시장의 가격변동에 유연하게 대처하기 위한 일종의 편법을 사용한 것이다. 이러한 사례는 신구문화사의 '세계전후문학전집'뿐만 아니라 '현대한국문학전집'에서도 발견되는 까닭에 신구문화사의 자료들을 검토함에 있어 세심한 주의가 필요하다. 이러한 행위는 염무웅의 지적처럼, "초판발행의 날짜 전체를 지워버리는 행위는 묵과할 수 없는 출판 질서의 교란이며, 문학연구자들에 대한 중대한 우롱"(염무웅, 「책읽기, 글쓰기, 책 만들기」, 『근대서지』 4, 2011, 36쪽)이다.

5 『국역일본문학선집』에 대한 언급은 『경향신문』 1960년 7월 18일 자 「여적」에서 발견된다. 『국역일본문학선집』의 발간 시점은 기사 내용을 고려할 때 6월이나 7월로 추정할 수 있을 것이다. 1960년 9월 21일 자 『동아일보』에 『국역일본문학선집』의 2회 배본이 시작되었음을 알리는 서적 광고가 실리는데, 이를 통해 일부이기는 하나 『국역일본문학선집』의 기획을 엿볼 수 있다. 선진문화사는 "대가의 대작을 엄선 완역한 장편소설의 전집"이자 "일본문학의 전모를 파악하는 데 최적한 전집"이라 선전하며 독자들의 구매력을 자극한다. 제1회 배포 선집에는 「도련님」, 「波濤」, 「비틀거리는 美德」이, 제2회 배포 선집에는 「나만 좋으면」, 「열쇠」, 「푸른 山脈」이, 그리고 10월초로 예정된 제3회 배포 선집에는 「羅生門·코」, 「第二의 接物」, 「放浪記」, 「火鳥」가 수록되어 있다. 흥미로운 점은 이후 출판시장에서 『국역일본문학선집』의 존재를 찾아볼 수 없을 뿐만 아니라, 제1회부터 제3회 선집에 수록되어 있는 작품들이 그대로 청운사 『일본문학선집』에 수록되어 재발간된다는 사실이다. 한국출판시장의 열악한 사정으로 인해 전집의 지형을 매매하는 것이 일상화되어 있었음을 고려할 때, 『국역일본문학선집』은 출판사의 경제적 어려움으로 인해 애초 기획과 달리 중도에 발간이 중단되었음을 추측할 수 있다.

개와 작가연보, 작품해설을 수록함으로써 이후 발간되는 여타 문학선집들의 기획 및 구성에 있어 롤 모델로 기능했다.

나아가 '세계전후문학전집'이라는 기획 속에서 『한국전후문제작품집』(1960년 7월 발간)과 나란히 발간되었다는 점에서, 『일본전후문제작품집』은 한국전쟁 이후 세계문학이라는 전체적인 구도 속에서 설정 혹은 상상되었던 한국문학과 일본문학의 관계를 직·간접적으로 반영한다. 식민지 시기 제국 일본을 통해 세계문학을 '상상'했던 것과는 확연히 다른 차원, 이른바 '민족문학' vs '민족문학'이라는 대등한 구도 속에서 '세계전후문학전집'이라는 기획을 통해 세계문학과 한국문학, 일본문학의 역학적 관계를 재현해 내는 것이 가능해진 것이다.

마지막으로, 신구문화사가 한국전쟁 이후 국어국문학 관련 서적들을 주로 출판해 온 건실한 출판자본이었음을 고려할 때, 한국사회에서 일본문학선집 발간의 타당성을 내세우는 신구문화사의 설득 논리는 주목을 요한다. 한국문학장 내부는 물론이거니와 사회 전반에 걸쳐 일본문화의 침투를 염려하며 연일 거센 비판이 쏟아져 나오는 가운데 신구문화사 선집이 '출현'한 것이기 때문이다. 더욱이 세계문학전집과 한국문학전집을 발간하고 있었던 메이저 출판사들(을유문화사, 정음사, 동아출판사, 민중서관 등)이 일본문학선집 기획 및 출판을 위한 안정적인 인프라를 구축하고 있었음에도 불구하고 전집 발간에 소극적으로 참여해 왔음을 고려할 때, 한국출판계에서 나름의 인지도를 획득하고 있었던 신구문화사가 보여준 이러한 행보는 '문제적'이었다.

해방 이후 15년의 세월이 흘렀다 하더라도, '일본'이라는 국가적·지역적 특수성이 끊임없이 환기시키는 (탈)식민지적 강박 속에서 신구문화사 선집의 출현은 많은 문제를 함축하고 있다. "번역문학이란 민족문학을 더욱 고차원의 세계에까지 이끌고 가서 이것을 세계문학에까지 지향시키는 과정에 있어서의 한 토대"[6]라는 원론적 인식이 그럴듯하다 하더라도, 1960년대 한국사회에서 일본문학이 과연 번역문학으로서 그 존재 의의를 인정받을 수 있었던 것일까? 일본에 대한 "극도의 열등의식과 반발에서 오는 우월감, 이런 좀 비정상적인 감정이 지배적"[7]인 상황에서 나름의 존재 의의를 인정받기 위하여 신구문화사가 내세우는 수용의 논리는 문학장은 물론이거니와 한국사회 전반에 걸쳐 얼마만큼의 설득력을 지니고 있었을까? 나아가 서구중심의 세계문학이라는 지형도 위에 한국문학과 일본문학을 미국과 영국, 프랑스, 독일, 남북구의 문학과 '대등'하게 배치하는 전집 구성 주체들의 정치적 의식과 무의식은 과연 무엇이었을까?

이 글은 이러한 물음에 답하기 위해 신구문화사 『전후일본문제작품집』을 한국출판시장은 물론 문학장 내외부의 정치적·문화적 맥락 속에 위치시킴으로써 논의를 전개하고자 한다. 이를 바탕으로 신구문화사 『전후일본문제작품집』이 1960년대라는 시대적 특수성 속에서 4·19라는 역사적 사건과 함께 한국출판시장에 '출현'하게 되는 일련의 과정을 추적하는 한편, 전집 발간과 관련된 당시 자료들(신문 및 잡지 기사, 간행사 및 역자 후기 등)을 바탕으로 해방 이후 한국의 공적 영역에 등장한 일본문학(선집)의 사회문화적 의미와 일본번역문학의 수용과 관련하여 한국문학장에서 전개되었던 다양한 논의를 살피고자 한다.

6 이봉래, 「세계문학의 영향(하)」, 『경향신문』, 1953. 3. 24.

7 「全國에 몰아치는 日本風」, 『사상계』, 1960. 11, 160쪽.

2. '4·19'와 『일본전후문제작품집』의 출현

일본문화에 대한 대중적 소비가 급증하고 이에 대한 사회적 비판이 고조되는 가운데, 1960년 8월 신구문화사 『일본전후문제작품집』이 발간된다. 애초에 전 7권으로 기획되었던 '세계전후문학전집'의 구성 속에서,[8] 『일본전후문제작품집』은 맨 마지막 권으로 배치되어 있었음에도 불구하고 제1권인 『한국전후문제작품집』에 연이어 출간되는 상황은 흥미롭다.

신구문화사 '전집'의 전체 구도 속에서 한국문학과 일본문학이 각각 1권과 7권을 차지하며, 미국과 프랑스, 영국, 독일, 남북구 문학이 차례대로 그 중심에 놓이게 되는 일련의 배치는 세계문학에 대한 '전집' 편집진들의 정치적 (무)의식을 드러낸다. "지리상으로 볼 때 한국과 일본은 지호지간이지만 정치상으로 볼 때 현해탄은 태평양보다도 멀었다."[9]라는

8 신구문화사에서 기획·발간한 '세계전후문학전집'은 전체 10권으로 이루어져 있다. 염무웅의 회고에 따르면, '세계전후문학전집'은 1960년 7월 『한국전후문제작품집』의 간행을 시작으로 전 7권으로 기획된 전집이었다. 추후 독자들의 열광적인 반응에 힘입어 『한국전후문제시집』과 『세계전후문제시집』, 『세계전후문제희곡·씨나리오집』이 추가되어 1962년 3월 전 10권으로 완간되었다고 한다(염무웅, 「책읽기, 글쓰기, 책 만들기」, 『근대서지』 4, 근대서지학회, 2011. 12, 32쪽 참조). 애초에 신구문화사의 '전후세계문학전집'은 중·단편 소설 위주의 선집들로 구성된 것이라는 점을 고려할 때, '세계전후문학전집'의 구성적 특수성은 크게 세 부분으로 분절하여 접근해야만 한다. 한국과 미국, 프랑스, 영국, 독일, 남북구(덴마크, 이탈리아, 스페인, 폴란드, 이스라엘, 그리스), 일본이라는 로컬리티로 구성되는 세계문학의 전체적인 상과 한국과 세계라는 이분법적 구도 속에서 재현되는 세계문학의 상, 마지막으로 희곡과 시나리오의 장르적 구성 속에서 독일, 프랑스, 미국, 일본, 한국, 영국, 이탈리아로 구축되는 세계문학 상이 그것이다. 신구문화사의 '세계전후문학전집'이 재현하는 세계문학의 구성적 특수성에 대한 분석은 추후 작업을 통해 진행하고자 한다.

9 「이 글을 읽는 분에게」, 『일본전후문제작품집』, 신구문화사, 1960, 2쪽.

일본문학선집의 서문이 암시하듯이, 신구문화사의 '전집' 구성은 편집 주체들의 (탈)식민주의적 강박과 그러한 연속선상에서 구축된 '전후'의 세계질서를 그대로 반영하고 있다. '전후'라는 시대적 구분을 전면에 내세우며 '전집' 편집진들이 그려낸 세계문학의 조감도는 2차 세계대전 이후 미국과 서유럽을 중심으로 구축된 반공블록에 포함되어 공존할 수밖에 없었던 '일본'과 '한국'의 자화상이라 할 수 있다. 미국 주도의 아시아·태평양 안보체제 속으로 편입됨으로써 제국주의적 과거와 무책임하게 단절되었던 일본, 그리고 식민지의 상처가 채 아물기도 전에 미소 냉전의 구도 속에서 6·25전쟁이라는 아픔을 겪을 수밖에 없었던 한국이 '전후세계문학전집'의 기획을 통해 서로 어색한 조우를 하고 있는 것이다.

프랑스의 누보로망과 독일의 4·7그룹, 영국의 앵그리 영맨, 미국의 비트족, 일본의 태양족 등 전후세대의 사고 양식과 행동 방식을 그린 문학작품들을 수록하고 있다는 점에서,[10] '세계전후문학전집'은 1960년대 한국출판시장에서 세계문학전집 시장을 삼분하고 있었던 을유문화사와 정음사 전집과는 애초부터 차별화되는 기획이었다. 신구문화사는 한국에 소개된 적이 없는 신인들의 작품과 문학상 수상작들을 '전집'에 수록했으며, 권마다 전후 15년의 문학사와 작품해설 및 작가의 창작 노트를 수록함으로써 편집의 신선함을 추구했다. 최정희(1906년생), 이효상(1906년생), 유치환(1908년생), 백철(1908년생), 김진수(1909년생), 안수길(1911년생), 오영진(1916년생), 이청기(1919년생), 조지훈(1920년생), 여석기(1922년생), 김붕구(1922년생), 이어령(1934년생)이 '전집'의 편집위원으로 참여했으며, 그

10 김치수, 「현대세계문학전집을 간행할 무렵」, 『출판과 교육에 바친 열정』, 우촌기념사업회출판부, 1992, 181쪽.

기획의 특수성으로 인해 장르에 따라 편집위원의 구성이 달라졌다.[11]

편집위원들의 면면을 살펴보자면, 거의 한 세대 이상 차이가 나는 문인과 학자, 평론가가 '공존'하고 있으며, 전후 한국문단 내에서 주도권을 획득하는 데 성공했던 '한국문학가협회' 소속 작가들(김동리, 서정주, 조연현 등)보다 오히려 널리 대중적 인지도를 획득하고 있었던 원로 문인들이 편집위원에 참여하고 있다는 점은 흥미롭다. 전후세대의 저항적인 문학적 실천들을 담고 있는 '전집'의 기획 의도와 달리 편집진의 구성은 '균질'하지 않으며, 한국의 전후세대라고 칭할 수 있는 인물은 이어령을 제외하고는 거의 찾아보기 힘들기 때문이다.

신구문화사 '세계전후문학전집'의 주된 구매 계층이 20대 (문학)청년들이었음을 고려할 때, '전집'의 편집위원으로 20대 문학평론가 이어령이 포함되어 있다는 것은 또 다른 경쟁력으로 작용했을 것이다. 당대 한국사회에서 이어령의 문학적 위상은 원로 문인들의 그것과 맞먹는 것이었기 때문이다. 염무웅의 회고에 따르면 '세계전후문학전집'의 "참신한 기

11 신구문화사 '세계전후문학전집'의 편집위원 및 전집의 발행 순서는 다음과 같다.
① 『한국전후문제작품집』(백철, 최정희, 안수길, 이어령/1960. 7)
② 『미국전후문제작품집』(백철, 이효상, 안수길, 여석기, 김붕구, 이어령/1960. 11)
③ 『불란서전후문제작품집』(백철, 이효상, 안수길, 여석기, 김붕구, 이어령/1961. 1)
④ 『영국전후문제작품집』(백철, 이효상, 안수길, 여석기, 김붕구, 이어령/1961. 4)
⑤ 『독일전후문제작품집』(백철, 이효상, 안수길, 여석기, 김붕구, 이어령/1961. 6)
⑥ 『남북구전후문제작품집』(백철, 이효상, 안수길, 여석기, 김붕구, 이어령/1961. 5)
⑦ 『일본전후문제작품집』(백철, 최정희, 안수길/1960. 8)
⑧ 『한국전후문제시집』(백철, 유치환, 조지훈, 이어령/1961. 10)
⑨ 『세계전후문제시집』(백철, 이효상, 조지훈, 김붕구, 이어령/1962. 1)
⑩ 『세계전후문제희곡·씨나리오집』(백철, 오영진, 김진수, 여석기, 이청기, 이어령/1962. 3)

획과 현대적인 외양은 4·19를 겪은 젊은 세대의 감각과 이념을 가감 없이 대변하는 것"이었으며, 이어령은 '전집' 기획에 처음부터 주도적으로 참여했다.[12] '전후문학'이라는 키워드를 중심으로 세계문학을 조망하는 일련의 작업은 기존 메이저 출판사들이 내놓은 세계문학전집과는 전적으로 차별화되는 것이었다. 을유문화사와 정음사의 세계문학전집이 일본의 신조사 판 세계문학전집을 벤치마킹한 것이라면,[13] '세계전후문학전집'은 일본 책을 참고하지 않고 외국문학을 직수입하여 만들어진 최초의 전집이었다.[14]

신구문화사 역시 다양한 편집위원을 위촉했음에도 불구하고, "외래사조를 올바르게 비판하고 '나'를 뚜렷이 인식하면서 우리의 시대를 기록"[15]하는 것이 '결투의 윤리'임을 내세웠던 이어령에게 책임편집을 맡기는 것은 일종의 모험이었을 것이다. 1950년대 후반 이어령이 한국문학장 내에서 보여주었던 다양한 문학적 실천들을 고려한다 하더라도, 20대 후반의 이어령이 '전집'의 실무를 담당하며 편집의 방향과 작가 및 번역자 선택의 중임을 맡게 되었다는 점, 그리고 대학교재와 국어국문학 관련 서적을 주로 출판했던 신구문화사가 위험 부담을 감수하고 전집 출판

12 이어령이 신구문화사 '전집'의 기획자이자 실질적인 책임편집자였다는 사실은 이어령 본인의 회고(이어령, 「이종익 사장과 세계전후문학전집」, 『출판과 교육에 바친 열정』, 우촌기념사업회출판부, 1992, 144~148쪽)와 염무웅의 회고(염무웅, 앞의 글, 32쪽)를 통해서 확인할 수 있다. 이러한 사실은 신구문화사 설립 초기부터 총무와 기타 실무를 담당했던 원선자 교수(전 신구대학 명예교수)와의 인터뷰(2015년 6월 9일)를 통해 재차 확인했다.

13 조영일, 「우리는 과연 세계문학전집에서 벗어날 수 있을까?」, 『작가세계』 22, 2010. 6, 342쪽.

14 이어령, 앞의 글, 147쪽.

15 이어령, 「主語 없는 비극」, 『저항의 문학』, 예문관, 1965, 27쪽.

시장에 뛰어들었다는 점, 그리고 그 첫 기획으로서 『한국전후문제작품집』과 『일본전후문제작품집』을 출판시장에 내놓았다는 점은 주목을 요한다.

이어령은 회고를 통해 '전집'의 기획이 4·19혁명이 진행되는 가운데 관철동 뒷골목의 어느 작은 다방에서 본인의 제안과 신구문화사 이종익 사장의 결단에서 비롯된 것임을 밝힌다.[16] 길거리에서 함성을 지르는 젊은 세대에게 새로운 시대에 필요한 읽을거리를 제공함으로써, 그들(4·19세대)에게 새로운 정신을 길러 주고자 했다는 것이다. 그러나 1950년대 후반 한국의 출판시장은 월부외판에 기반을 둔 전집 출판으로 빠르게 재편되고 있었으며, 그러한 과도기적 상황 속에서 신구문화사가 대학교재 출판에서 전집 출판으로 방향을 전환함으로써 중소 출판사에서 메이저 출판사로 거듭나게 되는 일련의 상황은 '세계전후문학전집'의 기획이 단순히 이어령의 회고처럼 낭만적인 서사 속에서만 전개된 것이 아니었음을 방증한다. '세계전후문학전집'에 앞서 임종국의 주도하에 '한국시인전집'을 기획했으나 결국 상업적으로 실패를 경험했던 신구문화사는, 당시 '젊은이의 기수'로 불리던 이어령에게 '전집' 기획의 실무를 맡김으로써 처음부터 4·19세대를 구매 대상으로 설정하고, 그들의 미적 취향과 독서 욕망에 가장 적합한 문화 콘텐츠를 기획·출판한 것으로 보는 것이 타당하다. 비록 그것이 낭만적인 서사 속에서 재현된 기억이라 하더라도 이어령이 '전집' 기획을 주도적으로 제안하는 장면은 흥미롭다. 자신 역시 전후세대에 속한 '잡종'이었음에도 불구하고, '순종'인 4·19세대에게 '새로운 정신'을 부여하고자 하는 일련의 상황, 나아가 그러한 기획이 '세

16 이어령, 앞의 글, 145쪽.

계전후문학전집'이라는 결과물로 수렴되는 일련의 과정은 신구문화사의 '전집'이 보다 복잡한 맥락 속에서 다루어져야 하는 텍스트임을 방증하고 있다.

3. '세대론'과 일본문학 수용 논리

4·19 이후의 궁핍과 무질서가 계속되는 상황 속에서 당시 한국출판시장의 현실은 암담했다. 독서층은 정국 불안에서 오는 정신적인 혼란으로 독서에 파묻힐 마음의 여유를 갖지 못했고, 독서층의 대부분을 차지하는 학생과 교육자들은 4·19를 치르느라 아직도 정신을 차리지 못했으며, 경제적 핍박으로 인하여 학생들은 책을 구매할 여유가 없었다.[17] 해방 후 세대의 일본문화(문학)에 대한 '호기심'과 식민지 시기 젊은 시절을 보냈던 장년층의 '향수'만이 침체된 출판시장에서 일본문학 붐을 촉발시켰다.[18] 이름도 생소한 군소 출판사들이 경쟁하듯 출판시장에 뛰어들어 일본문학작품을 번역하고 출판하는 혼란스러움 속에서, 신구문화사 역시 1960년 7월과 8월에 각각 『한국전후문제작품집』과 『일본전후문제작품집』을 잇달아 출판시장에 내놓으며 경쟁에 참여한다.

이어령의 회고에 시간적 왜곡이 없다면 신구문화사의 '전집' 기획은 매우 빠른 속도로 진행되었다. '전집'에 대한 논의가 처음 이루어졌던 것이 4월 혁명의 무렵임을 감안할 때, 고작 3~4개월의 시간 동안 편집위

17 「하반기까지 출판계 현황」, 『동아일보』, 1960. 10. 23.

18 강우원용, 앞의 논문 참조.

원의 위촉과 작품 선정, 해설 및 번역 작업이 이루어진 것이다. 전체 기획 속에서 제일 마지막 권에 해당했던 『일본전후문제작품집』[19]이 미국과 프랑스, 영국, 독일, 남북구 선집보다 앞서 출간되는 일련의 과정은 출판사의 현실적인 이해관계를 반영한 것이라 할 수 있다. 작품의 선택 및 번역자의 선정에 들어가는 물리적인 시간을 고려할 때, 『한국전후문제작품집』[20]과 『일본전후문제작품집』을 우선적으로 기획·발간하는 것은 출판 실무의 곤란함을 해결하는 한편, 일본문학(작품)에 대한 대중들의 관심이 증폭된 상황에 능동적으로 반응하는 것이었다.

그러나 메이저 출판사들이 일본문학선집과 전집 발간에 소극적으로 대응하고 있던 상황 속에서, 국문학 관련 도서 출판으로 나름의 명성을 얻고 있었던 신구문화사가 여타 군소 출판사들과 거의 동시에 혹은 그보다 앞서 일본문학선집을 발간하게 되는 상황은 문학장 내외부로부터의 비난과 질타를 피해 갈 수 없는 상황이었다. 『한국전후문제작품집』의 서문 「이 책을 읽는 분에게」를 통해, "흙에서 옥을 찾는 심정"으로 해방 후

19 『일본전후문제작품집』에 수록된 작품의 작가와 번역자 목록은 다음과 같다.
①「白色人」(遠藤周作/정한숙), ②「太陽의 季節」(石原愼太郎/신동문), ③「뻘거숭이 임금님」(開高健/김동립), ④「飼育」(大江健三郎/오상원), ⑤「나라야마부시 考」(深澤七郎/계용묵), ⑥「浮虜記」(大岡昇平/안수길), ⑦「新聞紙」(三島由紀夫/최정희), ⑧「斜陽」(太宰治/신동문), ⑨「永遠한 序章」(椎名麟三/선우휘)

20 『한국전후문제작품집』에 수록된 작품의 작가와 목록은 다음과 같다.
①「요한詩集」(장용학), ②「證人」(박연희), ③「流失夢」(손창섭), ④「포인트」(최상규), ⑤「二一三號 住宅」(김광식), ⑥「古家」(정한숙), ⑦「暗射地圖」(서기원), ⑧「感情있는 深淵」(한무숙), ⑨「불꽃」(선우휘), ⑩「쑈리·킴」(송병수), ⑪「不信時代」(박경리), ⑫「謀反」(오상원), ⑬「明暗」(오영수), ⑭「張氏一家」(유주현), ⑮「射手」(전광용), ⑯「破裂口」(이호철), ⑰「誤發彈」(이범선), ⑱「흰종이 수염」(하근찬), ⑲「GREY 俱樂部 顚末記」(최인훈), ⑳「大衆管理」(김동립), ㉑「젊은 느티나무」(강신재)

15년간 발표된 작품들 가운데 문제작들을 엄선했으며,[21] "문학연구가에겐 자료의 사전이며, 소설공부를 하는 독자에겐 온고지신의 교사이며, 또 문학애호가에겐 소설에의 인도자"[22]가 될 것이라 선언했던 편집 주체의 당당함은 『일본전후문제작품집』 서문에서는 거의 찾아보기 힘들다. 오히려 일본문학 수용의 타당함을 설명하는 데 서문의 전부를 할애할 만큼, 선집 발간의 당위성을 내세우는 편집위원들의 논리 이면에는 짙은 고민의 흔적이 배어 있다.

편집위원 명의로 작성된 서문(「이 책을 읽는 분에게」)의 '저자'는 모든 것이 재평가될 시기가 온 만큼 "편협 고루한 민족적 감정의 장막을 찢고 일본문학을 대해야 될 호기"를 놓쳐서는 안 된다고 말한다. 우리가 미워해야 할 적은 '과거'의 일본, 즉 "국방색 케에터를 두른 그 포악작인한 제국주의자들"이지, "자유를 사랑할 줄 알고 인간의 존엄성을 존경할 줄 아는 자유진영의 울타리" 안으로 들어온 '현재'의 일본이 아니라는 것이다. 이어 '저자'는 작가에게 국적이 더 이상 최후의 조건일 수 없으며, "국적 하

21 "해방 후 15년간 발표된 작품들 가운데 문제작들을 엄선"했다는 『한국전후문제작품집』 서문의 주장과 달리 실제 수록된 작품들은 한국전란을 전후하여 등장한 작가들로 한정되어 있다. 선집의 말미에 수록되어 있는 「전후15년의 한국소설」에서 백철은 "戰後의 또 하나의 戰後劇"이라는 표현으로 전후 세계문학과 변별되는 한국 전후문학의 특수성에 대해 이야기한다. 이 글에서 백철은 "한국의 전후소설이란 최근 오년[1954년도 휴전 조약 이후] 내외의 작품들에 대한 이야기로 되는 것이며, 오년 내외의 소설이라면 근년의 신인작가들의 진출이 두드러지게 눈에 띄었다는 사실과 아울러 주로 한국전란을 전후하여 등장한 작가들의 소설이 그 대상"임을 밝히며, '세계전후문학전집'의 외국 편들과 달리 『한국전후문제작품집』의 문제작으로 신인작가들의 작품이 선정된 전후 사정을 밝히고 있다(백철, 「戰後十五年의 韓國小說」, 『한국전후문제작품집』, 신구문화사, 1960, 374쪽 참조).

22 「이 책을 읽는 분에게」, 『한국전후문제작품집』, 신구문화사, 1960, 3쪽.

나만으로 그들 문학에 금제의 말뚝을 박아야 할 이유"가 없다고 주장한다. '저자'는 세계전후문학전집에 '일본편'을 포함시키게 된 이유를 다음과 같이 보다 구체적으로 설명한다.

> 戰後의 日本文學은 지금 世界에 널리 번역 보급되어 그 가치를 인정받고 있는 터이다. 우리만 鎖國主義的인 골목길에서 낮잠을 자서는 안 될 것이다. 일종의 文化交流에 대한 價値交換이 시급하다. 따지고 보면 그네들이나 우리는 다같이 亞細亞的 後進性에서 번민하고 있는 黃色皮膚의 人種들이다. 西歐文明의 바람 앞에서 같이 시련을 겪고 있는 사람들이다. 그들의 文學은 그런 의미에서도 우리의 好奇心을 끌고 있으며 또 무엇인가 많은 暗示를 던져 주고 있다. 뿐만 아니라 그들의 文學과 우리들의 文學을 비교할 수 있는 機會를 갖는다는 것은 興味도 잇고 또한 意義도 깊다. 나아가서는 우리가 우물안의 개고리가 되지 않기 위해서 항상 戰後世界 동향을 살펴야만 하는 그 作業의 一翼으로서도 日本文學은 그대로 看過할 수 없는 존재다.[23]

세계문학으로 나아가기 위해 일본문학이 암시하는 바가 있으리라는 '저자'의 주장은 이 글에서 다소 피상적으로 서술되어 있다. 서문이라는 글쓰기 방식의 특성상 이러한 압축성은 불가피할 것이다. 그럼에도 서문의 전반부 논리들이 다소 진부하고 통속적일 만큼 원론적인 주장들에 가까웠다면, 후반부의 논의들은 현실적이며 실리추구적이다. 실제로 전후 냉전질서의 재편과 더불어 새로이 구축된 세계문학의 구도 속에서 일

23 위의 글, 3쪽.

본문학은 아시아를 대표하며 그 위상을 재정립하는 데 성공한다. '전집'의 기획 속에 반영되어 있는 상상적 배치, 즉 '한국편'(제1권)과 '일본편'(제7권)이 좌우의 양극단에 '대등'하게 놓이는 구성은 현실을 왜곡한다. 한국이 우물 '안'의 개구리였다면, 일본은 우물 '밖' 개구리 혹은 그 이상이었다. 서문의 저자는 아시아적 후진성이라는 명명법을 사용하여 세계(문학)의 구도 속에서 한국(문학)의 위상을 일본과 동일한 수준으로 끌어올리지만,[24] 이러한 인식은 오히려 전집 편집 주체들의 (무)의식 속에 존재하는 서구(문학)과 일본(문학)에 대한 열등의식을 그대로 드러내는 것이었다.

『사상계』와 더불어 당대 청년들에게 널리 읽혔던 종합 교양지 『새벽』

24 이한정은 「일본문학의 번역과 한국문학」(『현대문학의 연구』 55, 2015. 2, 27쪽)에서 『일본전후문제작품집』의 서문에 언급된 "亞細亞的 後進性에서 번민하고 있는 黃色皮膚의 人種들"이라는 구절을 서구문학과의 대결 구도 속에서 일본과 '우리'를 하나로 묶는 '동류' 의식의 표현으로 읽어낸다. 이한정은 『일본전후문제작품집』의 편집위원으로 참여하고 있는 백철이 서문을 작성했으리라는 가정하에, 서문에 드러나는 '일본문학'에 대한 '저자'의 인식을 "일제강점기를 거치면서 내면화된 '일본문학'에 대한 어떤 신뢰"(27쪽)의 표현이자 "자기(백철)에게 내면화되어 있는 일본문학에 특권을 부여하는 자세"(28쪽)의 반영으로 해석하고 있다. 그러나 편집위원 명의로 되어 있는 서문을 '백철'이 작성한 것이라 보기에는 다소 무리가 있다. 백철 이외에도 최정희와 안수길이 일본편 선집의 편집위원으로 참여하고 있으며, 『일본전후문제작품집』 말미에 수록되어 있는 「韓日戰後文學의 比較檢討」에서 백철이 보여주는 일본전후문학에 대한 이해는 '인상담'에 가깝다. 백철은 「韓日戰後文學의 比較檢討」를 작성하게 된 연유를 다음과 같이 밝히고 있다. "나는 실지에 있어서 오랫동안 일본문학작품을 접해보지 못하다가 이번 四, 一九 뒤에 한일의 문학이 今後 어느 정도 서로 접근 교류되어질 가능성도 예상되고 또 구체적으론 출판사에서 그 방면에 관심을 갖도록 내게 종용해 오는 기회도 있고 해서, 오랜간만에 일본의 전후작품 중에서 한두 편의 문제작을 읽어보고 또 그들의 짧은 戰後文學史도 서베이한 결과가 지금 말한바 두 개의 戰後文學[한국의 전후문학과 일본의 전후문학]에 대한 대조적인 인상인 것이다"(백철, 「韓日戰後文學의 比較檢討」, 『일본전후문제작품집』, 신구문화사, 1960, 388쪽).

1960년 7월호에는 「일본을 말한다」라는 제목으로 당시 고려대학교 총장이었던 유진오와 이어령의 좌담이 실려 있다. 4·19 이후 일본문화 수용과 관련된 본격적인 논의라는 점에서 이 글은 주목을 요한다. 이 대담에서 유진오는 혁명 이후 전개된 반동주의적인 일본 붐에 염려를 표하며 일본과의 문화교류를 제한적으로 허용해야 한다고 주장한다. 이에 대해 이어령은 완전한 개방주의를 표방하며 신세대의 자신감을 강하게 드러낸다. 일본문화 개방에 대한 유진오의 염려를 올드 제네레이션의 열등의식 표출로 인식하며, 이어령은 유진오의 주장을 세대론의 차원에서 반박한다. 흥미로운 점은 이 대담에서 일본문화 수용을 적극 찬성하며 이어령이 사용하는 용어들과 논리전개 방식이 신구문화사 선집의 서문과 매우 유사하다는 사실이다.[25]

『일본전후문제작품집』의 서문과 유진오와 이어령의 좌담(「일본을 말한다」)을 서로 겹쳐 읽을 때, 다소 피상적으로 서술되어 있었던 일본문학 수용의 논리들이 보다 선명해진다. 「일본을 말한다」에서 이어령은 신세대

25 『일본전후문제작품집』의 편집진은 백철과 최정희, 안수길이었으며, 이어령은 여기에서 제외되어 있었다(이 장의 각주 11 참조). 그러나 신구문화사 관계자들(이어령, 염무웅, 원선자)의 회고를 참조할 때, 당시 이어령은 '전집' 발간의 실무를 담당하며 처음부터 전집 기획에 매우 깊이 관여하고 있었다. 물론 『전후일본문제작품집』 서문이 '편집위원' 명의로 작성되어 있는 까닭에 실제 작성자가 누구인지 밝혀내는 데 한계가 있다. 그러나 ① 이어령이 대담에서 구사하는 용어와 논리가 전집 서문과 상당히 유사하다는 점, ② 당시 '세계전후문학전집'의 실무 책임자가 이어령이었다는 점, ③ 실제 대담이 이루어진 시점이 『일본전후문제작품집』의 발간 준비기간과 겹친다는 점, 마지막으로 ④ 선집의 편집위원으로 참여하고 있음에도 『일본전후문제작품집』의 부록에 해당하는 백철의 글(「韓日戰後文學의 比較檢討」)과 「문제성을 찾아서」에 수록되어 있는 최정희의 글이 서문의 어조와 달리 수동적이라는 점을 근거로 여기에서는 이어령이 『일본전후문제작품집』의 서문을 작성하는 데 주도적인 역할을 했으리라 추정한다.

가 구세대와 달리 일본에 대한 열등의식을 가지고 있지 않기 때문에, "일본문화를 개방한다 해도 利는 될지언정 害는 되지 않을 것"이며, "그들이 구미문화를 섭취하는 '방법' 같은 것을 배우고 또 비교함으로써 자극제가 되어 줄 것"이라 주장한다.[26] 주목할 점은 이어령이 세대론을 통해 일본에 대한 열등의식을 극복하고 있지만, 서구에 대한 열등의식을 극복하는 데 동일한 논리를 적용하지 못한다는 사실이다. 국가 간의 혹은 문화 간의 가치교환을 위해 열등의식을 극복해야 한다고 주장하지만, 이는 한국과 일본 간의 관계에만 적용되는 '제한적'인 것이었다. 이어령은 세대론을 바탕으로 한국의 구세대와 일본에 대한 열등의식을 극복하는 한편, 한국과 일본이 서구/구미(歐美)에 대해 아시아적 후진성을 공유하고 있다고 설정함으로써 세계(문학)의 구도 속에서 한국(문학)과 일본(문학)의 위상을 '대등'하게 설정한다.

흥미로운 점은 이어령이 상정하고 있는 '문화교류에 대한 가치교환'의 측면이다. 이 글에서 이어령은 하나의 '모델 케이스'로서 일본이 후진적 요소를 어떻게 서구화하고 소화시키며 자신의 것으로 체화하는가를 한국(문학)이 배워야 한다고 주장한다.[27] 그 구체적 사례로 이어령은 후카사와 시치로(深澤七郎)의 「나라야마부시 考」(이 소설은 계용묵의 번역으로 『일본전후문제작품집』에 수록되어 있다.)를 언급한다. 전통적인 소재를 다루는 일본 작가의 소설적 기법을 한국 작가들이 참조함으로써 반성의 계기로 삼을 수 있다는 것이다. 앞서 언급했듯이 이어령은 일본에 대한 열등의식을 극복하며 '대등'한 차원에서의 가치교환이 이루어져야 한다고 주장했다.

---

26 유진오·이어령, 「일본을 말한다」, 『새벽』, 1960. 7, 127쪽.

27 위의 글, 131쪽.

그러나 세대론의 차원에서 '극복'된 열등의식이란 유진오로 대표되는 구세대와의 대결 구도에서 우위를 차지하기 위해 설정된 잠재적 가능성이라는 점에서 한계를 지닐 수밖에 없었다. 바로 이 지점에서 이어령은 전후세대의 존재론적 특수성이 가치교환의 대상이 될 수 있다고 주장한다. 6·25의 경험을 통해 인간의 문제와 직접 대결할 수 있었기에 이를 작품화함으로써 '인간의 존엄과 자유'가 갖는 의미가 무엇인지 그들(일본)에게 전할 수 있다는 것이다. 그러나 '세대론'에 기반을 둔 이어령의 설득 논리는 다분히 감정적 차원에 머무르는 것이었다. 비록 세대론의 외장을 두르고 있다 하더라도 그 이면에는 극도의 열등의식과 반발에서 오는 도덕주의적 우월감이 자리 잡고 있었다.[28] 그러나 소설 공부를 하는 독자에게 온고지신의 교사이자 문학 애호가에게 소설의 인도자가 되리라는 확신과 달리 『한국전후문제작품집』에 수록된 소설들은 한국전쟁 이후 발표된 문단 신진들의 작품이 주를 이룬 반면, 『일본전후문제작품집』에는 일본 유수의 문학상 수상작들이 수록되었다. 세계의 '전후'와 한국의 '전후', 그리고 일본의 '전후'가 서로 다를 수밖에 없는 현실적 조건 속에서 편집위원들이 재현해 내는 한국과 일본 전후문학의 구체적 상들은 대등함과는 거리가 먼 것이었다. 이른바 세계문학의 공간이 국민문학 간의 경쟁

28 이어령은 「일본을 말한다」에서 다음과 같이 결론을 맺는다. "나는 開放主義를 원하고 싶습니다. 그리고 그들과 自由로 겨누어 거꾸로 새로운 한국의 힘을 인식시켜주고 싶습니다. 과거에 敵이었던 일본은 二次大戰의 終末과 함께 사라졌으니까요. 우리가 미워해야 할 것은 日本이 아니라 日本의 軍國主義였습니다. 그들이 진정한 자유민의 자격을 갖추었다면 우리가 美國人과 가까운 것처럼 그렇게 가까울 수 있을 겝니다. 그들에게 물어봅시다. 너희들은 정말 인간의 존엄성과 그 自由를 알고 있는가? 그들이 예스라고 대답한다면 또 그것이 사실이라면 우리는 그들을 용서해 주어야 될거에요"(유진오·이어령, 앞의 글, 1960. 7, 133쪽).

과 투쟁, 불평등의 역학관계가 작동하는 상징 투쟁의 장[29]임을 상기한다면, 대등한 관계 속에서 이루어지는 문화적 가치교환이란 애초부터 한계를 지닐 수밖에 없었던 불완전한 기획이었던 것이다.

4. 일본번역문학 수용론에 대한 비판

신구문화사 편집진이 내세우는 설득 논리에도 불구하고 일본문학선집 발간에 대한 한국문학장 내외의 비판은 계속되었다. 구성적 측면에서 일본의 저명 문학상 수상작들을 수록하고 있는 까닭에 작품 선별에 대한 문제가 불거질 가능성은 낮았다. 그러나 비난의 초점은 상품으로서의 '질'(문학성)이 아닌 상품 '그 자체'(일본문학선집)에 집중되었다. 「일본문학번역과 작가」(『경향신문』, 1960. 10. 12)라는 글에서 필자는 신구문화사 『일본전후문제작품집』에 대해 강도 높은 비난을 쏟아낸다. 물론 비난의 대상이 신구문화사 선집임을 직접적으로 드러내지 않으나, "일본에서 일시적인 선풍을 일으켰을지도 모르나 '아프레'적이며 '비트·제네레이슌'의 성폭로에 속하는 하등 문제작일 수도 없고 따라서 그 문학적 가치가 그다지 높이 평가될 수도 없을 것"을 지명(知名) 작가들이 동원되어 번역하고 있다는 주장은 그 비난의 끝이 어디를 향하고 있는지 짐작케 한다.

『일본전후문제작품집』의 출현이 출판계는 물론이거니와 창작계에도 악영향을 끼치리라는 비판은 아이러니하게도 출판자본이 아닌 번역자들

29 오길영, 「민족문학과 세계문학의 역학 — 제임스조이스를 중심으로」, 『근대영미소설』 18(2), 근대영미소설학회, 2011. 8, 7쪽 참조.

에 대한 비판으로 집중된다. 실제로 신구문화사 『일본전후문제작품집』에 참여한 번역가들의 면면을 살펴보면 정한숙, 신동문, 김동립, 오상원, 계용묵, 안수길, 최정희, 선우휘 등 당대 한국문단의 원로 및 중견들이 대거 번역작업에 참여하고 있었다. "창작가가 번역문학가를 겸하지 말라는 법은 없다. 하지만 '기미노 나'(그대 이름)가 일본문학자로서 보다는 민족문학가로서 양명되기"를 바란다는 조소에 가까운 비난은 신구문화사 일본문학선집에 대한 문단 내부의 감정적 대응이 어느 정도였는지를 짐작게 한다. 이러한 비난은 원론적인 차원에서 일본문학의 무용론으로 대두되었다.

> 본질적인 면에서 볼 때 일본의 문학은 이 역시가 서구문학의 영향을 받아 형성 개화된 것이고 보면, 우리나라 문학은 일본어와 일본문학을 매개로 했을 뿐 간접적이나마 서구문학의 영향을 받아서 형성된 것이라고 해도 과언이 아니다. 그러고 보면 일본문학이 아직도 구미문학의 영향에서 탈피치 못하고 한국이 구미와 직결될 수 있는 오늘날에서는 일본문학이 전일처럼 어떤 강력한 영향을 한국문학에 줄 수도 없으며 또한 그만한 가치도 없다고 보는 것이 타당하지 않을까?[30]

"정치적·지리적·언어적인 숙명이 사십 년에 가까운 중요한 시기를 본의 아닌 일본과 일본어를 매개로 하여 문학이 성장되었으며, 또 구미의 사조와 문학작품 대부분이 일본어의 번역을 통하여 작가와 대중에게

30 「일본문학번역과 작가」, 『경향신문』, 1960. 10. 12.

전파, 침투"[31]해 왔음을 전제할 때, 일본 문화와 문학이 그저 서구문학 습득을 위한 '수단'에 불과했다는 필자의 주장 이면에는 일본문학에 대한 강한 열등의식이 자리하고 있다. 필자의 글에서 드러나는 민족주의적 태도와 '강박'에 가까운 신경질적인 반응, 그리고 번역에 참가한 저명 작가에 대한 조롱 역시 그 연장선상에서 이해할 수 있을 것이다. 물론 세대에 따라 정도의 차이를 보이겠지만, 한국문단의 기성과 중진들에게 일본문학에 대한 친연성 혹은 열등의식은 서구문학에 대한 것보다 훨씬 강하게 남아 있었을 것이다. 해방이 되었다 하더라도 지식의 습득에 있어 일본어 서적에 대한 의존도가 높을 수밖에 없었던 상황 속에서 일본문학은 세계문학으로 나아감에 있어 반드시 참조해야 할 '매개'였다. 일본번역문학에 대한 강력한 부정은 식민지 시기 구축된 일본문학과 한국문학 사이의 '위계'가 한국사회의 기저에서 여전히 강력하게 작동하고 있음을 방증한다.

신구문화사 선집이 팔리기는 하나 일시적인 붐으로 그리 오래 가지 못할 것이라는 예측과 달리,[32]『일본전후문제작품집』은 출판시장에서 성공을 거두게 된다. 이는 신구문화사 전집이 콘텐츠의 측면에서 다른 세계문학전집들과 차별화되는 상품적 특수성을 획득하고 있었기에 가능한 것이기도 했지만,[33] 보다 엄밀히 말하자면 신구문화사가 자체적으로 전

31 이하윤, 「일본문학작품의 한국어번역(상)」, 『경향신문』, 1960. 9. 2.

32 「하반기까지의 출판계 현황」, 『동아일보』, 1960. 10. 23.

33 문화상품의 가격적인 측면에서 살펴볼 때, 신구문화사 '세계전후문학전집'과 을유문화사 '세계문학전집' 낱권의 가격은 거의 차이가 없었다. 을유문화사 전집의 제1권인 『분노는 포도처럼』(존·쉬타인백 작, 강봉식 역)은 2,000환(1960년 7월 기준), 제5권인 『어떤 시골 신부의 일기·갈멜 수녀들의 대화』(죠루쥬·베르나노스 작, 안응렬 역)는 1,600환(1960년 11월 기준), 제20권인 『근대독일단편집』(구기성 역)은 1,800환(1960년 12월 기준)이었으며, 신구문화사의 『일본전후문제작품집』은 1,600환(1960년 9월 기준)에 판매되었다.

국적인 규모의 외판 시스템을 마련하고 있었기에 가능한 것이기도 했다. 1960년대 도서유통 시스템은 아이러니하게도 출판시장의 불황을 타개하기 위해 메이저급 출판사들이 경쟁적으로 도입했던 월부외판 시스템으로 인해 빠르게 붕괴되어 가고 있었다.[34] 이러한 상황들을 감안할 때, 이름도 생소한 군소 출판사들이 앞다투어 일본번역문학 출판물 시장에 뛰어드는 상황은 어찌 보면 당연한 결과였다.

1960년대 출판시장에서 잡지와 전집 위주의 출판이 주를 이루는 가운데, 단행본 시장은 상대적으로 약세에 놓여 있었다. 당시 출판 관계자들에 의해 독서층 개발에 대한 문제가 끊임없이 제기되었을 정도로 단행본 도서 구매층은 매우 취약했으며, 이는 서점의 붕괴와 단행본 출판사의 파산, 출판시장의 전반적인 불황으로 이어졌다. 이러한 상황 속에서 거대 자본이 요구되는 세계문학전집이나 한국문학전집의 기획·출판이 현실적으로 어려웠던 군소 출판사들은 기존의 전집 지형을 재활용하여 장정만을 달리한 채 동일한 전집과 선집들을 출판시장에 쏟아내거나, 일본의 대중·통속 문학작품들을 번역·소개하여 수많은 단행본을 만들어냈다. 말하자면, 일본문화에 대해 호기심과 향수를 갖고 있던 문화상품의 소비층을 출판시장에 적극적으로 끌어들이는 한편, 이를 바탕으로 침체되어 있었던 단행본 시장의 활로를 적극적으로 개척해 나갔다고 보는 것이 타당할 것이다.

일본번역문학 출판물의 경우 세계문학전집이나 한국문학전집과 달리 전집 출판과 단행본 출판 시장으로 양분화되었으며, 전자보다 후자에

34 1960년대 한국출판시장에 대한 논의는 이종호의 「1960년대 한국문학전집의 발간과 문학정전의 실험 혹은 출판이라는 투기」(『상허학보』 32, 상허학회, 2011) 참조.

집중되었다. 일본번역문학의 수용에 대한 대부분의 비난이 단행본 출판에 집중되는 것 역시 이러한 상황과 연결된다. "일본의 저속한 문학작품의 책임 없는 번역이 일반에게 남독되는 것"[35]을 염려하며, "무명의 소자본 출판사들에 의한 졸역과 오역투성이의 날치기 판"[36]이 출판시장을 잠식해 들어가는 상황에 대한 비판이 주를 이루는 가운데, 한국출판시장에서 연일 베스트셀러 상위를 차지했던 이시자카 요지로(石坂洋次郎)의 『가정교사』에 대한 한말숙의 논의는 주목을 요한다. 일본번역문학 수용에 대한 기존 비판들이 출판사와 번역자를 향한 것이었다면, 한말숙의 비판은 반대로 한국의 작가와 독자들을 향하고 있기 때문이다. 『세대』 9호(1964. 2)에 실린 「일본문학을 狙擊한다」라는 글에서 필자는 자신의 어린 시절 독서경험을 떠올리며 "石坂洋次郎 것은 결코 순수문학은 아니지만 또 결코 '저속'한 것"도 아니라고 말한다. 그보다도 '싸구려' 작품들이 많기 때문에 그나마 한국사회에서 이시자카 요지로의 소설이 읽힌다는 것은 다행한 일인지도 모른다는 것이다. 한말숙은 어떤 대학생과의 일화를 소개하며,[37] 『가정교사』의 대척점에 한국의 대중소설(유행소설)을 위치시킨다. 이시자카의 「청춘교실」을 '黃色소설'로 지칭하며 "일본에서도 로우·브로우(俗衆)의 뒷호주머니에서나 찾아볼 수 있는 '俗物'들이 우리 사

35 이하윤, 「일본문학작품의 한국어번역(하)」, 『경향신문』, 1963. 9. 3.

36 「한국속의 일본을 고발한다」, 『신동아』, 동아일보사, 1964. 11.

37 "내 아는 학생이 왔길래 『가정교사』를 읽었느냐고 물으니까 대뜸 하는 말이 「읽고 말구요. '大衆'인지는 몰라도 적어도 우리나라 '大衆'보다는 수준이 높으니까요!」 한다. 그것은 정말인지 거짓인지 통히 읽지 않는 나로서는 판단하기 어려우나 우리나라의 소위 유행소설은 견딜 수가 없는 모양이다. 어떻게 보면 大衆의 수준이 향상했다는 혹은 향상하고 있다는 현상인 것도 같다. 좋은 일이 아닌가"(한말숙, 「일본문학을 狙擊한다」, 『세대』 9, 세대사, 1964. 2, 226쪽).

회엔 베스트 리딩으로 君臨"하는 현실을 안타까워하는 것이 아니라,[38] 우리나라의 대중소설보다 수준이 높아 『가정교사』를 읽는 것이라면 독서 대중의 전반적인 수준 향상을 의미하는 것이기에 결과적으로 독서층의 계발이라는 측면에서도 의미가 있다는 것이다.

오히려 비난의 화살은 "대중을 무시하고 공부도 하지 않고 천편일률로 옛것을 되풀이"하는 통속작가들에게 향한다. 신문 연재를 중심으로 한국사회에서 성장해 온 대중(통속)소설 장르가 일본번역소설의 홍수 속에 경쟁관계에 놓여 있음을 암시하는 대목이자,[39] 이후 한국사회에서 대중소설의 문학성이 일본소설과의 영향관계 속에서 향상될 수 있음을 추측게 하는 부분이기도 하다. "한국 작가의 것보다 낫다면 그것을 읽으라"는 한말숙의 주장은 그녀의 현실 인식이 대중소설의 영역에만 한정된 것이 아님을 드러낸다. 나아가 한국 작가들의 작품 가운데 『가정교사』 이상의 것이 있음을 강조하며 순문학에 대한 독서대중의 자각을 촉구한다. 「일본문학을 狙擊한다」에서 한말숙은 일본번역문학의 영향으로부터 자유로울 수 없었던 한국문단과 순수문학과 대중/통속문학의 관계, 일본소설을 통해 계발되는 독서층의 문제, 돈벌이를 위해 일본번역문학에 집중하는 출판자본과 이를 감독할 수 있는 출판·언론기관의 필요성 등을 언급하면서, 한국문단과 출판시장을 '저격'의 대상에 위치시킴으로써 1960년대 한국사회에 도전적인 문제의식을 제기했던 것이다.

38 최종률, 「한국 속의 일본 — 문학」, 『세대』 27, 1965. 10, 94쪽.

39 1960년대 한국출판시장에서 번역된 일본대중소설들과 이에 대한 대중적 소비 양상은 강우원용의 「1960년대 초기 베스트셀러를 통해 본 일본소설의 번역물과 한국 독자」(『일본학보』 97, 2013. 11) 참조.

5. 4·19 이후 한국문학과 일본현대문학

4·19세대의 역사적 체험과 그들의 문학적 실천을 이야기하는 한 좌담회[40]에서 김승옥은 자신이 문학에 투신하게 된 계기와 관련하여 흥미로운 회고를 남긴다. 서울대 문리대 불문과에 입학했을 당시 문학에 별 뜻이 없었던 자신이 4·19 이후 번역되기 시작한 일본문학작품들을 접하게 되면서 '소설 쓰기'에 본격적인 관심을 갖게 되었다는 것이다. 그는 일본의 젊은 작가들의 작품을 읽으며, "과거에 막연하게 헤르만 헤세 읽고 앙드레 지드 읽고 하면서 서양문학을 받았던 느낌"과는 전적으로 다른 느낌을, "아 소설이란 이런 것이구나, 자기가 살고 있는 시대를 이렇게 아프고 절실하게 쓸 수 있는 것이로구나."라는 느낌을 충격적으로 받았다고 한다.[41] 한국전쟁 이후 한국사회에서 '교양적 지(知)'로 기능했던 서구중심의 세계문학작품이 아닌 한글로 번역된 일본문학작품들을 읽으며, 소설이 '쓸 만한 것'이고 '쓸 필요가 있는 것'임을 깨닫게 되었다는 것이다.

여기서 주목할 점은 "전쟁에 참여했다고 고통받고 전후에 경제적으로 몰락하고 정신적으로 황폐해져버린"[42] 일본의 전후 상황을 그려낸 일본의 젊은 작가들처럼, 김승옥 역시 자신이 소년 시절에 겪었던 한국전

---

40 2001년 9월 22일, "4월 혁명과 60년대를 다시 생각한다"라는 표제하에 '창작과비평사'의 주최로 진행된 이 좌담회는 4·19세대를 대표하는 김병익(문학평론가), 김승옥(소설가), 염무웅(문학평론가), 이성부(시인), 임헌영(문학평론가)이 참가했다. 이 좌담회의 내용은 『4월 혁명과 한국문학』(창작과비평사, 2003)의 18~67쪽에 걸쳐 수록되어 있다.

41 최원식·임규찬 편, 『4월 혁명과 한국문학』, 창작과비평사, 2003, 30쪽.

42 위의 책, 같은 쪽.

쟁에 대해 존재론적인 물음을 던지며 소설 쓰기를 시작했다는 사실이다. 대학생 때부터 소설을 쓰게 된 가장 큰 동기가 당시에 번역되기 시작한 일본소설을 읽고 받은 충격과 자극 때문이었다는 김승옥의 회고가 지니는 진정성을 받아들인다면, 나아가 그러한 회고가 40여 년이라는 두터운 기억의 단층을 뚫고 나온 고백[43]임을 전제한다면, 김승옥이 문학에 투신하게 되는 일련의 과정은 의미하는 바가 크다. 전후 일본 작가들의 번역문학에 대한 독서행위가 소설에 대한 장르적 인식과 소설 쓰기의 사회적 당위성에 대한 깨달음으로 이어지는 상황은 1960년대 한국사회에서 전개되었던 전후 일본번역문학의 수용사가 매우 복잡한 층위에서 전개된 것임을 암시하기 때문이다.

물론 김승옥의 개인적 경험을 4·19세대 전체의 문학적 경험으로 일반화할 수는 없을 것이다. 그럼에도 불구하고 일본번역소설들이 4·19 이후 한국출판시장에서 연일 베스트셀러 1, 2위를 차지하게 되는 일련의 상황은 선집과 전집, 단행본의 다양한 형태로 한국출판시장에 등장했던 일본번역문학이 당대 독자들에게 끼쳤던 영향력을 짐작케 한다. "일본 색소의 감염 없이 성장할 수 있고 사색할 수 있다는 점"[44]에서 8·15 이전에 다소라도 일본교육의 맛을 본 '잡종'과는 다르리라는 전광용의 기대는

43 흥미로운 점은 동시대의 문학인들 가운데 김승옥의 작품에 스며 있는 전후 일본문학의 흔적을 간파한 이가 있었다는 사실이다. 고은은 『경향신문』에 연재한 「나의 산하 나의 삶 178」(1994. 4. 10)에서 다음과 같이 서술한다.

"방금 이미자의 '동백아가씨'가 거리의 전파상 확성장치마다 울려 퍼지고 있었고, 김승옥의 소설 「무진기행」을 영화화한 〈안개〉의 주제가가 정훈희의 색정적인 음색으로 퍼지며 일종의 허무주의 정서를 퍼뜨리고 있는데, 이것은 김승옥의 문학이 얼마나 전후일본문학의 측면과 닮았는가를 말해 주는 것이기도 하다."

44 전광용, 「잡종과 순종, 일어 모르는 새 대학생에의 기대」, 『동아일보』, 1958. 10. 25.

4·19 이후 쏟아져 나온 일본번역문학 출판물들에 의해 여지없이 무너져 버렸으며, 그가 간절히 원했던 '순종'에 의해 도래할 '새로운 문학'이란 이상형(ideal type) 역시 일본 색소의 감염으로부터 자유로울 수 없었다. 더욱이 1960년대 일부 젊은 작가들이 서구문학을 수용하는 데 있어 점차 한계에 부딪혔으며, "60년대 제일급에 속하는 몇 작가에게 '아베(安部公房)', '다사이(太宰治)', '오에(大江健三郎)' 등의 작품이 크게 작용했다."[45]는 당대 연구자의 진단은 한 시대의 문학사적 배경을 올바르게 진단하는 것이 그리 녹록한 것이 아님을 보여준다.

이러한 사정을 감안할 때, 신구문화사 『일본전후문제작품집』의 기획 및 독자 수용의 양상을 파악하는 작업은 4·19세대의 문학을 이해하는 데 있어 하나의 실마리를 제공할 수 있을 것이다. 이 글은 이를 위한 기초적인 작업으로서 1960년대라는 시대적 특수성 속에서 『일본전후문제작품집』이 구성되는 일련의 과정과 일본번역문학에 대한 한국사회의 수용론을 분석했다. 세대론에 기반을 둔 신구문화사의 설득 논리는 세계문학이라는 구도 속에서 한국문학과 일본문학의 위상이 (재)설정되는 일련의 과정을 압축적으로 보여주었으며, 일본문학 수용을 찬성/반대하는 논리 이면에는 그것이 비록 세대론이나 민족주의의 외장을 두르고 있다 하더라도 일본문화(문학)에 대한 강한 열등의식이 작동하고 있음을 확인할 수 있었다. 일본번역문학에 대한 문단 내외부의 수용론에 무게중심을 두는 까닭에, 이 글은 『한국전후문제작품집』과 『일본전후문제작품집』이 당대 한국사회에서 지니고 있었던 사회문화적 의미를 드러내는 데 한계를 지닐 수밖에 없었다. 이를 위해서는 세계문학이라는 전체적인 구도

45 김윤식, 「개항1세기 한국과 일본 오늘의 좌표 (13) 문학」, 『동아일보』, 1970. 6. 18.

속에서 한국과 일본, 미국, 프랑스, 영국, 독일, 남북구 전후문학 선집의 구성적 특수성에 대한 분석이 전제되어야 하며, 1960년대 한국사회에서 '전후성'이 의미 있는 어젠다(agenda)로서 대두될 수밖에 없었던 시대적 특수성에 대한 논의가 병행되어야 할 것이다. 이에 대한 구체적인 논의는 추후 과제로 돌리고자 한다.

참고문헌

강우원용, 「1960년대 일본문학 번역물과 한국 — '호기심'과 '향수'를 둘러싼 독자의 풍속」, 『일본학보』 93, 한국일본학회, 2012. 11.

______, 「1960년대 초기 베스트셀러를 통해 본 일본소설의 번역물과 한국 독자」, 『일본학보』 97, 2013. 11.

고은, 「나의 산하 나의 삶 178」, 『경향신문』, 1994. 4. 10.

김병철, 『한국현대번역문학사연구(상)』, 을유문화사, 1998.

김윤식, 「개항1세기 한국과 일본 오늘의 좌표 (13) 문학」, 『동아일보』, 1970. 6. 18.

김치수, 「현대세계문학전집을 간행할 무렵」, 『출판과 교육에 바친 열정』, 우촌기념사업회출판부, 1992.

백철, 「韓日戰後文學의 比較檢討」, 『일본전후문제작품집』, 신구문화사, 1960.

______, 「戰後十五年의 韓國小說」, 『한국전후문제작품집』, 신구문화사, 1960.

염무웅, 「책읽기, 글쓰기, 책 만들기」, 『근대서지』 4, 근대서지학회, 2011. 12.

유진오·이어령, 「일본을 말한다」, 『새벽』, 1960. 7.

오길영, 「민족문학과 세계문학의 역학 — 제임스조이스를 중심으로」, 『근대영미소설』 18(2), 근대영미소설학회, 2011. 8.

이봉래, 「세계문학의 영향(하)」, 『경향신문』, 1953. 3. 24.

이어령, 「主語 없는 비극」, 『저항의 문학』, 예문관, 1965.

______, 「이종익 사장과 세계전후문학전집」, 『출판과 교육에 바친 열정』, 우촌기념사업회출판부, 1992.

이종호, 「1960년대 한국문학전집의 발간과 문학정전의 실험 혹은 출판이라는 투기」, 『상허학보』 32, 상허학회, 2011.

이하윤, 「일본문학작품의 한국어번역(상)」, 『경향신문』, 1960. 9. 2.

______, 「일본문학작품의 한국어번역(하)」, 『경향신문』, 1963. 9. 3.

이한정, 「일본문학의 번역과 한국문학」, 『현대문학의 연구』 55, 2015. 2.

전광용, 「잡종과 순종, 일어모르는 새 대학생에의 기대」, 『동아일보』, 1958. 10. 25.
조영일, 「우리는 과연 세계문학전집에서 벗어날 수 있을까?」, 『작가세계』 22, 2010. 6.
최원식·임규찬 편, 『4월 혁명과 한국문학』, 창작과비평사, 2003.
최종률, 「한국 속의 일본 — 문학」, 『세대』 27, 1965. 10.
한말숙, 「일본문학을 狙擊한다」, 『세대』 9, 세대사, 1964. 2.

『남북구전후문제작품집』(백철, 이효상, 안수길, 여석기, 김붕구, 이어령/1961. 5)
『독일전후문제작품집』(백철, 이효상, 안수길, 여석기, 김붕구, 이어령/1961. 6)
『미국전후문제작품집』(백철, 이효상, 안수길, 여석기, 김붕구, 이어령/1960. 11)
『불란서전후문제작품집』(백철, 이효상, 안수길, 여석기, 김붕구, 이어령/1961. 1)
『세계전후문제시집』(백철, 이효상, 조지훈, 김붕구, 이어령/1962. 1)
『세계전후문제희곡·씨나리오집』(백철, 오영진, 김진수, 여석기, 이청기, 이어령/1962. 3)
『영국전후문제작품집』(백철, 이효상, 안수길, 여석기, 김붕구, 이어령/1961. 4)
『일본전후문제작품집』(백철, 최정희, 안수길/1960. 8)
『한국전후문제시집』(백철, 유치환, 조지훈, 이어령/1961. 10)
『한국전후문제작품집(백철, 최정희, 안수길, 이어령/1960. 7)

「새 共和國 誕生前과 后 ⑧ 倭色 붐」, 『경향신문』, 1960. 12. 28.
「이 글을 읽는 분에게」, 『일본전후문제작품집』, 신구문화사, 1960.
「일본문학번역과 작가」, 『경향신문』, 1960. 10. 12.
「全國에 몰아치는 日本風」, 『사상계』, 사상계사, 1960. 11.
「하반기까지 출판계 현황」, 『동아일보』, 1960. 10. 23.
「한국속의 일본을 고발한다」, 『신동아』, 동아일보사, 1964. 11.

찾아보기

작품명*

* 작품명에서 「 」는 시와 논문, 단편소설을, 『 』는 단행본과 장편소설을, 〈 〉는 영화를 뜻함.

인명

[ㅈ]

저자 소개

방민호

서울대학교 국어국문학과 교수. 한국현대소설 전공. 작가 연구에 주력을 기울여 이광수, 채만식, 박태원, 이효석, 이상, 손창섭, 최인훈 등에 관한 논문들을 발표했고, 일제 말기와 해방 이후 '제1차 전후'(1945~1965) 시기의 문학사 이해를 위한 개념 및 연구 방법을 찾는 일에 관심을 쏟고 있다. 주요 저서로 『한국 비평에 다시 묻는다』(2021), 『문학사의 비평적 탐구』(2018), 『이상 문학의 방법론적 독해』(2015), 『일제 말기 한국문학의 담론과 텍스트』(2011) 등이 있다.

김진규

가천대학교 한국어문학과 교수. 현대소설 전공. 주요 논문으로 「『가면고』에 나타난 자기관계적 부정성과 사랑」(2017), 「고독의 '다시 쓰기'와 끝나지 않는 비애와 분노: 루쉰의 「고독자」(1925), 박연희의 「고독자」(1955)」, 다케다 다이준의 「소리 없는 남자」(1954)를 중심으로」(2019), 「한국 소설 속 일본어 텍스트 번역에 대한 자의식과 사회 갈등: 「탈」, 「월곡후야」, 「아득한 나날」, 『기억의 몽타주』, 『청동정원』을 중심으로」(2020) 등이 있다.

남상욱

인천대학교 일어일문학과 교수. 비교문학 및 일본근현대문학 전공. 주요 저서로 『전후의 탈각과 민주주의의 탈주』(공저, 2020), 주요 논문으로 「미시마 유키오와 '전후민주주의': 1968년의 미국 표상을 중심으로」(2015), 「냉전과 '원숭이' 표상」(2018) 등이 있다.

박현수

경북대학교 국어국문학과 교수. 한국현대시 전공. 주요 저서로 『시론』(2015), 『전통시학의 새로운 탄생』(2013), 『원전 주해 이육사 시 전집』(2008), 시집으로 『사물에 말 건네기』(2020), 『겨울 강가에서 예언서를 태우다』(2015) 등이 있다.

신하경

숙명여자대학교 일본학과 교수. 일본대중문화 및 장르문학 전공. 주요 저서로 『모던걸』(2009)이 있으며, 주요 논문으로 「미시마 유키오 자결의 영화적 표상과 그 현재성: 와카마츠 고지(若松孝二) 「11.25 자결의 날(11.25自決の日)」과 헌법개정」(2017), 「도래하는 포스트휴먼, 격변하는 휴먼: 토비 히로타카(飛浩隆) 『래기드걸(ラギッド・ガール)』로 보는 '포스트휴먼'의 욕망과 윤리」(2020) 등이 있다.

여태천

동덕여자대학교 국어국문학과 교수. 한국현대시 전공. 주요 저서로 『시적 정의와 시의 윤리』(2020), 『경계의 언어와 시적 실험』(2016), 『미적 근대와 언어의 형식』(2007), 시집으로 『감히 슬프지 않을 수 있겠습니까?』(2020), 『저렇게 오렌지는 익어 가고』(2013) 등이 있다.

이종호

단국대학교 강사. 한국현대소설 전공. 주요 논문으로 「1960년대 「세계전후문학전집」의 발간과 전위적 독서주체의 기획」(2016), 「1970년대 한국근현대소설의 영어번역과 세계문학을 향한 열망」(2018), 「대학입시제도의 변천과 한국근현대소설의 정전화 과정 연구」(2020) 등이 있다.

이희정

대구대학교 한국어문학부 교수. 한국현대소설 및 현대문화 전공. 주요 저서로 『한국근대소설의 형성과 「매일신보」』(2012), 주요 논문으로 「일제 말기(1937~1945) 「매일신보」 문학의 전개 양상」(2017), 「외국인 유학생을 위한 한국 역사문화 교육 방안 연구」(2019) 등이 있다.

홍윤표

성신여자대학교 일본어문·문화학과 교수. 일본근현대문학 전공. 주요 저서로 『敗戦·憂国·東京オリンピック: 三島由紀夫と戦後日本』(2015), 『읽는 만큼 보이는 일본: 일본 문학상 산책』(공저, 2019) 등이 있다.